2025

보호직 7·9급 시험대비

박상민
Justice

형사정책

[관계법령]

메가  공무원

박영사

차례

박상민 *Justice* 형사정책

관계법령

01 보호관찰 등에 관한 법률

• 법 2022.1.21. 시행 | **시행령** 2022.12.27. 시행 | **시행규칙** 2023.3.7. 시행

제1장 | 총칙

제1조【목적】

이 법은 죄를 지은 사람으로서 재범 방지를 위하여 보호관찰, 사회봉사, 수강 및 갱생보호 등 체계적인 사회 내 처우가 필요하다고 인정되는 사람을 지도하고 보살피며 도움으로써 건전한 사회 복귀를 촉진하고, 효율적인 범죄예방 활동을 전개함으로써 개인 및 공공의 복지를 증진함과 아울러 사회를 보호함을 목적으로 한다.

제2조【국민의 협력 등】

① 모든 국민은 제1조의 목적을 달성하기 위하여 그 지위와 능력에 따라 협력하여야 한다.
② 국가와 지방자치단체는 죄를 지은 사람의 건전한 사회 복귀를 위하여 보호선도 사업을 육성할 책임을 진다.
③ 국가는 이 법의 집행과정에서 보호관찰을 받을 사람 등의 인권이 부당하게 침해되지 않도록 주의하여야 한다.

제3조【대상자】

① 보호관찰을 받을 사람(이하 "보호관찰 대상자"라 한다)은 다음 각 호와 같다.
  1. 「형법」 제59조의2에 따라 보호관찰을 조건으로 형의 선고유예를 받은 사람
  2. 「형법」 제62조의2에 따라 보호관찰을 조건으로 형의 집행유예를 선고받은 사람
  3. 「형법」 제73조의2 또는 이 법 제25조에 따라 보호관찰을 조건으로 가석방되거나 임시퇴원된 사람
  4. 「소년법」 제32조 제1항 제4호(보호관찰관의 단기 보호관찰) 및 제5호(보호관찰관의 장기 보호관찰)의 보호처분을 받은 사람
  5. 다른 법률에서 이 법에 따른 보호관찰을 받도록 규정된 사람
② 사회봉사 또는 수강을 하여야 할 사람(이하 "사회봉사·수강명령 대상자"라 한다)은 다음 각 호와 같다.
  1. 「형법」 제62조의2에 따라 사회봉사 또는 수강을 조건으로 형의 집행유예를 선고받은 사람

2. 「소년법」 제32조에 따라 사회봉사명령 또는 수강명령을 받은 사람
3. 다른 법률에서 이 법에 따른 사회봉사 또는 수강을 받도록 규정된 사람
③ 갱생보호를 받을 사람(이하 "갱생보호 대상자"라 한다)은 형사처분 또는 보호처분을 받은 사람으로서 자립갱생을 위한 숙식 제공, 주거 지원, 창업 지원, 직업훈련 및 취업 지원 등 보호의 필요성이 인정되는 사람으로 한다.

관련판례

형법 제62조에 의하여 집행유예를 선고하는 경우에 같은 법 제62조의2 제1항에 규정된 보호관찰과 사회봉사를 동시에 명할 수 있는지 여부(적극)

형법 제62조의2 제1항은 "형의 집행을 유예하는 경우에는 보호관찰을 받을 것을 명하거나 사회봉사 또는 수강을 명할 수 있다."고 규정하고 있는바, 그 문리에 따르면, 보호관찰과 사회봉사는 각각 독립하여 명할 수 있다는 것이지, 반드시 그 양자를 동시에 명할 수 없다는 취지로 해석되지는 아니할 뿐더러, 소년법 제32조 제3항, 성폭력범죄의처벌및피해자보호등에관한법률 제16조 제2항, 가정폭력범죄의처벌등에관한특례법 제40조 제1항 등에는 보호관찰과 사회봉사를 동시에 명할 수 있다고 명시적으로 규정하고 있는바, 일반 형법에 의하여 보호관찰과 사회봉사를 명하는 경우와 비교하여 특별히 달리 취급할 만한 이유가 없으며, 제도의 취지에 비추어 보더라도, 범죄자에 대한 사회복귀를 촉진하고 효율적인 범죄예방을 위하여 양자를 병과할 필요성이 있는 점 등을 종합하여 볼 때, 형법 제62조에 의하여 집행유예를 선고할 경우에는 같은 법 제62조의2 제1항에 규정된 보호관찰과 사회봉사 또는 수강을 동시에 명할 수 있다고 해석함이 상당하다(대법원 1998.4.24. 98도98).

제4조【운영의 기준】

보호관찰, 사회봉사, 수강 또는 갱생보호는 해당 대상자의 교화, 개선 및 범죄예방을 위하여 필요하고도 적절한 한도 내에서 이루어져야 하며, 대상자의 나이, 경력, 심신상태, 가정환경, 교우관계, 그 밖의 모든 사정을 충분히 고려하여 가장 적합한 방법으로 실시되어야 한다.

제2장 | 보호관찰기관

제1절 보호관찰심사위원회

제5조【설치】 ★
① 보호관찰에 관한 사항을 심사·결정하기 위하여 법무부장관 소속으로 보호관찰 심사위원회

　　(이하 "심사위원회"라 한다)를 둔다.
② 심사위원회는 고등검찰청 소재지 등 대통령령으로 정하는 지역에 설치한다.

시행령

제2조【보호관찰심사위원회의 위원장】
① 법 제5조의 규정에 의한 보호관찰심사위원회(이하 "심사위원회"라 한다)의 위원장은 심사위원회의 회무를 통할하고, 심사위원회를 대표하며, 심사위원회의 회의를 소집하고 그 의장이 된다.
② 위원장이 부득이한 사유로 직무를 수행할 수 없는 때에는 위원장이 미리 지정한 위원이 그 직무를 대행한다.

제3조【위원의 자격 및 임명】
① 심사위원회의 고위공무원단에 속하는 임기제공무원인 상임위원은 다음 각 호의 어느 하나에 해당하는 사람으로서 보호관찰에 관한 지식과 경험이 풍부한 사람 중에서 임명한다.
　1. 판사·검사 또는 변호사의 직에 5년 이상 재직한 사람
　2. 대학에서 형사정책학·행형학·범죄학·사회사업학·교육학·심리학 그 밖에 보호관찰에 필요한 전문분야를 담당하는 조교수 이상의 직에 5년 이상 재직한 사람
　3. 교원자격증 소지자로서 교원으로 15년 이상 재직한 사람
　4. 보호직·교정직·검찰사무직 또는 법원사무직 국가공무원으로서 「고위공무원단 인사규정」 제7조 제1항 제1호, 같은 항 제2호 또는 같은 항 제4호에 해당하는 사람
　5. 한국법무보호복지공단의 3급 이상 직원으로 5년 이상 재직한 사람
② 심사위원회의 4급 임기제공무원인 상임위원은 다음 각 호의 어느 하나에 해당하는 사람으로서 보호관찰에 관한 지식과 경험이 풍부한 사람 중에서 임명한다.
　1. 판사·검사 또는 변호사의 자격이 있는 사람
　2. 대학에서 형사정책학·행형학·범죄학·사회사업학·교육학·심리학 그 밖에 보호관찰에 필요한 전문분야를 담당하는 조교수 이상의 직에 재직한 사람
　3. 교원자격증 소지자로서 교원으로 10년 이상 재직한 사람
　4. 5급의 교정직·보호직·검찰사무직 또는 법원사무직 국가공무원으로 5년 이상 재직한 사람
　5. 한국법무보호복지공단의 4급 직원으로 5년 이상 재직한 사람
③ 심사위원회의 상임위원이 아닌 위원은 위원장의 제청으로 법무부장관이 임명 또는 위촉한다.

제4조【심사위원회의 간사 및 서기】
① 심사위원회에 간사와 서기를 두되, 심사위원회 소속 공무원 또는 심사위원회의 소재지를 관할하는 보호관찰소소속 공무원중에서 위원장이 임명한다.
② 간사는 위원장 및 상임위원의 명을 받아 심사위원회의 사무를 처리하고, 서기는 간사를 보조한다.
③ 간사는 회의에 참석하여 발언할 수 있다.

제6조【관장 사무】 ★★
심사위원회는 이 법에 따른 다음 각 호의 사항을 심사·결정한다.
1. 가석방과 그 취소에 관한 사항

2. 임시퇴원, 임시퇴원의 취소 및 「보호소년 등의 처우에 관한 법률」 제43조 제3항에 따른 보호소년의 퇴원(이하 "퇴원"이라 한다)에 관한 사항

2. 임시퇴원, 임시퇴원의 취소 및 「보호소년 등의 처우에 관한 법률」 제43조 제3항에 따른 보호소년의 퇴원(이하 "퇴원"이라 한다)에 관한 사항
3. 보호관찰의 임시해제와 그 취소에 관한 사항
4. 보호관찰의 정지와 그 취소에 관한 사항
5. 가석방 중인 사람의 부정기형의 종료에 관한 사항
6. 이 법 또는 다른 법령에서 심사위원회의 관장 사무로 규정된 사항
7. 제1호부터 제6호까지의 사항과 관련된 사항으로서 위원장이 회의에 부치는 사항

제7조【구성】 ★
① 심사위원회는 위원장을 포함하여 5명 이상 9명 이하의 위원으로 구성한다.
② 심사위원회의 위원장은 고등검찰청 검사장 또는 고등검찰청 소속 검사 중에서 법무부장관이 임명한다.
③ 심사위원회의 위원은 판사, 검사, 변호사, 보호관찰소장, 지방교정청장, 교도소장, 소년원장 및 보호관찰에 관한 지식과 경험이 풍부한 사람 중에서 법무부장관이 임명하거나 위촉한다.
④ 심사위원회의 위원 중 3명 이내의 상임위원을 둔다.

제8조【위원의 임기】
위원의 임기는 2년으로 하되, 연임할 수 있다. 다만, 공무원인 비상임위원의 임기는 그 직위에 있는 기간으로 한다.

제9조【위원의 해임 및 해촉】
위원이 다음 각 호의 어느 하나에 해당하면 해임하거나 해촉할 수 있다.
1. 심신장애로 직무수행이 불가능하거나 현저히 곤란하다고 인정될 때
2. 직무 태만, 품위 손상, 그 밖의 사유로 인하여 위원으로서 직무를 수행하기 적당하지 아니하다고 인정될 때

제10조【위원의 신분 등】
① 상임위원은 고위공무원단에 속하는 일반직공무원 또는 4급 공무원으로서 「국가공무원법」 제26조의5에 따른 임기제공무원으로 한다.
② 상임위원이 아닌 위원은 명예직으로 한다. 다만, 예산의 범위에서 법무부령으로 정하는 바에 따라 여비나 그 밖의 수당을 지급할 수 있다.

제11조 【심사】
① 심사위원회는 심사자료에 의하여 제6조 각 호의 사항을 심사한다.
② 심사위원회는 심사에 필요하다고 인정하면 보호관찰 대상자와 그 밖의 관계인을 소환하여 심문하거나 상임위원 또는 보호관찰관에게 필요한 사항을 조사하게 할 수 있다.
③ 심사위원회는 심사에 필요하다고 인정하면 국공립기관이나 그 밖의 단체에 사실을 알아보거나 관계 자료의 제출을 요청할 수 있다.

시행령

제5조 【심사】
① 심사위원회는 법 제6조에 규정된 사항을 심사함에 있어 필요한 경우에는 교도소·구치소·소년교도소 및 소년원(이하 "수용기관"이라 한다)의 장, 보호관찰관 기타 관계인을 출석시켜 의견을 듣거나 관계자료의 제출을 요청할 수 있다.
② 국·공립기관 기타 단체는 법 제11조 제3항의 규정에 의한 심사위원회의 요청이 있는 경우에는 특별한 사정이 없는 한 이에 협조하여야 한다.
③ 상임위원은 심사관계자료를 검토한 후 그 결과를 심사위원회에 보고하여야 한다.

제51조 【민감정보 및 고유식별정보의 처리】
① 심사위원회는 법 제11조에 따른 심사 및 법 제21조에 따른 통보의 접수에 관한 사무를 수행하기 위하여 불가피한 경우 「개인정보 보호법」 제23조에 따른 건강에 관한 정보, 같은 법 시행령 제18조 제2호에 따른 범죄경력자료에 해당하는 정보, 같은 영 제19조 제1호 또는 제4호에 따른 주민등록번호 또는 외국인등록번호가 포함된 자료를 처리할 수 있다.
② 보호관찰소의 장은 다음 각 호의 사무를 수행하기 위하여 불가피한 경우 제1항에 따른 개인정보가 포함된 자료를 처리할 수 있다.
  1. 법 제15조 제3호에 따른 선도 업무에 관한 사무
  1의2. 법 제15조 제6호에 따른 사무(「소년법」 제32조의2 제3항에 따른 보호자에 대한 특별교육에 한정한다)
  1의3. 법 제19조에 따른 판결 전 조사에 관한 사무
  1의4. 법 제19조의2에 따른 결정 전 조사에 관한 사무
  1의5. 법 제26조에 따른 환경조사에 관한 사무
  2. 법 제29조에 따른 보호관찰 개시 및 신고에 관한 사무
  3. 법 제32조 제4항에 따른 보호관찰 대상자의 준수사항 추가, 변경 또는 삭제 신청에 관한 사무
  3의2. 법 제36조의2 제2항에 따른 종료사실 통보에 관한 사무
  4. 법 제37조 제1항에 따른 보호관찰 대상자 등의 조사에 관한 사무
  4의2. 법 제39조에 따른 구인에 관한 사무
  5. 법 제48조 제1항에 따른 가석방 및 임시퇴원의 취소 신청에 관한 사무
  6. 법 제50조 제1항에 따른 부정기형의 종료 신청에 관한 사무
  7. 법 제52조 제1항에 따른 보호관찰의 임시해제 신청에 관한 사무
  8. 법 제53조 제1항·제2항에 따른 보호관찰의 정지 또는 정지해제 신청에 관한 사무와 보호관찰 정지자 관리에 관한 사무

9. 법 제55조에 따른 보호관찰사건의 이송에 관한 사무
10. 법 제55조의2에 따른 기부금품의 접수에 관한 사무
10의2. 법 제61조에 따른 사회봉사명령·수강명령의 집행에 관한 사무
10의3. 법 제62조에 따른 사회봉사명령·수강명령 대상자의 신고에 관한 사무
11. 제16조 및 제18조 제2항에 따른 보호관찰 대상자 신고의 관리에 관한 사무
③ 법무부장관은 다음 각 호의 사무를 수행하기 위하여 불가피한 경우 제1항에 따른 개인정보가 포함된 자료를 처리할 수 있다.
  1. 법 제18조에 따른 범죄예방 자원봉사위원의 위촉 등에 관한 사무
  2. 법 제78조에 따른 공단 임원의 결격사유 확인에 관한 사무
  3. 법 제79조에 따른 공단 임원의 해임 및 해촉에 관한 사무
④ 검사는 법 제32조 제4항에 따른 보호관찰 대상자의 준수사항 추가, 변경 또는 삭제 청구에 관한 사무를 수행하기 위하여 불가피한 경우 제1항에 따른 개인정보가 포함된 자료를 처리할 수 있다.
⑤ 보호관찰소의 장, 갱생보호사업의 허가를 받은 자 또는 공단은 법 제66조에 따른 갱생보호의 신청 및 조치에 관한 사무를 수행하기 위하여 불가피한 경우 제1항에 따른 개인정보가 포함된 자료를 처리할 수 있다.
⑥ 공단은 법 제85조에 따른 기부금품의 접수에 관한 사무를 수행하기 위하여 불가피한 경우 「개인정보 보호법 시행령」 제19조 제1호 또는 제4호에 따른 주민등록번호 또는 외국인등록번호가 포함된 자료를 처리할 수 있다.

제12조【의결 및 결정】★
① 심사위원회의 회의는 재적위원 과반수의 출석으로 개의하고, 출석위원 과반수의 찬성으로 의결한다.
② 제1항에도 불구하고 회의를 개최할 시간적 여유가 없는 등 부득이한 경우로서 대통령령으로 정하는 경우에는 서면으로 의결할 수 있다. 이 경우 재적위원 과반수의 찬성으로 의결한다.
③ 심사위원회의 회의는 비공개로 한다.
④ 결정은 이유를 붙이고 심사한 위원이 서명 또는 기명날인한 문서로 한다.

시행령

제6조【의결 및 결정】
① 심사위원회는 법 제6조에 규정된 사항을 심사하여 의결하고, 위원장과 심사위원이 서명 또는 기명날인한 결정서를 작성하여야 한다.
② 법 제12조 제2항에서 "대통령령으로 정하는 경우"란 다음 각 호의 경우를 말한다.
  1. 천재지변, 감염병 확산 등으로 위원이 출석하는 회의의 의사정족수를 채우기 어려운 경우
  2. 다음 각 목의 의결사항에 대하여 긴급한 사유로 위원이 출석하는 회의를 개최할 시간적 여유가 없는 경우
    가. 법 제24조 제1항에 따른 가석방자에 대한 보호관찰의 필요 여부에 관한 결정
    나. 법 제36조의2 제3항에 따른 정신질환 보호관찰 대상자의 보호관찰 종료사실 통보 여부에 관한 결정
    다. 법 제48조 제1항에 따른 가석방 및 임시퇴원의 취소결정

라. 법 제52조 제3항에 따른 보호관찰 임시해제 결정의 취소결정

마. 법 제53조 제1항·제2항 및 제5항에 따른 보호관찰의 정지결정, 정지해제결정 또는 정지결정의 취소결정

바. 「전자장치 부착 등에 관한 법률」 제19조 제1항에 따른 부착명령 임시해제의 취소결정

📖 시행규칙

제6조 【회의록 작성】

① 심사위원회는 회의록을 작성·비치하여야 한다.

② 제1항의 규정에 의한 회의록에는 회의의 내용을 기재하고 위원장 및 서기가 서명 또는 기명날인하여야 한다.

제12조의2 【벌칙 적용에서 공무원 의제】

심사위원회의 위원 중 공무원이 아닌 사람은 「형법」 제127조(공무상 비밀의 누설) 및 제129조부터 제132조(수뢰·사전수뢰, 제3자 뇌물제공, 수뢰 후 부정처사·사후수뢰, 알선수뢰)까지의 규정을 적용할 때에는 공무원으로 본다.

제13조 【명칭, 관할 구역, 운영 등】

심사위원회의 명칭, 관할 구역 및 직무범위와 위원의 임명 또는 위촉, 그 밖에 심사위원회의 운영에 필요한 사항은 대통령령으로 정한다.

📖 시행규칙

제7조 【심사위원회의 운영세칙】

이 규칙에 규정된 사항 외에 심사위원회의 운영에 관하여 필요한 사항은 심사위원회의 의결을 거쳐 위원장이 정한다.

제2절 보호관찰소

제14조 【보호관찰소의 설치】

① 보호관찰, 사회봉사, 수강 및 갱생보호에 관한 사무를 관장하기 위하여 법무부장관 소속으로 보호관찰소를 둔다.

② 보호관찰소의 사무 일부를 처리하게 하기 위하여 그 관할 구역에 보호관찰지소를 둘 수 있다.

제15조【보호관찰소의 관장 사무】★★

보호관찰소(보호관찰지소를 포함한다. 이하 같다)는 다음 각 호의 사무를 관장한다.

1. 보호관찰, 사회봉사명령 및 수강명령의 집행
2. 갱생보호
3. 검사가 보호관찰관이 선도(善導)함을 조건으로 공소제기를 유예하고 위탁한 선도 업무
4. 제18조에 따른 범죄예방 자원봉사위원에 대한 교육훈련 및 업무지도
5. 범죄예방활동
6. 이 법 또는 다른 법령에서 보호관찰소의 관장 사무로 규정된 사항

제16조【보호관찰관】

① 보호관찰소에는 제15조 각 호의 사무를 처리하기 위하여 보호관찰관을 둔다.
② 보호관찰관은 형사정책학, 행형학, 범죄학, 사회사업학, 교육학, 심리학, 그 밖에 보호관찰에 필요한 전문적 지식을 갖춘 사람이어야 한다.

시행령

제6조의2【교육훈련】

① 법무부장관은 법 제15조의 사무를 담당하는 보호관찰소 소속 공무원이 충분한 전문적 지식을 갖출 수 있도록 교육훈련과정을 운영하여야 한다.
② 법 제15조의 사무를 담당하는 보호관찰소 소속 공무원은 법무부령으로 정하는 바에 따라 제1항의 교육훈련과정을 이수하여야 한다.
③ 교육훈련과정에 관하여 필요한 사항은 법무부령으로 정한다.

시행규칙

제7조의2【교육훈련】

① 영 제6조의2에 따른 교육훈련과정의 분야·교과목 및 교육 강사의 자격은 별표 1과 같다
② 보호관찰소 소속 공무원은 법 제15조의 사무를 담당하는 날부터 2년 이내에 별표 1의 공통분야의 교과목을 모두 이수하여야 한다. 다만, 법 제15조의 사무를 담당하기 전에 임용전 교육 등을 통해 별표 1의 공통분야의 교과목을 이수한 경우에는 해당 교과목을 이수한 것으로 본다.
③ 법무부장관은 별표 1의 전문분야의 분야별 교과목을 정하여야 하며, 법 제15조의 사무를 담당하는 보호관찰소 소속 공무원은 매년 2개 이상의 전문분야의 분야별 교과목을 이수하여야 한다.
④ 별표 1에 따른 교육훈련과정은 법무연수원 등 국가공무원 교육기관의 교육과정 외 보호관찰소 직무교육과정, 「고등교육법」 제2조에 따른 학교의 학위과정, 「학점인정 등에 관한 법률」 제3조에 따라 평가인정을 받은 학습과정에서도 이수할 수 있다.
⑤ 법무부장관은 보호관찰소 소속 공무원의 전문적 지식을 향상시키기 위하여 별표 1에 따른 교육훈련과정에 대하여 필기시험 또는 구술시험을 실시할 수 있다.

⑥ 보호관찰소의 장은 소속 공무원에 대하여 별표 1에 따른 교육훈련과정에 대한 연간 교육계획을 수립하여야 한다.

제17조 【보호관찰소의 명칭 등】
보호관찰소의 명칭, 관할 구역, 조직 및 정원, 그 밖에 필요한 사항은 대통령령으로 정한다.

제18조 【범죄예방 자원봉사위원】
① 범죄예방활동을 하고, 보호관찰활동과 갱생보호사업을 지원하기 위하여 범죄예방 자원봉사위원(이하 "범죄예방위원"이라 한다)을 둘 수 있다.
② 법무부장관은 법무부령으로 정하는 바에 따라 범죄예방위원을 위촉한다.
③ 범죄예방위원의 명예와 이 법에 따른 활동은 존중되어야 한다.
④ 범죄예방위원은 명예직으로 하되, 예산의 범위에서 직무수행에 필요한 비용의 전부 또는 일부를 지급할 수 있다.
⑤ 범죄예방위원의 위촉 및 해촉, 정원, 직무의 구체적 내용, 조직, 비용의 지급, 그 밖에 필요한 사항은 법무부령으로 정한다.

▮▮ 시행규칙

제8조 【범죄예방자원봉사위원의 위촉 및 해촉】
① 법 제18조의 규정에 의한 범죄예방자원봉사위원(이하 "범죄예방위원"이라 한다)은 다음 각 호의 요건을 갖춘 자중에서 법무부장관이 위촉한다.
  1. 인격 및 행동에 있어 사회적으로 신망을 받을 것
  2. 사회봉사에 대한 열의를 가지고 있을 것
  3. 건강하고 활동력이 있을 것
  4. 국가공무원법 제33조 각 호의 결격사유에 해당하지 아니할 것
② 법무부장관은 범죄예방위원이 다음 각 호의 1에 해당하는 때에는 해촉할 수 있다.
  1. 범죄예방위원의 직무를 태만히 하거나 직무수행실적이 없는 때
  2. 직무수행과 관련하여 비위행위가 있는 때
  3. 품위손상 기타 사유로 인하여 범죄예방위원으로서 적당하지 아니하다고 인정되는 때
③ 삭제 <2009.11.27.>
④ 삭제 <2009.11.27.>

제9조 【범죄예방위원의 정원】
범죄예방위원의 정원은 시(구가 설치되지 아니한 시를 말한다)·군·구별로 그 지역의 인구·범죄상황 기타 사정을 고려하여 인구 1천명당 1인의 범위 내에서 법무부장관이 정한다.

제10조 【범죄예방위원의 직무】
범죄예방위원은 다음 각 호의 직무를 수행한다.
1. 지역사회에서의 범죄예방활동 전개

1의2. 보호관찰 대상자 지도, 사회봉사명령 집행감독 등 보호관찰활동 지원
2. 범법자에 대한 상담지도
3. 범법자에 대한 취업알선·재정지원
4. 제1호 내지 제3호에 관련되는 것으로 법무부장관이 정하는 사항

제11조【범죄예방위원의 조직】

범죄예방위원의 체계적인 활동을 도모하기 위하여 법무부장관이 정하는 바에 의하여 범죄예방지도협의회와 범죄예방위원의 자치조직을 둘 수 있다.

제11조의2【특별범죄예방자원봉사위원】

① 보호관찰소의 장은 보호관찰 대상자 지도, 사회봉사명령 집행감독 등 보호관찰활동을 지원할 사람이 필요한 경우 특별범죄예방자원봉사위원(이하 "특별범죄예방위원"이라 한다)을 위촉할 수 있다.
② 특별범죄예방위원의 위촉기간은 2년으로 한다. 다만, 보호관찰 대상자와 특별한 관계에 있는 사람을 특별범죄예방위원으로 위촉하는 경우 그 위촉기간은 대상자의 보호관찰기간으로 할 수 있다.
③ 특별범죄예방위원의 위촉 및 해촉에 관하여 제8조 제1항 및 제2항을 준용한다.

제12조【비용의 지급】

범죄예방위원과 특별범죄예방위원에 대하여는 예산의 범위안에서 그 직무수행에 필요한 실비를 지급한다.

제3장 | 보호관찰

제1절 판결 전 조사

제19조【판결 전 조사】★★

① 법원은 피고인에 대하여「형법」제59조의2(선고유예 시 보호관찰) 및 제62조의2(집행유예 시 보호관찰, 사회봉사·수강명령)에 따른 보호관찰, 사회봉사 또는 수강을 명하기 위하여 필요하다고 인정하면 그 법원의 소재지(所在地) 또는 피고인의 주거지를 관할하는 보호관찰소의 장에게 범행동기, 직업, 생활환경, 교우관계, 가족상황, 피해회복 여부 등 피고인에 관한 사항의 조사를 요구할 수 있다.
② 제1항의 요구를 받은 보호관찰소의 장은 지체 없이 이를 조사하여 서면으로 해당 법원에 알려야 한다. 이 경우 필요하다고 인정하면 피고인이나 그 밖의 관계인을 소환하여 심문하거나 소속 보호관찰관에게 필요한 사항을 조사하게 할 수 있다.
③ 법원은 제1항의 요구를 받은 보호관찰소의 장에게 조사진행상황에 관한 보고를 요구할 수 있다.

제19조의2 【결정 전 조사】

① 법원은 「소년법」 제12조에 따라 소년 보호사건에 대한 조사 또는 심리를 위하여 필요하다고 인정하면 그 법원의 소재지 또는 소년의 주거지를 관할하는 보호관찰소의 장에게 소년의 품행, 경력, 가정상황, 그 밖의 환경 등 필요한 사항에 관한 조사를 의뢰할 수 있다.

② 제1항의 의뢰를 받은 보호관찰소의 장은 지체 없이 조사하여 서면으로 법원에 통보하여야 하며, 조사를 위하여 필요한 경우에는 소년 또는 관계인을 소환하여 심문하거나 소속 보호관찰관으로 하여금 필요한 사항을 조사하게 할 수 있다.

🔳 시행령

제7조 【판결 및 결정 전 조사】

법원은 보호관찰소의 장에게 법 제19조 제1항 또는 제19조의2 제1항에 따른 조사를 요구하는 때에는 피고인 또는 소년의 인적사항 및 범죄사실의 요지를 통보하여야 한다. 이 경우 필요하다고 인정하는 때에는 참고자료를 송부할 수 있다.

🔳 시행규칙

제7조의3 【조사관】

① 법무부장관은 판결 전 조사 등 조사업무의 원활한 수행 및 전문성 확보를 위하여 조사관을 양성하여야 한다.

② 조사관은 다음 각 호의 요건을 모두 갖추어야 한다.

    1. 보호관찰소 소속 공무원으로서 제7조의2에 따른 교육훈련과정 중 별표 1의 전문분야의 판결 전조사 등 조사 분야 교육을 이수하였을 것

    2. 필기시험 및 조사서 작성능력 평가를 통과하였을 것

③ 필기시험 및 조사서 작성능력 평가 등 조사관 양성에 관하여 필요한 세부 사항은 법무부장관이 정한다.

제2절 형의 선고유예 및 집행유예와 보호관찰

제20조 【판결의 통지 등】 ★

① 법원은 「형법」 제59조의2(선고유예시 보호관찰) 또는 제62조의2(집행유예시 보호관찰, 사회봉사·수강명령)에 따라 보호관찰을 명하는 판결이 확정된 때부터 3일 이내에 판결문 등본 및 준수사항을 적은 서면을 피고인의 주거지를 관할하는 보호관찰소의 장에게 보내야 한다.

② 제1항의 경우 법원은 그 의견이나 그 밖에 보호관찰에 참고가 될 수 있는 자료를 첨부할 수 있다.

③ 법원은 제1항의 통지를 받은 보호관찰소의 장에게 보호관찰 상황에 관한 보고를 요구할 수 있다.

제3절 가석방 및 임시퇴원

제21조【교도소장 등의 통보의무】
① 교도소·구치소·소년교도소의 장은 징역 또는 금고의 형을 선고받은 소년(이하 "소년수형자"라 한다)이 「소년법」 제65조 각 호의 기간(무기형의 경우에는 5년, 15년 유기형의 경우에는 3년, 부정기형의 경우에는 단기의 3분의 1)을 지나면 그 교도소·구치소·소년교도소의 소재지를 관할하는 심사위원회에 그 사실을 통보하여야 한다.
② 소년원장은 보호소년이 수용된 후 6개월이 지나면 그 소년원의 소재지를 관할하는 심사위원회에 그 사실을 통보하여야 한다.

시행령

제8조【수용기관의 장의 통보의무】
① 수용기관의 장은 법 제21조 제1항 및 제2항의 규정에 의하여 징역 또는 금고의 형의 선고를 받은 소년(이하 "소년수형자"라 한다) 및 보호소년에 대한 기간경과의 통보를 하는 때에는 기간경과통보서를 작성하여 관할심사위원회에 통보하여야 한다.
② 수용기관의 장은 제1항의 규정에 의하여 통보한 사항 기타 신상에 관한 사항에 변동이 생긴 때에는 지체없이 관할심사위원회에 그 사실을 통보하여야 한다.

시행규칙

제15조【수용자의 이송통지】
① 교도소·구치소·소년교도소 및 소년원(이하 "수용기관"이라 한다)의 장은 관할심사위원회에 기간경과통보서를 송부한 후에 징역 또는 금고의 형의 선고를 받은 소년(이하 "소년수형자"라 한다) 또는 보호소년을 다른 수용기관에 이송한 경우에는 별지 제6호서식의 이송통지서를 작성하여 관할심사위원회에 송부하여야 한다.
② 제1항의 이송통지서를 송부받은 심사위원회는 소년수형자 또는 보호소년이 다른 심사위원회의 관할구역에 있는 수용기관에 이송된 때에는 지체 없이 기간경과통보서등 관계서류를 당해심사위원회에 송부하여야 한다.

제22조【가석방·퇴원 및 임시퇴원의 신청】
① 교도소·구치소·소년교도소 및 소년원(이하 "수용기관"이라 한다)의 장은 「소년법」 제65조 각 호의 기간(무기형의 경우에는 5년, 15년 유기형의 경우에는 3년, 부정기형의 경우에는 단기의 3분의 1)이

지난 소년수형자 또는 수용 중인 보호소년에 대하여 법무부령으로 정하는 바에 따라 관할 심사위원회에 가석방, 퇴원 또는 임시퇴원 심사를 신청할 수 있다.

② 제1항의 신청을 할 때에는 제26조 또는 제27조에 따라 통지받은 환경조사 및 환경개선활동 결과를 고려하여야 한다.

시행령

제9조【가석방·퇴원 및 임시퇴원의 신청】

수용기관의 장은 법 제22조에 따라 가석방, 퇴원 또는 임시퇴원의 심사를 신청하고자 하는 경우에는 소년수형자 또는 보호소년의 신상에 관한 사항, 범죄 및 비행에 관한 사항, 교정성적 등을 종합적으로 고려하여야 한다.

제23조【가석방·퇴원 및 임시퇴원의 심사와 결정】

① 심사위원회는 제22조 제1항에 따른 신청(가석방·퇴원 및 임시퇴원의 신청)을 받으면 소년수형자에 대한 가석방 또는 보호소년에 대한 퇴원·임시퇴원이 적절한지를 심사하여 결정한다.

② 심사위원회는 제21조에 따른 통보를 받은 사람에 대하여는 제22조 제1항에 따른 신청이 없는 경우에도 직권으로 가석방·퇴원 및 임시퇴원이 적절한지를 심사하여 결정할 수 있다.

③ 심사위원회는 제1항 또는 제2항에 따라 소년수형자의 가석방이 적절한지를 심사할 때에는 보호관찰의 필요성을 심사하여 결정한다.

④ 심사위원회는 제1항부터 제3항까지의 규정에 따라 심사·결정을 할 때에는 본인의 인격, 교정성적, 직업, 생활태도, 가족관계 및 재범 위험성 등 모든 사정을 고려하여야 한다.

시행령

제10조【직권심사】

심사위원회는 법 제23조 제2항, 법 제48조 제1항, 법 제50조 제1항, 법 제52조 제1항·제3항 또는 법 제53조 제1항의 규정에 의하여 직권으로 심사를 하는 경우에는 심사대상자를 수용하는 수용기관의 장 또는 관할보호관찰소의 장의 의견을 들어야 한다.

제11조【가석방등의 결정】

① 심사위원회는 법 제23조에 따라 가석방, 퇴원 또는 임시퇴원의 적부를 심사하여 결정하는 경우에는 소년수형자 또는 보호소년의 건전한 사회복귀를 위하여 가장 적당하다고 인정되는 시기와 다음 각 호의 요건을 충족하였는지의 여부를 종합적으로 판단하여야 한다.

1. 뉘우치는 빛이 뚜렷할 것
2. 자립·갱생의 의욕이 인정될 것
3. 재범의 염려가 없다고 인정될 것
4. 사회의 감정이 가석방, 퇴원 또는 임시퇴원을 용인한다고 인정될 것

② 심사위원회는 법 제23조 제3항의 규정에 의하여 보호관찰의 필요성 여부를 심사하여 결정하는 때에는 법 제26조의 규정에 의한 환경조사 또는 법 제27조의 규정에 의한 환경개선활동의 결과를 고려하여야 한다.

제24조 【성인수형자에 대한 보호관찰의 심사와 결정】

① 심사위원회는 「형의 집행 및 수용자의 처우에 관한 법률」 제122조(가석방 허가)에 따라 가석방
되는 사람에 대하여 보호관찰의 필요성을 심사하여 결정한다.
② 심사위원회는 제1항에 따른 보호관찰심사를 할 때에는 제28조(성인수형자에 대한 보호관찰 사안조
사)에 따른 보호관찰 사안조사 결과를 고려하여야 한다.

제25조 【법무부장관의 허가】 ★

심사위원회는 제23조에 따른 심사 결과 가석방, 퇴원 또는 임시퇴원이 적절하다고 결정한 경우
및 제24조에 따른 심사 결과 보호관찰이 필요 없다고 결정한 경우에는 결정서에 관계 서류를
첨부하여 법무부장관에게 이에 대한 허가를 신청하여야 하며, 법무부장관은 심사위원회의 결정
이 정당하다고 인정하면 이를 허가할 수 있다.

제4절 환경조사 및 환경개선활동

제26조 【환경조사】 ★★

① 수용기관·병원·요양소·「보호소년 등의 처우에 관한 법률」에 따른 의료재활소년원의 장은
소년수형자 및 「소년법」 제32조 제1항 제7호(병원, 요양소 또는 의료재활소년원에 위탁)·제9호(단기
소년원 송치)·제10호(장기 소년원 송치)의 보호처분 중 어느 하나에 해당하는 처분을 받은 사람(이
하 "수용자"라 한다)을 수용한 경우에는 지체 없이 거주예정지를 관할하는 보호관찰소의 장에
게 신상조사서를 보내 환경조사를 의뢰하여야 한다.
② 제1항에 따라 환경조사를 의뢰받은 보호관찰소의 장은 수용자의 범죄 또는 비행의 동기,
수용 전의 직업, 생활환경, 교우관계, 가족상황, 피해회복 여부, 생계대책 등을 조사하여 수용
기관의 장에게 알려야 한다. 이 경우 필요하다고 인정하면 수용자를 면담하거나 관계인을
소환하여 심문(審問)하거나 소속 보호관찰관에게 필요한 사항을 조사하게 할 수 있다.

시행령

제12조 【환경조사】

① 수용기관의 장은 법 제26조 제1항의 규정에 의하여 환경조사를 의뢰한 후 소년수형자 및 「소년법」 제32조
제1항 제8호부터 제10호까지의 어느 하나에 해당하는 보호처분을 받은 자(이하 "수용자"라 한다)의 신상에
변동이 있는 때에는 지체 없이 거주예정지를 관할하는 보호관찰소의 장에게 그 사실을 통지하여야 한다.
② 법 제26조의 규정에 의한 환경조사는 다음 각 호의 사항에 대하여 실시하여야 한다.
  1. 인수인·가족관계 및 주변의 상황

2. 범죄 또는 비행에 관한 사회의 감정
3. 피해변상여부 및 피해자의 감정
4. 수용전의 직업·생활환경 및 교우관계
5. 석방 후 취업계획 또는 생계의 전망
6. 범죄 또는 비행의 동기
7. 기타 참고사항

제27조【환경개선활동】★

① 보호관찰소의 장은 제26조에 따른 환경조사 결과에 따라 수용자의 건전한 사회 복귀를 촉진하기 위하여 필요하다고 인정하면 본인의 동의를 얻거나 가족·관계인의 협력을 받아 본인의 환경개선을 위한 활동을 할 수 있다.

② 보호관찰소의 장은 제1항에 따른 환경개선활동을 위하여 필요하다고 인정하면 수용기관의 장에게 수용자의 면담 등 필요한 협조를 요청할 수 있다.

③ 보호관찰소의 장은 제1항에 따른 환경개선활동의 결과를 수용기관의 장과 수용기관의 소재지를 관할하는 심사위원회에 알려야 한다.

시행령

제13조【환경개선활동의 방법】

보호관찰소의 장은 법 제27조 제1항의 규정에 의한 환경개선활동을 하는 경우에는 수용자와의 면접 또는 통신, 가족 및 관계인과의 협의, 수용기관 기타 관계기관의 협조 등의 방법으로 지속적으로 실시하여야 하며, 본인의 의사를 존중하고 본인·가족 및 관계인의 신뢰와 협력을 얻도록 노력하여야 한다.

제28조【성인수형자에 대한 보호관찰 사안조사】

① 교도소·구치소·소년교도소의 장은 징역 또는 금고 이상의 형을 선고받은 성인(이하 "성인수형자"라 한다)에 대하여 「형의 집행 및 수용자의 처우에 관한 법률」 제121조에 따라 가석방심사위원회에 가석방 적격심사신청을 할 때에는 신청과 동시에 가석방 적격심사신청 대상자의 명단과 신상조사서를 해당 교도소·구치소·소년교도소의 소재지를 관할하는 심사위원회에 보내야 한다.

② 심사위원회는 교도소·구치소·소년교도소의 장으로부터 가석방 적격심사신청 대상자의 명단과 신상조사서를 받으면 해당 성인수형자를 면담하여 직접 제26조 제2항 전단에 규정된 사항, 석방 후의 재범 위험성 및 사회생활에 대한 적응 가능성 등에 관한 조사(이하 "보호관찰 사안조사"라 한다)를 하거나 교도소·구치소·소년교도소의 소재지 또는 해당 성인수형자의 거주예정지를 관할하는 보호관찰소의 장에게 그 자료를 보내 보호관찰 사안조사를 의뢰할 수 있다.

③ 제2항에 따라 보호관찰 사안조사를 의뢰받은 보호관찰소의 장은 지체 없이 보호관찰 사안조사를 하고 그 결과를 심사위원회에 통보하여야 한다.

④ 교도소·구치소·소년교도소의 장은 심사위원회 또는 보호관찰소의 장으로부터 보호관찰 사
안조사를 위하여 성인수형자의 면담 등 필요한 협조 요청을 받으면 이에 협조하여야 한다.

시행령

제14조【보호관찰사안조사】

교도소·구치소·소년교도소의 장은 법 제28조 제1항의 규정에 의하여 가석방심사신청대상자의 명단과 신상조
사서를 심사위원회에 송부한 후 그 대상자의 신상에 변동이 있을 때에는 심사위원회에 그 사실을 통지하여야
한다.

제15조【수용기관의 장의 협조】

수용기관의 장은 심사위원회 또는 보호관찰소의 장으로부터 수용자와의 면접, 관계기록의 열람 등 필요한 협조요
청을 받은 경우에는 이에 응하여야 한다.

제5절 보호관찰

제29조【보호관찰의 개시 및 신고】
① 보호관찰은 법원의 판결이나 결정이 확정된 때 또는 가석방·임시퇴원된 때부터 시작된다.
② 보호관찰 대상자는 대통령령으로 정하는 바에 따라 주거, 직업, 생활계획, 그 밖에 필요한
사항을 관할 보호관찰소의 장에게 신고하여야 한다.

시행령

제16조【보호관찰대상자의 신고의무】

법 제3조 제1항의 규정에 의한 보호관찰대상자(이하 "보호관찰대상자"라 한다)는 다음 각 호의 어느 하나에
해당하는 때에는 10일 이내에 주거지를 관할하는 보호관찰소에 출석하여 서면으로 법 제29조 제2항의 규정에
의한 신고를 하여야 한다.

1.「형법」제59조의2 또는 제62조의2의 규정에 의한 판결이 확정된 때
2.「형법」제73조의2 또는 법 제25조에 따라 가석방 또는 임시퇴원된 때
3.「소년법」제32조 제1항 제4호 또는 제5호의 보호처분이 확정된 때
4. 다른 법률에 의하여 이 법에 의한 보호관찰을 받도록 명하는 판결 또는 결정이 확정된 때

제30조【보호관찰의 기간】
보호관찰 대상자는 다음 각 호의 구분에 따른 기간에 보호관찰을 받는다.
1. 보호관찰을 조건으로 형의 선고유예를 받은 사람 : 1년

2. 보호관찰을 조건으로 형의 집행유예를 선고받은 사람 : 그 유예기간. 다만, 법원이 보호관찰 기간을 따로 정한 경우에는 그 기간
3. 가석방자 : 「형법」 제73조의2(가석방의 기간 및 보호관찰) 또는 「소년법」 제66조(가석방 기간의 종료)에 규정된 기간(형법 제73조의2 : 무기형에 있어서는 10년으로 하고 유기형에 있어서는 남은 형기, 소년법 제66조 : 가석방 전에 집행을 받은 기간과 같은 기간)
4. 임시퇴원자 : 퇴원일부터 6개월 이상 2년 이하의 범위에서 심사위원회가 정한 기간
5. 「소년법」 제32조 제1항 제4호(보호관찰관의 단기 보호관찰 : 1년) 및 제5호(보호관찰관의 장기 보호관찰 : 2년+1년)의 보호처분을 받은 사람 : 그 법률에서 정한 기간
6. 다른 법률에 따라 이 법에서 정한 보호관찰을 받는 사람 : 그 법률에서 정한 기간

시행규칙

제22조【보호관찰기간의 계산】
보호관찰기간은 법 제29조 제1항의 규정에 의하여 보호관찰이 개시된 때부터 진행한다. 이 경우 초일은 보호관찰 기간에 산입한다.

제31조【보호관찰담당자】
보호관찰은 보호관찰 대상자의 주거지를 관할하는 보호관찰소 소속 보호관찰관이 담당한다.

시행규칙

제23조【보호관찰담당자의 지명 및 임무】
① 보호관찰소의 장은 보호관찰대상자별로 담당보호관찰관을 지명하여 보호관찰을 담당하게 한다.
② 보호관찰관은 보호관찰대상자로부터 별지 제13호서식의 서약서를 제출받고 보호관찰기간중 준수사항을 이행하도록 지시한다.
③ 보호관찰관은 보호관찰대상자의 자립과 건전한 사회복귀를 위하여 적절한 지도와 감독 및 원호를 하여야 한다.
④ 보호관찰관은 그 직무수행에 필요한 경우에는 범죄예방위원 또는 특별범죄예방위원에게 지원을 요청할 수 있다.
⑤ 보호관찰관은 보호관찰대상자에 대한 지도·감독·원호·조치상황·주요동태 및 준수사항의 이행여부등 보호관찰경과에 관한 중요한 사항을 보호관찰카드에 기재한다.
⑥ 보호관찰관은 제4항의 규정에 의하여 지원을 요청한 범죄예방위원 또는 특별범죄예방위원에 대하여 별지 제14호서식의 보호관찰경과통보서를 작성하여 매월 1회 통보하도록 요구할 수 있다.
⑦ 보호관찰관은 법 제32조 제2항 제4호의 규정에 의한 주거이전신고를 받은 때에는 지체 없이 보호관찰대상자에 대한 보호관찰카드 기타 관계서류를 첨부하여 신주거지를 관할하는 보호관찰소의 장에게 통보하여야 한다.

제32조 【보호관찰 대상자의 준수사항】 ★★

① 보호관찰 대상자는 보호관찰관의 지도·감독을 받으며 준수사항을 지키고 스스로 건전한 사회인이 되도록 노력하여야 한다.

② 보호관찰 대상자는 다음 각 호의 사항을 지켜야 한다.

  1. 주거지에 상주(常住)하고 생업에 종사할 것

  2. 범죄로 이어지기 쉬운 나쁜 습관을 버리고 선행(善行)을 하며 범죄를 저지를 염려가 있는 사람들과 교제하거나 어울리지 말 것

  3. 보호관찰관의 지도·감독에 따르고 방문하면 응대할 것

  4. 주거를 이전(移轉)하거나 1개월 이상 국내외 여행을 할 때에는 미리 보호관찰관에게 신고할 것

③ 법원 및 심사위원회는 판결의 선고 또는 결정의 고지를 할 때에는 제2항(일반준수사항)의 준수사항 외에 범죄의 내용과 종류 및 본인의 특성 등을 고려하여 필요하면 보호관찰 기간의 범위에서 기간을 정하여 다음 각 호의 사항을 특별히 지켜야 할 사항으로 따로 과(科)할 수 있다.

  1. 야간 등 재범의 기회나 충동을 줄 수 있는 특정 시간대의 외출 제한

  2. 재범의 기회나 충동을 줄 수 있는 특정 지역·장소의 출입 금지

  3. 피해자 등 재범의 대상이 될 우려가 있는 특정인에 대한 접근 금지

  4. 범죄행위로 인한 손해를 회복하기 위하여 노력할 것

  5. 일정한 주거가 없는 자에 대한 거주장소 제한

  6. 사행행위에 빠지지 아니할 것

  7. 일정량 이상의 음주를 하지 말 것

  8. 마약 등 중독성 있는 물질을 사용하지 아니할 것

  9. 「마약류관리에 관한 법률」상의 마약류 투약, 흡연, 섭취 여부에 관한 검사에 따를 것

  10. 그 밖에 보호관찰 대상자의 재범 방지를 위하여 필요하다고 인정되어 대통령령으로 정하는 사항

④ 보호관찰 대상자가 제2항(일반준수사항) 또는 제3항(특별준수사항)의 준수사항을 위반하거나 사정변경의 상당한 이유가 있는 경우에는 법원은 보호관찰소의 장의 신청 또는 검사의 청구에 따라, 심사위원회는 보호관찰소의 장의 신청에 따라 각각 준수사항의 전부 또는 일부를 추가, 변경하거나 삭제할 수 있다.

⑤ 제2항부터 제4항까지의 준수사항은 서면으로 고지하여야 한다.

시행령

제17조 【준수사항의 부과 및 훈계】

법원 또는 심사위원회는 법 제32조의 규정에 의하여 보호관찰대상자에게 준수사항을 과할 때에는 보호관찰의 취지를 설명하고, 준수사항을 기재한 서면을 교부하여야 하며, 적절한 훈계를 할 수 있다.

제18조【주거이전 등의 신고】

① 보호관찰대상자는 법 제32조 제2항 제4호의 규정에 의한 신고를 할 때에는 법무부령이 정하는 바에 의하여 본인의 성명, 주거, 주거이전예정지 또는 여행지, 주거이전이유 또는 여행목적, 주거이전일자 또는 여행기간 등을 신고하여야 한다.

② 보호관찰대상자가 다른 보호관찰소의 관할구역 안으로 주거를 이전한 때에는 10일 이내에 신주거지를 관할하는 보호관찰소에 출석하여 서면으로 주거이전의 사실을 신고하여야 한다.

제19조【특별준수사항】 ★

법 제32조 제3항 제10호에서 "대통령령으로 정하는 사항"이란 다음 각 호의 사항을 말한다.

1. 운전면허를 취득할 때까지 자동차(원동기장치자전거를 포함한다) 운전을 하지 않을 것

2. 직업훈련, 검정고시 등 학과교육 또는 성행(性行 : 성품과 행실)개선을 위한 교육, 치료 및 처우 프로그램에 관한 보호관찰관의 지시에 따를 것

3. 범죄와 관련이 있는 특정 업무에 관여하지 않을 것

4. 성실하게 학교수업에 참석할 것

5. 정당한 수입원에 의하여 생활하고 있음을 입증할 수 있는 자료를 정기적으로 보호관찰관에게 제출할 것

6. 흉기나 그 밖의 위험한 물건을 소지 또는 보관하거나 사용하지 아니할 것

7. 가족의 부양 등 가정생활에 있어서 책임을 성실히 이행할 것

8. 그 밖에 보호관찰 대상자의 생활상태, 심신의 상태, 범죄 또는 비행의 동기, 거주지의 환경 등으로 보아 보호관찰 대상자가 준수할 수 있고 자유를 부당하게 제한하지 아니하는 범위에서 개선·자립에 도움이 된다고 인정되는 구체적인 사항

제19조의2【준수사항의 추가 등 신청】

① 보호관찰소의 장은 법 제32조 제4항에 따라 준수사항의 추가, 변경 또는 삭제를 신청하는 경우에는 다음 각 호의 사항을 적은 서면으로 하여야 한다.

　1. 보호관찰 대상자의 성명, 주민등록번호, 직업 및 주거

　2. 신청의 취지

　3. 준수사항의 추가, 변경 또는 삭제를 필요로 하는 사유

② 보호관찰소의 장은 제1항의 신청을 할 때 신청사유를 소명할 수 있는 자료를 제출하여야 한다.

③ 법원 또는 심사위원회는 제1항에 따른 신청의 심리를 위하여 필요한 경우에는 담당보호관찰관을 출석시켜 의견을 들을 수 있고, 보호관찰 대상자를 소환하여 심문하거나 필요한 사항을 조사할 수 있다.

제33조【지도·감독】

① 보호관찰관은 보호관찰 대상자의 재범을 방지하고 건전한 사회 복귀를 촉진하기 위하여 필요한 지도·감독을 한다.

② 제1항의 지도·감독 방법은 다음 각 호와 같다.

　1. 보호관찰 대상자와 긴밀한 접촉을 가지고 항상 그 행동 및 환경 등을 관찰하는 것

　2. 보호관찰 대상자에게 제32조의 준수사항을 이행하기에 적절한 지시를 하는 것

　3. 보호관찰 대상자의 건전한 사회 복귀를 위하여 필요한 조치를 하는 것

제33조의2 【분류처우】

① 보호관찰소의 장은 범행 내용, 재범위험성 등 보호관찰 대상자의 개별적 특성을 고려하여 그에 알맞은 지도·감독의 방법과 수준에 따라 분류처우를 하여야 한다.

② 제1항에 따른 분류처우에 관하여 필요한 사항은 대통령령으로 정한다.

시행령

제19조의3 【분류처우계획의 수립 등】

① 보호관찰소의 장은 법 제33조의2에 따른 분류처우(이하 이 조에서 "분류처우"라 한다)를 하기 위하여 보호관찰 대상자의 개별적 특성에 알맞은 분류처우계획을 수립하여 시행하여야 한다.

② 보호관찰소의 장은 분류처우를 하기 위하여 보호관찰 대상자의 재범가능성, 사회생활 적응가능성 등 필요한 사항을 조사하여야 한다.

③ 보호관찰소의 장은 분류처우를 하기 위하여 보호관찰 대상자에 대한 심리검사 등 필요한 검사를 할 수 있고, 필요한 경우 외부전문가로부터 의견을 듣거나 검사를 의뢰할 수 있다.

제34조 【원호】 ★★

① 보호관찰관은 보호관찰 대상자가 자조(自助)의 노력을 할 때에는 그의 개선과 자립을 위하여 필요하다고 인정되는 적절한 원호(援護)를 한다.

② 제1항의 원호의 방법은 다음 각 호와 같다.

1. 숙소 및 취업의 알선
2. 직업훈련 기회의 제공
3. 환경의 개선
4. 보호관찰 대상자의 건전한 사회 복귀에 필요한 원조의 제공

시행규칙

제25조의2 【원호협의회】

① 보호관찰소의 장은 법 제34조의 원호활동을 종합적이고 체계적으로 전개하기 위하여 원호협의회를 설치할 수 있다.

② 원호협의회는 5명 이상의 위원으로 구성하되, 보호관찰소의 장은 당연직 위원으로서 위원장이 되고, 위원은 다음 각 호에 해당하는 사람 중에서 위원장이 위촉한다.

1. 보호관찰소 관할구역의 보건소의 장 및 기초자치단체의 사회복지 또는 청소년 업무 관련 부서장
2. 종합사회복지관, 알코올상담센터, 정신보건센터, 청소년상담실 등 사회복지시설의 장 또는 관련 부서장
3. 노동부 고용지원센터의 장 또는 관련 부서장
4. 대학교수, 초·중·고등학교의 장 또는 교사
5. 학원 등 사설교육기관의 장
6. 의사, 변호사, 약사 등의 전문직 종사자

7. 사회적으로 신망을 받고 봉사활동에 열의를 가진 기업인 또는 자영업자
8. 보호사무관 이상으로 7년 이상 보호관찰 또는 소년선도업무에 종사한 경력이 있는 사람
9. 그 밖에 보호관찰업무에 관심을 갖고 보호관찰 대상자 원호를 지원할 역량을 갖춘 사람
③ 위원의 임기는 2년으로 한다.
④ 위원장은 위원의 활동이 부진하거나 품위손상 등 사유로 직무수행이 곤란하다고 인정되는 경우에는 그 위원을 해촉할 수 있다.
⑤ 위원장은 보호관찰 대상자와 그의 가족에 대한 생계, 의료·교육·법률 문제 해결, 직업훈련, 취업알선, 기초생활수급자 지정 등 종합적인 지원이 필요한 경우 협의회를 소집하여 원호의 내용, 분야, 규모 등을 협의할 수 있다.
⑥ 위원장은 보호관찰 대상자와 그의 가족에 대한 특정 분야의 원호활동을 각 위원에게 개별적으로 의뢰할 수 있다.

제35조 【응급구호】
보호관찰소의 장은 보호관찰 대상자에게 부상, 질병, 그 밖의 긴급한 사유가 발생한 경우에는 대통령령으로 정하는 바에 따라 필요한 구호를 할 수 있다.

시행령

제20조 【응급구호의 범위】
① 법 제35조의 규정에 의한 응급구호는 다음 각 호의 1에 해당하는 경우에 실시할 수 있다.
1. 질병·부상 기타 긴급한 사유의 발생으로 보호관찰대상자의 생명·신체에 중대한 위험이 예상되는 경우
2. 보호자 또는 부양의무자의 부양능력이 없어 구호가 불가피한 경우
3. 기타 응급구호를 함이 적절하다고 판단되는 경우
② 보호관찰소의 장은 법 제35조의 규정에 의하여 응급구호를 하고자 하는 경우에는 예산의 범위안에서 이를 실시할 수 있다.

제36조 【갱생보호사업자 등의 원조와 협력】
보호관찰소의 장은 제34조에 따른 원호와 제35조에 따른 응급구호를 위하여 필요한 경우에는 국공립기관, 제67조 제1항에 따라 갱생보호사업 허가를 받은 자, 제71조에 따른 한국법무보호복지공단, 그 밖의 단체에 대하여 숙식 제공이나 그 밖의 적절한 원조 또는 협력을 요청할 수 있다. 이 경우 필요한 비용은 국가가 예산의 범위에서 지급한다.

제36조의2 【정신질환 보호관찰 대상자의 치료 등을 위한 협력】
① 보호관찰 대상자로서 정신건강의학과전문의가 「정신건강증진 및 정신질환자 복지서비스 지원에 관한 법률」 제3조 제1호에 따른 정신질환자(망각, 환각, 사고나 기분의 장애 등으로

인하여 독립적으로 일상생활을 영위하는 데 중대한 제약이 있는 사람)로 진단하거나 감정한 사람(이하 "정신질환 보호관찰 대상자"라 한다)은 같은 조 제3호의 정신건강복지센터에 등록하여 상담, 진료, 재활 지원 등의 서비스를 받을 수 있다.

② 보호관찰소의 장은 제1항의 정신질환 보호관찰 대상자의 보호관찰이 종료되는 때에는 심사위원회의 심사를 거쳐 그 종료사실을 정신질환 보호관찰 대상자의 주소지를 관할하는 경찰관서의 장 및 지방자치단체의 장에게 통보할 수 있다.

③ 심사위원회는 제2항에 따라 정신질환 보호관찰 대상자의 보호관찰 종료사실통보가 적절한지 심사할 때에는 정신질환 보호관찰 대상자의 재범 방지 및 치료의 필요성 여부를 심사하여 결정한다.

④ 제2항에 따라 통보하는 정보의 구체적인 범위, 통보 방법 및 통보 절차 등에 필요한 사항은 대통령령으로 정한다.

시행령

제20조의2 【정신질환 보호관찰 종료사실 통보 절차 등】

① 보호관찰소의 장은 법 제36조의2 제2항에 따라 정신질환 보호관찰 대상자의 보호관찰 종료사실 통보를 위한 심사위원회의 심사를 받으려는 경우에는 다음 각 호의 사항을 적은 신청서에 진단서 또는 진료확인서 등을 첨부하여 제출하여야 한다.

  1. 정신질환 보호관찰 대상자의 각 목의 사항

    가. 성명   나. 주민등록번호

    다. 직업   라. 주거

    마. 죄명, 형명 및 형기   바. 보호관찰 개시일 및 종료일

    사. 병명 및 치료 이력

  2. 종료사실 통보가 필요한 이유

  3. 그 밖에 재범 위험성과 치료 필요성을 판단하는 데 참고할 사항

② 보호관찰소의 장이 법 제36조의2 제2항에 따라 통보하는 정보의 구체적인 범위는 다음 각 호와 같다.

  1. 정신질환 보호관찰 대상자의 각 목의 사항

    가. 성명   나. 주민등록번호

    다. 주거   라. 연락처

    마. 보호관찰 종료일   바. 병명 및 치료 이력

  2. 그 밖에 보호관찰소의 장이 범죄예방 및 치료에 필요하다고 인정하는 사항

③ 보호관찰소의 장은 경찰관서의 장에게 법 제36조의2 제2항에 따른 종료사실 통보를 하는 경우에는 제2항 각 호의 사항에 관한 전자기록을 「형사사법절차 전자화 촉진법」에 따른 형사사법정보시스템에 등록하여 경찰관서의 장이 그 전자기록을 조회하게 하는 방식으로 할 수 있다.

시행규칙

제25조의3 【보호관찰 종료사실의 통보】

① 법 제36조의2 제2항 및 영 제20조의2 제1항에 따른 보호관찰 종료사실 통보를 위한 심사 신청서는 별지

제16호의2서식과 같다.

② 심사위원회가 법 제36조의2 제2항 및 제3항에 따라 하는 보호관찰 종료사실 통보를 위한 심사 결정은 별지 제3호서식에 따른다.

③ 보호관찰소의 장이 법 제36조의2 제2항 및 영 제20조의2 제2항에 따라 경찰관서의 장 및 지방자치단체의 장에게 하는 보호관찰 종료사실 통보는 별지 제16호의3서식에 따른다.

제37조【보호관찰 대상자 등의 조사】

① 보호관찰소의 장은 보호관찰을 위하여 필요하다고 인정하면 보호관찰 대상자나 그 밖의 관계인을 소환하여 심문하거나 소속 보호관찰관에게 필요한 사항을 조사하게 할 수 있다.

② 보호관찰소의 장은 보호관찰을 위하여 필요하다고 인정하면 국공립기관이나 그 밖의 단체에 사실을 알아보거나 관련 자료의 열람 등 협조를 요청할 수 있다.

③ 제1항과 제2항의 직무를 담당하는 사람은 직무상 비밀을 엄수하고, 보호관찰 대상자 및 관계인의 인권을 존중하며, 보호관찰 대상자의 건전한 사회 복귀에 방해되는 일이 없도록 주의하여야 한다.

시행령

제21조【보호관찰대상자등의 소환 및 조사】

① 보호관찰소의 장은 법 제37조 제1항의 규정에 의하여 보호관찰대상자 기타 관계인을 소환하고자 하는 경우에는 출석요구서를 발부하여야 한다. 다만, 긴급을 요하는 등 출석요구서를 발부하기에 적당하지 아니한 경우에는 다른 방법에 의할 수 있다.

② 보호관찰관은 보호관찰대상자 기타 관계인을 소환하여 조사한 때에는 그 조사내용을 서면으로 작성하여야 한다.

제38조【경고】★

보호관찰소의 장은 보호관찰 대상자가 제32조의 준수사항을 위반하거나 위반할 위험성이 있다고 인정할 상당한 이유가 있는 경우에는 준수사항의 이행을 촉구하고 형의 집행 등 불리한 처분을 받을 수 있음을 경고할 수 있다.

시행령

제22조【보호관찰대상자에 대한 경고】

보호관찰소의 장은 법 제38조의 규정에 의하여 경고를 하는 때에는 보호관찰대상자에게 경고이유 등을 서면으로 고지하여야 한다.

시행규칙

제28조【경고장】
영 제22조에 따른 경고는 별지 제19호서식에 따른다.

제39조【구인】★★
① 보호관찰소의 장은 보호관찰 대상자가 제32조의 준수사항을 위반하였거나 위반하였다고 의심할 상당한 이유가 있고, 다음 각 호의 어느 하나에 해당하는 사유가 있는 경우에는 관할 지방검찰청의 검사에게 신청하여 검사의 청구로 관할 지방법원 판사의 구인장을 발부받아 보호관찰 대상자를 구인(拘引)할 수 있다.
  1. 일정한 주거가 없는 경우
  2. 제37조 제1항에 따른 소환(심문·조사에 따른 소환)에 따르지 아니한 경우
  3. 도주한 경우 또는 도주할 염려가 있는 경우
② 제1항의 구인장은 검사의 지휘에 따라 보호관찰관이 집행한다. 다만, 보호관찰관이 집행하기 곤란한 경우에는 사법경찰관리에게 집행하게 할 수 있다.

시행령

제23조【구인신청의 방식】
보호관찰소의 장은 법 제39조 제1항의 규정에 의하여 보호관찰대상자의 구인을 신청하는 때에는 다음 각 호의 사항을 기재한 서면에 의하여야 한다.
1. 구인대상자의 성명·주민등록번호·직업 및 주거
2. 법 제39조 제1항에 해당하는 사실의 요지
3. 구인을 필요로 하는 사유
4. 인치할 장소 및 유치할 장소
5. 구인장의 유효기간
6. 여러 통의 구인장을 청구하는 때에는 그 취지 및 사유

제24조【구인장의 방식】
법 제39조 제1항의 규정에 의하여 판사가 발부하는 구인장에는 청구한 검사의 관직·성명 및 제23조 각 호의 사항을 기재하여야 한다.

제25조【구인장의 집행의뢰】
보호관찰관은 법 제39조 제2항 단서의 규정에 의하여 사법경찰관리에게 구인장의 집행을 의뢰하는 때에는 그 사유를 기재한 서면으로 하되, 검사의 지휘를 받아야 한다.

시행규칙

제31조【구인장의 집행지휘】
검사는 구인장 위쪽에 집행을 지휘한다는 내용을 기재하고 서명 또는 기명날인의 방법으로 영 제25조의 규정에 의한 구인장의 집행을 지휘할 수 있다.

제40조 【긴급구인】 ★

① 보호관찰소의 장은 제32조의 준수사항을 위반한 보호관찰 대상자가 제39조 제1항 각 호의 어느 하나에 해당하는 사유가 있는 경우로서 긴급하여 제39조에 따른 구인장을 발부받을 수 없는 경우에는 그 사유를 알리고 구인장 없이 그 보호관찰 대상자를 구인할 수 있다. 이 경우 긴급하다 함은 해당 보호관찰 대상자를 우연히 발견한 경우 등과 같이 구인장을 발부받을 시간적 여유가 없는 경우를 말한다.

② 보호관찰소의 장은 제1항에 따라 보호관찰 대상자를 구인한 경우에는 긴급구인서를 작성하여 즉시 관할 지방검찰청 검사의 승인을 받아야 한다.

③ 보호관찰소의 장은 제2항에 따른 승인을 받지 못하면 즉시 보호관찰 대상자를 석방하여야 한다.

🔖 시행령

제26조 【긴급구인승인신청등】

① 법 제40조 제2항에 따른 긴급구인승인신청은 보호관찰대상자를 구인한 때부터 12시간 이내에 하여야 한다.

② 법 제40조 제2항에 따른 긴급구인서에는 다음 각 호의 사항을 기재하여야 한다.

1. 긴급구인한 보호관찰대상자의 성명·주민등록번호·처분명·주거·직업·보호관찰사건번호 및 보호관찰 기간
2. 긴급구인한 일시 및 장소
3. 긴급구인한 사유
4. 인치한 일시 및 장소
5. 유치할 장소

제27조 【구인 후 조사 및 심문】

① 보호관찰관은 구인된 보호관찰대상자를 보호관찰소등에 인치한 때에는 지체 없이 조사하여야 한다.

② 제1항의 경우 보호관찰관은 보호관찰대상자에게 심문에 대하여 진술을 거부할 수 있으며 본인에게 유리한 사실에 대하여 진술을 할 수 있다는 취지를 고지하여야 한다.

③ 보호관찰소의 장은 제1항의 규정에 의한 조사결과 보호관찰대상자를 법 제42조의 규정에 의하여 유치할 필요가 없다고 판단되는 때에는 즉시 석방하여야 한다.

제41조 【구인 기간】 ★

보호관찰소의 장은 제39조(구인) 또는 제40조(긴급구인)에 따라 보호관찰 대상자를 구인하였을 때에는 제42조에 따라 유치 허가를 청구한 경우를 제외하고는 구인한 때부터 48시간 이내에 석방하여야 한다. 다만, 제42조 제2항에 따른 유치 허가를 받지 못하면 즉시 보호관찰 대상자를 석방하여야 한다.

제42조【유치】 ★★

① 보호관찰소의 장은 다음 각 호의 신청이 필요하다고 인정되면 제39조(구인) 또는 제40조(긴급구인)에 따라 구인한 보호관찰 대상자를 수용기관 또는 소년분류심사원에 유치할 수 있다.

    1. 제47조에 따른 보호관찰을 조건으로 한 형(벌금형을 제외한다)의 선고유예의 실효 및 집행유예의 취소 청구의 신청

    2. 제48조에 따른 가석방 및 임시퇴원의 취소 신청

    3. 제49조에 따른 보호처분의 변경 신청

② 제1항에 따른 유치를 하려는 경우에는 보호관찰소의 장이 검사에게 신청하여 검사의 청구로 관할 지방법원 판사의 허가를 받아야 한다. 이 경우 검사는 보호관찰 대상자가 구인된 때부터 48시간 이내에 유치 허가를 청구하여야 한다.

③ 보호관찰소의 장은 유치 허가를 받은 때부터 24시간 이내에 제1항 각 호의 신청을 하여야 한다.

④ 검사는 보호관찰소의 장으로부터 제1항 제1호의 신청을 받고 그 이유가 타당하다고 인정되면 48시간 이내에 관할 지방법원에 보호관찰을 조건으로 한 형의 선고유예의 실효 또는 집행유예의 취소를 청구하여야 한다.

시행령

제28조【유치허가신청의 방식】

보호관찰소의 장은 법 제42조 제2항의 규정에 의하여 보호관찰대상자의 유치허가신청을 하는 때에는 다음 각 호의 사항을 기재한 서면에 의하여야 한다.

1. 유치대상자의 성명·주민등록번호·직업 및 주거
2. 유치를 필요로 하는 사유
3. 유치할 장소

제29조【유치허가장의 방식】

법 제42조 제2항의 규정에 의하여 판사가 발부하는 유치허가장에는 청구한 검사의 관직·성명·발부일시 및 제28조 각 호의 사항을 기재하여야 한다.

제30조【구인·긴급구인승인 및 유치허가신청의 관할】

보호관찰소의 장은 그 소재지를 관할하는 지방검찰청 또는 지청의 검사에게 구인·긴급구인승인 및 유치허가의 신청을 한다.

시행규칙

제33조【유치허가신청서】

영 제28조에 따른 유치허가신청은 별지 제24호서식에 따른다.

제43조【유치기간】 ★

① 제42조에 따른 유치의 기간은 제39조 제1항(구인) 또는 제40조 제1항(긴급구인)에 따라 구인한 날부터 20일로 한다.

② 법원은 제42조 제1항 제1호(보호관찰을 조건으로 한 형의 선고유예의 실효 및 집행유예의 취소 청구의 신청) 또는 제3호에 따른 신청이 있는 경우에 심리를 위하여 필요하다고 인정되면 심급마다 20일의 범위에서 한 차례만 유치기간을 연장할 수 있다.

③ 보호관찰소의 장은 제42조 제1항 제2호(가석방 및 임시퇴원의 취소 신청)에 따른 신청이 있는 경우에 심사위원회의 심사에 필요하면 검사에게 신청하여 검사의 청구로 지방법원 판사의 허가를 받아 10일의 범위에서 한 차례만 유치기간을 연장할 수 있다.

📖 **시행령**

제31조【유치기간연장결정의 통지】

법원은 법 제43조 제2항의 규정에 의하여 유치기간을 연장한 때에는 지체 없이 보호관찰소의 장에게 그 사실을 통지하여야 한다.

제44조【유치의 해제】

보호관찰소의 장은 다음 각 호의 어느 하나에 해당하는 경우에는 유치를 해제하고 보호관찰대상자를 즉시 석방하여야 한다.

1. 검사가 제47조(보호관찰을 조건으로 한 형의 선고유예의 실효 및 집행유예의 취소) 제1항에 따른 보호관찰소의 장의 신청을 기각한 경우
2. 법원이 제47조 제1항에 따른 검사의 청구를 기각한 경우
3. 심사위원회가 제48조(가석방 및 임시퇴원의 취소)에 따른 보호관찰소의 장의 신청을 기각한 경우
4. 법무부장관이 제48조에 따른 심사위원회의 신청을 허가하지 아니한 경우
5. 법원이 제49조(보호처분의 변경)에 따른 보호관찰소의 장의 신청을 기각한 경우

제45조【유치기간의 형기 산입】 ★

제42조에 따라 유치된 사람에 대하여 보호관찰을 조건으로 한 형의 선고유예가 실효되거나 집행유예가 취소된 경우 또는 가석방이 취소된 경우에는 그 유치기간을 형기에 산입한다.

제46조【준용규정】

보호관찰 대상자의 구인 및 유치에 관하여는 「형사소송법」 제72조, 제75조, 제82조, 제83조, 제85조 제1항·제3항·제4항, 제86조, 제87조, 제89조, 제204조, 제214조의2 및 제214조의3을 준용한다.

제5절의2 보호장구

제46조의2 【보호장구의 사용】

① 보호관찰소 소속 공무원은 보호관찰 대상자가 다음 각 호의 어느 하나에 해당하고, 정당한 직무집행 과정에서 필요하다고 인정되는 상당한 이유가 있으면 제46조의3 제1항에 따른 보호장구를 사용할 수 있다.

1. 제39조 및 제40조에 따라 구인 또는 긴급구인한 보호관찰 대상자를 보호관찰소에 인치하거나 수용기관 등에 유치하기 위해 호송하는 때
2. 제39조 및 제40조에 따라 구인 또는 긴급구인한 보호관찰 대상자가 도주하거나 도주할 우려가 있는 때
3. 위력으로 보호관찰소 소속 공무원의 정당한 직무집행을 방해하는 때
4. 자살·자해 또는 다른 사람에 대한 위해의 우려가 큰 때
5. 보호관찰소 시설의 설비·기구 등을 손괴하거나 그 밖에 시설의 안전 또는 질서를 해칠 우려가 큰 때

② 보호장구를 사용하는 경우에는 보호관찰 대상자의 나이, 신체적·정신적 건강상태 및 보호관찰 집행 상황 등을 고려하여야 한다.

③ 그 밖에 보호장구의 사용절차 및 방법 등에 관하여 필요한 사항은 법무부령으로 정한다.

제46조의3 【보호장구의 종류 및 사용요건】 ★★

① 보호장구의 종류는 다음 각 호와 같다.

1. 수갑
2. 포승
3. 보호대
4. 가스총
5. 전자충격기

② 보호장구의 종류별 사용요건은 다음 각 호와 같다.

1. 수갑·포승·보호대 : 제46조의2 제1항 제1호부터 제5호까지의 어느 하나에 해당하는 때
2. 가스총 : 제46조의2 제1항 제2호부터 제5호까지의 어느 하나에 해당하는 때
3. 전자충격기 : 제46조의2 제1항 제2호부터 제5호까지의 어느 하나에 해당하는 경우로서 상황이 긴급하여 다른 보호장구만으로는 그 목적을 달성할 수 없는 때

제46조의4 【보호장구 사용의 고지 등】

① 제46조의3 제1항 제1호부터 제3호까지의 보호장구를 사용할 경우에는 보호관찰 대상자에게 그 사유를 알려주어야 한다. 다만, 상황이 급박하여 시간적인 여유가 없을 때에는 보호장구 사용 직후 지체 없이 알려주어야 한다.

② 제46조의3 제1항 제4호 및 제5호의 보호장구를 사용할 경우에는 사전에 상대방에게 이를 경고하여야 한다. 다만, 상황이 급박하여 경고할 시간적인 여유가 없는 때에는 그러하지 아니 하다.

제46조의5 【보호장구 남용 금지】

제46조의3 제1항에 따른 보호장구는 필요한 최소한의 범위에서 사용하여야 하며, 보호장구를 사용할 필요가 없게 되면 지체 없이 사용을 중지하여야 한다.

📖 시행규칙

제31조의2 【보호장구의 사용절차 및 방법】

보호관찰소 소속 공무원은 법 제46조의2에 따라 보호장구를 사용하기 위해서는 사전에 보호관찰소의 장의 허가를 받아 별표 2의 방법으로 사용하여야 한다. 다만, 긴급한 경우에는 사용 후 즉시 보호관찰소의 장에게 보고하여야 한다.

제6절 보호관찰의 종료

제47조 【보호관찰을 조건으로 한 형의 선고유예의 실효 및 집행유예의 취소】

① 「형법」 제61조 제2항에 따른 선고유예의 실효 및 같은 법 제64조 제2항에 따른 집행유예의 취소는 검사가 보호관찰소의 장의 신청을 받아 법원에 청구한다.
② 제1항의 실효 및 취소절차에 관하여는 「형사소송법」 제335조를 준용한다.

📖 시행령

제32조 【보호관찰을 조건으로 한 형의 선고유예의 실효 및 집행유예의 취소청구신청 등】

① 보호관찰소의 장은 법 제47조 제1항의 규정에 의한 신청을 하는 때에는 다음 각 호의 사항을 기재한 서면에 의하여야 한다.
  1. 보호관찰대상자의 성명·주민등록번호·직업 및 주거
  2. 신청의 취지
  3. 실효 및 취소를 필요로 하는 사유
  4. 기타 보호관찰을 계속할 수 없는 사유
② 검사는 법 제47조 제1항의 규정에 의한 청구를 하는 때에는 보호관찰소의 장이 제1항의 규정에 의하여 제출한 서면을 첨부하고, 그 사유를 소명하여야 한다.
③ 법원은 법 제47조 제1항의 규정에 의한 청구의 심리를 위하여 필요하다고 인정하는 때에는 담당보호관찰관을

출석시켜 의견을 들을 수 있다.

제33조【취소청구신청에 대한 결과 통지】

검사는 법 제42조 제1항 제1호의 신청을 기각한 때 또는 보호관찰을 조건으로 한 형의 선고유예의 실효 및 집행유예의 취소청구에 대한 법원의 결정이 있는 때에는 지체 없이 보호관찰소의 장에게 그 사실을 통지하여야 한다.

제48조【가석방 및 임시퇴원의 취소】

① 심사위원회는 가석방 또는 임시퇴원된 사람이 보호관찰기간 중 제32조의 준수사항을 위반하고 위반 정도가 무거워 보호관찰을 계속하기가 적절하지 아니하다고 판단되는 경우에는 보호관찰소의 장의 신청을 받거나 직권으로 가석방 및 임시퇴원의 취소를 심사하여 결정할 수 있다.

② 심사위원회는 제1항에 따른 심사 결과 가석방 또는 임시퇴원을 취소하는 것이 적절하다고 결정한 경우에는 결정서에 관계 서류를 첨부하여 법무부장관에게 이에 대한 허가를 신청하여야 하며, 법무부장관은 심사위원회의 결정이 정당하다고 인정되면 이를 허가할 수 있다.

시행령

제34조【가석방 및 임시퇴원의 취소와 재수용】

① 수용기관의 장은 법 제48조의 규정에 의하여 가석방 또는 임시퇴원이 취소된 보호관찰대상자를 지체 없이 수용기관에 재수용하여야 한다.

② 제1항의 경우 재수용을 위하여 필요한 때에는 수용기관 소재지를 관할하는 지방검찰청 또는 지청의 검사에게 구인을 의뢰할 수 있다.

시행규칙

제37조【가석방 및 임시퇴원의 취소사실 통보】

심사위원회는 가석방 또는 임시퇴원이 취소된 자의 명단과 결정서등본을 관할보호관찰소의 장과 가석방 또는 임시퇴원이 취소된 자를 수용할 수용기관의 장에게 송부하여야 한다.

제49조【보호처분의 변경】

① 보호관찰소의 장은 「소년법」 제32조 제1항 제4호(보호관찰관의 단기 보호관찰) 또는 제5호(보호관찰관의 장기 보호관찰)의 보호처분에 따라 보호관찰을 받고 있는 사람이 보호관찰 기간 중 제32조의 준수사항을 위반하고 그 정도가 무거워 보호관찰을 계속하기 적절하지 아니하다고 판단되면 보호관찰소 소재지를 관할하는 법원에 보호처분의 변경을 신청할 수 있다.

② 제1항에 따른 보호처분의 변경을 할 경우 신청대상자가 19세 이상인 경우에도 「소년법」 제2조 및 제38조 제1항에도 불구하고 같은 법 제2장의 보호사건 규정을 적용한다.

📖 **시행령**

제35조 【보호처분의 변경신청】

① 보호관찰소의 장은 법 제49조 제1항의 규정에 의하여 보호처분의 변경을 신청하는 때에는 다음 각 호의 사항을 기재한 서면에 의하여야 한다.

1. 보호관찰대상자의 성명 · 주민등록번호 · 직업 및 주거
2. 신청의 취지
3. 처분변경을 필요로 하는 사유
4. 기타 보호관찰을 계속할 수 없는 사유

② 제1항 제3호 및 제4호의 사유는 이를 소명하여야 한다.

③ 법원은 제1항의 규정에 의한 신청의 심리를 위하여 필요하다고 인정하는 때에는 담당보호관찰관을 출석시켜 의견을 들을 수 있으며, 보호관찰대상자를 심문하거나 필요한 사항을 조사 · 심리할 수 있다.

제50조 【부정기형의 종료 등】 ★

① 「소년법」 제60조 제1항(부정기형)에 따라 형을 선고받은 후 가석방된 사람이 그 형의 단기가 지나고 보호관찰의 목적을 달성하였다고 인정되면 같은 법 제66조에서 정한 기간(가석방 전에 집행을 받는 기간과 같은 기간의 경과) 전이라도 심사위원회는 보호관찰소의 장의 신청을 받거나 직권으로 형의 집행을 종료한 것으로 결정할 수 있다.

② 임시퇴원자가 임시퇴원이 취소되지 아니하고 보호관찰 기간을 지난 경우에는 퇴원된 것으로 본다.

📖 **시행규칙**

제40조 【부정기형종료결정 통보】

심사위원회는 법 제50조의 규정에 의하여 부정기형종료결정을 한 때에는 그 결과를 관할보호관찰소의 장에게 통보하여야 한다.

제51조 【보호관찰의 종료】 ★★

① 보호관찰은 보호관찰 대상자가 다음 각 호의 어느 하나에 해당하는 때에 종료한다.

1. 보호관찰 기간이 지난 때
2. 「형법」 제61조에 따라 보호관찰을 조건으로 한 형의 선고유예가 실효되거나 같은 법 제63조 또는 제64조에 따라 보호관찰을 조건으로 한 집행유예가 실효되거나 취소된 때
3. 제48조 또는 다른 법률에 따라 가석방 또는 임시퇴원이 실효되거나 취소된 때
4. 제49조에 따라 보호처분이 변경된 때
5. 제50조에 따른 부정기형 종료 결정이 있는 때
6. 제53조에 따라 보호관찰이 정지된 임시퇴원자가 「보호소년 등의 처우에 관한 법률」 제43조 제1항의 나이(22세)가 된 때

7. 다른 법률에 따라 보호관찰이 변경되거나 취소·종료된 때

② 보호관찰 대상자가 보호관찰 기간 중 금고 이상의 형의 집행을 받게 된 때에는 해당 형의 집행기간 동안 보호관찰 대상자에 대한 보호관찰 기간은 계속 진행되고, 해당 형의 집행이 종료·면제되거나 보호관찰 대상자가 가석방된 경우 보호관찰 기간이 남아있는 때에는 그 잔여기간 동안 보호관찰을 집행한다.

제52조 【임시해제】 ★★

① 심사위원회는 보호관찰 대상자의 성적이 양호할 때에는 보호관찰소의 장의 신청을 받거나 직권으로 보호관찰을 임시해제할 수 있다.

② 임시해제 중에는 보호관찰을 하지 아니한다. 다만, 보호관찰 대상자는 준수사항을 계속하여 지켜야 한다.

③ 심사위원회는 임시해제 결정을 받은 사람에 대하여 다시 보호관찰을 하는 것이 적절하다고 인정되면 보호관찰소의 장의 신청을 받거나 직권으로 임시해제 결정을 취소할 수 있다.

④ 제3항에 따라 임시해제 결정이 취소된 경우에는 그 임시해제 기간을 보호관찰 기간에 포함한다.

🗂 시행규칙

제42조 【임시해제 결정통보】

심사위원회는 법 제52조 제1항의 규정에 의하여 임시해제 결정을 한 때에는 그 사실을 관할보호관찰소의 장에게 통보하여야 한다.

제53조 【보호관찰의 정지】

① 심사위원회는 가석방 또는 임시퇴원된 사람이 있는 곳을 알 수 없어 보호관찰을 계속할 수 없을 때에는 보호관찰소의 장의 신청을 받거나 직권으로 보호관찰을 정지하는 결정(이하 "정지결정"이라 한다)을 할 수 있다.

② 심사위원회는 제1항에 따라 보호관찰을 정지한 사람이 있는 곳을 알게 되면 즉시 그 정지를 해제하는 결정(이하 "정지해제결정"이라 한다)을 하여야 한다.

③ 보호관찰 정지 중인 사람이 제39조(구인) 또는 제40조(긴급구인)에 따라 구인된 경우에는 구인된 날에 정지해제결정을 한 것으로 본다.

④ 형기 또는 보호관찰 기간은 정지결정을 한 날부터 그 진행이 정지되고, 정지해제결정을 한 날부터 다시 진행된다.

⑤ 심사위원회는 제1항에 따라 정지결정을 한 후 소재 불명이 천재지변이나 그 밖의 부득이한 사정 등 보호관찰 대상자에게 책임이 있는 사유로 인한 것이 아닌 것으로 밝혀진 경우에는 그 정지결정을 취소하여야 한다. 이 경우 정지결정은 없었던 것으로 본다.

시행령

제36조【보호관찰정지자 소재 파악시의 통보】

보호관찰소의 장은 보호관찰정지 중인 자의 소재를 파악한 때에는 지체 없이 심사위원회에 그 사실을 통보하여야 한다.

시행규칙

제44조【보호관찰정지 및 정지해제결정통보】

심사위원회는 법 제53조 제1항 또는 동조 제2항의 규정에 의하여 보호관찰의 정지 또는 정지해제결정을 한 때에는 그 결과를 관할보호관찰소의 장에게 통보하여야 한다.

제7절 보호관찰사건의 이송 등

제54조【직무상 비밀과 증언 거부】

심사위원회 및 보호관찰소의 직원이거나 직원이었던 사람이 다른 법률에 따라 증인으로 신문을 받는 경우에는 그 직무상 알게 된 다른 사람의 비밀에 대하여 증언을 거부할 수 있다. 다만, 본인의 승낙이 있거나 중대한 공익상 필요가 있는 경우에는 그러하지 아니하다.

제55조【보호관찰사건의 이송】

보호관찰소의 장은 보호관찰 대상자가 주거지를 이동한 경우에는 새 주거지를 관할하는 보호관찰소의 장에게 보호관찰사건을 이송할 수 있다.

시행규칙

제46조【보호관찰사건이송】

보호관찰소의 장은 보호관찰대상자가 다른 보호관찰소의 관할구역 안에 거주하고 있는 사실이 확인된 때에는 별지 제33호서식의 보호관찰사건이송서에 관계기록을 첨부하여 신주거지를 관할하는 보호관찰소의 장에게 이송하여야 한다.

제55조의2【기부금품의 접수】

① 보호관찰소의 장은 기관·단체 또는 개인이 보호관찰 대상자에 대한 원호 등을 위하여 보호관찰소에 자발적으로 기탁하는 금품을 접수할 수 있다.

② 기부자에 대한 영수증 발급, 기부금품의 용도 지정, 장부의 열람, 그 밖에 필요한 사항은 대통령령으로 정한다.

시행령

제36조의2 【기부금품의 접수 등】

① 보호관찰소의 장은 법 제55조의2 제1항에 따라 기부금품을 접수하는 경우 기부자에게 영수증을 발급하여야 한다. 다만, 익명으로 기부하거나 기부자를 알 수 없는 경우에는 영수증을 발급하지 아니할 수 있다.

② 보호관찰소의 장은 제1항에 따른 기부자가 다음 각 호의 어느 하나의 경우에 해당하는 사실을 알게 된 경우에는 기부금품을 접수해서는 아니 된다.

1. 기부자가 보호관찰 대상자인 경우

2. 기부자가 보호관찰 대상자와 친족이거나 친족이었던 경우

3. 그 밖에 기부자가 보호관찰 대상자와 직접적인 이해관계가 있다고 인정되는 기관·단체 또는 사람인 경우

③ 보호관찰소의 장은 제1항에 따른 기부자가 기부금품의 용도를 지정한 경우에는 그 용도로만 사용하여야 한다. 다만, 기부자가 지정한 용도로 사용하기 어려운 경우에는 특별한 사정이 없는 한 기부자의 동의를 받아 다른 용도로 사용할 수 있다.

④ 보호관찰소의 장은 모든 기부금의 수입 및 지출을 기부금 전용계좌를 통하여 처리하여야 한다.

⑤ 보호관찰소의 장은 기부금품의 접수현황 및 사용실적 등에 관한 장부를 갖추어 두고 기부자가 열람할 수 있도록 하여야 한다.

⑥ 보호관찰소의 장은 매 반기별로 기부금품의 접수현황 및 사용실적 등에 관한 사항을 법무부장관에게 보고하여야 한다.

제55조의3 【보호관찰 종료사실 등의 통보】

① 보호관찰소의 장은 다음 각 호의 어느 하나에 해당하는 범죄를 저지른 가석방자의 보호관찰이 종료된 때에 재범 방지 등을 위하여 필요하다고 인정하면 가석방자의 보호관찰 종료사실 등을 그의 주거지를 관할하는 경찰관서의 장에게 통보할 수 있다.

1. 「전자장치 부착 등에 관한 법률」 제2조 제2호에 따른 성폭력범죄, 같은 조 제3호의2에 따른 살인범죄, 같은 조 제3호의3에 따른 강도범죄

2. 다음 각 목의 어느 하나에 해당하는 범죄

가. 「형법」 제2편 제31장 약취, 유인 및 인신매매의 죄 중 제287조(미성년자의 약취, 유인) · 제288조(추행 등 목적 약취, 유인 등) · 제289조(인신매매) · 제290조(약취, 유인, 매매, 이송 등 상해 · 치상) · 제291조(약취, 유인, 매매, 이송 등 살인 · 치사) · 제292조(약취, 유인, 매매, 이송된 사람의 수수 · 은닉 등) · 제294조(미수범)의 죄, 같은 법 제2편 제37장 권리행사를 방해하는 죄 중 제324조의2(인질강요) · 제324조의3(인질상해 · 치상)의 죄 및 같은 법 제2편 제38장 절도와 강도의 죄 중 제336조(인질강도)의 죄

　　　나. 「특정범죄 가중처벌 등에 관한 법률」제5조의2(약취·유인죄의 가중처벌)의 죄

　　　다. 가목과 나목의 죄로서 다른 법률에 따라 가중처벌되는 죄

　3. 「폭력행위 등 처벌에 관한 법률」제4조(단체 등의 구성·활동), 제5조(단체 등의 이용·지원)의 죄 및 「형법」제2편 제5장 공안(公安)을 해하는 죄 중 제114조(범죄단체 등의 조직)의 죄

　4. 다음 각 목의 어느 하나에 해당하는 범죄

　　　가. 「형법」제2편 제13장 방화와 실화의 죄 중 제164조(현주건조물 등에의 방화)·제165조(공용건조물 등에의 방화)·제166조(일반건조물 등에의 방화)·제167조(일반물건에의 방화)·제168조(연소)·제172조(폭발성물건파열)·제172조의2(가스·전기 등 방류)·제173조(가스·전기 등 공급방해) 및 제174조(미수범)의 죄

　　　나. 「산림자원의 조성 및 관리에 관한 법률」제71조(벌칙)의 죄

　　　다. 「산림보호법」제53조(벌칙)의 죄(같은 조 제5항의 죄는 제외한다)

　　　라. 가목부터 다목까지의 죄로서 다른 법률에 따라 가중처벌되는 죄

　5. 「마약류 관리에 관한 법률」제58조(벌칙)·제59조(벌칙)·제60조(벌칙)의 죄(제59조 제1항 제3호·제5호·제9호·제12호의 죄 및 제60조 제1항 제2호 중 향정신성의약품 등을 수수, 소지, 소유, 사용, 관리, 조제, 투약, 제공한 죄 또는 향정신성의약품을 기재한 처방전을 발급한 죄는 제외한다), 「마약류 불법거래 방지에 관한 특례법」제6조(업으로서 한 불법수입 등)·제7조(불법수익 등의 은닉 및 가장)·제8조(불법수익등의 수수)·제9조(마약류 물품의 수입 등)의 죄 및 「특정범죄 가중처벌 등에 관한 법률」제11조(마약사범 등의 가중처벌)의 죄

② 제1항에 따라 보호관찰소의 장이 통보할 사항은 다음 각 호와 같다.

　1. 성명　　　　　　　　　　　2. 주민등록번호

　3. 주소　　　　　　　　　　　4. 죄명

　5. 판결내용　　　　　　　　　6. 보호관찰 종료일

③ 제1항에 따른 통보의 절차 등에 관하여 필요한 사항은 대통령령으로 정한다.

시행령

제36조의3 【보호관찰 종료사실 등의 통보 절차】

법 제55조의3 제1항에 따른 가석방자의 보호관찰 종료사실 등의 통보는 보호관찰소의 장이 관리하는 법 제55조의3 제2항 각 호에 대한 전자기록을 「형사사법절차 전자화 촉진법」제2조 제4호에 따른 형사사법정보시스템에 등록하고, 경찰관서의 장이 이를 조회하는 방식 등으로 할 수 있다.

제55조의4 【범죄경력자료 등의 조회 요청】

① 법무부장관은 이 법에 따른 보호관찰의 집행이 종료된 사람의 재범 여부를 조사하고 보호관찰

명령의 효과를 평가하기 위하여 필요한 경우에는 그 집행이 종료된 때부터 3년 동안 관계
기관에 그 사람에 관한 범죄경력자료와 수사경력자료에 대한 조회를 요청할 수 있다.
② 제1항의 요청을 받은 관계 기관의 장은 정당한 사유 없이 이를 거부해서는 아니 된다.

제56조【군법 적용 대상자에 대한 특례】
「군사법원법」 제2조 제1항 각 호의 어느 하나에 해당하는 사람에게는 이 법을 적용하지 아니한다.

> **관련판례**
>
> 현역 군인 등 군법 적용 대상자에 대한 특례를 규정한 보호관찰 등에 관한 법률 제56조, 제64조 제1항의
> 해석상 군법 적용 대상자에게 보호관찰, 사회봉사, 수강명령을 명할 수 있는지 여부(소극)
> 보호관찰 등에 관한 법률 제56조는 군사법원법 제2조 제1항 각 호의 어느 하나에 해당하는 사람에게는
> 보호관찰법을 적용하지 아니한다고 규정하고, 제64조 제1항에서 사회봉사.수강명령 대상자에 대하여는
> 제56조의 규정을 준용하도록 함으로써 현역 군인 등 이른바 군법 적용 대상자에 대한 특례 조항을 두고
> 있는데, 군법 적용 대상자에 대한 지휘관들의 지휘권 보장 등 군대라는 부분사회의 특수성을 고려할 필요가
> 있는 점, 군법 적용 대상자에 대하여는 보호관찰 등의 집행이 현실적으로 곤란하고 이러한 정책적 고려가
> 입법 과정에서 반영된 것으로 보이는 점 등 보호관찰 등에 관한 현행 법체제 및 규정 내용을 종합적으로
> 검토하면, 위 특례 조항은 군법 적용 대상자에 대하여는 보호관찰법이 정하고 있는 보호관찰, 사회봉사,
> 수강명령의 실시 내지 집행에 관한 규정을 적용할 수 없음은 물론 보호관찰, 사회봉사, 수강명령 자체를
> 명할 수 없다는 의미로 해석된다(대법원 2012.2.23. 2011도8124).

제57조【「형사소송법」의 준용】
보호관찰에 관하여 이 법에 특별한 규정이 있는 경우를 제외하고는 그 성질에 반하지 아니하는
범위에서 「형사소송법」을 준용한다.

제58조【「형의 집행 및 수용자의 처우에 관한 법률」 적용의 일부 배제】
이 법(제28조는 제외한다)에 따른 가석방에 관하여는 「형의 집행 및 수용자의 처우에 관한 법률」
제119조(가석방심사위원회), 제120조(위원회의 구성), 제121(가석방 적격심사), 제122조(가석방 허가)까지의
규정을 적용하지 아니한다.

> **관련판례**
>
> **[1]** 개정 형법 시행 이전에 죄를 범한 자에 대하여 개정 형법에 따라 보호관찰을 명할 수 있는지 여부(적극)
> 및 보호관찰의 성격(=보안처분의 성격)

형의 집행을 유예를 하는 경우에는 보호관찰을 받을 것을 명할 수 있고, 보호관찰의 기간은 집행을 유예한 기간으로 하고, 다만 법원은 유예기간의 범위 내에서 보호관찰의 기간을 정할 수 있다고 규정되어 있는바, 보호관찰은 형벌이 아니라 보안처분의 성격을 갖는 것으로서, 과거의 불법에 대한 책임에 기초하고 있는 제재가 아니라 장래의 위험성으로부터 행위자를 보호하고 사회를 방위하기 위한 합목적적인 조치이므로, 그에 관하여 반드시 행위 이전에 규정되어 있어야 하는 것은 아니며, 재판시의 규정에 의하여 보호관찰을 받을 것을 명할 수 있다고 보아야 할 것이고, 이와 같은 해석이 형벌불소급의 원칙 내지 죄형법정주의에 위배되는 것이라고 볼 수 없다(대법원 1997.6.13. 97도703).

[2] 보호관찰이나 사회봉사 또는 수강을 명한 집행유예를 받은 자가 준수사항이나 명령을 위반하고 그 위반사실이 범죄행위가 되는 경우, 그 범죄에 대한 형사절차와는 별도로 집행유예를 취소할 수 있는지 여부(적극)
보호관찰이나 사회봉사 또는 수강을 명한 집행유예를 받은 자가 준수사항이나 명령을 위반한 경우에 그 위반사실이 동시에 범죄행위로 되더라도 그 기소나 재판의 확정여부 등 형사절차와는 별도로 법원이 보호관찰등에관한법률에 의한 검사의 청구에 의하여 집행유예 취소의 요건에 해당하는가를 심리하여 준수사항이나 명령 위반사실이 인정되고 위반의 정도가 무거운 때에는 집행유예를 취소할 수 있다(대법원 1999.3.10. 99모33).

제4장 │ 사회봉사 및 수강

제59조【사회봉사명령 · 수강명령의 범위】 ★
① 법원은 「형법」 제62조의2(집행유예 시 보호관찰, 사회봉사 · 수강명령)에 따른 사회봉사를 명할 때에는 500시간, 수강을 명할 때에는 200시간의 범위에서 그 기간을 정하여야 한다. 다만, 다른 법률에 특별한 규정이 있는 경우에는 그 법률에서 정하는 바에 따른다.
② 법원은 제1항의 경우에 사회봉사 · 수강명령 대상자가 사회봉사를 하거나 수강할 분야와 장소 등을 지정할 수 있다.

제60조【판결의 통지 등】
① 법원은 「형법」 제62조의2에 따른 사회봉사 또는 수강을 명하는 판결이 확정된 때부터 3일 이내에 판결문 등본 및 준수사항을 적은 서면을 피고인의 주거지를 관할하는 보호관찰소의 장에게 보내야 한다.
② 제1항의 경우에 법원은 그 의견이나 그 밖에 사회봉사명령 또는 수강명령의 집행에 참고가 될 만한 자료를 첨부할 수 있다.
③ 법원 또는 법원의 장은 제1항의 통지를 받은 보호관찰소의 장에게 사회봉사명령 또는 수강명령의 집행상황에 관한 보고를 요구할 수 있다.

제61조 【사회봉사 · 수강명령 집행 담당자】 ★★

① 사회봉사명령 또는 수강명령은 보호관찰관이 집행한다. 다만, 보호관찰관은 국공립기관이나 그 밖의 단체에 그 집행의 전부 또는 일부를 위탁할 수 있다.
② 보호관찰관은 사회봉사명령 또는 수강명령의 집행을 국공립기관이나 그 밖의 단체에 위탁한 때에는 이를 법원 또는 법원의 장에게 통보하여야 한다.
③ 법원은 법원 소속 공무원으로 하여금 사회봉사 또는 수강할 시설 또는 강의가 사회봉사·수강 명령 대상자의 교화·개선에 적당한지 여부와 그 운영 실태를 조사·보고하도록 하고, 부적당 하다고 인정하면 그 집행의 위탁을 취소할 수 있다.
④ 보호관찰관은 사회봉사명령 또는 수강명령의 집행을 위하여 필요하다고 인정하면 국공립기 관이나 그 밖의 단체에 협조를 요청할 수 있다.

시행령

제37조 【사회봉사 · 수강명령 집행위탁의 통보】
보호관찰관이 법 제61조 제2항의 규정에 의하여 사회봉사명령 또는 수강명령의 집행위탁 사실을 법원 또는 법원의 장에게 통보하는 때에는 집행위탁을 받은 기관의 명칭 및 주소, 위탁인원, 집행위탁의 내용 등을 기재한 서면에 의하여야 한다.

제38조 【사회봉사 · 수강명령 집행위탁의 취소에 따른 조치】
법원이 법 제61조 제3항의 규정에 의하여 사회봉사명령 또는 수강명령의 집행위탁을 취소한 경우에는 보호관찰 관이 남은 기간의 사회봉사명령 또는 수강명령을 직접 집행하거나 적합한 다른 국·공립기관 기타 단체에 위탁하 여 집행하여야 한다.

제62조 【사회봉사 · 수강명령 대상자의 준수사항】 ★

① 사회봉사·수강명령 대상자는 대통령령으로 정하는 바에 따라 주거, 직업, 그 밖에 필요한 사항을 관할 보호관찰소의 장에게 신고하여야 한다.
② 사회봉사·수강명령 대상자는 다음 각 호의 사항을 준수하여야 한다.
  1. 보호관찰관의 집행에 관한 지시에 따를 것
  2. 주거를 이전하거나 1개월 이상 국내외여행을 할 때에는 미리 보호관찰관에게 신고할 것
③ 법원은 판결의 선고를 할 때 제2항의 준수사항 외에 대통령령으로 정하는 범위에서 본인의 특성 등을 고려하여 특별히 지켜야 할 사항을 따로 과(科)할 수 있다.
④ 제2항과 제3항의 준수사항은 서면으로 고지하여야 한다.

관련판례

[1] 보호관찰명령 없이 사회봉사 · 수강명령만 선고하는 경우, 보호관찰대상자에 대한 특별준수사항을 사회 봉사 · 수강명령대상자에게 그대로 적용할 수 있는지 여부(소극)

보호관찰, 사회봉사·수강 또는 갱생보호는 당해 대상자의 교화·개선 및 범죄예방을 위하여 필요하고도 상당한 한도 내에서 이루어져야 하며, 당해 대상자의 연령·경력·심신상태·가정환경·교우관계 기타 모든 사정을 충분히 고려하여 가장 적합한 방법으로 실시되어야 하므로, 법원은 특별준수사항을 부과하는 경우 대상자의 생활력, 심신의 상태, 범죄 또는 비행의 동기, 거주지의 환경 등 대상자의 특성을 고려하여 대상자가 준수할 수 있다고 인정되고 자유를 부당하게 제한하지 아니하는 범위 내에서 개별화하여 부과하여야 한다는 점, 보호관찰의 기간은 집행을 유예한 기간으로 하고 다만, 법원은 유예기간의 범위 내에서 보호관찰기간을 정할 수 있는 반면, 사회봉사명령·수강명령은 집행유예기간 내에 이를 집행하되 일정한 시간의 범위 내에서 그 기간을 정하여야 하는 점, 보호관찰명령이 보호관찰 기간 동안 바른 생활을 영위할 것을 요구하는 추상적 조건의 부과이거나 악행을 하지 말 것을 요구하는 소극적인 부작위조건의 부과인 반면, 사회봉사 사명령·수강명령은 집행유예기간 내에 이를 집행하되 일정한 시간의 범위 내에서 그 기간을 정하여야 하는 점, 보호관찰명령이 보호관찰기간 동안 바른 생활을 영위할 것을 요구하는 추상적 조건의 부과이거나 악행을 하지 말 것을 요구하는 소극적인 부작위조건의 부과인 반면, 사회봉사명령·수강명령은 특정시간 동안의 적극적인 작위의무를 부과하는 데 그 특징이 있다는 점 등에 비추어 보면, 사회봉사·수강명령대상자에 대한 특별준수사항은 보호관찰 대상자에 대한 것과 같을 수 없고, 따라서 보호관찰대상자에 대한 특별준수사항을 사회봉사·수강명령 대상자에게 그대로 적용하는 것은 적합하지 않다(대법원 2009.3.30. 2008모1116).

[2] 사회봉사명령의 특별준수사항의 범위 : 사회봉사명령의 특별준수사항의 범위 "2017년 말까지 이 사건 개발제한구행위 위반에 따른 건축물 등을 모두 원상복구할 것"을 부과할 수 있는지 여부(소극)

보호관찰법 제32조 제3항이 보호관찰 대상자에게 과할 수 있는 특별준수사항으로 정한 "범죄행위로 인한 손해를 회복하기 위하여 노력할 것(제4호)" 등 같은 항 제1호부터 제9호까지의 사항은 보호관찰 대상자에 한해 부과할 수 있을 뿐, 사회봉사명령·수강명령 대상자에 대해서는 부과할 수 없다. 한편 보호관찰법 제32조 제3항 제4호는 보호관찰 대상자에게 과할 수 있는 특별준 수사항으로 '범죄행 위로 인한 손해를 회복하기 위해 노력할 것'을 정하고 있는데, 이 사건 특별준수사항은 범죄행위로 인한 손해를 회복하기 위하여 노력할 것을 넘어 일정 기간 내에 원상회복할 것을 명하는 것으로서 보호관찰법 제32조 제3항 제4호를 비롯하여 같은 항 제1호부터 제9호까지 정한 보호관찰의 특별준수사 항으로도 허용될 수 없다(대법원 2020.11.5. 2017도18291).

※ 피고인이 개발제한구역 내에서 사업체를 운영하면서 영리를 목적으로 건축물의 건축 및 용도변경, 공작물의 설치, 토지형질 변경 등 총 7건의 개발제한행위를 하였다는 이유로 기소된 사안에서, 제1심과 원심은 징역형의 집행유예를 선고하면서, 사회봉사를 명하였고, 그 안내서면에 특별준수사항으로 "2017년 말까지 이 사건 개발 제한행위 위반에 따른 건축물 등을 모두 원상복구할 것"을 포함시킴. 대법원은 사회봉사명령의 특별준수사항으로 위와 같은 내용을 부과할 수 없다고 보아 파기환송 함. 나아가 대법원은 보호관찰의 특별준수사항으로도 위와 같은 내용을 부과할 수 없음을 밝힘

[3] 일정한 금원의 출연을 내용으로 하는 사회봉사명령이 허용되는지 여부(소극)

형법과 보호관찰 등에 관한 법률의 관계 규정을 종합하면, 사회봉사는 형의 집행을 유예하면서 부가적으로 명하는 것이고 집행유예 되는 형은 자유형에 한정되고 있는 점 등에 비추어, 법원이 형의 집행을 유예하는 경우 명할 수 있는 사회봉사는 자유형의 집행을 대체하기 위한 것으로서 500시간 내에서 시간 단위로 부과될 수 있는 일 또는 근로활동을 의미하는 것으로 해석되므로, 법원이 형법 제62조의2 의 규정에 의한 사회봉사명령으로 피고인에게 일정한 금원을 출연하거나 이와 동일시할 수 있는 행위를 명하는 것은 허용될 수 없다(대법원 2008.4.11. 2007도8373).

[4] 피고인에게 자신의 범죄행위와 관련하여 어떤 말이나 글을 공개적으로 발표하도록 명하는 내용의 사회봉

사명령이 허용되는지 여부(소극)

피고인으로 하여금 자신의 범죄행위와 관련하여 어떤 말이나 글을 공개적으로 발표하라는 사회봉사를 명하는 것은 경우에 따라 피고인의 명예나 인격에 대한 심각하고 중대한 침해를 초래할 수 있고, 그 말이나 글이 어떤 의미나 내용이어야 하는 것인지 쉽게 이해할 수 없어 집행 과정에서 그 의미나 내용에 관한 다툼이 발생할 가능성이 적지 않으며, 유죄로 인정된 범죄행위를 뉘우치거나 그 범죄행위를 공개하는 취지의 말이나 글을 발표하도록 하는 취지의 것으로도 해석될 가능성이 적지 않으므로 이러한 사회봉사명령은 위법하다(대법원 2008.4.11. 2007도8373).

[5] 보호관찰명령 없이 수강명령만 선고한 경우, 특별준수사항 위반을 이유로 집행유예를 취소하는 경우 법원의 판단 방법

법원이 보호관찰대상자에게 특별히 부과할 수 있는 '재범의 기회나 충동을 줄 수 있는 장소에 출입하지 아니할 것'이라는 사항을 만연히 사회봉사·수강명령대상자에게 부과하고 사회봉사·수강명령대상자가 재범한 것을 집행유예 취소사유로 삼는 것은 신중하여야 한다(대법원 2009.3.30. 2008모1116).

[6] 형법 제64조 제2항에 규정된 집행유예취소의 요건에 해당하는지 여부를 심리할 때의 평가 요소

법원이 보호관찰 등에 관한 법률에 의한 검사의 청구에 의하여 형법 제64조 제2항에 규정된 집행유예취소의 요건에 해당하는가를 심리함에 있어, 보호관찰기간 중의 재범에 대하여 따로 처벌받는 것과는 별도로 보호관찰자 준수사항 위반 여부 및 그 정도를 평가하여야 하고, 보호관찰이나 사회봉사 또는 수강명령은 각각 병과되는 것이므로 사회봉사 또는 수강명령의 이행 여부는 보호관찰자 준수사항 위반 여부나 그 정도를 평가하는 결정적인 요소가 될 수 없다(대법원 2010.5.27. 2010모446).

[7] 피고인이 마약류 관리에 관한 법률상 마약류의 투약, 흡연 또는 섭취한 행위로 공소제기되지 않았음에도 마약류관리법상 이수명령을 병과할 수 있는지 여부(소극)

「마약류 관리에 관한 법률」(이하 '마약류관리법')은 '마약류사범'에 대하여 선고유예 외의 유죄판결을 선고하는 경우 재범예방에 필요한 교육의 수강명령이나 재활교육 프로그램의 이수명령을 병과하도록 규정하였다(제40조의2 제2항). 여기서 말하는 '마약류사범'이란 마약류를 투약, 흡연 또는 섭취한 사람을 가리킨다(제40조의2 제1항). 그런데 피고인에 대한 공소사실은 마약류를 매매하였다는 것 뿐이다. 피고인이 마약류의 투약, 흡연 또는 섭취한 행위로 기소되지 않은 이상 '마약류사범'이 아니므로 마약류관리법 제40조의2 제2항에 따른 이수명령을 할 수 없다(대법원 2023.11.16. 2023도12478).

제63조 【사회봉사·수강의 종료】 ★★

① 사회봉사·수강은 사회봉사·수강명령 대상자가 다음 각 호의 어느 하나에 해당하는 때에 종료한다.

1. 사회봉사명령 또는 수강명령의 집행을 완료한 때
2. 형의 집행유예 기간이 지난 때
3. 「형법」 제63조(집행유예의 실효) 또는 제64조(집행유예의 취소)에 따라 사회봉사·수강명령을 조건으로 한 집행유예의 선고가 실효되거나 취소된 때
4. 다른 법률에 따라 사회봉사·수강명령이 변경되거나 취소·종료된 때

② 사회봉사·수강명령 대상자가 사회봉사·수강명령 집행 중 금고 이상의 형의 집행을 받게

된 때에는 해당 형의 집행이 종료·면제되거나 사회봉사·수강명령 대상자가 가석방된 경우 잔여 사회봉사·수강명령을 집행한다.

제64조 【준용규정】
① 사회봉사·수강명령 대상자에 대하여는 제34조부터 제36조까지, 제54조, 제55조, 제55조의4, 제56조 및 제57조를 준용한다.
② 사회봉사·수강명령 대상자의 준수사항이나 명령 위반에 따른 경고, 구인, 유치, 집행유예 취소 및 보호처분 변경 등에 관하여는 제37조부터 제45조까지, 제46조, 제46조의2부터 제46조의5까지, 제47조 및 제49조를 준용한다.

시행령

제39조 【준용】
① 제16조(보호관찰대상자의 신고의무)·제17조(준수사항의 부과 및 훈계)·제18조(주거이전등의 신고)·제19조(특별준수사항) 및 제20조(응급구호의 범위)의 규정은 법 제3조 제2항의 규정에 의한 사회봉사·수강명령대상자(이하 이 조에서 "사회봉사·수강명령대상자"라 한다)에 대하여 이를 준용한다.
② 사회봉사·수강명령 대상자의 준수사항이나 명령 위반에 따른 경고, 구인, 유치, 집행유예 취소 및 보호처분 변경 등에 관하여는 제21조부터 제33조까지 및 제35조를 준용한다.

제5장 | 갱생보호

제1절 갱생보호의 방법 및 개시

제65조 【갱생보호의 방법】 ★★
① 갱생보호는 다음 각 호의 방법으로 한다.
  1. 숙식 제공　　　　　　2. 주거 지원
  3. 창업 지원　　　　　　4. 직업훈련 및 취업 지원
  5. 출소예정자 사전상담　6. 갱생보호 대상자의 가족에 대한 지원
  7. 심리상담 및 심리치료　8. 사후관리
  9. 그 밖에 갱생보호 대상자에 대한 자립 지원
② 제1항 각 호의 구체적인 내용은 대통령령으로 정한다.

③ 제71조에 따른 한국법무보호복지공단 또는 제67조에 따라 갱생보호사업의 허가를 받은 자는 제1항 각 호의 갱생보호활동을 위하여 갱생보호시설을 설치·운영할 수 있다.

④ 제3항의 갱생보호시설의 기준은 법무부령으로 정한다.

시행령

제40조【갱생보호】

① 법 제65조 제1항에 따른 갱생보호는 갱생보호를 받을 사람(이하 "갱생보호 대상자"라 한다)이 친족 또는 연고자 등으로부터 도움을 받을 수 없거나 이들의 도움만으로는 충분하지 아니한 경우에 한하여 행한다.

② 갱생보호를 하는 경우에는 미리 갱생보호 대상자로 하여금 자립계획을 수립하게 할 수 있다.

제41조【숙식 제공】

① 법 제65조 제1항 제1호에 따른 숙식 제공은 생활관 등 갱생보호시설에서 갱생보호 대상자에게 숙소·음식물 및 의복 등을 제공하고 정신교육을 하는 것으로 한다.

② 제1항의 규정에 의한 숙식제공은 6월을 초과할 수 없다. 다만, 필요하다고 인정하는 때에는 매회 6월의 범위 내에서 3회에 한하여 그 기간을 연장할 수 있다.

③ 제1항의 규정에 의하여 숙식을 제공한 경우에는 법무부장관이 정하는 바에 의하여 소요된 최소한의 비용을 징수할 수 있다.

제41조의2【주거 지원】

법 제65조 제1항 제2호에 따른 주거 지원은 갱생보호 대상자에게 주택의 임차에 필요한 지원을 하는 것으로 한다.

제41조의3【창업 지원】

법 제65조 제1항 제3호에 따른 창업 지원은 갱생보호 대상자에게 창업에 필요한 사업장 임차보증금 등을 지원하는 것으로 한다.

제42조

삭제 <2014.11.19.>

제43조

삭제 <2014.11.19.>

제44조【직업훈련】

① 법 제65조 제1항 제4호에 따른 직업훈련은 갱생보호 대상자에게 취업에 필요한 기능훈련을 시키고 자격 취득을 위한 교육을 하는 것으로 한다.

② 제1항의 규정에 의한 직업훈련은 다른 직업훈련기관에 위탁하여 행할 수 있다.

제45조【취업 지원】

법 제65조 제1항 제4호에 따른 취업 지원은 갱생보호 대상자에게 직장을 알선하고 필요한 경우 신원을 보증하는 것으로 한다.

제45조의2【출소예정자 사전상담】

① 법 제65조 제1항 제5호에 따른 출소예정자 사전상담은 출소예정자에게 출소 전에 갱생보호의 방법을 안내하고 자립계획 등에 대하여 상담을 실시하는 것으로 한다.

② 갱생보호사업의 허가를 받은 자 또는 법 제71조에 따른 한국법무보호복지공단(이하 "공단"이라 한다)은 제1항의 상담을 위하여 수용기관의 장에게 출소예정자의 수용자 번호를 통보하여 줄 것을 요청할 수 있다.

이 경우 수용기관의 장은 특별한 사유가 없으면 이에 협조하여야 한다.

제45조의3 【갱생보호 대상자의 가족에 대한 지원】

법 제65조 제1항 제6호에 따른 갱생보호 대상자의 가족에 대한 지원은 갱생보호 대상자의 가족에게 심리상담 및 심리치료, 취업 지원, 학업 지원 등을 하는 것으로 한다.

제45조의4 【심리상담 및 심리치료】

법 제65조 제1항 제7호에 따른 심리상담 및 심리치료는 갱생보호 대상자에게 심리적 안정과 사회적응을 위한 상담 및 「정신건강증진 및 정신질환자 복지서비스 지원에 관한 법률」에 따른 정신건강전문요원 등 전문가에 의한 치료를 실시하는 것으로 한다.

제45조의5 【사후관리】

법 제65조 제1항 제8호에 따른 사후관리는 같은 항 제1호부터 제7호까지 또는 제9호의 갱생보호를 받은 갱생보호 대상자에게 사회복귀 상황을 점검하여 필요한 조언을 하는 것으로 한다.

제46조 【자립 지원】

법 제65조 제1항 제9호에 따른 갱생보호 대상자에 대한 자립 지원은 사회복지시설에의 의탁 알선, 가족관계 등록 창설, 주민등록, 결혼 주선, 입양 및 의료 시혜 등 갱생보호 대상자의 자립을 위하여 필요한 사항을 지원하는 것으로 한다.

제46조의2 【갱생보호 대상자 수용기간 등의 통보 요청】

① 갱생보호사업의 허가를 받은 자 또는 공단은 갱생보호 대상자의 적절한 보호를 위하여 필요한 경우 갱생보호 대상자의 동의를 받아 수용기관의 장에게 다음 각 호의 사항을 통보하여 줄 것을 요청할 수 있다.

1. 수용기간   2. 가족 관계 및 보호자 관계
3. 직업경력 및 학력   4. 생활환경
5. 성장과정   6. 심리적 특성
7. 범행내용 및 범죄횟수

② 제1항의 요청을 받은 수용기관의 장은 특별한 사유가 없으면 이에 협조하여야 한다.

🔲 시행규칙

제49조 【사무실 및 상담실】

갱생보호시설에는 일반사무를 집행하는 사무실과 갱생보호를 받을 사람(이하 "갱생보호대상자"라 한다)과의 상담을 위한 상담실을 설치하여야 한다. 다만, 상담실을 별도로 설치하지 아니하여도 사무실내에서 갱생보호대 상자와 상담할 수 있는 경우 및 갱생보호의 성질상 상담이 필요하지 아니한 갱생보호를 실시하는 경우에는 상담실을 설치하지 아니할 수 있다.

제50조 【생활관】

① 영 제41조 제1항의 규정에 의하여 갱생보호대상자에 대하여 숙식을 제공하는 시설(이하 "생활관"이라 한다)에는 제49조의 규정에 의한 사무실 및 상담실외에 갱생보호대상자의 숙박에 제공되는 거실·집회실·조리장·식당·세면장 및 화장실을 설치하여야 한다. 다만, 10인 이내의 갱생보호대상자에게 숙식을 제공하는 생활관에서 거실을 식당으로 겸용하는 경우에는 따로 식당을 설치하지 아니할 수 있다.

② 남녀를 함께 수용하는 생활관의 거실은 남자용과 여자용을 분리하여 설치하여야 한다.

③ 거실·조리장 및 식당은 보건위생에 적합하여야 하며, 난방·채광 및 환기가 잘 되도록 설치하여야 한다.

제52조 【숙식제공의 대상】

생활관에는 갱생보호대상자가 아닌 자를 숙식하게 할 수 없다. 다만, 갱생보호대상자의 배우자, 직계존·비속에

대하여는 1주일이내의 기간 동안 숙식을 제공할 수 있다.

제53조【갱생자립계획 및 생활지도】

① 사업자 또는 공단은 생활관에 수용 보호한 갱생보호대상자에 대하여 지체 없이 갱생자립계획을 수립하게 하여야 한다.

② 사업자 또는 공단은 갱생보호대상자에 대하여 교양을 높이고 자율·자조 및 협동정신과 준법정신을 생활화하여야 하고, 근로의 정신과 습성을 체득하도록 생활지도를 하여야 한다.

제54조【거실의 배정】

갱생보호대상자에 대하여 거실을 배정함에 있어서는 갱생보호대상자의 연령·전과·성격 등을 고려하여야 한다.

제55조【금품사용에 관한 지도 및 금품보관】

① 사업자 또는 공단은 갱생보호대상자가 소유하는 금품을 낭비하지 아니하고 갱생자립에 적절하게 사용하도록 지도하여야 한다.

② 사업자 또는 공단은 갱생보호대상자로부터 금품의 보관을 의뢰받은 경우에는 금품의 종류 및 수량을 명백히 하여 장부에 기재하고 본인에게 보관증을 교부하여야 한다. 이 경우 현금에 대하여는 갱생보호대상자의 명의로 은행에 예금한 후 예금통장은 본인에게 교부하고 인감은 담당직원이 이를 보관하여야 한다.

③ 보관된 금품은 갱생보호대상자가 사용용도를 명확히 하여 신청하는 경우에는 본인에게 환급한다.

제56조【건강관리】

① 생활관에서는 구급약품을 비치하고 시설을 위생적으로 관리하는 등 갱생보호대상자의 건강관리에 유의하여야 한다.

② 갱생보호대상자에 대하여는 보건소등 의료시설에서 건강진단을 받도록 하여야 한다.

제57조【의복】

갱생보호대상자에게 지급하는 의복은 계절에 적합하고 사회적 체면을 유지할 수 있는 것이어야 한다.

제58조【식사】

생활관에서 제공하는 식사는 주간 또는 월간차림표에 의하여 조리하되, 갱생보호대상자의 건강을 유지하기에 충분한 열량과 영양성분이 포함되어 있도록 하여야 한다.

제59조【교양 및 여가활동】

① 갱생보호대상자에게는 독서·훈화·교양 집회의 개최 기타의 방법으로 그 교양을 높이도록 하여야 한다.

② 갱생보호대상자에게는 운동과 여가활동으로 심신의 건강을 유지할 수 있도록 하여야 한다.

제60조【숙식제공기간의 연장】

사업자 또는 공단은 영 제41조 제2항 단서의 규정에 의하여 갱생보호대상자에 대한 숙식제공의 기간을 연장하고자 할 때에는 본인의 신청에 의하되, 자립의 정도, 계속보호의 필요성 기타 사항을 고려하여 이를 결정하여야 한다.

제61조
삭제 ＜2014.11.19.＞

제62조
삭제 ＜2014.11.19.＞

제63조
삭제 ＜2014.11.19.＞

제64조
삭제 ＜2014.11.19.＞

제65조【직업훈련】

① 영 제44조 제1항의 규정에 의한 직업훈련은 갱생보호대상자의 희망·적성·경력 등을 고려하여 직업훈련 후 취업이 쉬운 분야를 선정하여 훈련을 실시하여야 한다.

② 직업훈련을 받은 갱생보호대상자에 대하여는 기술자격을 취득할 수 있도록 최대한 지원하고 취업을 알선하는 데 노력하여야 한다.

제66조【취업 지원 등】

① 갱생보호대상자에 대하여는 기업을 경영하는 범죄예방위원 기타 독지가등과 긴밀하게 연락하여 그 취업을 알선하는 데 노력하여야 한다.

② 사업자 또는 공단은 그 경영하는 부설작업장에 특별한 사유가 없는 한 갱생보호대상자를 취업시켜야 한다.

제67조【임금지급】

사업자 또는 공단은 갱생보호대상자를 부설작업장에 취업하게 한 경우에는 상당한 보수를 지급하여야 한다.

제66조【갱생보호의 신청 및 조치】

① 갱생보호 대상자와 관계 기관은 보호관찰소의 장, 제67조 제1항에 따라 갱생보호사업 허가를 받은 자 또는 제71조에 따른 한국법무보호복지공단에 갱생보호 신청을 할 수 있다.

② 제1항의 신청을 받은 자는 지체 없이 보호가 필요한지 결정하고 보호하기로 한 경우에는 그 방법을 결정하여야 한다.

③ 제1항의 신청을 받은 자가 제2항에 따라 보호결정을 한 경우에는 지체 없이 갱생보호에 필요한 조치를 하여야 한다.

시행규칙

제51조【갱생보호의 신청 및 조치】

① 갱생보호대상자로서 갱생보호를 받고자 하는 자는 보호관찰소의 장, 법 제67조에 따라 갱생보호사업의 허가를 받은 자(이하 "사업자"라 한다) 또는 법 제71조에 따른 한국법무보호복지공단(이하 "공단"이라 한다)에 서면으로 신청하여야 한다.

② 관계기관이 보호관찰소의 장, 사업자 또는 공단에 갱생보호대상자에 대한 갱생보호의 신청을 하는 경우에는 갱생보호대상자의 전과 및 처분의 내용, 신상관계, 갱생보호대상자가 희망하는 갱생보호방법등을 기재한 서면으로 하여야 한다.

③ 제1항 및 제2항에 따라 갱생보호의 신청을 받은 보호관찰소의 장, 사업자 또는 공단이 법 제66조 제2항에 따라 갱생보호의 필요 여부와 그 방법을 결정함에 있어서는 신청서 및 갱생보호대상자와의 상담 등에 의하여 갱생보호대상자의 전과의 죄질·연령·학력·가정사정·교우관계 및 자립계획 등을 조사하여야 한다.

④ 보호관찰소의 장, 사업자 또는 공단은 갱생보호를 행하지 아니하기로 결정한 때에는 서면으로 그 이유를 신청인에게 통지하여야 한다.

제2절 갱생보호사업자

제67조【갱생보호사업의 허가】 ★
① 갱생보호사업을 하려는 자는 법무부령으로 정하는 바에 따라 법무부장관의 허가를 받아야 한다. 허가받은 사항을 변경하려는 경우에도 또한 같다.
② 법무부장관은 갱생보호사업의 허가를 할 때에는 사업의 범위와 허가의 기간을 정하거나 그 밖에 필요한 조건을 붙일 수 있다.

📖 시행규칙

제68조【갱생보호사업의 허가】
법 제67조 제1항의 규정에 의하여 갱생보호사업의 허가를 받고자 하는 자는 다음 각 호의 사항을 기재한 허가신청서에 정관 기타 관계서류를 첨부하여 법무부장관에게 제출하여야 한다.
1. 명칭
2. 갱생보호사업의 종류 및 내용과 갱생보호대상자에 대한 처우의 방법
3. 발기인 또는 설립자의 성명·주소·경력 및 자산상황과 경영책임자의 자산상황
4. 경영조직 및 회계처리기준
5. 건물 기타 설비의 규모 및 구조와 그 사용권
6. 경영책임자 및 갱생보호업무를 담당할 간부직원의 성명 및 경력

제68조【허가의 기준】
법무부장관은 다음 각 호의 기준에 맞지 아니할 때에는 갱생보호사업의 허가를 하여서는 아니 된다.
1. 갱생보호사업에 필요한 경제적 능력을 가질 것
2. 갱생보호사업의 허가신청자가 사회적 신망이 있을 것
3. 갱생보호사업의 조직 및 회계처리 기준이 공개적일 것

📖 시행규칙

제70조【허가사항의 변경】
사업자가 제68조 제1호부터 제3호까지, 제5호 또는 제6호의 사항을 변경하거나 정관을 변경하려는 경우에는 그 변경 사유를 명시한 변경허가신청서에 변경된 정관 및 관계 서류를 첨부하여 법무부장관의 허가를 받아야 한다.

제69조【보고의무】
갱생보호사업의 허가를 받은 자(이하 "사업자"라 한다)는 법무부령으로 정하는 바에 따라 다음 해의 사업계획과 전년도의 회계 상황 및 사업 실적을 법무부장관에게 보고하여야 한다.

📖 **시행규칙**

제71조【사업자의 사업계획등】

① 사업자의 회계연도는 정부의 회계연도에 의한다.

② 사업자는 법 제69조의 규정에 의하여 매 회계연도 개시 1월전에 다음 연도의 사업계획 및 예산을, 매 회계연도 종료 후 2월 이내에 전년도의 사업실적 및 결산서를 법무부장관에게 보고하여야 한다.

③ 제2항의 규정에 의하여 제출하는 사업계획 및 예산에는 다음 서류를 첨부하여야 한다.
  1. 추정대차대조표 및 그 부속명세서
  2. 추정손익계산서 및 그 부속명세서

④ 제2항의 규정에 의하여 제출하는 사업실적 및 결산에는 다음 서류를 첨부하여야 한다.
  1. 대차대조표 및 그 부속명세서
  2. 손익계산서 및 그 부속명세서
  3. 공인회계사의 감사증명서(법무부장관이 필요하다고 인정하여 첨부하게 한 경우에 한한다)

제70조【갱생보호사업의 허가 취소 등】

법무부장관은 사업자가 다음 각 호의 어느 하나에 해당할 때에는 그 허가를 취소하거나 6개월 이내의 기간을 정하여 그 사업의 전부 또는 일부의 정지를 명할 수 있다. 다만, 제1호 또는 제4호에 해당하는 때에는 그 허가를 취소하여야 한다.

1. 부정한 방법으로 갱생보호사업의 허가를 받은 경우
2. 갱생보호사업의 허가 조건을 위반한 경우
3. 목적사업 외의 사업을 한 경우
4. 정당한 이유 없이 갱생보호사업의 허가를 받은 후 6개월 이내에 갱생보호사업을 시작하지 아니하거나 1년 이상 갱생보호사업의 실적이 없는 경우
5. 제69조에 따른 보고를 거짓으로 한 경우
6. 이 법 또는 이 법에 따른 명령을 위반한 경우

제70조의2【청문】

법무부장관은 제70조에 따라 갱생보호사업의 허가를 취소하거나 정지하려는 경우에는 청문을 하여야 한다.

제3절 한국법무보호복지공단

제71조 【한국법무보호복지공단의 설립】
갱생보호사업을 효율적으로 추진하기 위하여 한국법무보호복지공단(이하 "공단"이라 한다)을 설립한다.

제72조 【법인격】
공단은 법인으로 한다.

제73조 【사무소】
① 공단의 주된 사무소의 소재지는 정관으로 정한다.
② 공단은 정관으로 정하는 바에 따라 필요한 곳에 지부와 지소를 둘 수 있다.

제74조 【정관】
① 공단의 정관에는 다음 각 호의 사항이 포함되어야 한다.
  1. 목적
  2. 명칭
  3. 주된 사무소 및 지부·지소에 관한 사항
  4. 기금에 관한 사항
  5. 임직원에 관한 사항
  6. 이사회에 관한 사항
  7. 업무에 관한 사항
  8. 재산 및 회계에 관한 사항
  9. 공고에 관한 사항
  10. 정관의 변경에 관한 사항
  11. 내부규정의 제정·개정 및 폐지에 관한 사항
② 공단은 정관을 변경하려면 법무부장관의 인가를 받아야 한다.

제75조 【등기】
공단은 그 주된 사무소의 소재지에서 설립등기를 함으로써 성립한다.

제76조【임원 및 그 임기】

① 공단에 이사장 1명을 포함한 15명 이내의 이사와 감사 2명을 둔다.

② 이사장은 법무부장관이 임명하고, 그 임기는 3년으로 하되 연임할 수 있다. 다만, 임기가 만료된 이사장은 그 후임자가 임명될 때까지 그 직무를 행한다.

③ 이사는 갱생보호사업에 열성이 있고, 학식과 덕망이 있는 사람 중에서 이사장의 제청에 의하여 법무부장관이 임명하거나 위촉하며, 임기는 3년으로 하되 연임할 수 있다. 다만, 공무원인 이사의 임기는 그 직위에 있는 동안으로 한다.

④ 감사는 이사장의 제청에 의하여 법무부장관이 임명하며, 임기는 2년으로 하되 연임할 수 있다.

제77조【임원의 직무】

① 이사장은 공단을 대표하고 공단의 업무를 총괄한다.

② 감사는 공단의 업무 및 회계를 감사한다.

③ 이사장 아닌 이사와 감사는 비상근으로 할 수 있다.

제78조【임원의 결격사유】

다음 각 호의 어느 하나에 해당하는 사람은 공단의 임원이 될 수 없다.

1. 대한민국 국민이 아닌 사람
2. 「국가공무원법」 제33조 각 호의 어느 하나에 해당하는 사람

제79조【임원의 해임】

① 임원이 제78조 각 호의 어느 하나에 해당하게 되면 당연히 퇴직한다.

② 법무부장관은 임원이 다음 각 호의 어느 하나에 해당할 때에는 그 임원을 해임하거나 해촉할 수 있다.

 1. 갱생보호사업에 열성이 없다고 인정될 때
 2. 직무상의 의무를 위반하거나 직무수행을 게을리하였을 때
 3. 그 밖의 사유로 인하여 임원으로서 부적당하다고 인정될 때

제80조【이사회】

① 공단의 업무에 관한 주요 사항을 심의·의결하기 위하여 공단에 이사회를 둔다.

② 이사회는 이사장과 이사로 구성한다.

제80조 【이사회】
① 공단의 업무에 관한 주요 사항을 심의·의결하기 위하여 공단에 이사회를 둔다.
② 이사회는 이사장과 이사로 구성한다.
③ 이사장은 이사회를 소집하고 그 의장이 된다.
④ 감사는 이사회에 출석하여 의견을 진술할 수 있다.

제81조 【직원의 임면】
공단의 직원은 정관으로 정하는 바에 따라 이사장이 임면(任免)한다.

제82조 【공단의 사업】
공단은 그 목적을 달성하기 위하여 다음 각 호의 사업을 한다.
1. 갱생보호
2. 갱생보호제도의 조사·연구 및 보급·홍보
3. 갱생보호사업을 위한 수익사업
4. 공단의 목적 달성에 필요한 사업

제83조 【공단의 자산】
공단은 다음 각 호의 재산을 그 자산으로 한다.
1. 공단이 소유하고 있는 부동산과 그 밖의 재산
2. 국고보조금
3. 자산으로부터 생기는 과실(果實)
4. 그 밖의 수입

제84조 【공단의 사업계획 등】
① 공단의 회계연도는 정부의 회계연도에 따른다.
② 공단은 법무부령으로 정하는 바에 따라 매 회계연도가 시작되기 전에 다음 회계연도에 실시할 공단의 사업계획 및 예산을 법무부장관에게 제출하여 그 승인을 받아야 한다. 이를 변경할 때에도 또한 같다.
③ 공단은 법무부령으로 정하는 바에 따라 매 회계연도의 종료 후 전년도의 사업 실적과 결산을 법무부장관에게 제출하여야 한다.

📖 시행규칙

제72조 【공단의 사업계획 등】

① 공단은 법 제84조 제2항의 규정에 의하여 매 회계연도 개시 1월전에 다음 연도의 사업계획 및 예산을 법무부장관에게 제출하여 승인을 얻어야 하며, 매 회계연도 종료후 2월이내에 전년도의 사업실적 및 결산서를 법무부장관에게 제출하여야 한다.

② 공단은 제1항의 규정에 의하여 사업계획 및 예산의 승인을 얻은 후 사업계획을 변경하거나 예산의 관·항간의 유용 또는 예산외 지출을 하고자 할 때에는 법무부장관의 승인을 얻어야 한다.

③ 제1항의 사업계획·예산·사업실적 및 결산은 지부별로 내용이 명시되어야 한다.

제85조 【기부금품의 접수 및 보고】

① 공단은 기관·단체 또는 개인이 갱생보호사업을 위하여 공단에 자발적으로 기탁하는 금품을 접수할 수 있다.

② 제1항에 따라 기부금품을 접수한 경우 공단은 그 접수 상황 및 처리 상황을 법무부장관에게 보고하여야 한다.

③ 기부자에 대한 영수증 발급, 기부금품의 용도 지정, 장부의 열람, 그 밖에 필요한 사항은 대통령령으로 정한다.

제86조 【갱생보호기금의 설치】

갱생보호사업의 추진에 필요한 재원을 확보하기 위하여 공단에 갱생보호기금(이하 "기금"이라 한다)을 설치한다.

제87조 【기금의 재원】

기금은 다음 각 호의 재원으로 조성한다.

1. 기금의 운용으로 생기는 수익금
2. 공단의 사업으로 생기는 수입금
3. 관계 법령에 따른 기부금

제88조 【기금의 운용·관리】

① 기금은 공단이 운용·관리한다.

② 기금의 운용·관리에 필요한 사항은 대통령령으로 정한다.

제48조【기금의 운용 · 관리】

공단은 법 제86조에 따라 설치된 갱생보호기금(이하 "기금"이라 한다)을 별도 계정으로 관리하여야 한다.

제49조【기금의 운용 · 관리계획】

① 공단은 매년 다음 회계연도의 기금의 운용 · 관리계획을 법 제84조 제2항의 규정에 의한 사업계획 및 예산에 포함시켜 법무부장관에게 제출하여야 한다.

② 제1항의 규정에 의한 운용 · 관리계획에는 다음 각 호의 사항이 포함되어야 한다.

 1. 기금의 재원별 조성계획

 2. 기금의 사업별 · 재원별 사용계획 및 그 사업내용과 기금의 용도를 설명하는 내역

제50조【기금운용에 관한 보고】

① 공단은 매 회계연도의 기금운용에 관한 결산결과를 법 제84조 제3항의 규정에 의한 전년도의 사업실적과 결산에 포함시켜 법무부장관에게 보고하여야 한다.

② 제1항의 규정에 의한 결산결과보고에는 다음 각 호의 서류를 첨부하여야 한다.

 1. 당해 연도의 대차대조표와 손익계산서

 2. 당해 연도의 잉여금계산서와 잉여금처분계산서

 3. 수입 및 지출계산서

 4. 기타 법무부장관이 정하는 재무제표부속명세서

제89조【기금의 사용】

기금은 제82조 각 호의 사업을 위하여 사용한다.

제90조【자금의 차입】

공단은 기금 운용에 필요하다고 인정하면 법무부장관의 승인을 받아 기금의 부담으로 자금을 차입할 수 있다.

제91조【이익금의 처리】

공단은 매 사업연도의 결산 결과 이익금이 생기면 이월손실금의 보전(補塡)에 충당하고, 그 나머지는 기금으로 적립하여야 한다.

제92조【준용규정】

공단에 관하여 이 법에서 규정한 것을 제외하고는 「민법」 중 재단법인에 관한 규정을 준용한다.

제93조 【벌칙 적용 시의 공무원 의제】
공단의 임직원은 「형법」과 그 밖의 법률에 따른 벌칙을 적용할 때에는 공무원으로 본다.

제4절 갱생보호사업의 지원 및 감독

제94조 【보조금】
국가나 지방자치단체는 사업자와 공단에 대하여 보조할 수 있다.

제95조 【조세감면】
국가나 지방자치단체는 갱생보호사업에 대하여 「조세특례제한법」 및 「지방세특례제한법」에서 정하는 바에 따라 국세 또는 지방세를 감면할 수 있다.

제96조 【수익사업】
① 사업자 또는 공단은 갱생보호사업을 위하여 수익사업을 하려면 사업마다 법무부장관의 승인을 받아야 한다. 이를 변경할 때에도 또한 같다.
② 법무부장관은 수익사업을 하는 사업자 또는 공단이 수익을 갱생보호사업 외의 사업에 사용한 경우에는 수익사업의 시정이나 정지를 명할 수 있다.

시행규칙

제73조 【수익사업 승인신청등】
사업자 또는 공단은 법 제96조 제1항의 규정에 의하여 수익사업 경영의 승인 또는 변경승인을 신청하는 경우에는 승인신청서에 다음의 서류를 법무부장관에게 제출하여야 한다.
1. 사업계획서
2. 추정손익계산서 및 그 부속명세서
3. 사업에 종사할 간부직원명부
4. 행정관청의 허가를 요하는 사업인 경우에는 당해 사업에 대하여 허가를 받은 사실을 증명하는 서류

제74조 【수익사업의 요건】
사업자 또는 공단은 수익사업의 경영으로 갱생보호사업에 지장을 초래하여서는 아니 되며, 그 수익을 갱생보호사업을 위하여 사용하여야 한다.

제97조【감독】★

① 법무부장관은 사업자와 공단을 지휘·감독한다.

② 법무부장관은 사업자와 공단에 대하여 감독상 필요한 경우에는 그 업무에 관한 사항을 보고하게 하거나 자료의 제출이나 그 밖에 필요한 명령을 할 수 있으며, 소속 공무원에게 사업자 및 공단의 운영 실태를 조사하게 할 수 있다.

③ 제2항에 따라 조사를 하는 공무원은 그 권한을 나타내는 증표를 지니고 이를 관계인에게 내보여야 한다.

▌ 시행규칙

제75조【보고】

사업자 또는 공단은 다음 각 호의 사항에 관하여 법무부장관에게 보고하여야 한다.

1. 업무에 관한 월별통계
2. 총회 또는 이사회 회의록
3. 위법·부당한 사건의 발생사실

제76조【개선명령】

① 법무부장관은 법 제97조 제2항의 규정에 의하여 사업자 또는 공단에 대한 갱생보호사업의 운영실태를 조사한 결과 허가기준에 위반되거나 기타 위법·부당한 사항이 있는 경우에는 개선을 명할 수 있다.

② 제1항의 개선명령을 받은 자는 지체 없이 개선조치를 한 후 그 조치내용을 법무부장관에게 서면으로 보고하여야 한다.

제77조【회계】

① 사업자 및 공단은 갱생보호사업의 성과와 재정상태를 정확히 파악하기 위하여 모든 회계거래를 그 발생의 사실에 따라 처리하여야 한다.

② 사업자 및 공단이 수익사업을 경영하는 경우에는 갱생보호사업의 회계와 수익사업의 회계를 구분하여 처리하여야 한다.

제78조【장부의 비치】

사업자 및 공단은 다음의 장부를 비치하여야 한다.

1. 갱생보호대상자의 명부
2. 갱생보호현황 장부
3. 회계에 관한 장부
4. 기부금품대장
5. 보관금품대장
6. 기타 갱생보호사업의 운영에 필요한 장부

제98조【유사명칭의 사용금지】

① 이 법에 따른 공단이 아닌 자는 한국법무보호복지공단 또는 이와 유사한 명칭을 사용하지 못한다.

② 이 법에 따른 사업자가 아닌 자는 갱생보호회 또는 이와 유사한 명칭을 사용하지 못한다.

02 치료감호 등에 관한 법률

• **법** 2022.7.5. 시행 | **시행령** 2021.4.21. 시행 | **시행규칙** 2024.5.21. 시행

제1장 | 총칙

제1조【목적】
이 법은 심신장애 상태, 마약류·알코올이나 그 밖의 약물중독 상태, 정신성적 장애가 있는 상태 등에서 범죄행위를 한 자로서 재범의 위험성이 있고 특수한 교육·개선 및 치료가 필요하다고 인정되는 자에 대하여 적절한 보호와 치료를 함으로써 재범을 방지하고 사회복귀를 촉진하는 것을 목적으로 한다.

제2조【치료감호대상자】 ★★
① 이 법에서 "치료감호대상자"란 다음 각 호의 어느 하나에 해당하는 자로서 치료감호시설에서 치료를 받을 필요가 있고 재범의 위험성이 있는 자를 말한다.
   1. 「형법」제10조 제1항(심신상실자)에 따라 벌하지 아니하거나 같은 조 제2항(심신미약자)에 따라 형을 감경할 수 있는 심신장애인으로서 금고 이상의 형에 해당하는 죄를 지은 자
   2. 마약·향정신성의약품·대마, 그 밖에 남용되거나 해독을 끼칠 우려가 있는 물질이나 알코올을 식음·섭취·흡입·흡연 또는 주입받는 습벽이 있거나 그에 중독된 자로서 금고 이상의 형에 해당하는 죄를 지은 자
   3. 소아성기호증, 성적가학증 등 성적 성벽이 있는 정신성적 장애인으로서 금고 이상의 형에 해당하는 성폭력범죄를 지은 자
② 제1항 제2호의 남용되거나 해독을 끼칠 우려가 있는 물질에 관한 자세한 사항은 대통령령으로 정한다.

📖 **시행령**

제2조【마약류 등의 종류】
「치료감호 등에 관한 법률」(이하 "법"이라 한다) 제2조 제1항 제2호에 따른 마약·향정신성의약품·대마, 그 밖에 남용되거나 해독을 끼칠 우려가 있는 물질의 종류는 다음과 같다.
1. 「마약류 관리에 관한 법률」제2조 제2호부터 제4호까지 및 같은 법 시행령 제2조 제1항부터 제3항까지에 규정된 물질
2. 「화학물질관리법」제22조 제1항 및 같은 법 시행령 제11조에 규정된 물질

제2조의2【치료감호 대상 성폭력범죄의 범위】

제2조 제1항 제3호의 성폭력범죄는 다음 각 호의 범죄를 말한다.

1. 「형법」제297조(강간)·제297조의2(유사강간)·제298조(강제추행)·제299조(준강간, 준강제 추행)·제300조(미수범)·제301조(강간 등 상해·치상)·제301조의2(강간 등 살인·치사)·제302조(미성년자등에 대한 간음)·제303조(업무상위력등에 의한 간음)·제305조(미성년자에 대한 간음, 추행)·제305조의2(상습범)·제339조(강도강간)·제340조(해상강도) 제3항(사람을 강간한 죄만을 말한다) 및 제342조(미수범)의 죄(제339조 및 제340조 제3항 중 사람을 강간한 죄의 미수범만을 말한다)
2. 「성폭력범죄의 처벌 등에 관한 특례법」제3조부터 제10조까지 및 제15조(제3조부터 제9조까지의 미수범으로 한정한다)의 죄
3. 「아동·청소년의 성보호에 관한 법률」제7조(아동·청소년에 대한 강간·강제추행 등)·제9조(강간 등 상해·치상)·제10조(강간 등 살인·치사)의 죄
4. 제1호부터 제3호까지의 죄로서 다른 법률에 따라 가중 처벌되는 죄

제2조의3【치료명령대상자】 ★★

이 법에서 "치료명령대상자"란 다음 각 호의 어느 하나에 해당하는 자로서 통원치료를 받을 필요가 있고 재범의 위험성이 있는 자를 말한다.

1. 「형법」제10조 제2항(심신미약자)에 따라 형을 감경할 수 있는 심신장애인으로서 금고 이상의 형에 해당하는 죄를 지은 자
2. 알코올을 식음하는 습벽이 있거나 그에 중독된 자로서 금고 이상의 형에 해당하는 죄를 지은 자
3. 마약·향정신성의약품·대마, 그 밖에 대통령령으로 정하는 남용되거나 해독을 끼칠 우려가 있는 물질을 식음·섭취·흡입·흡연 또는 주입받는 습벽이 있거나 그에 중독된 자로서 금고 이상의 형에 해당하는 죄를 지은 자

📖 **시행령**

제2조의2【남용되거나 해독을 끼칠 우려가 있는 물질】

법 제2조의3 제3호에서 "마약·향정신성의약품·대마, 그 밖에 대통령령으로 정하는 남용되거나 해독을 끼칠 우려가 있는 물질"이란 제2조 각 호의 물질을 말한다.

제3조【관할】

① 치료감호사건의 토지관할은 치료감호사건과 동시에 심리하거나 심리할 수 있었던 사건의 관할에 따른다.
② 치료감호사건의 제1심 재판관할은 지방법원합의부 및 지방법원지원 합의부로 한다. 이 경우

치료감호가 청구된 치료감호대상자(이하 "피치료감호청구인"이라 한다)에 대한 치료감호사
건과 피고사건의 관할이 다른 때에는 치료감호사건의 관할에 따른다.

제2장 | 치료감호사건의 절차 등

제4조 【검사의 치료감호 청구】 ★★
① 검사는 치료감호대상자가 치료감호를 받을 필요가 있는 경우 관할 법원에 치료감호를 청구할
수 있다.
② 치료감호대상자에 대한 치료감호를 청구할 때에는 정신건강의학과 등의 전문의의 진단이나
감정을 참고하여야 한다. 다만, 제2조 제1항 제3호(소아성기호증, 성적가학증 등 성적 성벽이
있는 정신성적 장애인으로서 금고 이상의 형에 해당하는 성폭력범죄를 지은 자)에 따른 치료
감호대상자에 대하여는 정신건강의학과 등의 전문의의 진단이나 감정을 받은 후 치료감호를
청구하여야 한다.
③ 치료감호를 청구할 때에는 검사가 치료감호청구서를 관할 법원에 제출하여야 한다. 치료감호
청구서에는 피치료감호청구인 수만큼의 부본을 첨부하여야 한다.
④ 치료감호청구서에는 다음 각 호의 사항을 적어야 한다.
1. 피치료감호청구인의 성명과 그 밖에 피치료감호청구인을 특정할 수 있는 사항
2. 청구의 원인이 되는 사실
3. 적용 법 조문
4. 그 밖에 대통령령으로 정하는 사항
⑤ 검사는 공소제기한 사건의 항소심 변론종결 시까지 치료감호를 청구할 수 있다.
⑥ 법원은 치료감호 청구를 받으면 지체 없이 치료감호청구서의 부본을 피치료감호청구인이나
그 변호인에게 송달하여야 한다. 다만, 공소제기와 동시에 치료감호 청구를 받았을 때에는
제1회 공판기일 전 5일까지, 피고사건 심리 중에 치료감호 청구를 받았을 때에는 다음 공판기
일 전 5일까지 송달하여야 한다.
⑦ 법원은 공소제기된 사건의 심리결과 치료감호를 할 필요가 있다고 인정할 때에는 검사에게
치료감호 청구를 요구할 수 있다.

시행령

제3조 【감호청구서의 기재사항 및 방식】
① 검사가 공소를 제기하면서 동시에 치료감호 청구를 하는 경우 치료감호청구서에 적어야 할 법 제4조 제4항

제1호의 사항은 공소장에 적힌 피고인의 성명, 연령, 등록기준지, 주거, 직업 등으로 갈음하고, 청구의 원인이
되는 사실 및 적용법조는 공소장의 공소사실 및 적용법조에 추가하여 적는다.

② 검사가 공소를 제기하지 아니하고 치료감호 청구만을 하거나 공소를 제기한 후에 치료감호 청구를 하는
경우에는 치료감호청구서에 치료감호가 청구된 치료감호대상자(이하 "피치료감호청구인"이라 한다)의 성명,
연령, 등록기준지, 주거, 직업, 죄명과 청구의 원인이 되는 사실 및 적용법조를 적는다.

③ 제1항 및 제2항의 경우에는 구속영장 또는 치료감호영장이나 그 등본, 변호인 선임서, 피의자 또는 치료감호
대상자 수용증명, 구속 또는 보호구속기간 연장결정서나 그 등본 등을 첨부한다.

▣ 시행규칙

제3조 【치료감호청구의 방식】

① 「치료감호 등에 관한 법률」(이하 "법"이라 한다) 제4조에 따른 치료감호청구서는 별지 제1호서식과 같다.
다만, 공소를 제기하면서 동시에 치료감호를 청구할 때에는 별지 제2호서식의 공소장 및 치료감호청구서로
하여야 한다.

② 공소를 제기한 후에 치료감호청구를 할 때에는 치료감호사건과 병합심리할 피고사건이나 약식명령 청구사건
이 계속되어 있는 법원명, 사건번호, 피고인 성명, 죄명 등을 분명하게 적어 병합심리를 신청하여야 한다.

③ 공소를 제기하지 아니하고 치료감호청구만을 할 때에는 치료감호사건과 동시에 심리할 수 있었던 피의사건
의 사건번호를 적는다.

④ 제1항 본문에 따른 치료감호청구서와 같은 항 단서에 따른 공소장 및 치료감호청구서에는 다음 각 호의
서류를 첨부하여야 한다.

1. 구속영장 또는 그 등본이나 치료감호영장 또는 그 등본
2. 변호인 선임서
3. 피의자 수용증명 또는 치료감호대상자 수용증명
4. 구속기간 연장결정서나 그 등본 또는 보호구속기간 연장결정서나 그 등본

제5조 【조사】

① 검사는 범죄를 수사할 때 범죄경력이나 심신장애 등을 고려하여 치료감호를 청구함이 상당하
다고 인정되는 자에 대하여는 치료감호 청구에 필요한 자료를 조사하여야 한다.

② 사법경찰관리(특별사법경찰관리를 포함한다. 이하 같다)는 검사의 지휘를 받아 제1항에 따른
조사를 하여야 한다.

▣ 시행규칙

제4조 【조사사항】

① 검사와 사법경찰관리는 법 제5조에 따라 치료감호대상자를 조사할 때 다음 각 호의 사항에 유의하여야
한다.

1. 치료감호의 요건이 되는 전과 및 치료감호경력
2. 치료의 필요성과 재범의 위험성

   3. 심신장애의 정도 또는 「치료감호 등에 관한 법률 시행령」(이하 "영"이라 한다) 제2조에 규정된 물질이나 알코올을 식음하는 등의 습벽 및 중독된 정도, 정신성적 장애의 정도

   4. 그 밖에 치료감호대상자에게 이익이 되는 사항

   5. 제1호부터 제4호까지의 사항을 증명하는 사항

② 제1항 제1호의 전과 및 치료감호경력을 조사할 때에는 형 및 치료감호의 판결법원, 판결 연월일, 죄명, 형명, 형기와 치료감호기간, 형 집행사항과 치료감호의 집행사항을 명백히 조사하여야 한다.

제6조 【치료감호영장】

① 치료감호대상자에 대하여 치료감호를 할 필요가 있다고 인정되고 다음 각 호의 어느 하나에 해당하는 사유가 있을 때에는 검사는 관할 지방법원 판사에게 청구하여 치료감호영장을 발부받아 치료감호대상자를 보호구속[보호구금과 보호구인을 포함한다. 이하 같다]할 수 있다.

   1. 일정한 주거가 없을 때

   2. 증거를 인멸할 염려가 있을 때

   3. 도망하거나 도망할 염려가 있을 때

② 사법경찰관은 제1항의 요건에 해당하는 치료감호대상자에 대하여 검사에게 신청하여 검사의 청구로 관할 지방법원 판사의 치료감호영장을 발부받아 보호구속할 수 있다.

③ 제1항과 제2항에 따른 보호구속에 관하여는 「형사소송법」 제201조 제2항부터 제4항까지, 제201조의2(구속영장 청구와 피의자 심문)부터 제205조(구속기간의 연장)까지, 제208조(재구속의 제한), 제209조(준용규정) 및 제214조의2(체포와 구속의 적부심사)부터 제214조의4(보증금의 몰수)까지의 규정을 준용한다.

제7조 【치료감호의 독립 청구】 ★

검사는 다음 각 호의 어느 하나에 해당하는 경우에는 공소를 제기하지 아니하고 치료감호만을 청구할 수 있다.

1. 피의자가 「형법」 제10조 제1항(심신상실자)에 해당하여 벌할 수 없는 경우

2. 고소·고발이 있어야 논할 수 있는 죄에서 그 고소·고발이 없거나 취소된 경우 또는 피해자의 명시적인 의사에 반하여 논할 수 없는 죄에서 피해자가 처벌을 원하지 아니한다는 의사표시를 하거나 처벌을 원한다는 의사표시를 철회한 경우

3. 피의자에 대하여 「형사소송법」 제247조(기소유예)에 따라 공소를 제기하지 아니하는 결정을 한 경우

제8조【치료감호 청구와 구속영장의 효력】 ★
구속영장에 의하여 구속된 피의자에 대하여 검사가 공소를 제기하지 아니하는 결정을 하고 치료감호 청구만을 하는 때에는 구속영장은 치료감호영장으로 보며 그 효력을 잃지 아니한다.

제9조【피치료감호청구인의 불출석】
법원은 피치료감호청구인이「형법」제10조 제1항(심신상실자)에 따른 심신장애로 공판기일에의 출석이 불가능한 경우에는 피치료감호청구인의 출석 없이 개정할 수 있다.

제10조【공판절차로의 이행】
① 제7조 제1호(피의자가「형법」제10조 제1항에 해당하여 벌할 수 없는 경우에 해당하여 공소를 제기하지 아니하고 치료감호만을 청구)에 따른 치료감호청구사건의 공판을 시작한 후 피치료감호청구인이「형법」제10조 제1항(심신상실자)에 따른 심신장애에 해당되지 아니한다는 명백한 증거가 발견되고 검사의 청구가 있을 때에는 법원은「형사소송법」에 따른 공판절차로 이행하여야 한다.
② 제1항에 따라 공판절차로 이행한 경우에는 치료감호를 청구하였던 때에 공소를 제기한 것으로 본다. 이 경우 치료감호청구서는 공소장과 같은 효력을 가지며, 공판절차로 이행하기 전의 심리는 공판절차에 따른 심리로 본다. 공소장에 적어야 할 사항은「형사소송법」제298조(공소장의 변경)의 절차에 따라 변경할 수 있다.
③ 약식명령이 청구된 후 치료감호가 청구되었을 때에는 약식명령청구는 그 치료감호가 청구되었을 때부터 공판절차에 따라 심판하여야 한다.

제11조【공판 내용의 고지】
제10조에 따라 공판절차로 이행하는 경우 피고인의 출석 없이 진행된 공판의 내용은 공판조서의 낭독이나 그 밖의 적당한 방법으로 피고인에게 고지하여야 한다.

제12조【치료감호의 판결 등】
① 법원은 치료감호사건을 심리하여 그 청구가 이유 있다고 인정할 때에는 판결로써 치료감호를 선고하여야 하고, 이유 없다고 인정할 때 또는 피고사건에 대하여 심신상실 외의 사유로 무죄를 선고하거나 사형을 선고할 때에는 판결로써 청구기각을 선고하여야 한다.
② 치료감호사건의 판결은 피고사건의 판결과 동시에 선고하여야 한다. 다만, 제7조(치료감호의 독립 청구)에 따라 공소를 제기하지 아니하고 치료감호만을 청구한 경우에는 그러하지 아니하다.

③ 치료감호선고의 판결이유에는 요건으로 되는 사실, 증거의 요지와 적용 법 조문을 구체적으로 밝혀야 한다.
④ 법원은 피고사건에 대하여 「형사소송법」 제326조(면소의 판결) 각 호, 제327조(공소기각의 판결)제1호부터 제4호까지 및 제328조(공소기각의 결정)제1항 각 호(제2호 중 피고인인 법인이 존속하지 아니하게 되었을 때는 제외한다)의 사유가 있을 때에는 치료감호청구사건에 대하여도 청구기각의 판결 또는 결정을 하여야 한다. 치료감호청구사건에 대하여 위와 같은 사유가 있을 때에도 또한 같다.

제13조 【전문가의 감정 등】
법원은 제4조 제2항에 따른 정신건강의학과 전문의 등의 진단 또는 감정의견만으로 피치료감호청구인의 심신장애 또는 정신성적 장애가 있는지의 여부를 판단하기 어려울 때에는 정신건강의학과 전문의 등에게 다시 감정을 명할 수 있다.

제14조 【항소 등】
① 검사 또는 피치료감호청구인과 「형사소송법」 제339조부터 제341조까지에 규정된 자(검사, 피고인의 법정대리인, 피고인의 배우자·직계친족·형제자매·원심의 대리인이나 변호인)는 「형사소송법」의 절차에 따라 상소할 수 있다.
② 피고사건의 판결에 대하여 상소 및 상소의 포기·취하가 있을 때에는 치료감호청구사건의 판결에 대하여도 상소 및 상소의 포기·취하가 있는 것으로 본다. 상소권회복 또는 재심의 청구나 비상상고가 있을 때에도 또한 같다.

> 참고 **항소권자·상소권자**
> • 항고권자(형사소송법 제339조) : 검사 또는 피고인 아닌 자가 결정을 받은 때에는 항고할 수 있다.
> • 당사자 이외의 상소권자(형사소송법 제340조) : 피고인의 법정대리인은 피고인을 위하여 상소할 수 있다.
> • 동전(형사소송법 제341조)
> ① 피고인의 배우자, 직계친족, 형제자매 또는 원심의 대리인이나 변호인은 피고인을 위하여 상소할 수 있다.
> ② 전항의 상소는 피고인의 명시한 의사에 반하여 하지 못한다.

제15조 【준용규정】
① 법원에서 피치료감호청구인을 보호구속하는 경우의 치료감호영장에 관하여는 제6조 제1항을 준용한다.

② 제2조 제1항 각 호의 어느 하나에 해당하는 치료감호대상자에 대한 치료감호청구사건에 관하여는 「형사소송법」 제282조(필요적 변호) 및 제283조(국선변호인)를 준용한다.

제3장 | 치료감호의 집행

제16조 【치료감호의 내용】 ★★
① 치료감호를 선고받은 자(이하 "피치료감호자"라 한다)에 대하여는 치료감호시설에 수용하여 치료를 위한 조치를 한다.
② 피치료감호자를 치료감호시설에 수용하는 기간은 다음 각 호의 구분에 따른 기간을 초과할 수 없다.
  1. 제2조 제1항 제1호 및 제3호에 해당하는 자 : 15년
  2. 제2조 제1항 제2호에 해당하는 자 : 2년
③ 「전자장치 부착 등에 관한 법률」 제2조 제3호의2에 따른 살인범죄(이하 "살인범죄"라 한다)를 저질러 치료감호를 선고받은 피치료감호자가 살인범죄를 다시 범할 위험성이 있고 계속 치료가 필요하다고 인정되는 경우에는 법원은 치료감호시설의 장의 신청에 따른 검사의 청구로 3회까지 매회 2년의 범위에서 제2항 각 호의 기간을 연장하는 결정을 할 수 있다.
④ 치료감호시설의 장은 정신건강의학과 등 전문의의 진단이나 감정을 받은 후 제3항의 신청을 하여야 한다.
⑤ 제3항에 따른 검사의 청구는 제2항 각 호의 기간 또는 제3항에 따라 연장된 기간이 종료하기 6개월 전까지 하여야 한다.
⑥ 제3항에 따른 법원의 결정은 제2항 각 호의 기간 또는 제3항에 따라 연장된 기간이 종료하기 3개월 전까지 하여야 한다.
⑦ 제3항의 결정에 대한 검사, 피치료감호자, 그 법정대리인의 항고와 재항고에 관하여는 「성폭력범죄자의 성충동 약물치료에 관한 법률」 제22조 제5항부터 제11항까지의 규정을 준용하되, "성폭력 수형자"는 "피치료감호자"로 본다.
⑧ 제1항에 따른 치료감호시설에서의 치료와 그 밖에 필요한 사항은 대통령령으로 정한다.

참고	치료감호의 기간
기간	치료감호대상자
15년	• 「형법」 제10조 제1항(심신상실자)에 따라 벌할 수 없거나 같은 조 제2항(심신미약자)에 따라 형이 감경되는 심신장애자로서 금고 이상의 형에 해당하는 죄를 지은 자

15년	• 소아성기호증, 성적가학증 등 성적 성벽이 있는 정신성적 장애자로서 금고 이상의 형에 해당하는 성폭력범죄를 지은 자
2년	마약·향정신성의약품·대마, 그 밖에 남용되거나 해독을 끼칠 우려가 있는 물질이나 알코올을 식음·섭취·흡입·흡연 또는 주입받는 습벽이 있거나 그에 중독된 자로서 금고 이상의 형에 해당하는 죄를 지은 자

시행령

제4조【치료감호의 방법】

① 치료감호를 선고받은 자(이하 "피치료감호자"라 한다)에 대하여는 법 제16조 제1항에 따른 치료감호시설(이하 "치료감호시설"이라 한다)에 수용·감호하고 치료와 재활교육을 한다.

② 피치료감호자에 대하여는 심신장애의 정도 또는 제2조에 규정된 물질이나 알코올을 식음하는 등의 습벽 및 중독된 정도, 정신성적 장애의 정도에 따라 분리수용한다.

제4조의2【치료감호 기간 연장 신청】

① 치료감호시설의 장은 법 제16조 제3항에 따라 피치료감호자의 치료감호 기간 연장을 검사에게 신청하려면 다음 각 호의 사항을 적은 서면에 그 신청사유를 소명할 수 있는 자료를 첨부하여 제출하여야 한다.

  1. 피치료감호자의 성명·주민등록번호 및 죄명

  2. 기간 연장이 필요한 사유

  3. 기간을 연장한 횟수

② 제1항에 따른 치료감호 기간 연장 신청은 법 제16조 제2항 각 호의 기간 또는 같은 조 제3항에 따라 연장된 기간이 종료하기 7개월 전까지 하여야 한다.

제5조【동태의 보고 등】

① 치료감호시설의 장은 피치료감호자에 대하여 치료감호 집행을 시작한 후 6개월마다 피치료감호자의 동태·치료정도와 그 밖에 필요한 사항을 법 제37조에 따른 치료감호심의위원회(이하 "위원회"라 한다)에 보고하여야 한다.

② 지정법무병원의 장은 피치료감호자가 다음 각 호의 어느 하나에 해당하면 지체 없이 위원회에 보고하여야 한다.

  1. 범죄를 저지른 경우

  2. 수용질서를 해치는 행위로 다른 피치료감호자의 수용생활을 방해한 경우

  3. 증상이 악화되어 자해 또는 다른 사람을 위해할 위험성이 있는 경우

  4. 그 밖에 지정법무병원에서 계속 치료하기 곤란한 경우

③ 치료감호시설의 장은 치료감호를 종료 또는 가종료하거나 치료를 위탁하는 것이 타당하다고 인정하는 경우에는 검사에게 제1항의 사항을 통보하여 위원회에 심사를 신청하도록 요청할 수 있다.

제16조의2【치료감호시설】

① 제16조 제1항에서 "치료감호시설"이란 다음 각 호의 시설을 말한다.

  1. 국립법무병원

   2. 국가가 설립·운영하는 국립정신의료기관 중 법무부장관이 지정하는 기관(이하 "지정법무병원"이라 한다)

② 지정법무병원은 피치료감호자를 다른 환자와 구분하여 수용한다.

③ 국가는 지정법무병원에 대하여 예산의 범위에서 시설의 설치 및 운영에 필요한 경비를 보조하여야 한다.

④ 지정법무병원의 지정절차, 운영, 치료, 경비보조, 그 밖에 필요한 사항은 대통령령으로 정한다.

시행령

제4조의3 【지정법무병원의 지정절차】

① 법무부장관은 법 제16조의2 제1항 제2호에 따른 지정법무병원(이하 "지정법무병원"이라 한다)을 지정하기 위하여 필요한 경우 보건복지부장관의 의견을 들을 수 있다.

② 법무부장관은 지정법무병원을 지정한 경우에는 보건복지부장관 및 지정법무병원의 장에게 그 사실을 통보하여야 한다.

제4조의4 【지정법무병원의 운영 및 치료】

① 지정법무병원의 장은 피치료감호자가 입원하면 지정법무병원의 정신건강의학과 의사 중 피치료감호자의 치료를 담당할 의사를 지정하여야 한다.

② 지정법무병원의 피치료감호자 수용정원은 50명 이내로 한다. 다만, 법무부장관은 치료감호시설 전체 수용인원 및 치료의 적절성을 고려하여 수용정원을 조정할 수 있다.

③ 제1항 및 제2항에서 규정한 사항 외에 피치료감호자의 수용 및 치료에 필요한 세부 사항은 법무부장관이 정한다.

제4조의5 【지정법무병원에 대한 경비보조】

① 법 제16조의2 제3항에 따라 국가는 예산의 범위에서 다음 각 호의 경비를 지정법무병원에 보조하여야 한다.

   1. 피치료감호자의 진료 등에 드는 경비

   2. 피치료감호자의 수용 및 치료를 위한 병동의 설치·증축 및 리모델링에 필요한 경비

② 지정법무병원의 장은 제1항에 따른 경비보조를 받으려면 경비보조 청구서에 다음 각 호의 서류를 첨부하여 매달 10일까지 법무부장관에게 제출하여야 한다.

   1. 피치료감호자별 진료비 계산서

   2. 그 밖에 경비보조 청구 내용을 설명할 수 있는 자료

제17조 【집행 지휘】 ★

① 치료감호의 집행은 검사가 지휘한다.

② 제1항에 따른 지휘는 판결서등본을 첨부한 서면으로 한다.

제18조 【집행 순서 및 방법】 ★★

치료감호와 형이 병과된 경우에는 치료감호를 먼저 집행한다. 이 경우 치료감호의 집행기간은 형 집행기간에 포함한다.

📖 **시행규칙**

제11조 【치료감호의 집행 지휘 등】

① 치료감호와 형이 병과된 경우에는 먼저 치료감호의 집행을 지휘하고, 그 치료감호 집행지휘서의 비고란에 병과된 형의 내용을 붉은색으로 적어야 한다.

② 치료감호시설의 장은 형이 병과된 치료감호를 선고받은 자(이하 "피치료감호자"라 한다)에 대하여 치료감호의 종료가 결정되었으나 남은 형기가 있을 때에는 즉시 치료감호의 집행을 지휘한 지방검찰청 또는 지청의 검사에게 치료감호의 종료와 남은 형기 등 형의 집행 지휘에 필요한 사항을 통보하여야 한다.

③ 법 제37조에 따른 치료감호심의위원회가 치료감호의 가종료에 관련된 사항으로서 피치료감호자에 대한 치료감호의 집행을 정지하고 치료감호와 병과된 형 외의 자유형 또는 노역장유치(이하 이 조에서 "자유형등"이라 한다)를 먼저 집행할 필요가 있다고 심사·결정한 경우 치료감호시설의 장은 치료감호시설 소재지를 관할하는 지방검찰청 또는 지청의 검사에게 해당 피치료감호자에 대한 치료감호의 집행을 정지하고 먼저 자유형등의 집행을 지휘해줄 것을 요청할 수 있다.

④ 제3항에 따른 요청을 받은 검사는 소속 검찰청의 장의 허가를 받아 해당 피치료감호자에 대한 치료감호의 집행을 정지하고 먼저 자유형등의 집행을 지휘할 수 있다.

⑤ 제3항에 따른 요청은 별지 제6호의2서식에 따르고, 제4항에 따른 지휘는 별지 제6호의3서식에 따른다.

제19조 【구분 수용】

피치료감호자는 특별한 사정이 없으면 제2조 제1항 각 호의 구분에 따라 구분하여 수용하여야 한다.

제20조 【치료감호 내용 등의 공개】

이 법에 따른 치료감호의 내용과 실태는 대통령령으로 정하는 바에 따라 공개하여야 한다. 이 경우 피치료감호자나 그의 보호자가 동의한 경우 외에는 피치료감호자의 개인신상에 관한 것은 공개하지 아니한다.

📖 **시행령**

제6조 【치료감호 내용 등의 공개】

① 판사와 검사는 치료감호시설을 수시로 시찰할 수 있다.

② 판사나 검사가 아닌 사람이 법 제20조에 따라 치료감호시설을 참관하려면 치료감호시설의 장의 허가를 받아야 한다.

③ 치료감호시설의 장은 치료감호시설을 참관하려는 사람에 대하여 그 성명·직업·주소 및 참관의 목적을 명백히 한 후 정당한 이유가 있을 때에는 참관을 허가하여야 한다.

④ 치료감호시설의 장은 외국인이 치료감호시설을 참관하려는 경우에는 법무부장관의 승인을 받아 참관을 허가하여야 한다.

⑤ 치료감호시설의 장은 참관을 허가받은 사람에게 참관할 때의 주의사항을 고지하여야 한다.

제21조【소환 및 치료감호 집행】

① 검사는 보호구금되어 있지 아니한 피치료감호자에 대한 치료감호를 집행하기 위하여 피치료감호자를 소환할 수 있다.

② 피치료감호자가 제1항에 따른 소환에 응하지 아니하면 검사는 치료감호집행장을 발부하여 보호구인할 수 있다.

③ 피치료감호자가 도망하거나 도망할 염려가 있을 때 또는 피치료감호자의 현재지를 알 수 없을 때에는 제2항에도 불구하고 소환 절차를 생략하고 치료감호집행장을 발부하여 보호구인할 수 있다.

④ 치료감호집행장은 치료감호영장과 같은 효력이 있다.

제21조의2【치료감호시설 간 이송】

① 제37조에 따른 치료감호심의위원회는 피치료감호자에 대하여 치료감호 집행을 시작한 후 6개월마다 국립법무병원에서 지정법무병원으로 이송할 것인지를 심사·결정한다.

② 지정법무병원으로 이송된 피치료감호자가 수용질서를 해치거나 증상이 악화되는 등의 사유로 지정법무병원에서 계속 치료하기 곤란할 경우 제37조에 따른 치료감호심의위원회는 지정법무병원의 피치료감호자를 국립법무병원으로 재이송하는 결정을 할 수 있다.

③ 제37조에 따른 치료감호심의위원회는 제1항 및 제2항의 결정을 위하여 치료감호시설의 장 또는 소속 정신건강의학과 의사의 의견을 청취할 수 있다.

▮▮ 시행령

제6조의2【재이송의 신청 및 결정】

① 지정법무병원의 장은 법 제21조의2 제2항의 사유가 있는 경우에는 위원회에 피치료감호자의 재이송을 신청할 수 있다.

② 지정법무병원의 장은 제1항에 따른 재이송 신청을 할 때에는 증상 악화에 대한 담당 의사의 의견서 등 지정법무병원에서 계속 치료하기 곤란한 사유를 확인할 수 있는 관련 자료를 첨부하여야 한다.

③ 위원회는 제1항에 따른 재이송 신청을 받으면 피치료감호자에 대한 재이송이 적절한지를 심사하여 결정하여야 한다.

제22조【가종료 등의 심사·결정】 ★★

제37조에 따른 치료감호심의위원회는 피치료감호자에 대하여 치료감호 집행을 시작한 후 매 6개월마다 치료감호의 종료 또는 가종료 여부를 심사·결정하고, 가종료 또는 치료위탁된 피치료감호자에 대하여는 가종료 또는 치료위탁 후 매 6개월마다 종료 여부를 심사·결정한다.

제23조 【치료의 위탁】 ★★

① 제37조에 따른 치료감호심의위원회는 치료감호만을 선고받은 피치료감호자에 대한 집행이 시작된 후 1년이 지났을 때에는 상당한 기간을 정하여 그의 법정대리인, 배우자, 직계친족, 형제자매(이하 "법정대리인등"이라 한다)에게 치료감호시설 외에서의 치료를 위탁할 수 있다.

② 제37조에 따른 치료감호심의위원회는 치료감호와 형이 병과되어 형기에 상당하는 치료감호를 집행받은 자에 대하여는 상당한 기간을 정하여 그 법정대리인등에게 치료감호시설 외에서의 치료를 위탁할 수 있다.

③ 제1항이나 제2항에 따라 치료위탁을 결정하는 경우 치료감호심의위원회는 법정대리인등으로부터 치료감호시설 외에서의 입원·치료를 보증하는 내용의 서약서를 받아야 한다.

시행령

제7조 【치료의 위탁】

법 제23조 제3항에 따른 치료의 위탁을 받을 수 있는 피치료감호자의 법정대리인, 배우자, 직계친족, 형제자매(이하 "법정대리인등"이라 한다)가 위원회에 제출할 서약서에는 그 법정대리인등과 피치료감호자의 성명, 연령, 등록기준지, 주거, 직업 및 치료를 받을 병원명 등을 적고 입원보증서 등 자료를 첨부하여야 한다.

제24조 【치료감호의 집행정지】

피치료감호자에 대하여 「형사소송법」 제471조(자유형의 집행정지) 제1항 각 호의 어느 하나에 해당하는 사유가 있을 때에는 같은 조에 따라 검사는 치료감호의 집행을 정지할 수 있다. 이 경우 치료감호의 집행이 정지된 자에 대한 관찰은 형집행정지자에 대한 관찰의 예에 따른다.

제4장 | 피치료감호자 및 피치료감호청구인 등의 처우와 권리

제25조 【피치료감호자의 처우】

① 치료감호시설의 장은 피치료감호자의 건강한 생활이 보장될 수 있도록 쾌적하고 위생적인 시설을 갖추고 의류, 침구, 그 밖에 처우에 필요한 물품을 제공하여야 한다.

② 피치료감호자에 대한 의료적 처우는 정신병원에 준하여 의사의 조치에 따르도록 한다.

③ 치료감호시설의 장은 피치료감호자의 사회복귀에 도움이 될 수 있도록 치료와 개선 정도에 따라 점진적으로 개방적이고 완화된 처우를 하여야 한다.

제25조의2 【피치료감호청구인의 처우】

① 피치료감호청구인(치료감호가 청구된 치료감호대상자)은 피치료감호자(치료감호를 선고받은 자)와 구분하여 수용한다. 다만, 다음 각 호의 어느 하나에 해당하는 경우에는 피치료감호청구인을 피치료감호자와 같은 치료감호시설에 수용할 수 있다.
　　1. 치료감호시설이 부족한 경우
　　2. 범죄의 증거인멸을 방지하기 위하여 필요하거나 그 밖에 특별한 사정이 있는 경우
② 제1항 단서에 따라 같은 치료감호시설에 수용된 피치료감호자와 피치료감호청구인은 분리하여 수용한다.
③ 치료감호시설의 장은 피치료감호청구인이 치료감호시설에 수용된 경우에는 그 특성을 고려하여 적합한 처우를 하여야 한다.
④ 제3항에 따른 피치료감호청구인에 대한 처우의 구체적 기준 및 절차는 대통령령으로 정한다.

시행령

제7조의2 【피치료감호청구인의 처우】

① 치료감호시설의 장은 법 제25조의2 제3항에 따라 다음 각 호의 사항을 고려하여 피치료감호청구인의 생활실을 구분하는 등 피치료감호청구인에게 적합한 처우를 하여야 한다.
　　1. 피치료감호청구인의 성별
　　2. 피치료감호청구인의 심신장애의 정도
　　3. 제2조에 따른 물질이나 알코올을 식음하는 등의 습벽 및 중독된 정도
　　4. 정신성적 장애의 정도
　　5. 그 밖에 피치료감호청구인의 처우를 위하여 필요한 사항
② 치료감호시설의 장은 피치료감호청구인의 처우를 위하여 필요한 경우 피치료감호청구인을 대상으로 상담 등을 통한 신상에 관한 개별사안의 조사, 심리·지능·적성 검사, 그 밖에 필요한 검사를 할 수 있다.

제25조의3 【격리 등 제한의 금지】

① 치료감호시설의 장은 피치료감호자 및 피치료감호청구인(이하 "피치료감호자등"이라 한다)이 다음 각 호의 어느 하나에 해당하는 경우가 아니면 피치료감호자등에 대하여 격리 또는 묶는 등의 신체적 제한을 할 수 없다. 다만, 피치료감호자등의 신체를 묶는 등으로 직접적으로 제한하는 것은 제1호의 경우에 한정한다.
　　1. 자신이나 다른 사람을 위험에 이르게 할 가능성이 뚜렷하게 높고 신체적 제한 외의 방법으로 그 위험을 회피하는 것이 뚜렷하게 곤란하다고 판단되는 경우
　　2. 중대한 범법행위 또는 규율위반 행위를 한 경우
　　3. 그 밖에 수용질서를 문란케 하는 중대한 행위를 한 경우
② 치료감호시설의 장은 제1항에 따라 피치료감호자 등에 대하여 격리 또는 묶는 등의 신체적 제한을 하려는 경우 정신건강의학과 전문의의 지시에 따라야 한다. 다만, 제1항 제2호 또는

제3호에 해당하는 경우에는 담당 의사의 지시에 따를 수 있다.

③ 제1항 및 제2항에 따라 피치료감호자 등을 격리하는 경우에는 해당 치료감호시설 안에서 하여야 한다.

④ 제1항 및 제2항에 따라 피치료감호자 등을 신체적으로 제한한 경우에는 그 사유, 제한의 기간 및 해제 시기를 포함한 내용을 대통령령으로 정하는 바에 따라 작성·보존하여야 한다.

📖 **시행령**

제7조의3 【격리 등 제한의 금지】

① 치료감호시설의 장은 법 제25조의3 제1항에 따라 피치료감호자 및 피치료감호청구인(이하 "피치료감호자등" 이라 한다)에게 격리 또는 묶는 등의 신체적 제한(이하 "보호조치"라 한다)을 하려면 다음 각 호의 어느 하나에 해당하는 방법으로 하여야 한다. 이 경우 제2호의 보호조치는 법 제25조의3 제1항 제1호의 경우에만 할 수 있다.

1. 격리를 통한 보호조치
2. 보호복 또는 억제대를 이용한 보호조치

② 제1항 제1호에 따른 보호조치의 기간은 15일 이내로 한다. 다만, 치료감호시설의 장은 다음 각 호의 구분에 따른 의사의 지시에 따라 특히 계속하여 보호조치를 할 필요가 있으면 이를 연장할 수 있다.

1. 법 제25조의3 제1항 제1호에 따른 보호조치를 연장하는 경우 : 정신건강의학과 전문의
2. 법 제25조의3 제1항 제2호 또는 제3호에 따른 보호조치를 연장하는 경우 : 정신건강의학과 전문의 또는 담당 의사

③ 제2항 단서에 따른 보호조치 기간 연장은 1회에 7일 이내로 하되, 보호조치 기간은 계속하여 30일을 초과할 수 없다.

④ 제1항 제2호에 따른 보호조치의 기간은 24시간 이내로 한다. 다만, 치료감호시설의 장은 정신건강의학과 전문의의 지시에 따라 특히 계속하여 보호조치를 할 필요가 있으면 이를 24시간 이내에서 한 차례만 연장할 수 있다.

⑤ 치료감호시설의 장은 피치료감호자등에게 보호조치를 하는 경우 법 제25조의3 제4항에 따라 피치료감호자등 보호원부에 다음 각 호의 사항을 작성·보존해야 한다.

1. 피치료감호자등의 성명 : 한글과 한자(한자 성명이 있는 경우만 해당한다)로 표기하되, 외국인인 경우 한글과 영문으로 표기
2. 피치료감호자등의 생년월일
3. 보호조치 사유 : 다음 각 목의 사항
   가. 자신이나 다른 사람을 위험에 이르게 할 가능성이 뚜렷하게 높고 신체적 제한 외의 방법으로 그 위험을 회피하는 것이 뚜렷하게 곤란하다고 판단되는 경우 그 구체적 사항
   나. 중대한 범법행위 또는 규율위반 행위를 한 경우 그 구체적 사항
   다. 그 밖에 수용질서를 문란하게 하는 중대한 행위를 한 경우 그 구체적 사항
4. 보호조치에 대한 정신건강의학과 전문의 또는 담당 의사의 지시 내용
5. 보호조치 장소
6. 보호조치 방법
7. 보호조치 시작 시기

8. 보호조치 해제 시기
9. 보호조치 기간을 연장한 경우에는 그 기간 연장 사유 및 기간 연장에 대한 정신건강의학과 전문의 또는 담당 의사의 지시 내용
10. 보호조치 중 치료활동, 식사, 용변 등 처우
⑥ 피치료감호자등 보호원부의 서식에 관한 사항은 법무부령으로 정한다.

제26조【면회 등】

치료감호시설의 장은 수용질서 유지나 치료를 위하여 필요한 경우 외에는 피치료감호자등의 면회, 편지의 수신·발신, 전화통화 등을 보장하여야 한다.

제27조【텔레비전 시청 등】

피치료감호자등의 텔레비전 시청, 라디오 청취, 신문·도서의 열람은 일과시간이나 취침시간 등을 제외하고는 자유롭게 보장된다.

제28조【환자의 치료】

① 치료감호시설의 장은 피치료감호자등이 치료감호시설에서 치료하기 곤란한 질병에 걸렸을 때에는 외부의료기관에서 치료를 받게 할 수 있다.
② 치료감호시설의 장은 제1항의 경우 본인이나 보호자 등이 직접 비용을 부담하여 치료 받기를 원하면 이를 허가할 수 있다.

제29조【근로보상금 등의 지급】 ★

근로에 종사하는 피치료감호자에게는 근로의욕을 북돋우고 석방 후 사회정착에 도움이 될 수 있도록 법무부장관이 정하는 바에 따라 근로보상금을 지급하여야 한다.

제30조【처우개선의 청원】

① 피치료감호자등이나 법정대리인등은 법무부장관에게 피치료감호자등의 처우개선에 관한 청원을 할 수 있다.
② 제1항에 따른 청원의 제기, 청원의 심사, 그 밖에 필요한 사항에 관하여는 대통령령으로 정한다.

시행령

제8조 【처우개선의 청원】

① 피치료감호자등이나 법정대리인등이 법 제30조 제1항에 따라 피치료감호자등의 처우개선에 관하여 청원할 경우에는 법무부장관에게 문서로 하여야 한다.

② 제1항에 따라 청원하려는 사람은 청원서를 작성하여 봉한 후 치료감호시설의 장에게 제출하여야 한다.

③ 치료감호시설의 장은 청원서를 개봉하여서는 아니 되며, 지체 없이 법무부장관에게 송부하여야 한다.

④ 치료감호시설의 장은 피치료감호자등 또는 법정대리인등이 청원을 하지 못하게 하거나 청원을 하였다는 이유로 피치료감호자등에게 불이익을 주어서는 아니 된다.

⑤ 법무부장관은 청원의 처리 결과를 치료감호시설의 장에게 문서로 통보하고, 치료감호시설의 장은 지체 없이 청원인에게 전달하여야 한다.

시행규칙

제14조 【청원함 설치 등】

치료감호시설의 장은 법 제30조 및 영 제8조에 따른 피치료감호자 처우개선에 관한 청원을 보장하기 위하여 병동 등 이용하기 쉬운 장소에 청원함을 설치하고 안내문을 게시하여야 하며, 청원의 접수·처리 등을 위하여 별지 제10호서식의 청원관리부를 갖춰 두고 운용하여야 한다.

제31조 【운영실태 등 점검】

법무부장관은 연 2회 이상 치료감호시설의 운영실태 및 피치료감호자등에 대한 처우상태를 점검하여야 한다.

제31조의2 【피감정유치자의 처우】

「형사소송법」 또는 그 밖에 다른 법률에 따라 정신감정을 위하여 치료감호시설에 유치된 자에 대하여는 제25조의2, 제25조의3, 제26조부터 제28조까지, 제30조 및 제31조를 준용한다.

제5장 | 보호관찰

제32조 【보호관찰】 ★★

① 피치료감호자가 다음 각 호의 어느 하나에 해당하게 되면 「보호관찰 등에 관한 법률」에 따른 보호관찰(이하 "보호관찰"이라 한다)이 시작된다.

1. 피치료감호자에 대한 치료감호가 가종료되었을 때

2. 피치료감호자가 치료감호시설 외에서 치료받도록 법정대리인등에게 위탁되었을 때

3. 제16조 제2항 각 호에 따른 기간 또는 같은 조 제3항에 따라 연장된 기간(이하 "치료감호기간"이라 한다)이 만료되는 피치료감호자에 대하여 제37조에 따른 치료감호심의위원회가 심사하여 보호관찰이 필요하다고 결정한 경우에는 치료감호기간이 만료되었을 때

② 보호관찰의 기간은 3년으로 한다.

③ 보호관찰을 받기 시작한 자(이하 "피보호관찰자"라 한다)가 다음 각 호의 어느 하나에 해당하게 되면 보호관찰이 종료된다.

1. 보호관찰기간이 끝났을 때

2. 보호관찰기간이 끝나기 전이라도 제37조에 따른 치료감호심의위원회의 치료감호의 종료 결정이 있을 때

3. 보호관찰기간이 끝나기 전이라도 피보호관찰자가 다시 치료감호 집행을 받게 되어 재수용되었을 때

④ 피보호관찰자가 보호관찰기간 중 새로운 범죄로 금고 이상의 형의 집행을 받게 된 때에는 보호관찰은 종료되지 아니하며, 해당 형의 집행기간 동안 피보호관찰자에 대한 보호관찰기간은 계속 진행된다.

⑤ 피보호관찰자에 대하여 제4항에 따른 금고 이상의 형의 집행이 종료·면제되는 때 또는 피보호관찰자가 가석방되는 때에 보호관찰기간이 아직 남아있으면 그 잔여기간 동안 보호관찰을 집행한다.

제33조 【피보호관찰자의 준수사항】

① 피보호관찰자는 「보호관찰 등에 관한 법률」 제32조 제2항(일반준수사항)에 따른 준수사항을 성실히 이행하여야 한다.

② 제37조에 따른 치료감호심의위원회는 피보호관찰자의 치료경과 및 특성 등에 비추어 필요하다고 판단되면 제1항에 따른 준수사항 외에 다음 각 호의 사항 중 전부 또는 일부를 따로 보호관찰기간 동안 특별히 지켜야 할 준수사항으로 부과할 수 있다.

1. 주기적인 외래치료 및 처방받은 약물의 복용 여부에 관한 검사

2. 야간 등 재범의 기회나 충동을 줄 수 있는 특정 시간대의 외출 제한

3. 재범의 기회나 충동을 줄 수 있는 특정지역·장소에 출입 금지

4. 피해자 등 재범의 대상이 될 우려가 있는 특정인에게 접근 금지

5. 일정한 주거가 없는 경우 거주 장소 제한

6. 일정량 이상의 음주 금지

7. 마약 등 중독성 있는 물질 사용 금지

8. 「마약류 관리에 관한 법률」에 따른 마약류 투약, 흡연, 섭취 여부에 관한 검사

9. 그 밖에 피보호관찰자의 생활상태, 심신상태나 거주지의 환경 등으로 보아 피보호관찰자가

준수할 수 있고 그 자유를 부당하게 제한하지 아니하는 범위에서 피보호관찰자의 재범 방지 또는 치료감호의 원인이 된 질병·습벽의 재발 방지를 위하여 필요하다고 인정되는 사항

③ 제37조에 따른 치료감호심의위원회는 피보호관찰자가 제1항 또는 제2항의 준수사항을 위반하거나 상당한 사정변경이 있는 경우에는 직권 또는 보호관찰소의 장의 신청에 따라 준수사항 전부 또는 일부의 추가·변경 또는 삭제에 관하여 심사하고 결정할 수 있다.

④ 제1항부터 제3항까지의 규정에 따른 준수사항은 서면으로 고지하여야 한다.

⑤ 보호관찰소의 장은 피보호관찰자가 제1항부터 제3항까지의 준수사항을 위반하거나 위반할 위험성이 있다고 인정할 상당한 이유가 있는 경우에는 준수사항의 이행을 촉구하고 제22조에 따른 가종료 또는 제23조에 따른 치료의 위탁(이하 "가종료등"이라 한다)의 취소 등 불리한 처분을 받을 수 있음을 경고할 수 있다.

시행령

제9조 【피보호관찰자의 준수사항】

① 「보호관찰 등에 관한 법률」에 따른 보호관찰(이하 "보호관찰"이라 한다)을 받기 시작한 자(이하 "피보호관찰자"라 한다)에 대한 법 제33조 제2항에 따른 준수사항의 부과는 위원회가 하되, 피보호관찰자마다 개인의 성향 등을 고려하여 서면으로 지시한다.

② 보호관찰관은 위원회가 피보호관찰자에게 부과한 준수사항의 이행을 독려하기 위하여 필요한 범위에서 구체적인 지시를 할 수 있다.

③ 보호관찰관은 피보호관찰자를 지도·감독하기 위하여 특별히 필요한 경우에는 피보호관찰자를 출석하게 하여 사실을 확인하거나 관계자에게 필요한 협조를 요청할 수 있다.

제9조의2 【피보호관찰자의 준수사항 변경 등】

① 위원회는 법 제33조 제3항에 따라 피보호관찰자의 준수사항 전부 또는 일부의 추가·변경 또는 삭제에 관한 심사와 결정을 한 경우 그 내용을 피보호관찰자에게 문서로 알려야 한다.

② 보호관찰소의 장이 법 제33조 제3항에 따라 피보호관찰자의 준수사항 전부 또는 일부의 추가·변경 또는 삭제를 위원회에 신청하려면 다음 각 호의 사항을 적은 문서로 하여야 한다.

1. 피보호관찰자의 성명·주민등록번호·직업 및 주거
2. 신청의 취지
3. 피보호관찰자의 준수사항 전부 또는 일부의 추가·변경 또는 삭제를 필요로 하는 사유

③ 위원회는 제1항에 따른 심사를 위하여 필요하다고 인정하는 경우에는 해당 피보호관찰자를 담당하는 보호관찰관을 출석시켜 의견을 들을 수 있으며, 피보호관찰자를 심문하거나 필요한 사항을 조사·심리할 수 있다.

제9조의3 【피보호관찰자에 대한 경고】

보호관찰소의 장은 법 제33조 제5항에 따라 피보호관찰자에게 경고를 하는 경우에는 문서로 하여야 한다.

관련판례

[1] 피치료감호자에 대한 치료감호가 가종료되었을 때 필요적으로 3년간의 보호관찰이 시작되도록 규정하

고 있는 치료감호법 조항이 거듭처벌금지원칙에 반하는지 여부(소극)

    치료감호법상의 보호관찰은 치료감호소 밖에서의 사회 내 처우를 통해 치료감호의 목적을 달성하기 위한 보안처분으로 형벌과 그 본질 및 목적, 기능에 있어서 독자적인 의의를 가지는 것이므로, 치료감호 가종료 시 보호관찰이 개시되도록 하는 것을 두고 거듭처벌이라고 할 수 없다(헌재 2012.12.27. 2011헌마285).

[2] 치료감호법상의 보호관찰과 형법상의 보호관찰은 그 대상 및 성질, 기간만료 전의 종료 여부에 있어서 차이가 있으므로, 치료감호법상의 보호관찰 대상자와 형법상의 보호관찰 대상자를 본질적으로 동일한 집단으로 볼 수는 없다(헌재 2012.12.27. 2011헌마285).

제33조의2 【유치 및 유치기간 등】

① 보호관찰소의 장은 제33조에 따른 준수사항을 위반한 피보호관찰자를 구인할 수 있다. 이 경우 피보호관찰자의 구인에 대해서는 「보호관찰 등에 관한 법률」 제39조(구인) 및 제40조(긴급구인)를 준용한다.

② 보호관찰소의 장은 다음 각 호의 어느 하나에 해당하는 신청을 검사에게 요청할 필요가 있다고 인정하는 경우에는 구인한 피보호관찰자를 교도소, 구치소 또는 치료감호시설에 유치할 수 있다.
  1. 제22조에 따른 가종료의 취소 신청
  2. 제23조에 따른 치료 위탁의 취소 신청

③ 보호관찰소의 장은 제2항에 따라 피보호관찰자를 유치하려는 경우에는 검사에게 신청하여 검사의 청구로 관할 지방법원 판사의 허가를 받아야 한다. 이 경우 검사는 피보호관찰자가 구인된 때부터 48시간 이내에 유치허가를 청구하여야 한다.

④ 보호관찰소의 장은 유치허가를 받은 때부터 24시간 이내에 검사에게 가종료등의 취소 신청을 요청하여야 한다.

⑤ 검사는 보호관찰소의 장으로부터 제4항에 따른 신청을 받았을 경우에 그 이유가 타당하다고 인정되면 48시간 이내에 제37조에 따른 치료감호심의위원회에 가종료등의 취소를 신청하여야 한다.

⑥ 보호관찰소의 장이 제2항에 따라 피보호관찰자를 유치할 수 있는 기간은 구인한 날부터 30일로 한다. 다만, 보호관찰소의 장은 제5항에 따른 검사의 신청이 있는 경우에 제37조에 따른 치료감호심의위원회의 심사에 필요하면 검사에게 신청하여 검사의 청구로 관할 지방법원 판사의 허가를 받아 20일의 범위에서 한 차례만 유치기간을 연장할 수 있다.

⑦ 보호관찰소의 장은 다음 각 호의 어느 하나에 해당하는 경우에는 유치를 해제하고 피보호관찰자를 즉시 석방하여야 한다.
  1. 제37조에 따른 치료감호심의위원회가 제43조 제1항에 따른 검사의 가종료등의 취소 신청을 기각한 경우
  2. 검사가 제43조 제3항에 따른 보호관찰소의 장의 가종료등의 취소 신청에 대한 요청을 기각한 경우

⑧ 제2항에 따라 유치된 피보호관찰자에 대하여 가종료등이 취소된 경우에는 그 유치기간을 치료감호 기간에 산입한다.

📖 **시행령**

제11조의2 【유치허가신청의 방식 등】

① 보호관찰소의 장은 법 제33조의2 제3항에 따라 피보호관찰자의 유치허가 신청을 하는 경우에는 다음 각 호의 사항을 적은 문서로 하여야 한다.

1. 유치대상자의 성명·주민등록번호·직업 및 주거지
2. 유치를 필요로 하는 사유
3. 유치할 장소

② 법 제33조의2 제3항에 따라 판사가 발부하는 유치허가장에는 청구한 검사의 관직·성명·발부일시 및 제1항 각 호의 사항을 적어야 한다.

제11조의3 【유치허가신청의 관할】

제11조의2 제1항에 따른 유치허가신청을 할 때에는 해당 보호관찰소의 소재지 관할 지방검찰청 또는 지청의 검사에게 하여야 한다.

제11조의4 【가종료 등의 취소 신청 등】

① 보호관찰소의 장은 법 제33조의2 제4항에 따라 법 제22조에 따른 가종료 또는 법 제23조에 따른 치료의 위탁(이하 "가종료 등"이라 한다)의 취소 신청을 요청하는 경우에는 다음 각 호의 사항을 적은 문서로 하여야 한다. 이 경우 법 제33조의2 제4항에 따른 가종료 등의 취소신청기간은 보호관찰소의 장이 유치허가장을 받은 때부터 기산한다.

1. 피보호관찰자의 성명·주민등록번호·직업 및 주거지
2. 신청의 취지
3. 취소를 필요로 하는 사유
4. 그 밖에 보호관찰을 계속할 수 없는 사유

② 검사는 법 제33조의2 제4항에 따른 보호관찰소장의 가종료 등의 취소 신청 요청을 기각한 경우에는 지체 없이 보호관찰소의 장에게 그 사실을 알려야 한다.

③ 검사는 법 제33조의2 제5항에 따라 위원회에 가종료 등의 취소 신청을 하는 경우에는 보호관찰소의 장이 제1항에 따라 제출한 문서를 첨부하고, 그 사유를 소명하여야 한다.

④ 위원회는 법 제33조의2 제5항에 따른 가종료 등의 취소 신청을 심리하기 위하여 필요하다고 인정하는 경우에는 치료감호시설의 장이나 보호관찰소의 장을 출석시켜 의견을 들을 수 있다.

제11조의5 【유치기간연장결정의 통지】

관할 지방법원 판사는 법 제33조의2 제6항 단서에 따라 유치기간을 연장한 경우에는 지체 없이 보호관찰소의 장에게 그 사실을 알려야 한다.

제34조 【피보호관찰자 등의 신고 의무】

① 피보호관찰자나 법정대리인등은 대통령령으로 정하는 바에 따라 출소 후의 거주 예정지나 그 밖에 필요한 사항을 미리 치료감호시설의 장에게 신고하여야 한다.

② 피보호관찰자나 법정대리인등은 출소 후 10일 이내에 주거, 직업, 치료를 받는 병원, 피보호관찰자가 등록한 「정신건강증진 및 정신질환자 복지서비스 지원에 관한 법률」 제3조 제3호에 따른 정신건강복지센터(이하 "정신건강복지센터"라 한다), 그 밖에 필요한 사항을 보호관찰관에게 서면으로 신고하여야 한다.

제10조 【피보호관찰자 등의 신고의무】

① 피보호관찰자는 2개월마다 다음 각 호의 사항을 보호관찰관에게 서면으로 신고해야 한다.

1. 기간 중의 주요 활동사항
2. 약 복용 실태 및 치료 현황
3. 기간 중에 교제하거나 모임을 가진 사람 중 범죄를 범할 우려가 있는 사람에 대한 인적사항과 그 교제·모임의 일시·장소 및 내용
4. 기간 중의 여행에 관한 사항
5. 기간 중의 선행사항
6. 위원회와 보호관찰관이 보호관찰과 관련하여 신고하도록 지시한 사항

② 피보호관찰자는 주거를 이전하거나 30일 이상 여행하려는 경우에는 미리 그 내용을 보호관찰관에게 서면으로 신고하여야 한다.

③ 피보호관찰자가 제1항 및 제2항에 따른 신고를 스스로 할 수 없는 경우에는 그 보호자(보호시설의 경우는 그 시설의 장을 말한다. 이하 같다) 또는 치료를 위탁받은 법정대리인등이 신고하여야 한다.

제11조 【보호관찰관의 임무】

① 보호관찰관은 피보호관찰자의 동태를 관찰하고 건전한 사회인으로 복귀할 수 있도록 지도·감독하여야 한다.

② 보호관찰관은 보호관찰부를 작성하여 갖춰 두고, 매월 1회 이상 피보호관찰자의 주요 동태 및 제9조에 따른 준수사항의 이행 여부를 확인하여야 한다.

③ 보호관찰관은 6개월마다 제2항에 규정한 사항을 검사를 거쳐 위원회에 보고하여야 한다.

④ 보호관찰관은 피보호관찰자에게 다음 각 호의 어느 하나에 해당하는 사유가 있는 경우에는 지체 없이 검사를 거쳐 위원회에 보고하여야 한다.

1. 죄를 범한 경우
2. 보호관찰에 따른 준수사항을 위반한 경우
3. 주거를 이전한 경우
4. 일정한 주거가 없게 된 경우
5. 30일 이상 주거지를 무단이탈하거나 소재불명이 된 경우
6. 사망한 경우
7. 보호관찰의 필요가 없다고 인정되는 경우
8. 그 밖에 신원에 중대한 변화가 생긴 경우

⑤ 제4항 제7호의 경우 보호관찰관은 검사에게 법 제43조에 따라 치료감호의 종료에 관한 심사신청을 할 것을 요청할 수 있다.

⑥ 보호관찰관은 제10조 제2항에 따른 신고를 받은 경우에는 지체 없이 그 내용을 새 주거지 또는 여행지의 보호관찰관에게 통보하여야 한다. 이 경우 피보호관찰자가 주거를 이전한 때에는 지체 없이 피보호관찰자에 대한 보호관찰부와 그 밖의 관계 서류를 새 주거지 관할 보호관찰관에게 송부하여야 한다.

⑦ 제6항 후단에 따라 관계 서류를 받은 새 주거지의 보호관찰관은 그 주거이전의 사실을 확인한 후 지체 없이 검사를 거쳐 위원회에 보고하여야 한다.

제12조 【신고 의무의 고지】

치료감호시설의 장은 피보호관찰자가 출소할 때에는 죄를 다시 범하지 아니하도록 엄중 훈계하고, 법 제34조 제2항에 따른 출소 후 신고를 관할 보호관찰관에게 할 것을 고지하여야 한다.

제13조【신고와 출소 통보】

① 피보호관찰자가 법 제34조 제1항에 따른 출소 전 신고를 할 때에는 다음 각 호의 사항을 적은 신고서를 치료감호시설의 장에게 제출하여야 한다.

  1. 등록기준지, 입소 전 주소, 성명, 생년월일, 성별

  2. 출소 후의 거주 예정지

  3. 거주 예정지 도착 예정일시

  4. 그 밖에 치료감호시설의 장이 요구하는 사항

② 제1항에 따른 신고서를 받은 치료감호시설의 장은 제1항 각 호의 사항과 다음 각 호의 사항을 적은 출소통보서를 작성하여 1부는 위원회에, 1부는 출소 후 거주 예정지 관할 보호관찰관에게 송부하고, 1부는 치료감호시설에 갖춰 두어야 한다.

  1. 치료감호의 판결법원, 판결 연월일 및 기간

  2. 치료감호처분의 요건이 된 전과, 치료감호경력 및 범죄사실의 요지

  3. 병과된 형의 죄명, 형명 및 형기

  4. 가족, 동거인 및 교우 관계

  5. 본인 및 가족의 재산 상태

  6. 학력, 경력 및 병역 관계

  7. 종교 및 가입단체

  8. 해외여행 관계

  9. 치료위탁의 경우 치료받을 병원명 및 소재지

  10. 그 밖에 치료를 위하여 필요한 사항

③ 법 제34조 제2항에 따른 출소 후 신고를 할 때에는 다음 각 호의 사항을 적은 신고서를 보호관찰관에게 제출하여야 한다.

  1. 등록기준지, 주거, 성명, 생년월일, 직업, 성별

  2. 주거지 도착일시

  3. 생활계획

  3의2. 피보호관찰자가 등록한 「정신건강증진 및 정신질환자 복지서비스 지원에 관한 법률」 제15조에 따른 정신건강복지센터(이하 "정신건강복지센터"라 한다)

  4. 그 밖에 치료계획 등 보호관찰관이 요구하는 사항

④ 피보호관찰자는 제3항에 따른 신고사항이 변동된 경우에는 지체 없이 보호관찰관에게 신고하여야 한다.

⑤ 피보호관찰자가 제1항·제3항 및 제4항에 따른 신고를 스스로 할 수 없는 경우에는 그 보호자 또는 치료의 위탁을 받은 법정대리인등이 신고하여야 한다.

⑥ 제2항에 따른 통보를 받은 관할 보호관찰관은 피보호관찰자가 법 제34조 제2항에 따른 출소 후 신고를 하지 아니한 경우에는 지체 없이 그 사실을 검사를 거쳐 위원회에 보고하여야 한다.

제35조【치료감호의 종료】

① 제32조 제1항 제1호(피치료감호자에 대한 치료감호가 가종료되었을 때) 또는 제2호(피치료감호자가 치료감호 시설 외에서 치료받도록 법정대리인 등에게 위탁되었을 때)에 해당하는 경우에는 보호관찰기간이 끝나면 피보호관찰자에 대한 치료감호가 끝난다.

② 제37조에 따른 치료감호심의위원회는 피보호관찰자의 관찰성적 및 치료경과가 양호하면 보호관찰기간이 끝나기 전에 보호관찰의 종료를 결정할 수 있다.

제36조 【가종료 취소와 치료감호의 재집행】 ★

제37조에 따른 치료감호심의위원회는 피보호관찰자(제32조 제1항 제3호에 따라 치료감호기간 만료 후 피보호관찰자가 된 사람은 제외한다)가 다음 각 호의 어느 하나에 해당할 때에는 결정으로 가종료등을 취소하고 다시 치료감호를 집행할 수 있다.

1. 금고 이상의 형에 해당하는 죄를 지은 때. 다만, 과실범은 제외한다.
2. 제33조의 준수사항이나 그 밖에 보호관찰에 관한 지시·감독을 위반하였을 때
3. 제32조 제1항 제1호에 따라 피보호관찰자가 된 사람이 증상이 악화되어 치료감호가 필요하다고 인정될 때

시행규칙

제24조 【가종료 등의 취소와 치료감호의 재집행】

① 보호관찰관이 위원회로부터 가종료나 치료위탁의 취소결정서를 송달받은 때에는 지체 없이 그 내용을 치료감호시설의 장에게 통보하여야 한다. 이 경우 보호관찰관 및 치료감호시설의 장은 피보호관찰자에 대한 남은 기간의 치료감호를 집행하기 위하여 보호관찰관의 관할구역이나 치료감호시설 소재지를 관할하는 검사에게 보호구인을 의뢰할 수 있다.
② 보호관찰관이 검사로부터 가종료나 치료위탁의 취소결정서를 통보받은 때에도 제1항과 같이 처리한다.

제5장의2 | 치료감호시설 출소자의 치료 및 관리

제36조의2 【치료감호시설 출소자의 정신건강복지센터 등록 등】

치료감호가 종료 또는 가종료되거나 제24조에 따라 집행정지된 사람(이하 "치료감호시설 출소자"라 한다)은 정신건강복지센터에 등록하여 상담, 진료, 사회복귀훈련 등 정신건강복지센터의 정신보건서비스를 받을 수 있다.

제36조의3 【외래진료】

① 치료감호시설 출소자가 치료감호시설에서의 외래진료를 신청한 경우에 치료감호시설의 장은 검사, 투약 등 적절한 진료 및 치료를 실시할 수 있다.

② 제1항에 따른 외래진료의 절차 등에 관하여 필요한 사항은 법무부령으로 정한다.

시행규칙

제26조의2 【외래진료의 기간ㆍ방법 등】
① 법 제36조의3에 따른 외래진료(이하 "외래진료"라 한다)는 치료감호시설 출소자의 정신질환 치료를 위하여 출소일부터 10년의 범위에서 실시할 수 있다. 다만, 증상의 악화 등 외래진료가 계속 필요하다고 인정되는 경우에는 10년의 범위에서 한 차례만 그 기간을 연장할 수 있다.
② 외래진료는 치료감호시설에서 정신건강의학과의사의 진료, 검사시설에 의한 검사, 처방 및 투약 등의 방법으로 실시한다. 다만, 치료의 편의를 위하여 필요한 경우에는 원격화상장비를 이용하여 진료할 수 있다.
③ 외래진료의 경우 치료감호시설 출소자의 증상이 악화되더라도 치료감호시설에 입소시켜 치료할 수 없다.
④ 외래진료를 실시한 치료감호시설의 장은 별지 제22호의2서식의 치료감호시설 출소자 외래진료 접수대장을 작성하여 10년간 보존하여야 한다.

제26조의3 【외래진료비용】
① 외래진료에 필요한 비용은 법무부장관이 부담한다. 다만, 「국민건강보험법」, 「의료급여법」, 그 밖의 다른 법령에 따라 치료감호시설 출소자 또는 그 보호의무자가 부담하지 아니하는 비용은 제외한다.
② 법무부장관은 예산의 범위에서 외래진료를 실시한 지정법무병원에 제1항에 따른 외래진료비용을 지급하여야 한다.
③ 제2항에 따라 외래진료비용을 지급받으려는 지정법무병원의 장은 별지 제22호의3서식의 외래진료비용 지급청구서에 출소자별 진료비 계산서를 첨부하여 매달 10일까지 법무부장관에게 제출하여야 한다.

제36조의4 【보호관찰소와 정신건강복지센터의 공조】
① 보호관찰소의 장과 정신건강복지센터의 장은 피보호관찰자의 치료 및 재범방지, 사회복귀를 위하여 상호 협조하여야 한다.
② 보호관찰소의 장은 피보호관찰자에 대한 등록, 상담, 진료, 사회복귀훈련 및 이에 관한 사례관리 등 정신보건 관련 정보를 정신건강복지센터의 장에게 요청할 수 있다.
③ 정신건강복지센터의 장은 피보호관찰자의 공동 면담 등 피보호관찰자의 치료 및 재범방지, 사회복귀를 위하여 필요한 경우 보호관찰소의 장에게 협조를 요청할 수 있다.

시행령

제13조의2 【보호관찰소와 정신건강복지센터의 공조 범위】
① 법 제36조의4 제2항에 따라 보호관찰소의 장이 정신건강복지센터의 장에게 요청할 수 있는 정신보건 관련 정보는 다음 각 호와 같다.
  1. 정신건강복지센터 등록일ㆍ상담일ㆍ진료일 등 등록ㆍ상담 및 진료 관련 사항
  2. 정신건강복지센터의 사회복귀훈련 프로그램 등 사회복귀훈련 및 이에 관한 사례 관리 관련 사항
  3. 피보호관찰자의 치료 정도 및 정신보건 상태

② 법 제36조의4 제3항에 따라 정신건강복지센터의 장이 보호관찰소의 장에게 협조를 요청할 수 있는 사항은 다음 각 호와 같다.
1. 피보호관찰자의 정신건강복지센터 방문·면담 시 보호관찰관의 동행·참여
2. 피보호관찰자의 생활상태 및 특이사항 등에 대한 정보 제공
3. 피보호관찰자의 치료, 재범방지 및 사회복귀를 위한 계획 수립·집행 시 보호관찰관의 의견 제출

제6장 | 치료감호심의위원회

제37조 【치료감호심의위원회】 ★

① 치료감호 및 보호관찰의 관리와 집행에 관한 사항을 심사·결정하기 위하여 법무부에 치료감호심의위원회(이하 "위원회"라 한다)를 둔다.
② 위원회는 판사, 검사, 법무부의 고위공무원단에 속하는 일반직공무원 또는 변호사의 자격이 있는 6명 이내의 위원과 정신건강의학과 등 전문의의 자격이 있는 3명 이내의 위원으로 구성하고, 위원장은 법무부차관으로 한다.
③ 위원회는 다음 각 호의 사항을 심사·결정한다.
1. 피치료감호자에 대한 치료감호시설 간 이송에 관한 사항
2. 피치료감호자에 대한 치료의 위탁·가종료 및 그 취소와 치료감호 종료 여부에 관한 사항
3. 피보호관찰자에 대한 준수사항의 부과 및 준수사항 전부 또는 일부의 추가·변경 또는 삭제에 관한 사항
4. 피치료감호자에 대한 치료감호기간 만료 시 보호관찰 개시에 관한 사항
5. 그 밖에 제1호부터 제4호까지에 관련된 사항
④ 위원회에는 전문적 학식과 덕망이 있는 자 중에서 위원장의 제청으로 법무부장관이 위촉하는 자문위원을 둘 수 있다.
⑤ 위원회의 위원 중 공무원이 아닌 위원은 「형법」과 그 밖의 법률에 따른 벌칙을 적용할 때에는 공무원으로 본다.
⑥ 위원회의 구성·운영·서무 및 자문위원의 위촉과 그 밖에 필요한 사항은 대통령령으로 정한다.

시행령

제14조 【위원회의 구성】

① 위원회의 위원은 위원장의 제청으로 법무부장관이 임명하거나 위촉한다.
② 공무원이 아닌 위원의 임기는 3년으로 한다.
③ 위원장은 위원회를 대표하고 위원회의 업무를 총괄하며, 위원회의 회의를 소집하고 그 의장이 된다.
④ 위원장이 부득이한 사유로 직무를 수행할 수 없을 때에는 위원장이 미리 지명한 위원이 그 직무를 대행한다.

⑤ 법 제37조 제4항에 따른 자문위원은 10명 이내로 하며, 자문위원은 위원회의 심사·결정에 필요한 자문에 응한다.

제15조【위원회의 직원】

① 위원회에 간사 2명과 서기 약간명을 둔다.

② 간사와 서기는 법무부 소속 공무원 중에서 위원장이 임명한다.

③ 간사는 위원장의 명을 받아 위원회의 사무를 처리하고 회의에 참석하여 발언할 수 있으며, 서기는 간사를 보조한다.

제16조【심사자료 송부 요청】

위원회는 법 제37조 제3항에 규정된 사항(이하 "치료감호사안"이라 한다)을 심사할 때 검사, 치료감호시설의 장 또는 보호관찰관에게 치료감호사안 조사기록, 형 및 치료감호 집행기록 또는 보호관찰부 등 심사 자료의 송부를 요청할 수 있다.

제38조【결격사유】

다음 각 호의 어느 하나에 해당하는 자는 위원회의 위원이 될 수 없다.

1. 「국가공무원법」 제33조 각 호의 결격사유 어느 하나에 해당하는 자
2. 제39조에 따라 위원에서 해촉된 후 3년이 지나지 아니한 자

제39조【위원의 해촉】

법무부장관은 위원회의 위원이 다음 각 호의 어느 하나에 해당하면 그 위원을 해촉할 수 있다.

1. 심신장애로 인하여 직무수행을 할 수 없거나 직무를 수행하기가 현저히 곤란하다고 인정될 때
2. 직무태만·품위손상, 그 밖의 사유로 위원으로서 적당하지 아니하다고 인정되는 때

제40조【심사】

① 위원회는 심의자료에 따라 제37조 제3항에 규정된 사항을 심사한다.

② 위원회는 제1항에 따른 심사를 위하여 필요하면 법무부 소속 공무원으로 하여금 결정에 필요한 사항을 조사하게 하거나 피치료감호자 및 피보호관찰자(이하 "피보호자"라 한다)나 그 밖의 관계자를 직접 소환·심문하거나 조사할 수 있다.

③ 제2항에 따라 조사 명령을 받은 공무원은 다음 각 호의 권한을 가진다.

　1. 피보호자나 그 밖의 관계자의 소환·심문 및 조사

　2. 국공립기관이나 그 밖의 공공단체·민간단체에 대한 조회 및 관계 자료의 제출요구

④ 피보호자나 그 밖의 관계자는 제2항과 제3항의 소환·심문 및 조사에 응하여야 하며, 국공립기관이나 그 밖의 공공단체·민간단체는 제3항에 따라 조회나 자료 제출을 요구받았을 때에는 국가기밀 또는 공공의 안녕질서에 해를 끼치는 것이 아니면 이를 거부할 수 없다.

제41조 【의결 및 결정】

① 위원회는 위원장을 포함한 재적위원 과반수의 출석으로 개의하고, 출석위원 과반수의 찬성으로 의결한다. 다만, 찬성과 반대의 수가 같을 때에는 위원장이 결정한다.

② 결정은 이유를 붙이고 출석한 위원들이 기명날인한 문서로 한다.

③ 위원회는 제1항에 따른 의결을 할 때 필요하면 치료감호시설의 장이나 보호관찰관에게 의견서를 제출하도록 할 수 있다.

④ 치료감호시설의 장은 제3항에 따른 의견서를 제출할 때에는 피보호자의 상태 및 예후, 치료감호 종료의 타당성 등에 관한 피보호자 담당 의사의 의견을 참조하여야 한다.

시행령

제19조 【위원회의 결정】

위원회는 다음 각 호의 어느 하나에 해당하는 경우에는 지체 없이 이를 심사·결정하고, 위원장과 출석위원이 기명·날인한 결정서를 작성해야 한다.

1. 법 제21조의2 제1항에 따른 기간이 된 경우
2. 제6조의2에 따른 재이송 신청이 있는 경우
3. 법 제22조에 따른 기간이 된 경우
4. 법 제43조 또는 제44조에 따른 심사신청이 있는 경우
5. 그 밖의 치료감호사안을 심사·결정하는 경우

제20조 【결정서의 기재 요건】

결정서에는 피치료감호자의 성명·연령·등록기준지·주거 및 감호소의 명칭과 결정 주문 및 이유를 적어야 한다. 법 제43조에 따른 검사의 심사신청에 대하여는 결정서에 검사의 관직 및 성명을 함께 적는다.

제21조 【결정의 송달 등】

① 위원회는 치료감호사안에 관하여 결정을 한 때에는 결정서 등본을 피치료감호자를 감호 또는 보호관찰하는 치료감호시설의 장이나 보호관찰관에게 송달한다. 다만, 검사의 신청을 받아 결정을 한 경우에는 결정서 등본을 심사를 신청한 검사에게 송달하여야 하며, 그 송달을 받은 검사는 이를 치료감호시설의 장이나 보호관찰관에게 통보한다.

② 제1항에 따라 송달 또는 통보를 받은 치료감호시설의 장이나 보호관찰관은 그 내용을 피치료감호자에게 고지하여야 한다.

③ 위원회는 법 제44조에 따른 피치료감호자와 그 법정대리인등의 신청에 대하여 결정을 한 때에는 그 결정서 등본을 피치료감호자와 그 법정대리인등에게 송달하여야 한다.

시행규칙

제33조 【송달 등의 방법】

① 위원회가 한 사람에게 2건 이상의 결정서를 동시에 송달할 때에는 1부의 송달서류만으로 할 수 있다. 검사가 치료감호시설의 장이나 보호관찰관에게 통보할 때에도 또한 같다.

② 위원회가 가종료 또는 치료위탁으로 출소하는 피보호관찰자에게 부과하는 준수사항은 치료감호시설의 장을 통하여 보호관찰관에게 송달할 수 있다.

제22조 【회의록】

① 위원회는 회의록을 작성·비치하여야 한다.

② 회의록에는 회의와 관련된 모든 사항을 적고 위원장이 기명·날인하여야 한다.

제23조 【수당 등】

① 위원회의 위원장·위원·자문위원 및 직원에 대하여는 예산의 범위에서 출석수당과 여비를 지급할 수 있다. 다만, 공무원인 위원이 그 소관 업무와 직접적으로 관련되어 위원회에 출석하는 경우에는 그러하지 아니하다.

② 제1항의 수당 및 여비의 금액과 지급방법 및 그 밖에 필요한 사항은 법무부령으로 정한다.

제24조 【위원회의 운영세칙】

이 영에 규정된 사항 외에 위원회의 운영에 필요한 사항은 위원회의 의결을 거쳐 위원장이 정한다.

제42조 【위원의 기피】

① 피보호자와 그 법정대리인등은 위원회의 위원에게 공정한 심사·의결을 기대하기 어려운 사정이 있으면 위원장에게 기피신청을 할 수 있다.

② 위원장은 제1항에 따른 기피신청에 대하여 위원회의 의결을 거치지 아니하고 신청이 타당한지를 결정한다. 다만, 위원장이 결정하기에 적절하지 아니한 경우에는 위원회의 의결로 결정할 수 있다.

③ 제1항에 따라 기피신청을 받은 위원은 제2항 단서의 의결에 참여하지 못한다.

제43조 【검사의 심사신청】

① 피보호자의 주거지(시설에 수용된 경우에는 그 시설을 주거지로 본다)를 관할하는 지방검찰청 또는 지청의 검사는 제37조 제3항에 규정된 사항에 관하여 위원회에 그 심사·결정을 신청할 수 있다.

② 제1항에 따른 신청을 할 때에는 심사신청서와 신청사항의 결정에 필요한 자료를 제출하여야 한다. 이 경우 치료감호시설의 장이나 보호관찰소의 장의 의견을 들어야 한다.

③ 치료감호시설의 장이나 보호관찰소의 장은 검사에게 제1항에 따른 신청을 요청할 수 있다.

제17조 【검사의 심사신청】

① 검사가 법 제43조에 따라 위원회에 피치료감호자의 심사를 신청할 때에는 신청서에 피치료감호자의 성명·연령·주거·직업 등을 적고, 다음 각 호의 자료를 첨부하여야 한다.

1. 치료감호시설의 장 또는 보호관찰관의 의견서
2. 치료감호 판결등본
3. 형 및 치료감호 집행기록
4. 치료감호사안 조사기록

② 제1항의 경우 검사는 치료감호사안과 관련된 사건기록을 보존하고 있는 검찰청으로부터 송부받아 이를 심사신청서와 함께 위원회에 송부할 수 있다.

제44조【피치료감호자 등의 심사신청】

① 피치료감호자와 그 법정대리인등은 피치료감호자가 치료감호를 받을 필요가 없을 정도로 치유되었음을 이유로 치료감호의 종료 여부를 심사·결정하여 줄 것을 위원회에 신청할 수 있다.

② 제1항에 따른 신청을 할 때에는 심사신청서와 심사신청이유에 대한 자료를 제출하여야 한다.

③ 제1항에 따른 신청은 치료감호의 집행이 시작된 날부터 6개월이 지난 후에 하여야 한다. 신청이 기각된 경우에는 6개월이 지난 후에 다시 신청할 수 있다.

④ 위원회는 제1항에 따른 신청에 대한 심사를 마친 때에는 지체 없이 심사 기준과 그 결정 이유를 피치료감호자와 법정대리인등에게 통보하여야 한다.

시행령

제18조【피치료감호자 등의 심사신청】

① 피치료감호자와 그 법정대리인등은 법 제44조에 따라 위원회에 치료감호의 종료 여부에 대한 심사를 신청할 때에는 정신건강의학과 등의 전문의의 진단서 또는 감정서를 첨부하여야 한다.

② 치료감호시설의 장은 피치료감호자와 그 법정대리인등의 심사신청에 대하여 위원회에 의견을 제출할 수 있다.

제6장의2 | 치료명령사건

제44조의2【선고유예 시 치료명령 등】

① 법원은 치료명령대상자에 대하여 형의 선고 또는 집행을 유예하는 경우에는 치료기간을 정하여 치료를 받을 것을 명할 수 있다.

② 제1항의 치료를 명하는 경우 보호관찰을 병과하여야 한다.

③ 제2항에 따른 보호관찰기간은 선고유예의 경우에는 1년, 집행유예의 경우에는 그 유예기간으로 한다. 다만, 법원은 집행유예 기간의 범위에서 보호관찰기간을 정할 수 있다.

④ 제1항의 치료기간은 제3항에 따른 보호관찰기간을 초과할 수 없다.

제44조의3【판결 전 조사】

① 법원은 제44조의2에 따른 치료를 명하기 위하여 필요하다고 인정하면 피고인의 주거지 또는 그 법원의 소재지를 관할하는 보호관찰소의 장에게 범죄의 동기, 피고인의 신체적·심리적 특성 및 상태, 가정환경, 직업, 생활환경, 병력, 치료비용 부담능력, 재범위험성 등 피고인에 관한 사항의 조사를 요구할 수 있다.

② 제1항의 요구를 받은 보호관찰소의 장은 지체 없이 이를 조사하여 서면으로 해당 법원에 알려야 한다. 이 경우 필요하다고 인정하면 피고인이나 그 밖의 관계인을 소환하여 심문하거나 소속 보호관찰관에게 필요한 사항을 조사하게 할 수 있다.

③ 보호관찰소의 장은 제2항의 조사를 위하여 필요하다고 인정하면 국공립 기관이나 그 밖의 단체에 사실을 알아보거나 관련 자료의 열람 등 협조를 요청할 수 있다.

시행령

제25조【판결 전 조사】

법원은 법 제44조의3 제1항에 따라 피고인의 주거지 또는 그 법원의 소재지를 관할하는 보호관찰소의 장에게 조사를 요구하는 경우에는 피고인의 인적사항 및 범죄사실의 요지를 통보하여야 한다. 이 경우 필요하다고 인정하면 참고자료를 송부할 수 있다.

제44조의4【전문가의 진단 등】

법원은 제44조의2에 따른 치료를 명하기 위하여 필요하다고 인정하는 때에는 정신건강의학과 전문의에게 피고인의 정신적 상태, 알코올 의존도 등에 대한 진단을 요구할 수 있다.

제44조의5【준수사항】

치료명령을 받은 사람은 다음 각 호의 사항을 준수하여야 한다.

1. 보호관찰관의 지시에 따라 성실히 치료에 응할 것
2. 보호관찰관의 지시에 따라 인지행동 치료 등 심리치료 프로그램을 성실히 이수할 것

제44조의6【치료명령의 집행】

① 치료명령은 검사의 지휘를 받아 보호관찰관이 집행한다.

② 치료명령은 정신건강의학과 전문의의 진단과 약물 투여, 상담 등 치료 및 「정신건강증진 및 정신질환자 복지서비스 지원에 관한 법률」에 따른 정신건강전문요원 등 전문가에 의한 인지행동 치료 등 심리치료 프로그램의 실시 등의 방법으로 집행한다.

③ 보호관찰관은 치료명령을 받은 사람에게 치료명령을 집행하기 전에 치료기관, 치료의 방법

· 내용 등에 관하여 충분히 설명하여야 한다.

④ 그 밖에 치료명령의 집행에 관하여 필요한 사항은 대통령령으로 정한다.

시행령

제26조【집행지휘의 방식】

검사는 법 제44조의6 제1항에 따라 치료명령의 집행을 지휘하는 경우에는 법 제44조의2 제1항에 따른 치료를 명하는 판결이 확정된 후 지체 없이 치료명령을 선고받은 사람(이하 "피치료명령자"라 한다)의 주거지를 관할하는 보호관찰소의 장에게 판결문 등본을 첨부한 지휘 서면을 송부하여야 한다.

제27조【치료명령 집행 전의 준비 등】

① 보호관찰관은 법 제44조의6 제1항에 따라 치료명령을 집행하기 전에 제26조에 따른 지휘 서면 및 판결문 등본을 모두 확인하여야 한다.

② 보호관찰관은 법 제44조의6 제1항에 따라 치료명령을 집행하기 전에 피치료명령자에게 다음 각 호의 사항을 알려 주어야 한다.

   1. 법 제44조의5에 따른 준수사항

   2. 법 제44조의8에 따른 선고유예의 실효 및 집행유예의 취소에 관한 사항

   3. 그 밖에 치료명령의 집행에 필요한 사항

제28조【치료명령 집행계획의 수립】

보호관찰관은 법 제44조의6 제1항에 따라 피치료명령자에 대한 치료명령을 집행하기 전에 다음 각 호의 사항을 종합적으로 고려한 치료명령 집행계획을 수립하여야 한다.

1. 피치료명령자에 대한 법 제44조의6 제2항에 따른 집행 방법

2. 피치료명령자의 신체적·심리적 특성 및 상태, 직업, 생활환경, 치료비용 부담능력

제29조【인지행동 치료 등 심리치료 프로그램 등】

① 법 제44조의6 제2항에 따른 인지행동 치료 등 심리치료 프로그램에는 다음 각 호의 내용이 포함되어야 한다.

   1. 인지 왜곡의 수정 및 이상 행동의 수정

   2. 치료 동기의 고취

   3. 치료원인의 재발방지 및 피치료명령자의 사회적응능력 배양

   4. 그 밖에 재범방지를 위하여 필요한 사항

② 법무부장관은 제1항에 따른 심리치료 프로그램의 개발에 노력하여야 한다.

제30조【치료명령의 집행 확인 등】

① 법 제44조의6 제1항에 따라 치료명령을 집행하는 보호관찰관은 피치료명령자와의 면담이나 법 제44조의7에 따른 치료기관 방문 등을 통하여 피치료명령자에 대한 치료명령 집행 상황을 확인하여야 한다.

② 법무부장관은 치료명령 집행업무를 전문적으로 수행할 수 있는 인력의 양성을 위하여 노력하여야 한다.

제31조【치료명령 집행 협의체】

보호관찰소의 장은 치료명령의 집행에 관한 다음 각 호의 사항을 협의하기 위하여 필요하다고 인정하는 경우에는 보호관찰관, 정신건강의학과 전문의 및 「정신건강증진 및 정신질환자 복지서비스 지원에 관한 법률」에 따른 정신건강전문요원 등 전문가로 구성된 치료명령 집행 협의체를 운영할 수 있다.

1. 법 제44조의6 제2항에 따른 집행 방법에 관한 사항

2. 보호관찰소와 법 제44조의7에 따른 치료기관 간의 업무 협조에 관한 사항
3. 제28조에 따른 치료명령 집행계획의 수립에 관한 사항
4. 그 밖에 치료명령의 집행과 관련하여 보호관찰소의 장이 필요하다고 인정하는 사항

제44조의7 【치료기관의 지정 등】

① 법무부장관은 치료명령을 받은 사람의 치료를 위하여 치료기관을 지정할 수 있다.
② 제1항에 따른 치료기관의 지정기준 등 필요한 사항은 법무부령으로 정한다.

제44조의8 【선고유예의 실효 등】

① 법원은 제44조의2에 따라 치료를 명한 선고유예를 받은 사람이 정당한 사유 없이 치료기간 중에 제44조의5의 준수사항을 위반하고 그 정도가 무거운 때에는 유예한 형을 선고할 수 있다.
② 법원은 제44조의2에 따라 치료를 명한 집행유예를 받은 사람이 정당한 사유 없이 치료기간 중에 제44조의5의 준수사항을 위반하고 그 정도가 무거운 때에는 집행유예의 선고를 취소할 수 있다.
③ 치료명령대상자에 대한 경고·구인·긴급구인·유치·선고유예의 실효 및 집행유예의 취소 등에 대하여는 「보호관찰 등에 관한 법률」 제38조부터 제45조까지, 제45조의2, 제46조 및 제47조를 준용한다.

제44조의9 【비용부담】

① 제44조의2에 따른 치료명령을 받은 사람은 치료기간 동안 치료비용을 부담하여야 한다. 다만, 치료비용을 부담할 경제력이 없는 사람의 경우에는 국가가 비용을 부담할 수 있다.
② 비용부담에 관하여 필요한 사항은 대통령령으로 정한다.

시행령

제32조 【치료비용의 국가부담】

① 국가는 법 제44조의9 제1항 단서에 따라 피치료명령자가 다음 각 호의 어느 하나에 해당하는 경우에는 치료비용을 부담할 수 있다.
  1. 「국민기초생활 보장법」 제2조 제2호에 따른 수급자 또는 같은 조 제10호에 따른 차상위계층
  2. 「긴급복지지원법」 제2조에 따른 위기상황에 처한 사람
② 피치료명령자는 제1항에 따른 치료비용의 국가부담을 신청하려는 경우에는 법무부령으로 정하는 신청서에 다음 각 호의 서류를 첨부하여 보호관찰소의 장에게 제출하여야 한다. 다만, 「국민기초생활 보장법」 제2조 제2호에 따른 수급자인 피치료명령자는 신청서만 제출한다.

1. 삭제 <2018.6.12.>
2. 「긴급복지지원법」 제2조 각 호의 어느 하나에 해당한다는 사실을 증명할 수 있는 자료(제1항 제2호인 경우만 해당한다)
3. 소득이 없어 소득신고를 하지 아니한 경우에는 그 사실을 확인할 수 있는 자료
4. 그 밖에 일정한 수입원이나 재산이 없음을 확인할 수 있는 자료

③ 보호관찰소의 장은 제2항에 따라 신청서를 제출받았을 때에는 신청인의 동의를 받아 「전자정부법」 제36조 제1항에 따른 행정정보의 공동이용을 통하여 다음 각 호의 행정정보를 확인하여야 한다. 다만, 신청인이 확인에 동의하지 아니하는 경우에는 그 서류를 첨부하게 하여야 한다.
1. 소득금액 증명서(소득이 있는 경우만 해당한다)
2. 지방세 세목별 과세증명서 및 지방세 납세증명서
3. 국민기초생활 수급자 증명서(「국민기초생활 보장법」 제2조 제2호에 따른 수급자인 경우만 해당한다)
4. 차상위 본인부담경감 대상자 증명서(「국민기초생활 보장법」 제2조 제10호에 따른 차상위계층인 경우만 해당한다)

④ 보호관찰소의 장은 필요한 경우에는 신청인을 출석하게 하거나 신청인에게 필요한 자료를 제출하도록 요청할 수 있다.
⑤ 보호관찰소의 장은 국가, 지방자치단체 및 「공공기관의 운영에 관한 법률」 제4조에 따른 공공기관에 신청인의 치료비용 부담 능력을 확인하는 데 필요한 자료의 제출을 요청할 수 있다. 이 경우 법무부령으로 정하는 신청인의 동의서를 첨부하여야 한다.
⑥ 보호관찰소의 장은 제2항부터 제5항까지의 자료를 심사하여 신청인에 대한 치료비용의 국가부담을 결정한다.
⑦ 보호관찰소의 장은 제6항에 따라 치료비용을 국가가 부담하도록 결정한 경우에는 치료행위마다 예산의 범위에서 치료비용 전부를 지급해야 한다. 다만, 「국민건강보험법」, 「의료급여법」이나 그 밖의 다른 법령에서 신청인 또는 그 보호의무자(「정신건강증진 및 정신질환자 복지서비스 지원에 관한 법률」 제39조에 따른 보호의무자를 말한다)가 부담하지 않도록 규정한 치료비용은 국가가 지급하는 비용에서 제외한다.
⑧ 제1항부터 제7항까지에서 규정한 사항 외에 국가가 부담하는 치료비용의 구체적인 지급절차는 법무부장관이 정한다.

제7장 | 보칙

제45조【치료감호 청구의 시효】
① 치료감호 청구의 시효는 치료감호가 청구된 사건과 동시에 심리하거나 심리할 수 있었던 죄에 대한 공소시효기간이 지나면 완성된다.
② 치료감호가 청구된 사건은 판결의 확정 없이 치료감호가 청구되었을 때부터 15년이 지나면 청구의 시효가 완성된 것으로 본다.

제46조 【치료감호의 시효】
① 피치료감호자는 그 판결이 확정된 후 집행을 받지 아니하고 다음 각 호의 구분에 따른 기간이 지나면 시효가 완성되어 집행이 면제된다.
   1. 제2조 제1항 제1호 및 제3호에 해당하는 자의 치료감호 : 10년
   2. 제2조 제1항 제2호에 해당하는 자의 치료감호 : 7년
② 시효는 치료감호의 집행정지 기간 또는 가종료 기간이나 그 밖에 집행할 수 없는 기간에는 진행되지 아니한다.
③ 시효는 피치료감호자를 체포함으로써 중단된다.

| 참고 | **치료감호의 시효** |

시효	치료감호대상자
10년	• 「형법」 제10조 제1항(심신상실자)에 따라 벌할 수 없거나 같은 조 제2항(심신미약자)에 따라 형이 감경되는 심신장애자로서 금고 이상의 형에 해당하는 죄를 지은 자 • 소아성기호증, 성적가학증 등 성적 성벽이 있는 정신성적 장애자로서 금고 이상의 형에 해당하는 성폭력범죄를 지은 자
7년	마약·항정신성의약품·대마, 그 밖에 남용되거나 해독을 끼칠 우려가 있는 물질이나 알코올을 식음·섭취·흡입·흡연 또는 주입받는 습벽이 있거나 그에 중독된 자로서 금고 이상의 형에 해당하는 죄를 지은 자

제47조 【치료감호의 선고와 자격정지】
피치료감호자는 그 치료감호의 집행이 종료되거나 면제될 때까지 다음 각 호의 자격이 정지된다.
1. 공무원이 될 자격
2. 공법상의 선거권과 피선거권
3. 법률로 요건을 정한 공법상 업무에 관한 자격

제48조 【치료감호의 실효】
① 치료감호의 집행을 종료하거나 집행이 면제된 자가 피해자의 피해를 보상하고 자격정지 이상의 형이나 치료감호를 선고받지 아니하고 7년이 지났을 때에는 본인이나 검사의 신청에 의하여 그 재판의 실효를 선고할 수 있다. 이 경우 「형사소송법」 제337조(형의 소멸의 재판)를 준용한다.
② 치료감호의 집행을 종료하거나 집행이 면제된 자가 자격정지 이상의 형이나 치료감호를 선고받지 아니하고 10년이 지났을 때에는 그 재판이 실효된 것으로 본다.

제49조 【기간의 계산】

① 치료감호의 기간은 치료감호를 집행한 날부터 기산한다. 이 경우 치료감호 집행을 시작한 첫날은 시간으로 계산하지 아니하고 1일로 산정한다.

② 치료감호의 집행을 위반한 기간은 그 치료감호의 집행기간에 포함하지 아니한다.

제50조 【군법 적용 대상자에 대한 특칙】

① 「군사법원법」 제2조 제1항 각 호의 어느 하나에 해당하는 자에 대한 치료감호사건에 관하여는 군사법원, 군검찰부 군검사 및 군사법경찰관리가 이 법에 따른 직무를 수행한다. 이 경우 "군사법원"은 "법원", "군검찰부 군검사"는 "검사", "군사법경찰관리"는 "사법경찰관리"로 본다.

② 「군사법원법」 제2조 제1항 각 호의 어느 하나에 해당하는 자에 대한 치료감호의 관리와 그 집행사항을 심사·결정하기 위하여 국방부에 군치료감호심의위원회를 둔다.

③ 군치료감호심의위원회의 구성과 운영에 관하여는 위원회에 관한 규정을 준용한다.

④ 군사법원, 군검찰부 군검사 또는 군치료감호심의위원회는 치료감호대상자가 「군사법원법」 제2조 제1항 각 호의 어느 하나에 해당하는 자가 아님이 명백할 때에는 그 치료감호사건을 대응하는 법원·검사 또는 위원회로 이송한다. 이 경우 이송 전에 한 조사·청구·재판·신청·심사 및 결정은 이송 후에도 그 효력을 잃지 아니한다.

⑤ 법원·검사 또는 위원회는 치료감호대상자가 「군사법원법」 제2조 제1항 각 호의 어느 하나에 해당하는 자임이 명백할 때에는 치료감호사건을 대응하는 군사법원·군검찰부 군검사 또는 군치료감호심의위원회로 이송한다. 이 경우 이송 전에 한 조사·청구·재판·신청·심사 및 결정은 이송 후에도 그 효력을 잃지 아니한다.

⑥ 제44조의2에 따른 치료명령을 받은 사람에 대하여는 「보호관찰 등에 관한 법률」 제56조를 준용한다.

｜ 시행령

제33조 【군치료감호심의위원회】

법 제50조 제2항에 따른 군치료감호심의위원회에 관하여는 제14조부터 제24조까지를 준용한다. 이 경우 "법무부장관"은 "국방부장관"으로, "법무부"는 "국방부"로 본다.

제50조의2 【기부금품의 접수】

① 치료감호시설의 장은 기관·단체 또는 개인이 피치료감호자에 대한 적절한 보호와 치료 등을 위하여 치료감호시설에 자발적으로 기탁하는 금품을 접수할 수 있다.

② 기부자에 대한 영수증 발급, 기부금품의 용도 지정, 장부의 열람, 그 밖에 필요한 사항은 대통령령으로 정한다.

시행령

제34조【기부금품의 접수 등】

① 치료감호시설의 장은 법 제50조의2 제1항에 따라 기부금품을 접수하는 경우 기부자에게 영수증을 발급하여야 한다. 다만, 익명으로 기부하거나 기부자를 알 수 없는 경우에는 영수증을 발급하지 아니할 수 있다.

② 치료감호시설의 장은 제1항에 따른 기부자가 다음 각 호의 어느 하나의 경우에 해당하는 사실을 알게 된 경우에는 기부금품을 접수해서는 아니 된다.

    1. 기부자가 피치료감호자인 경우

    2. 기부자가 피치료감호자와 친족이거나 친족이었던 경우

    3. 그 밖에 기부자가 피치료감호자와 직접적인 이해관계가 있다고 인정되는 기관·단체 또는 사람인 경우

③ 치료감호시설의 장은 제1항에 따른 기부자가 기부금품의 용도를 지정한 경우에는 그 용도로만 사용하여야 한다. 다만, 기부자가 지정한 용도로 사용하기 어려운 경우에는 특별한 사정이 없는 한 기부자의 동의를 받아 다른 용도로 사용할 수 있다.

④ 치료감호시설의 장은 모든 기부금의 수입 및 지출을 기부금 전용계좌를 통하여 처리하여야 한다.

⑤ 치료감호시설의 장은 기부금품의 접수현황 및 사용실적 등에 관한 장부를 갖추어 두고 기부자가 열람할 수 있도록 하여야 한다.

⑥ 치료감호시설의 장은 매 반기별로 기부금품의 접수현황 및 사용실적 등에 관한 사항을 법무부장관에게 보고하여야 한다.

제51조【다른 법률의 준용】

치료감호 및 치료명령에 관하여는 이 법에 특별한 규정이 있는 경우 외에는 그 성질에 반하지 아니하는 범위에서 「형사소송법」과 「형의 집행 및 수용자의 처우에 관한 법률」 및 「보호관찰 등에 관한 법률」을 준용한다.

03 형법

• 2024.2.9. 시행

제1편 총칙

제2장 | 죄

제1절 죄의 성립과 형의 감면

제9조【형사미성년자】
14세 되지 아니한 자의 행위는 벌하지 아니한다.

제10조【심신장애인】 ★
① 심신장애로 인하여 사물을 변별할 능력이 없거나 의사를 결정할 능력이 없는 자의 행위는 벌하지 아니한다.
② 심신장애로 인하여 전항의 능력이 미약한 자의 행위는 형을 감경할 수 있다.
③ 위험의 발생을 예견하고 자의로 심신장애를 야기한 자의 행위에는 전2항의 규정을 적용하지 아니한다.

제11조【청각 및 언어 장애인】
듣거나 말하는 데 모두 장애가 있는 사람의 행위에 대해서는 형을 감경한다.

제4절 누범

제35조【누범】
① 금고(禁錮) 이상의 형을 선고받아 그 집행이 종료되거나 면제된 후 3년 내에 금고 이상에 해당하는 죄를 지은 사람은 누범(累犯)으로 처벌한다.

② 누범의 형은 그 죄에 대하여 정한 형의 장기(長期)의 2배까지 가중한다.

제36조 【판결선고 후의 누범발각】

판결선고 후 누범인 것이 발각된 때에는 그 선고한 형을 통산하여 다시 형을 정할 수 있다. 단, 선고한 형의 집행을 종료하거나 그 집행이 면제된 후에는 예외로 한다.

제3장 | 형

제1절 형의 종류와 경중

제41조 【형의 종류】

형의 종류는 다음과 같다.

1. 사형
2. 징역
3. 금고
4. 자격상실
5. 자격정지
6. 벌금
7. 구류
8. 과료
9. 몰수

제42조 【징역 또는 금고의 기간】

징역 또는 금고는 무기 또는 유기로 하고 유기는 1개월 이상 30년 이하로 한다. 단, 유기징역 또는 유기금고에 대하여 형을 가중하는 때에는 50년까지로 한다.

제43조 【형의 선고와 자격상실, 자격정지】

① 사형, 무기징역 또는 무기금고의 판결을 받은 자는 다음에 기재한 자격을 상실한다.
   1. 공무원이 되는 자격
   2. 공법상의 선거권과 피선거권
   3. 법률로 요건을 정한 공법상의 업무에 관한 자격
   4. 법인의 이사, 감사 또는 지배인 기타 법인의 업무에 관한 검사역이나 재산관리인이 되는 자격

② 유기징역 또는 유기금고의 판결을 받은 자는 그 형의 집행이 종료하거나 면제될 때까지 전항 제1호 내지 제3호에 기재된 자격이 정지된다. 다만, 다른 법률에 특별한 규정이 있는 경우에는 그 법률에 따른다.

제44조 【자격정지】
① 전조에 기재한 자격의 전부 또는 일부에 대한 정지는 1년 이상 15년 이하로 한다.
② 유기징역 또는 유기금고에 자격정지를 병과한 때에는 징역 또는 금고의 집행을 종료하거나 면제된 날로부터 정지기간을 기산한다.

제45조 【벌금】 ★
벌금은 5만원 이상으로 한다. 다만, 감경하는 경우에는 5만원 미만으로 할 수 있다.

제46조 【구류】
구류는 1일 이상 30일 미만으로 한다.

제47조 【과료】
과료는 2천원 이상 5만원 미만으로 한다.

제48조 【몰수의 대상과 추징】
① 범인이외의 자의 소유에 속하지 아니하거나 범죄 후 범인이외의 자가 정을 알면서 취득한 다음 기재의 물건은 전부 또는 일부를 몰수할 수 있다.
　1. 범죄행위에 제공하였거나 제공하려고 한 물건
　2. 범죄행위로 인하여 생겼거나 취득한 물건
　3. 제1호 또는 제2호의 대가로 취득한 물건
② 제1항 각 호의 물건을 몰수할 수 없을 때에는 그 가액(價額)을 추징한다.
③ 문서, 도화(圖畵), 전자기록(電磁記錄) 등 특수매체기록 또는 유가증권의 일부가 몰수의 대상이 된 경우에는 그 부분을 폐기한다.

> **관련판례**
>
> 형법 제48조 소정의 "취득"의 의미
> 형벌법규의 해석은 엄격하여야 하고 명문규정의 의미를 피고인에게 불리한 방향으로 지나치게 확장해석하
> 거나 유추해석하는 것은 죄형법정주의의 원칙에 어긋나는 것으로서 허용되지 아니한다. 형법 제48조가
> 규정하는 몰수·추징의 대상은 범인이 범죄행위로 인하여 취득한 물건을 뜻하고, 여기서 '취득'이란 해당
> 범죄행위로 인하여 결과적으로 이를 취득한 때를 말한다고 제한적으로 해석함이 타당하다(대법원 2021.7.21.
> 2020도10970).

제49조 【몰수의 부가성】 ★

몰수는 타형에 부가하여 과한다. 단, 행위자에게 유죄의 재판을 아니할 때에도 몰수의 요건이
있는 때에는 몰수만을 선고할 수 있다.

제50조 【형의 경중】

① 형의 경중은 제41조 각 호의 순서에 따른다. 다만, 무기금고와 유기징역은 무기금고를 무거운
　것으로 하고 유기금고의 장기가 유기징역의 장기를 초과하는 때에는 유기금고를 무거운 것
　으로 한다.
② 같은 종류의 형은 장기가 긴 것과 다액이 많은 것을 무거운 것으로 하고 장기 또는 다액이
　같은 경우에는 단기가 긴 것과 소액이 많은 것을 무거운 것으로 한다.
③ 제1항 및 제2항을 제외하고는 죄질과 범정(犯情)을 고려하여 경중을 정한다.

제2절 형의 양정

제51조 【양형의 조건】 ★

형을 정함에 있어서는 다음 사항을 참작하여야 한다.
1. 범인의 연령, 성행, 지능과 환경
2. 피해자에 대한 관계
3. 범행의 동기, 수단과 결과
4. 범행 후의 정황

제52조 【자수, 자복】

① 죄를 지은 후 수사기관에 자수한 경우에는 형을 감경하거나 면제할 수 있다.

② 피해자의 의사에 반하여 처벌할 수 없는 범죄의 경우에는 피해자에게 죄를 자복(自服)하였을 때에도 형을 감경하거나 면제할 수 있다.

제53조 【정상참작감경】
범죄의 정상(情狀)에 참작할 만한 사유가 있는 경우에는 그 형을 감경할 수 있다.

제54조 【선택형과 정상참작감경】
한 개의 죄에 정한 형이 여러 종류인 때에는 먼저 적용할 형을 정하고 그 형을 감경한다.

제55조 【법률상의 감경】
① 법률상의 감경은 다음과 같다.
　1. 사형을 감경할 때에는 무기 또는 20년 이상 50년 이하의 징역 또는 금고로 한다.
　2. 무기징역 또는 무기금고를 감경할 때에는 10년 이상 50년 이하의 징역 또는 금고로 한다.
　3. 유기징역 또는 유기금고를 감경할 때에는 그 형기의 2분의 1로 한다.
　4. 자격상실을 감경할 때에는 7년 이상의 자격정지로 한다.
　5. 자격정지를 감경할 때에는 그 형기의 2분의 1로 한다.
　6. 벌금을 감경할 때에는 그 다액의 2분의 1로 한다.
　7. 구류를 감경할 때에는 그 장기의 2분의 1로 한다.
　8. 과료를 감경할 때에는 그 다액의 2분의 1로 한다.
② 법률상 감경할 사유가 수개 있는 때에는 거듭 감경할 수 있다.

제56조 【가중 · 감경의 순서】
형을 가중·감경할 사유가 경합하는 경우에는 다음 각 호의 순서에 따른다.
1. 각칙 조문에 따른 가중　　2. 제34조 제2항에 따른 가중
3. 누범 가중　　　　　　　　4. 법률상 감경
5. 경합범 가중　　　　　　　6. 정상참작감경

제57조 【판결선고 전 구금일수의 통산】
① 판결선고 전의 구금일수는 그 전부를 유기징역, 유기금고, 벌금이나 과료에 관한 유치 또는 구류에 산입한다.

② 전항의 경우에는 구금일수의 1일은 징역, 금고, 벌금이나 과료에 관한 유치 또는 구류의 기간의 1일로 계산한다.

제58조【판결의 공시】

① 피해자의 이익을 위하여 필요하다고 인정할 때에는 피해자의 청구가 있는 경우에 한하여 피고인의 부담으로 판결공시의 취지를 선고할 수 있다.

② 피고사건에 대하여 무죄의 판결을 선고하는 경우에는 무죄판결공시의 취지를 선고하여야 한다. 다만, 무죄판결을 받은 피고인이 무죄판결공시 취지의 선고에 동의하지 아니하거나 피고인의 동의를 받을 수 없는 경우에는 그러하지 아니하다.

③ 피고사건에 대하여 면소의 판결을 선고하는 경우에는 면소판결공시의 취지를 선고할 수 있다.

제3절 형의 선고유예

제59조【선고유예의 요건】 ★★

① 1년 이하의 징역이나 금고, 자격정지 또는 벌금의 형을 선고할 경우에 제51조의 사항을 고려하여 뉘우치는 정상이 뚜렷할 때에는 그 형의 선고를 유예할 수 있다. 다만, 자격정지 이상의 형을 받은 전과가 있는 사람에 대해서는 예외로 한다.

② 형을 병과할 경우에도 형의 전부 또는 일부에 대하여 선고를 유예할 수 있다.

제59조의2【보호관찰】 ★

① 형의 선고를 유예하는 경우에 재범방지를 위하여 지도 및 원호가 필요한 때에는 보호관찰을 받을 것을 명할 수 있다.

② 제1항의 규정에 의한 보호관찰의 기간은 1년으로 한다.

제60조【선고유예의 효과】 ★

형의 선고유예를 받은 날로부터 2년을 경과한 때에는 면소된 것으로 간주한다.

제61조【선고유예의 실효】 ★

① 형의 선고유예를 받은 자가 유예기간 중 자격정지 이상의 형에 처한 판결이 확정되거나 자격

정지 이상의 형에 처한 전과가 발견된 때에는 유예한 형을 선고한다.
② 제59조의2의 규정에 의하여 보호관찰을 명한 선고유예를 받은 자가 보호관찰기간 중에 준수사항을 위반하고 그 정도가 무거운 때에는 유예한 형을 선고할 수 있다.

제4절 형의 집행유예

제62조 【집행유예의 요건】 ★★
① 3년 이하의 징역이나 금고 또는 500만원 이하의 벌금의 형을 선고할 경우에 제51조의 사항을 참작하여 그 정상에 참작할 만한 사유가 있는 때에는 1년 이상 5년 이하의 기간 형의 집행을 유예할 수 있다. 다만, 금고 이상의 형을 선고한 판결이 확정된 때부터 그 집행을 종료하거나 면제된 후 3년까지의 기간에 범한 죄에 대하여 형을 선고하는 경우에는 그러하지 아니하다.
② 형을 병과할 경우에는 그 형의 일부에 대하여 집행을 유예할 수 있다.

제62조의2 【보호관찰, 사회봉사 · 수강명령】 ★
① 형의 집행을 유예하는 경우에는 보호관찰을 받을 것을 명하거나 사회봉사 또는 수강을 명할 수 있다.
② 제1항의 규정에 의한 보호관찰의 기간은 집행을 유예한 기간으로 한다. 다만, 법원은 유예기간의 범위 내에서 보호관찰기간을 정할 수 있다.
③ 사회봉사명령 또는 수강명령은 집행유예기간 내에 이를 집행한다.

제63조 【집행유예의 실효】 ★
집행유예의 선고를 받은 자가 유예기간 중 고의로 범한 죄로 금고 이상의 실형을 선고받아 그 판결이 확정된 때에는 집행유예의 선고는 효력을 잃는다.

제64조 【집행유예의 취소】 ★
① 집행유예의 선고를 받은 후 제62조 단행(금고 이상의 형을 선고한 판결이 확정된 때부터 그 집행을 종료하거나 면제된 후 3년까지의 기간에 범한 죄)의 사유가 발각된 때에는 집행유예의 선고를 취소한다.
② 제62조의2(보호관찰, 사회봉사 · 수강명령)의 규정에 의하여 보호관찰이나 사회봉사 또는 수강을 명한 집행유예를 받은 자가 준수사항이나 명령을 위반하고 그 정도가 무거운 때에는 집행유예의 선고를 취소할 수 있다.

제65조【집행유예의 효과】 ★

집행유예의 선고를 받은 후 그 선고의 실효 또는 취소됨이 없이 유예기간을 경과한 때에는 형의 선고는 효력을 잃는다.

제5절 형의 집행

제66조【사형】

사형은 교정시설 안에서 교수(絞首)하여 집행한다.

제67조【징역】

징역은 교정시설에 수용하여 집행하며, 정해진 노역(勞役)에 복무하게 한다.

제68조【금고와 구류】

금고와 구류는 교정시설에 수용하여 집행한다.

제69조【벌금과 과료】 ★

① 벌금과 과료는 판결확정일로부터 30일내에 납입하여야 한다. 단, 벌금을 선고할 때에는 동시에 그 금액을 완납할 때까지 노역장에 유치할 것을 명할 수 있다.
② 벌금을 납입하지 아니한 자는 1일 이상 3년 이하, 과료를 납입하지 아니한 자는 1일 이상 30일 미만의 기간 노역장에 유치하여 작업에 복무하게 한다.

제70조【노역장 유치】 ★

① 벌금이나 과료를 선고할 때에는 이를 납입하지 아니하는 경우의 노역장 유치기간을 정하여 동시에 선고하여야 한다.
② 선고하는 벌금이 1억원 이상 5억원 미만인 경우에는 300일 이상, 5억원 이상 50억원 미만인 경우에는 500일 이상, 50억원 이상인 경우에는 1천일 이상의 노역장 유치기간을 정하여야 한다.

제71조 【유치일수의 공제】

벌금이나 과료의 선고를 받은 사람이 그 금액의 일부를 납입한 경우에는 벌금 또는 과료액과 노역장 유치기간의 일수(日數)에 비례하여 납입금액에 해당하는 일수를 뺀다.

제6절 가석방

제72조 【가석방의 요건】 ★★

① 징역이나 금고의 집행 중에 있는 사람이 행상(行狀)이 양호하여 뉘우침이 뚜렷한 때에는 무기형은 20년, 유기형은 형기의 3분의 1이 지난 후 행정처분으로 가석방을 할 수 있다.

② 제1항의 경우에 벌금이나 과료가 병과되어 있는 때에는 그 금액을 완납하여야 한다.

제73조 【판결선고 전 구금과 가석방】

① 형기에 산입된 판결선고 전 구금일수는 가석방을 하는 경우 집행한 기간에 산입한다.

② 제72조 제2항의 경우에 벌금이나 과료에 관한 노역장 유치기간에 산입된 판결선고 전 구금일수는 그에 해당하는 금액이 납입된 것으로 본다.

제73조의2 【가석방의 기간 및 보호관찰】 ★

① 가석방의 기간은 무기형에 있어서는 10년으로 하고, 유기형에 있어서는 남은 형기로 하되, 그 기간은 10년을 초과할 수 없다.

② 가석방된 자는 가석방기간 중 보호관찰을 받는다. 다만, 가석방을 허가한 행정관청이 필요가 없다고 인정한 때에는 그러하지 아니하다.

제74조 【가석방의 실효】 ★

가석방 기간 중 고의로 지은 죄로 금고 이상의 형을 선고받아 그 판결이 확정된 경우에 가석방처분은 효력을 잃는다.

제75조 【가석방의 취소】 ★

가석방의 처분을 받은 자가 감시에 관한 규칙을 위배하거나, 보호관찰의 준수사항을 위반하고 그 정도가 무거운 때에는 가석방처분을 취소할 수 있다.

제76조【가석방의 효과】 ★
① 가석방의 처분을 받은 후 그 처분이 실효 또는 취소되지 아니하고 가석방기간을 경과한 때에는 형의 집행을 종료한 것으로 본다.
② 전2조의 경우에는 가석방중의 일수는 형기에 산입하지 아니한다.

제7절 형의 시효

제77조【형의 시효의 효과】 ★
형(사형은 제외한다)을 선고받은 자에 대해서는 시효가 완성되면 그 집행이 면제된다.

제78조【형의 시효의 기간】 ★
시효는 형을 선고하는 재판이 확정된 후 그 집행을 받지 아니하고 다음 각 호의 구분에 따른 기간이 지나면 완성된다.
1. 삭제 <2023.8.8.>
2. 무기의 징역 또는 금고 : 20년
3. 10년 이상의 징역 또는 금고 : 15년
4. 3년 이상의 징역이나 금고 또는 10년 이상의 자격정지 : 10년
5. 3년 미만의 징역이나 금고 또는 5년 이상의 자격정지 : 7년
6. 5년 미만의 자격정지, 벌금, 몰수 또는 추징 : 5년
7. 구류 또는 과료 : 1년

제79조【형의 시효의 정지】
① 시효는 형의 집행의 유예나 정지 또는 가석방 기타 집행할 수 없는 기간은 진행되지 아니한다.
② 시효는 형이 확정된 후 그 형의 집행을 받지 아니한 사람이 형의 집행을 면할 목적으로 국외에 있는 기간 동안은 진행되지 아니한다.

제80조【형의 시효의 중단】
시효는 징역, 금고 및 구류의 경우에는 수형자를 체포한 때, 벌금, 과료, 몰수 및 추징의 경우에는 강제처분을 개시한 때에 중단된다.

제8절 형의 소멸

제81조【형의 실효】 ★
징역 또는 금고의 집행을 종료하거나 집행이 면제된 자가 피해자의 손해를 보상하고 자격정지 이상의 형을 받음이 없이 7년을 경과한 때에는 본인 또는 검사의 신청에 의하여 그 재판의 실효를 선고할 수 있다.

제82조【복권】
자격정지의 선고를 받은 자가 피해자의 손해를 보상하고 자격정지 이상의 형을 받음이 없이 정지기간의 2분의 1을 경과한 때에는 본인 또는 검사의 신청에 의하여 자격의 회복을 선고할 수 있다.

제4장 | 기간

제83조【기간의 계산】
연(年) 또는 월(月)로 정한 기간은 연 또는 월 단위로 계산한다.

제84조【형기의 기산】
① 형기는 판결이 확정된 날로부터 기산한다.
② 징역, 금고, 구류와 유치에 있어서는 구속되지 아니한 일수는 형기에 산입하지 아니한다.

제85조【형의 집행과 시효기간의 초일】
형의 집행과 시효기간의 초일은 시간을 계산함이 없이 1일로 산정한다.

제86조【석방일】 ★
석방은 형기종료일에 하여야 한다.

관련판례

[1] 자유형 형기의 '연월'을 역수에 따라 계산하도록 한 형법 제83조에 대하여, 수형자에 따라 실제 복역하는 자유형의 일수에 차이가 나는 것은 형기는 연월 단위로, 미결구금일수 등은 일수 단위로 산정되는 점 등에서 비롯되는 문제로서 형법 제83조가 수형자에게 일반적으로 유리하거나 불리하다고 볼 수 없으므로 형법 제83조가 윤달이 있는 해에 형기를 감하여 주는 보완규정을 두지 않았다고 하더라도 수형자의 신체의 자유를 침해하지 않는다(헌재 2013.5.30. 2011헌마861 참조).

[2] 재심판결이 확정된 전과가 「형의 실효 등에 관한 법률」 제7조 제1항에서 정한 '자격정지 이상의 형'을 받은 경우에 해당하는 지 여부(소극)

유죄의 확정판결에 대하여 재심개시결정이 확정되어 법원이 그 사건에 대하여 다시 심판을 한 후 재심판결을 선고하고 그 재심판결이 확정된 때에는 종전의 확정판결은 당연히 효력을 상실하므로, 재심판결이 확정됨에 따라 원판결이나 그 부수처분의 법률적 효과가 상실되고 형선고가 있었다는 기왕의 사실 자체의 효과가 소멸한다. 「형의 실효 등에 관한 법률」 제7조 제1항은 '수형인이 자격정지 이상의 형을 받음이 없이 형의 집행을 종료하거나 그 집행이 면제된 날부터 같은 항 각 호에서 정한 기간이 경과한 때에는 그 형은 실효된다'고 정하고, 같은 항 제2호에서 3년 이하의 징역·금고형의 경우는 그 기간을 5년으로 정하고 있다. 위 규정에 따라 형이 실효된 경우에는 형의 선고에 의한 법적 효과가 장래에 향하여 소멸되므로, 그 전과를 「특정범죄 가중처벌 등에 관해 법률」 제5조의4 제5항에서 정한 "징역형을 받은 경우"로 볼 수 없다. 한편 형실효법의 입법취지에 비추어 보면, 2번 이상의 징역형을 받은 자가 자격정지 이상의 형을 받음에 없이 마지막 형의 집행을 종료한 날부터 위 법에서 정한 기간을 경과한 때에는 그 마지막 형에 앞서는 형도 모두 실효되는 것으로 보아야 한다(대법원 2023.11.30. 2023 도1069).

[3] 행정규칙의 경우 행정기관 내부의 업무처리지침 내지 사무처리준칙에 해당할 뿐 국민의 권리·의무에 직접 영향을 미치는 것이 아니라면, 이는 헌법소원의 대상이 되는 '공권력의 행사'에 해당하지 아니한다. 이 사건 지침(수용구분 및 이송·기록 등에 관한 지침 제49조)은 교정시설에 수용 중인 수용자의 수용기록 업무 및 이송 업무, 수용구분에 관한 세부사항을 규정한 교정시설 내부의 업무처리지침 내지 사무처리준칙으로서 행정규칙에 불과하다.

또한 관련 법률에 의하면, 자유형의 형기는 연월로 정하고(형법 제42조) 역수에 따라 계산하되(형법 제83조) 판결이 확정된 날부터 형기를 기산하여(형법 제84조 제1항) 산정한 형기종료일에서 미결구금일수 전부를 형기에 산입하여야 하고(형법 제57조 제1항), 교도소장은 이와 같은 방식으로 정하여진 형기종료일에 수용자를 석방하여야 한다(형법 제86조, 형의 집행 및 수용자의 처우에 관한 법률 제123조). 심판대상조항이 정하고 있는 형기종료일의 계산방식은 위와 같이 법률에서 정하고 있는 형기종료일의 계산방식과 실질적으로 동일하여 그에 대한 확인적 의미만 가지고 있으며, 심판대상조항에 의하여 수용자의 형기종료일과 관련된 내용이 변경되는 것이 아니어서 심판대상조항이 청구인의 법적 지위에 어떠한 영향을 미친다고 볼 수 없다(헌재 2024.6.27. 2021헌마753).

04 전자장치 부착 등에 관한 법률

• **법** 2024.7.17. 시행 | **시행령** 2024.7.17. 시행

참고 **부착명령과 부착집행 비교**

구분	판결선고에 의한 부착명령 집행	가석방 및 가종료자 등의 부착집행(부착명령을 선고받지 아니한 특정범죄자)	집행유예 시 부착명령 집행
대상	• 성폭력범죄자(임의적) • 미성년자 대상 유괴범죄자, 살인범죄자(초범은 임의적, 재범 이상은 필요적) • 강도범죄자(임의적) • 스토킹범죄자(임의적)	• 보호관찰조건부 가석방(필요적) • 보호관찰조건부 가종료·치료위탁·가출소(임의적)	특정범죄자로 집행유예 시 보호관찰대상자(임의적)
처분 기관	법원의 부착명령판결	관련 위원회 등의 결정	법원의 부착명령판결
기간	1. 법정형의 상한이 사형 또는 무기징역인 특정범죄 : 10년 이상 30년 이하 2. 법정형 중 징역형의 하한이 3년 이상의 유기징역인 특정범죄(1.에 해당하는 특정범죄는 제외) : 3년 이상 20년 이하 3. 법정형 중 징역형의 하한이 3년 미만의 유기징역인 특정범죄(1. 또는 2.에 해당하는 특정범죄는 제외) : 1년 이상 10년 이하	보호관찰기간의 범위에서 기간을 정하여	집행유예 시의 보호관찰기간의 범위에서 기간을 정하여
집행 권자	검사의 지휘를 받아 보호관찰관이 집행	보호관찰관	검사의 지휘를 받아 보호관찰관이 집행
집행 개시 시점	특정범죄사건에 대한 형의 집행이 종료되거나 면제·가석방되는 날 또는 치료감호의 집행이 종료·가종료되는 날 석방 직전에 피부착명령자의 신체에 전자장치를 부착함으로써 집행한다. 다만, 부착명령의 원인이 된 특	1. 가석방되는 날 2. 가종료 또는 치료위탁되거나 가출소되는 날. 다만, 치료감호와 형이 병과된 가종료자의 경우, 집행할 잔여형기가 있는 때에는 그 형의 집행이 종료되거나 면제되는 날 부착한다.	전자장치를 부착하라는 법원의 판결이 확정된 때부터 집행

집행 개시 시점	정범죄사건이 아닌 다른 범죄사건으로 형이나 치료감호의 집행이 계속될 경우에 는 부착명령의 원인이 된 특정범죄사건이 아닌 다른 범죄사건에 대한 형의 집행이 종료되거나 면제·가석방되는 날 또는 치료감호의 집행이 종료·가종료되는 날	−	−
종료 사유	1. 부착명령기간이 경과 시 2. 부착명령과 함께 선고한 형이 사면되어 그 선고의 효력을 상실 시 3. 부착명령이 임시해제된 자가 그 가해제가 취소됨이 없이 잔여 부착명령기간을 경과 시	1. 가석방기간이 경과하거나 가석방이 실효 또는 취소된 때 2. 가종료자등의 부착기간이 경과하거나 보호관찰이 종료된 때 3. 가석방된 형이 사면되어 형의 선고의 효력을 상실하게 된 때	1. 부착명령기간이 경과한 때 2. 집행유예가 실효 또는 취소된 때 3. 집행유예된 형이 사면되어 형의 선고의 효력을 상실하게 된 때

[기타 주요 내용]

1. **검사의 청구** : 항소심 변론종결 시까지 하여야 한다.
2. 특정범죄사건에 대하여 판결의 확정 없이 공소가 제기된 때부터 15년이 경과한 경우에는 부착명령을 청구할 수 없다.
3. **주거이전 등 허가** : 피부착자는 주거를 이전하거나 7일 이상의 국내여행을 하거나 출국할 때에는 미리 보호관찰관의 허가를 받아야 한다.
4. **임시해제신청** : 집행이 개시된 날부터 3개월이 경과한 후에 신청이 기각된 경우에는 기각된 날부터 3개월이 경과한 후에 다시 신청 할 수 있다.
5. 준수사항 위반 등 위반 시 1년 범위 내 연장 가능
6. 19세 미만에 대한 선고는 가능하나, 부착은 19세부터 가능하다.
7. 19세 미만의 사람에 대하여 특정범죄를 저지른 경우 부착기간 하한의 2배 가중가능
8. **보석과 전자장치 부착**
   - 법원은 보석조건으로 피고인에게 전자장치 부착을 명할 수 있음
   - 보호관찰소의 장은 피고인의 보석조건 이행 상황을 법원에 정기적으로 통지
   - 보호관찰소의 장은 피고인이 전자장치 부착명령을 위반한 경우 및 보석조건을 위반하였음을 확인한 경우에는, 지체 없이 법원과 검사에게 통지
   - 구속영장의 효력이 소멸된 경우, 보석이 취소된 경우, 보석조건이 변경되어 전자장치를 부착할 필요가 없게 되는 경우엔 전자장치의 부착이 종료됨

제1장 | 총칙

제1조 【목적】

이 법은 수사·재판·집행 등 형사사법 절차에서 전자장치를 효율적으로 활용하여 불구속재판을 확대하고, 범죄인의 사회복귀를 촉진하며, 범죄로부터 국민을 보호함을 목적으로 한다.

제2조 【정의】 ★

이 법에서 사용하는 용어의 정의는 다음과 같다.

특정범죄	성폭력범죄, 미성년자 대상 유괴범죄, 살인범죄, 강도범죄 및 스토킹범죄
성폭력범죄	가. 「형법」 제2편 제32장 강간과 추행의 죄 중 제297조(강간)·제297조의2(유사강간)·제298조(강제추행)·제299조(준강간, 준강제추행)·제300조(미수범)·제301조(강간 등 상해·치상)·제301조의2(강간 등 살인·치사)·제302조(미성년자등에 대한 간음)·제303조(업무상위력 등에 의한 간음)·제305조(미성년자에 대한 간음, 추행)·제305조의2(상습범), 제2편 제38장 절도와 강도의 죄 중 제339조(강도강간)·제340조(해상강도) 제3항(사람을 강간한 죄만을 말한다) 및 제342조(미수범)의 죄(제339조 및 제340조 제3항 중 사람을 강간한 죄의 미수범만을 말한다) 나. 「성폭력범죄의 처벌 등에 관한 특례법」 제3조(특수강도강간 등)부터 제10조(업무상 위력 등에 의한 추행)까지의 죄 및 제15조(미수범)의 죄(제3조부터 제9조까지의 미수범만을 말한다) 다. 「아동·청소년의 성보호에 관한 법률」 제7조(아동·청소년에 대한 강간·강제추행 등)·제8조(장애인인 아동·청소년에 대한 간음 등)·제9조(강간 등 상해·치상) 및 제10조(강간 등 살인·치사)의 죄 라. 가목부터 다목까지의 죄로서 다른 법률에 따라 가중 처벌되는 죄
미성년자 대상 유괴범죄	가. 미성년자에 대한 「형법」 제287조부터 제292조까지, 제294조, 제296조, 제324조의2 및 제336조의 죄 나. 미성년자에 대한 「특정범죄가중처벌 등에 관한 법률」 제5조의2(약취·유인죄의 가중처벌)의 죄 다. 가목과 나목의 죄로서 다른 법률에 따라 가중 처벌되는 죄
살인범죄	가. 「형법」 제2편 제1장 내란의 죄 중 제88조(내란목적의 살인)·제89조(미수범)의 죄(제88조의 미수범만을 말한다), 제2편 제24장 살인의 죄 중 제250조(살인, 존속살해)·제251조(영아살해)·제252조(촉탁, 승낙에 의한 살인 등)·제253조(위계 등에 의한 촉탁살인 등)·제254조(미수범)·제255조(예비, 음모), 제2편 제32장 강간과 추행의 죄 중 제301조의2(강간 등 살인·치사) 전단, 제2편 제37장 권리행사를 방해하는 죄 중 제324조의4(인질살해·치사) 전단·제324조의5(미수범)의 죄(제324조의4 전단의 미수범만을 말한다), 제2편 제38장 절도와 강도의 죄 중 제338조(강도살인·치사) 전단·제340조(해상강도) 제3항(사람을 살해한 죄만을 말한다) 및 제342조(미수범)의 죄(제338조 전단 및 제340조 제3항 중 사람을 살해한 죄의 미수범만을 말한다) 나. 「성폭력범죄의 처벌 등에 관한 특례법」 제9조(강간 등 살인·치사)제1항의 죄 및 제15조(미수범)의 죄(제9조 제1항의 미수범만을 말한다)

살인범죄	다. 「아동·청소년의 성보호에 관한 법률」 제10조(강간 등 살인·치사)제1항의 죄 라. 「특정범죄 가중처벌 등에 관한 법률」 제5조의2(약취·유인죄의 가중처벌)제2항 제2호의 죄 및 같은 조 제6항의 죄(같은 조 제2항 제2호의 미수범만을 말한다) 마. 가목부터 라목까지의 죄로서 다른 법률에 따라 가중처벌 되는 죄
강도범죄	가. 「형법」 제2편 제38장 절도와 강도의 죄 중 제333조(강도)·제334조(특수강도)·제335조(준강도)·제336조(인질강도)·제337조(강도상해, 치상)·제338조(강도살인·치사)·제339조(강도강간)·제340조(해상강도)·제341조(상습범)·제342조(미수범)의 죄(제333조부터 제341조까지의 미수범만을 말한다) 및 제343조(예비, 음모)의 죄 나. 「성폭력범죄의 처벌 등에 관한 특례법」 제3조(특수강도강간 등)제2항 및 제15조(미수범)의 죄(제3조 제2항의 미수범만을 말한다) 다. 가목과 나목의 죄로서 다른 법률에 따라 가중처벌 되는 죄
스토킹범죄	「스토킹범죄의 처벌 등에 관한 법률」 제18조 제1항 및 제2항의 죄
위치추적 전자장치	전자파를 발신하고 추적하는 원리를 이용하여 위치를 확인하거나 이동경로를 탐지하는 일련의 기계적 설비로서 대통령령으로 정하는 것

시행령

제2조【위치추적 전자장치의 구성】

「전자장치 부착 등에 관한 법률」(이하 "법"이라 한다) 제2조 제4호에 따른 위치추적 전자장치(이하 "전자장치"라 한다)는 다음 각 호로 구성한다.

1. 휴대용 추적장치 : 전자장치가 부착된 사람(이하 "피부착자"라 한다)이 휴대하는 것으로서 피부착자의 위치를 확인하는 장치
2. 재택(在宅) 감독장치 : 피부착자의 주거지에 설치하여 피부착자의 위치를 확인하는 장치
3. 부착장치 : 피부착자의 신체에 부착하는 장치로서, 휴대용 추적장치와 재택 감독장치에 전자파를 송신하거나 피부착자의 위치를 확인하는 장치

제3조

삭제 <2021.9.14.>

제3조【국가의 책무】

국가는 이 법의 집행과정에서 국민의 인권이 부당하게 침해되지 아니하도록 주의하여야 한다.

제4조【적용범위】 ★★

만 19세 미만의 자에 대하여 부착명령을 선고한 때에는 19세에 이르기까지 이 법에 따른 전자장치를 부착할 수 없다.

제2장 | 형 집행 종료 후의 전자장치 부착

제5조【전자장치 부착명령의 청구】 ★★

① 검사는 다음 각 호의 어느 하나에 해당하고, 성폭력범죄를 다시 범할 위험성이 있다고 인정되는 사람에 대하여 전자장치를 부착하도록 하는 명령(이하 "부착명령"이라 한다)을 법원에 청구할 수 있다(임의적 청구).

　　1. 성폭력범죄로 징역형의 실형을 선고받은 사람이 그 집행을 종료한 후 또는 집행이 면제된 후 10년 이내에 성폭력범죄를 저지른 때

　　2. 성폭력범죄로 이 법에 따른 전자장치를 부착 받은 전력이 있는 사람이 다시 성폭력범죄를 저지른 때

　　3. 성폭력범죄를 2회 이상 범하여(유죄의 확정판결을 받은 경우를 포함한다) 그 습벽이 인정된 때

　　4. 19세 미만의 사람에 대하여 성폭력범죄를 저지른 때

　　5. 신체적 또는 정신적 장애가 있는 사람에 대하여 성폭력범죄를 저지른 때

② 검사는 미성년자 대상 유괴범죄를 저지른 사람으로서 미성년자 대상 유괴범죄를 다시 범할 위험성이 있다고 인정되는 사람에 대하여 부착명령을 법원에 청구할 수 있다(임의적 청구). 다만, 유괴범죄로 징역형의 실형 이상의 형을 선고받아 그 집행이 종료 또는 면제된 후 다시 유괴범죄를 저지른 경우에는 부착명령을 청구하여야 한다(필요적 청구).

③ 검사는 살인범죄를 저지른 사람으로서 살인범죄를 다시 범할 위험성이 있다고 인정되는 사람에 대하여 부착명령을 법원에 청구할 수 있다(임의적 청구). 다만, 살인범죄로 징역형의 실형 이상의 형을 선고받아 그 집행이 종료 또는 면제된 후 다시 살인범죄를 저지른 경우에는 부착명령을 청구하여야 한다(필요적 청구).

④ 검사는 다음 각 호의 어느 하나에 해당하고 강도범죄를 다시 범할 위험성이 있다고 인정되는 사람에 대하여 부착명령을 법원에 청구할 수 있다(임의적 청구).

　　1. 강도범죄로 징역형의 실형을 선고받은 사람이 그 집행을 종료한 후 또는 집행이 면제된 후 10년 이내에 다시 강도범죄를 저지른 때

　　2. 강도범죄로 이 법에 따른 전자장치를 부착하였던 전력이 있는 사람이 다시 강도범죄를 저지른 때

　　3. 강도범죄를 2회 이상 범하여(유죄의 확정판결을 받은 경우를 포함한다) 그 습벽이 인정된 때

⑤ 검사는 다음 각 호의 어느 하나에 해당하고 스토킹범죄를 다시 범할 위험성이 있다고 인정되는 사람에 대하여 부착명령을 법원에 청구할 수 있다.

　　1. 스토킹범죄로 징역형의 실형을 선고받은 사람이 그 집행을 종료한 후 또는 집행이 면제된 후 10년 이내에 다시 스토킹범죄를 저지른 때

　　2. 스토킹범죄로 이 법에 따른 전자장치를 부착하였던 전력이 있는 사람이 다시 스토킹범죄를 저지른 때

3. 스토킹범죄를 2회 이상 범하여(유죄의 확정판결을 받은 경우를 포함한다) 그 습벽이 인정된 때

⑥ 제1항부터 제5항까지의 규정에 따른 부착명령의 청구는 공소가 제기된 특정범죄사건의 항소심 변론종결 시까지 하여야 한다.

⑦ 법원은 공소가 제기된 특정범죄사건을 심리한 결과 부착명령을 선고할 필요가 있다고 인정하는 때에는 검사에게 부착명령의 청구를 요구할 수 있다.

⑧ 제1항부터 제5항까지의 규정에 따른 특정범죄사건에 대하여 판결의 확정 없이 공소가 제기된 때부터 15년이 경과한 경우에는 부착명령을 청구할 수 없다.

관련판례

[1] 특정 범죄자에 대한 위치추적 전자장치 부착 등에 관한 법률에 의한 '전자감시제도'의 법적 성격
특정 범죄자에 대한 위치추적 전자장치 부착 등에 관한 법률에 의한 성폭력범죄자에 대한 전자감시제도는, 성폭력범죄자의 재범방지와 성행교정을 통한 재사회화를 위하여 그의 행적을 추적하여 위치를 확인할 수 있는 전자장치를 신체에 부착하게 하는 부가적인 조치를 취함으로써 성폭력범죄로부터 국민을 보호함을 목적으로 하는 일종의 보안처분이다. 이러한 전자감시제도의 목적과 성격, 운영에 관한 법률의 규정 내용 및 취지 등을 종합해 보면, 전자감시제도는 범죄행위를 한 자에 대한 응보를 주된 목적으로 책임을 추궁하는 사후적 처분인 형벌과 구별되어 본질을 달리한다(대법원 2011.7.28. 2011도5813).

[2] 치료감호와 부착명령을 함께 선고할 경우, 부착명령 요건으로서 '재범의 위험성' 판단방법
치료감호와 부착명령이 함께 선고된 경우에는 특정 범죄자에 대한 위치추적 전자장치 부착 등에 관한 법률 제13조 제1항에 따라 치료감호의 집행이 종료 또는 가종료 되는 날 부착명령이 집행되고, 치료감호는 심신장애 상태 등에서 범죄행위를 한 자로서 재범의 위험성이 있고 특수한 교육·개선 및 치료가 필요하다고 인정되는 자에 대하여 적절한 보호와 치료를 함으로써 재범을 방지하고 사회복귀를 촉진하는 것을 목적으로 하며, 치료감호법에 규정된 수용기간을 한도로 치료감호를 받을 필요가 없을 때 종료되는 사정들을 감안하면, 법원이 치료감호와 부착명령을 함께 선고할 경우에는 치료감호의 요건으로서 재범의 위험성과는 별도로, 치료감호를 통한 치료 경과에도 불구하고 부착명령의 요건으로서 재범의 위험성이 인정되는지를 따져보아야 하고, 치료감호 원인이 된 심신장애 등의 종류와 정도 및 치료 가능성, 피부착명령청구자의 치료의지 및 주위 환경 등 치료감호 종료 후에 재범의 위험성을 달리 볼 특별한 사정이 있는 경우에는 치료감호를 위한 재범의 위험성이 인정된다 하여 부착명령을 위한 재범의 위험성도 인정된다고 섣불리 단정하여서는 안 된다(대법원 2012.5.10. 2012도2289).

[3] '특정 범죄자에 대한 위치추적 전자장치 부착 등에 관한 법률' 제5조 제1항 제3호에서 부착명령청구 요건으로 정한 '성폭력범죄를 2회 이상 범하여(유죄의 확정판결을 받은 경우를 포함한다)'에 '소년보호처분을 받은 전력'이 포함되는지 여부(소극)
특정 범죄자에 대한 위치추적 전자장치 부착 등에 관한 법률'제5조 제1항 제3호는 검사가 전자장치 부착명령을 법원에 청구할 수 있는 경우 중의 하나로 '성폭력범죄를 2회 이상 범하여(유죄의 확정판결을 받은 경우를 포함한다) 그 습벽이 인정된 때'라고 규정하고 있는데, 이 규정 전단은 문언상 '유죄의

확정판결을 받은 전과사실을 포함하여 성폭력범죄를 2회 이상 범한 경우'를 의미한다고 해석된다. 따라서 피부착명령청구자가 소년법에 의한 보호처분(소년보호처분)을 받은 전력이 있다고 하더라도, 이는 유죄의 확정판결을 받은 경우에 해당하지 아니함이 명백하므로, 피부착명령청구자가 2회 이상 성폭력범죄를 범하였는지를 판단할 때 소년보호처분을 받은 전력을 고려할 것이 아니다(대법원 2012.3.22. 2011도15057).

[4] '특정 범죄자에 대한 위치추적 전자장치 부착 등에 관한 법률' 제5조 제1항에서 정한 성폭력범죄의 '재범의 위험성' 의미 및 위험성 유무를 판단하는 기준

특정 범죄자에 대한 위치추적 전자장치 부착 등에 관한 법률 제5조 제1항에 정한 성폭력범죄의 재범의 위험성이라 함은 재범할 가능성만으로는 부족하고 피부착명령청구자가 장래에 다시 성폭력범죄를 범하여 법적 평온을 깨뜨릴 상당한 개연성이 있음을 의미하며, 성폭력범죄의 재범의 위험성 유무는 피부착명령청구자의 직업과 환경, 당해 범행 이전의 행적, 그 범행의 동기·수단, 범행 후의 정황, 개전의 정 등 여러 사정을 종합적으로 평가하여 객관적으로 판단하여야 한다(대법원 2011.9.29. 2011전도82).

[5] '특정 범죄자에 대한 위치추적 전자장치 부착 등에 관한 법률' 제5조 제1항 제3호에서 정한 성폭력범죄의 '습벽'의 의미 및 습벽 유무를 판단하는 기준

법 제5조 제1항 제3호에 정한 '성폭력범죄의 습벽'은 범죄자의 어떤 버릇, 범죄의 경향을 의미하는 것으로서 행위의 본질을 이루는 성질이 아니고 행위자의 특성을 이루는 성질을 의미하는 것이므로, 습벽의 유무는 행위자의 연령·성격·직업·환경·전과, 범행의 동기·수단·방법 및 장소, 전에 범한 범죄와의 시간적 간격, 그 범행의 내용과 유사성 등 여러 사정을 종합하여 판단하여야 한다(대법원 2011.9.29. 2011전도82).

[6] 전자장치 부착 등에 관한 법률 제5조 제3항 및 제21조2 제3호에 규정된 '살인범죄를 다시 범할 위험성'의 의미 / 살인범죄의 재범의 위험성 유무를 판단하는 기준 및 판단의 기준시점(=판결 시)

전자장치 부착 등에 관한 법률에 규정된 '살인범죄를 다시 범할 위험성'이라 함은 재범할 가능성만으로는 부족하고 피부착명령청구자 또는 피보호관찰명령청구자가 장래에 다시 살인범죄를 범하여 법적 평온을 깨뜨릴 상당한 개연성이 있음을 의미한다. 살인범죄의 재범의 위험성 유무는 피부착명령청구자 또는 피보호관찰명령청구자의 직업과 환경, 당해 범행 이전의 행적, 그 범행의 동기, 수단, 범행 후의 정황, 개전의 정 등 여러 사정을 종합적으로 평가하여 객관적으로 판단하여야 하고, 이러한 판단은 장래에 대한 가정적 판단이므로 판결 시를 기준으로 하여야 한다(대법원 2018.9.13. 2018도7658).

[7] 부착명령청구사건의 청구원사실은 특정범죄사건의 범죄사실과 일치하여야 하며, 부착명령청구서에 기재하여야 하는 부착명령청구원인사실에는 피고사건의 공소장에 기재된 공소사실뿐만 아니라 재범의 위험성에 관한 사실도 포함된다(대법원 2016.6.23. 2016도3508).

제6조 【조사】

① 검사는 부착명령을 청구하기 위하여 필요하다고 인정하는 때에는 피의자의 주거지 또는 소속 검찰청(지청을 포함한다. 이하 같다) 소재지를 관할하는 보호관찰소(지소를 포함한다. 이하 같다)의 장에게 범죄의 동기, 피해자와의 관계, 심리상태, 재범의 위험성 등 피의자에 관하여 필요한 사항의 조사를 요청할 수 있다.

② 제1항의 요청을 받은 보호관찰소의 장은 조사할 보호관찰관을 지명하여야 한다.

③ 제2항에 따라 지명된 보호관찰관은 지체 없이 필요한 사항을 조사한 후 검사에게 조사보고서를 제출하여야 한다.

④ 검사는 제1항의 요청을 받은 보호관찰소의 장에게 조사진행상황의 보고를 요구할 수 있다.

⑤ 검사는 부착명령을 청구함에 있어서 필요한 경우에는 피의자에 대한 정신감정이나 그 밖에 전문가의 진단 등의 결과를 참고하여야 한다.

시행령

제4조 【조사】

① 검사는 법 제6조 제1항에 따라 보호관찰소(지소를 포함한다. 이하 같다)의 장에게 조사를 요청할 때에는 법 제5조 제1항부터 제5항까지의 규정에 따른 전자장치를 부착하도록 하는 명령(이하 "부착명령"이라 한다)을 청구하는 피의자의 인적사항 및 범죄사실의 요지를 통보해야 한다. 이 경우 법무부령으로 정하는 참고자료를 보낼 수 있다.

② 보호관찰소의 장은 법 제6조 제1항의 조사를 위해 교도소·소년교도소·구치소·군교도소의 장, 경찰서장, 국립법무병원장(이하 "수용기관의 장"이라 한다)에게 협조를 요청을 할 수 있다. 이 경우 수용기관의 장은 특별한 사유가 없으면 협조해야 한다.

제7조 【부착명령 청구사건의 관할】 ★

① 부착명령 청구사건의 관할은 부착명령 청구사건과 동시에 심리하는 특정범죄사건의 관할에 따른다.

② 부착명령 청구사건의 제1심 재판은 지방법원 합의부(지방법원지원 합의부를 포함한다. 이하 같다)의 관할로 한다.

제8조 【부착명령 청구서의 기재사항 등】

① 부착명령 청구서에는 다음 각 호의 사항을 기재하여야 한다.
  1. 부착명령 청구대상자(이하 "피부착명령청구자"라 한다)의 성명과 그 밖에 피부착명령청구자를 특정할 수 있는 사항
  2. 청구의 원인이 되는 사실
  3. 적용 법조
  4. 그 밖에 대통령령으로 정하는 사항

② 법원은 부착명령 청구가 있는 때에는 지체 없이 부착명령 청구서의 부본을 피부착명령청구자 또는 그의 변호인에게 송부하여야 한다. 이 경우 특정범죄사건에 대한 공소제기와 동시에 부착명령 청구가 있는 때에는 제1회 공판기일 5일 전까지, 특정범죄사건의 심리 중에 부착명령 청구가 있는 때에는 다음 공판기일 5일 전까지 송부하여야 한다.

시행령

제5조 【부착명령 청구서의 기재사항 및 방식】

① 법 제8조 제1항 제1호에서 "그 밖에 피부착명령청구자를 특정할 수 있는 사항"이란 피부착명령청구자의 주민등록번호, 직업, 주거, 등록기준지를 말하고, 같은 항 제4호에서 "대통령령으로 정하는 사항"이란 피부착명령청구자의 죄명을 말한다.

② 검사가 공소 제기와 동시에 부착명령을 청구할 경우에는 공소장에 부착명령 청구의 원인이 되는 사실과 적용 법조문을 추가하여 적는 것으로 부착명령 청구서를 대신할 수 있다.

제9조 【부착명령의 판결 등】 ★

① 법원은 부착명령 청구가 이유 있다고 인정하는 때에는 다음 각 호에 따른 기간의 범위 내에서 부착기간을 정하여 판결로 부착명령을 선고하여야 한다. 다만, 19세 미만의 사람에 대하여 특정범죄를 저지른 경우에는 부착기간 하한을 다음 각 호에 따른 부착기간 하한의 2배로 한다.

법정형의 상한이 사형 또는 무기징역인 특정범죄	10년 이상 30년 이하(20년)
법정형 중 징역형의 하한이 3년 이상의 유기징역인 특정범죄(제1호에 해당하는 특정범죄는 제외한다)	3년 이상 20년 이하(6년)
법정형 중 징역형의 하한이 3년 미만의 유기징역인 특정범죄(제1호 또는 제2호에 해당하는 특정범죄는 제외한다)	1년 이상 10년 이하(2년)

② 여러 개의 특정범죄에 대하여 동시에 부착명령을 선고할 때에는 법정형이 가장 중한 죄의 부착기간 상한의 2분의 1까지 가중하되, 각 죄의 부착기간의 상한을 합산한 기간을 초과할 수 없다. 다만, 하나의 행위가 여러 특정범죄에 해당하는 경우에는 가장 중한 죄의 부착기간을 부착기간으로 한다.

③ 부착명령을 선고받은 사람은 부착기간 동안 「보호관찰 등에 관한 법률」에 따른 보호관찰을 받는다.

④ 법원은 다음 각 호의 어느 하나에 해당하는 때에는 판결로 부착명령 청구를 기각하여야 한다.
  1. 부착명령 청구가 이유 없다고 인정하는 때
  2. 특정범죄사건에 대하여 무죄(심신상실을 이유로 치료감호가 선고된 경우는 제외한다)·면소·공소기각의 판결 또는 결정을 선고하는 때
  3. 특정범죄사건에 대하여 벌금형을 선고하는 때
  4. 특정범죄사건에 대하여 선고유예 또는 집행유예를 선고하는 때(제28조 제1항에 따라 전자장치 부착을 명하는 때를 제외한다)

⑤ 부착명령 청구사건의 판결은 특정범죄사건의 판결과 동시에 선고하여야 한다.

⑥ 부착명령 선고의 판결이유에는 요건으로 되는 사실, 증거의 요지 및 적용 법조를 명시하여야 한다.

⑦ 부착명령의 선고는 특정범죄사건의 양형에 유리하게 참작되어서는 아니 된다.

⑧ 특정범죄사건의 판결에 대하여 상소 및 상소의 포기·취하가 있는 때에는 부착명령 청구사건의 판결에 대하여도 상소 및 상소의 포기·취하가 있는 것으로 본다. 상소권회복 또는 재심의 청구나 비상상고가 있는 때에도 또한 같다.

⑨ 제8항에도 불구하고 검사 또는 피부착명령청구자 및 「형사소송법」 제340조(피고인의 법정대리인)·제341조(피고인의 배우자, 직계친족, 형제자매 또는 원심의 대리인이나 변호인)에 규정된 자는 부착명령에 대하여 독립하여 상소 및 상소의 포기·취하를 할 수 있다. 상소권회복 또는 재심의 청구나 비상상고의 경우에도 또한 같다.

관련판례

[1] 특정 범죄자에 대한 보호관찰 및 전자장치 부착 등에 관한 법률 제9조 제1항 단서에서 정한 위치추적 전자장치 부착기간 하한 가중 규정이 같은 법 시행 전에 19세 미만의 사람에 대하여 특정범죄를 저지른 경우에도 소급적용되는지 여부(소극)

특정 범죄자에 대한 보호관찰 및 전자장치 부착 등에 관한 법률은 제5조 제1항에서 19세 미만의 사람에 대하여 성폭력범죄를 저지른 때(제4호) 또는 신체적 또는 정신적 장애가 있는 사람에 대하여 성폭력범죄를 저지른 때(제5호)에 해당하고 성폭력범죄를 다시 범할 위험성이 있다고 인정되는 사람에 대하여 전자장치 부착명령을 청구할 수 있다고 규정하고, 제9조 제1항 단서에서 '19세 미만의 사람에 대하여 특정범죄를 저지른 경우에는 부착기간 하한을 같은 항 각 호에 따른 부착기간 하한의 2배로 한다'고 규정하여 구 특정 범죄자에 대한 위치추적 전자장치 부착 등에 관한 법률보다 부착명령청구 요건 및 부착기간 하한 가중 요건을 완화·확대하고, 위 법 부칙은 제2조 제2항에서 '제5조 제1항 제4호 및 제5호의 개정규정에 따른 부착명령청구는 이 법 시행 전에 저지른 성폭력범죄에 대하여도 적용한다'고 규정하여 위 법 시행 전에 18세 피해자에 대하여 저지른 성폭력범죄의 처벌 등에 관한 특례법 위반(주거침입강간 등)죄에 위 법 제5조 제1항 제4호를 적용할 수 있게 되었다. 그런데 위 법 부칙은 이와 달리 19세 미만의 사람에 대하여 특정범죄를 저지른 경우 부착기간 하한을 2배 가중하도록 한 위 법 제9조 제1항 단서에 대하여는 소급적용에 관한 명확한 경과규정을 두지 않았는데, 전자장치 부착명령에 관하여 피고인에게 실질적인 불이익을 추가하는 내용의 법 개정이 있고, 그 규정의 소급적용에 관한 명확한 경과규정이 없는 한 그 규정의 소급적용은 이를 부정하는 것이 피고인의 권익 보장이나, 위 법 부칙에서 일부 조항을 특정하여 소급적용에 관한 경과규정을 둔 입법자의 의사에 부합한다(대법원 2013.7.25. 2013도6181).

[2] 특정 범죄자에 대한 위치추적 전자장치 부착 등에 관한 법률 제5조 등 위헌소원

성폭력범죄를 2회 이상 범하여 그 습벽이 인정된 때에 해당하고 성폭력범죄를 다시 범할 위험성이 인정되는 자에 대해 검사의 청구와 법원의 판결로 3년 이상 20년 이하의 기간 동안 전자장치 부착을 명할 수 있도록 한 구'특정 범죄자에 대한 위치추적 전자장치 부착 등에 관한 법률'제9조 제1항 제2호 중 제5조 제1항 제3호에 관한 부분과, 법원이 부착기간 중 기간을 정하여 야간 외출제한 및 아동시설 출입금지 등의 준수사항을 명할 수 있도록 한 구'특정 범죄자에 대한 위치추적 전자장치 부착 등에 관한 법률' 제9조의2 제1항 제1호, 제2호, 제4호는 헌법에 위반되지 아니한다(헌재 2012.12.27. 2011헌바89).

[3] '(구)특정 성폭력범죄자에 대한 위치추적 전자장치 부착에 관한 법률' 제9조 제2항 제2호에서 부착명령청구의 전제가 된 성폭력범죄사건에 대하여 면소·공소기각의 판결 또는 결정을 선고하는 때에는 그

청구를 기각하도록 규정한 취지

구 특정 성폭력범죄자에 대한 위치추적 전자장치 부착에 관한 법률 제9조 제2항 제2호에서는 부착명령 청구의 전제가 된 성폭력범죄사건에 대하여 면소·공소기각의 판결 또는 결정을 선고하는 때에는 그 청구를 기각하도록 규정하고 있다. 부착명령이 성폭력범죄자에 대하여 형벌을 부과하는 기회에 그 재범방지와 성행교정을 통한 재사회화를 목적으로 취해지는 부가적인 조치로서 부착명령청구사건 은 성폭력범죄사건을 전제로 하여 그와 함께 심리·판단이 이루어지는 부수적 절차의 성격임에 비추어, 성폭력범죄사건에서 그 범죄사실에 대한 실체적 심리·판단 없이 소 또는 공소기각의 형식적 재판을 하는 경우 부착명령청구사건에서 따로 그 청구의 원인이 되는 동일한 범죄사실에 대하여 실체적으로 심리·판단하는 것은 허용될 수 없으므로 그 청구를 기각하도록 한 것이라고 해석된다(대법원 2009.10.29. 2009도7282).

[4] 2회 이상의 성폭력범죄사실로 공소가 제기된 사건에서 일부 범죄사실에 대하여 면소 또는 공소기각의 판결 등이 선고되는 경우, 그 범죄사실이 위치추적 전자장치 부착명령의 요건인 '2회 이상 범한 성폭력범 죄'에 포함되는지 여부(소극)

구 특정성폭력범죄자에 대한 위치추적 전자장치 부착에 관한 법률 제9조 제2항 제2호의 규정 취지를 고려할 때, 2회 이상의 성폭력범죄사실로 공소가 제기된 성폭력범죄사건에서 일부 범죄사실에 대하여 면소 또는 공소기각의 재판이 선고되는 경우, 그러한 일부 범죄사실에 대하여는 부착명령청구사건에서 실체적 심리·판단이 허용되지 않는다고 보아야 한다. 따라서 그 일부 범죄사실은 구 특정 성폭력범죄 자에 대한 위치추적 전자장치 부착에 관한 법률 제5조 제1항 제3호가 부착명령의 요건으로 규정한 "성폭력범죄를 2회 이상 범하여 그 습벽이 인정된 때"에서 말하는 2회 이상 범한 성폭력범죄에 포함된 다고 볼 수 없다(대법원 2009.10.29. 2009도7282).

[5] 특정 성폭력 범죄자에 대하여 위치추적 전자장치 부착명령을 선고하였다고 해서 이를 성폭력범죄사건의 양형에 유리하게 참작하지 못하도록 하는 구) '특정 성폭력범죄자에 대한 위치추적 전자장치 부착에 관한 법률' 제9조 제5항(양형제한조항)이 일사부재리원칙, 평등원칙, 책임원칙 등에 위반되는지 여부(소극)

이 사건 양형제한조항이 위치추적 전자장치 부착명령 자체의 근거법률이 아님은 관련 법률조항의 문언상 명백하므로, 이 사건 양형제한조항이 위치추적 전자장치 부착명령의 근거법률임을 전제로 하여 이 사건 양형제한조항이 특정 성폭력 범죄자에 대해 위치추적 전자장치 부착명령과 형벌을 중첩 적으로 부과하여 일사부재리 원칙과 책임원칙, 평등원칙에 반한다는 청구인의 주장은 이유없다. 그리 고 입법자가 여러 가지 요소를 종합적으로 고려하여 법률로써 법관의 양형재량의 범위를 좁혀 놓았다 고 하더라도 범죄와 형벌 간 비례의 원칙상 수긍할 수 있는 정도라면 위헌이라고 할 수는 없는바, 양형에 관한 법관의 재량은 매우 광범위하고 포괄적이어서 이 사건 양형제한조항에도 불구하고 법관은 위치추적 전자장치 부착명령이 동시에 선고되는 범죄자에 대하여도 그 책임에 상응하는 형벌을 부과하 기에 충분한 정도의 양형재량을 가지고 있으므로 이 사건 양형제한조항은 책임원칙에 위반되지 아니한 다(헌재 2010.09.30. 2009헌바116).

제9조의2 【준수사항】 ★

① 법원은 제9조 제1항에 따라 부착명령을 선고하는 경우 부착기간의 범위에서 준수기간을 정하 여 다음 각 호의 준수사항 중 하나 이상을 부과할 수 있다. 다만, 제4호의 준수사항은 500시간

의 범위에서 그 기간을 정하여야 한다.

1. 야간, 아동·청소년의 통학시간 등 특정 시간대의 외출제한
2. 어린이 보호구역 등 특정지역·장소에의 출입금지 및 접근금지

2의2. 주거지역의 제한

3. 피해자 등 특정인에의 접근금지
4. 특정범죄 치료 프로그램의 이수
5. 마약 등 중독성 있는 물질의 사용금지
6. 그 밖에 부착명령을 선고받는 사람의 재범방지와 성행교정을 위하여 필요한 사항

② 삭제 <2010.4.15.>

③ 제1항에도 불구하고 법원은 성폭력범죄를 저지른 사람(19세 미만의 사람을 대상으로 성폭력 범죄를 저지른 사람으로 한정한다) 또는 스토킹범죄를 저지른 사람에 대해서 제9조 제1항에 따라 부착명령을 선고하는 경우에는 다음 각 호의 구분에 따라 제1항의 준수사항을 부과하여 야 한다.

1. 19세 미만의 사람을 대상으로 성폭력범죄를 저지른 사람 : 제1항 제1호 및 제3호의 준수사 항을 포함할 것. 다만, 제1항 제1호의 준수사항을 부과하여서는 아니 될 특별한 사정이 있다고 판단하는 경우에는 해당 준수사항을 포함하지 아니할 수 있다.

2. 스토킹범죄를 저지른 사람 : 제1항 제3호의 준수사항을 포함할 것

관련판례

강간치상죄를 범한 피고인 겸 피부착명령청구자에 대하여 유죄판결과 함께 위치추적 전자장치 부착을 명한 제1심 판결을 원심이 그대로 유지한 사안에서, 특정 범죄자에 대한 위치추적 전자장치 부착 등에 관한 법률 제9조의2 제1항은 부착명령을 선고하는 경우에 준수사항을 부과하려면 '부착기간의 범위에서 준수기간을 정하여' 부과하도록 규정하고 있는데도, 준수사항으로 '피해자에 대한 100m 이내 접근금지'와 '과도한 주류 음용금지'를 부과하면서 준수기간을 정하지 아니한 원심의 조치에 전자장치부착법 제9조의2 제1항을 위반한 위법이 있다(대법원 2012.5.24. 2012도1047).

제10조 【부착명령 판결 등에 따른 조치】

① 법원은 제9조에 따라 부착명령을 선고한 때에는 그 판결이 확정된 날부터 3일 이내에 부착명 령을 선고받은 자(이하 "피부착명령자"라 한다)의 주거지를 관할하는 보호관찰소의 장에게 판결문의 등본을 송부하여야 한다.

② 교도소, 소년교도소, 구치소, 국립법무병원 및 군교도소의 장(이하 "교도소장등"이라 한다)은 피부착명령자가 석방되기 5일 전까지 피부착명령자의 주거지를 관할하는 보호관찰소의 장에 게 그 사실을 통보하여야 한다.

제11조 【국선변호인 등】

부착명령 청구사건에 관하여는 「형사소송법」 제282조(필요적 변호) 및 제283조(국선변호인)를 준용한다.

제12조 【집행지휘】

① 부착명령은 검사의 지휘를 받아 보호관찰관이 집행한다.
② 제1항에 따른 지휘는 판결문 등본을 첨부한 서면으로 한다.

시행령

제6조 【집행지휘】

검사는 부착명령의 판결이 확정되면 지체 없이 부착명령을 선고받은 사람(이하 "피부착명령자"라 한다)의 주거지를 관할하는 보호관찰소의 장에게 법 제12조 제2항의 부착명령 집행을 지휘한 서면을 보내야 한다.

제13조 【부착명령의 집행】 ★

① 부착명령은 특정범죄사건에 대한 형의 집행이 종료되거나 면제·가석방되는 날 또는 치료감호의 집행이 종료·가종료되는 날 석방 직전에 피부착명령자의 신체에 전자장치를 부착함으로써 집행한다. 다만, 다음의 경우에는 각 호의 구분에 따라 집행한다.

  1. 부착명령의 원인이 된 특정범죄사건이 아닌 다른 범죄사건으로 형이나 치료감호의 집행이 계속될 경우에는 부착명령의 원인이 된 특정범죄사건이 아닌 다른 범죄사건에 대한 형의 집행이 종료되거나 면제·가석방 되는 날 또는 치료감호의 집행이 종료·가종료되는 날부터 집행한다.

  2. 피부착명령자가 부착명령 판결 확정 시 석방된 상태이고 미결구금일수 산입 등의 사유로 이미 형의 집행이 종료된 경우에는 부착명령 판결 확정일부터 부착명령을 집행한다.

② 제1항 제2호에 따라 부착명령을 집행하는 경우 보호관찰소의 장은 피부착명령자를 소환할 수 있으며, 피부착명령자가 소환에 따르지 아니하는 때에는 관할 지방검찰청의 검사에게 신청하여 부착명령 집행장을 발부받아 구인할 수 있다.

③ 보호관찰소의 장은 제2항에 따라 피부착명령자를 구인한 경우에는 부착명령의 집행을 마친 즉시 석방하여야 한다.

④ 부착명령의 집행은 신체의 완전성을 해하지 아니하는 범위 내에서 이루어져야 한다.

⑤ 부착명령이 여러 개인 경우 확정된 순서에 따라 집행한다.

⑥ 다음 각 호의 어느 하나에 해당하는 때에는 부착명령의 집행이 정지된다.

  1. 부착명령의 집행 중 다른 죄를 범하여 구속영장의 집행을 받아 구금된 때

  2. 부착명령의 집행 중 다른 죄를 범하여 금고 이상의 형의 집행을 받게 된 때

  3. 가석방 또는 가종료된 자에 대하여 전자장치 부착기간 동안 가석방 또는 가종료가 취소되거나 실효된 때

⑦ 제6항 제1호에도 불구하고 구속영장의 집행을 받아 구금된 후에 다음 각 호의 어느 하나에 해당하는 사유로 구금이 종료되는 경우 그 구금기간 동안에는 부착명령이 집행된 것으로 본다. 다만, 제1호 및 제2호의 경우 법원의 판결에 따라 유죄로 확정된 경우는 제외한다.

   1. 사법경찰관이 불송치결정을 한 경우

   2. 검사가 혐의없음, 죄가안됨, 공소권없음 또는 각하의 불기소처분을 한 경우

   3. 법원의 무죄, 면소, 공소기각 판결 또는 공소기각 결정이 확정된 경우

⑧ 제6항에 따라 집행이 정지된 부착명령의 잔여기간에 대하여는 다음 각 호의 구분에 따라 집행한다.

   1. 제6항 제1호의 경우에는 구금이 해제되거나 금고 이상의 형의 집행을 받지 아니하게 확정된 때부터 그 잔여기간을 집행한다.

   2. 제6항 제2호의 경우에는 그 형의 집행이 종료되거나 면제된 후 또는 가석방된 때부터 그 잔여기간을 집행한다.

   3. 제6항 제3호의 경우에는 그 형이나 치료감호의 집행이 종료되거나 면제된 후 그 잔여기간을 집행한다.

⑨ 제1항부터 제8항까지 규정된 사항 외에 부착명령의 집행 및 정지에 관하여 필요한 사항은 대통령령으로 정한다.

시행령

제7조 【부착명령의 집행】

① 보호관찰관은 피부착명령자에 대한 판결문 등본, 법 제12조 제2항의 부착명령 집행을 지휘한 서면, 그 밖의 관련 서류를 확인한 후 부착명령을 집행하여야 한다.

② 보호관찰관은 법 제13조 제1항에 따라 부착명령을 집행하기에 앞서 피부착명령자에게 법 제14조와 이 영에 따른 피부착자의 의무사항 및 법 제38조 및 제39조에 따른 벌칙에 관한 사항을 알려야 한다.

③ 부착명령은 다음 각 호의 방법으로 집행한다.

   1. 휴대용 추적장치는 피부착명령자가 휴대할 수 있도록 교부한다. 다만, 부착장치에 피부착자의 위치를 확인하는 기능이 있는 경우에는 교부하지 아니한다.

   2. 부착장치는 피부착명령자의 발목에 부착한다. 다만, 발목에 부착할 수 없는 특별한 사유가 있으면 다른 신체 부위에 부착할 수 있다.

   3. 재택 감독장치는 피부착명령자의 석방 후 지체 없이 피부착명령자의 주거지에 고정하여 설치한다. 다만, 피부착명령자의 주거가 일정하지 아니하거나 그 밖에 재택 감독장치를 설치하기 어려운 사정이 있는 경우에는 설치하지 아니할 수 있다.

④ 보호관찰소의 장은 소속 보호관찰관이 부착명령을 집행하기 위하여 필요하면 수용기관의 장에게 협조를 요청할 수 있다. 이 경우 수용기관의 장은 특별한 사유가 없으면 협조하여야 한다.

⑤ 수용기관의 장은 피부착자가 부착명령의 집행 중 「형법」 제70조에 따른 노역장유치의 집행을 받게 된 경우 피부착자의 주거지를 관할하는 보호관찰소의 장에게 통보하여 담당 보호관찰관이 전자장치를 분리하여 회수하도록 하여야 하며, 피부착자가 노역장유치의 집행을 마치고 석방되기 전에 피부착자의 주거지를 관할하는 보호관찰소의 장에게 석방예정 사실을 통보하여 석방 전에 담당 보호관찰관이 피부착자에게 전자장치를 부착할 수 있도록 하여야 한다.

제8조【부착명령의 집행정지】

① 보호관찰관은 법 제13조 제6항에 따라 부착명령의 집행이 정지되면 지체 없이 전자장치를 분리하여 회수하여야 한다. 이 경우 부착명령의 집행기간은 신체에서 부착장치를 분리한 때부터 정지된다.

② 수용기관의 장은 법 제13조 제6항 각 호의 사유로 피부착자가 구금된 경우에는 즉시 그의 주거지를 관할하는 보호관찰소의 장에게 그 사실을 통보하여야 한다.

③ 보호관찰관은 법 제13조 제8항에 따른 부착명령의 잔여기간 집행사유가 발생한 경우 다시 전자장치를 부착하여야 한다. 이 경우 부착명령의 집행기간은 신체에 부착장치를 부착한 때부터 진행한다.

④ 수용기관의 장은 법 제13조 제8항 제1호에 따른 부착명령의 잔여기간 집행사유가 발생한 경우 구금을 해제하기 전에 피부착명령자의 주거지를 관할하는 보호관찰소의 장에게 그 사실을 통보하여야 한다.

⑤ 수용기관의 장은 법 제13조 제8항 제2호 및 제3호에 따른 부착명령의 잔여기간 집행사유가 발생한 경우 부착명령의 집행이 정지된 사람이 석방되기 5일 전까지 그의 주거지를 관할하는 보호관찰소의 장에게 그 사실을 통보하여야 한다.

제9조【부착명령 집행정지자의 이송】

수용기관의 장은 법 제13조 제6항에 따라 부착명령의 집행이 정지된 사람을 다른 수용기관으로 이송할 경우에는 그의 주거지를 관할하는 보호관찰소의 장과 해당 수용기관의 장에게 그 사실을 통보하여야 한다.

제10조【전자장치의 일시 분리】

① 보호관찰관은 피부착자의 치료, 전자장치의 교체, 그 밖에 전자장치를 일시 분리할 필요가 있는 경우 보호관찰소의 장의 승인을 받아 전자장치의 전부 또는 일부를 피부착자의 신체 또는 주거에서 일시적으로 분리할 수 있다. 다만, 승인을 받을 시간적 여유가 없을 경우에는 분리한 후 지체 없이 보고하여야 한다.

② 보호관찰관은 제1항의 일시 분리 사실을 대장에 적고 그 대장을 비치하여야 한다.

제14조【피부착자의 의무】★★

① 전자장치가 부착된 자(이하 "피부착자"라 한다)는 전자장치의 부착기간 중 전자장치를 신체에서 임의로 분리·손상, 전파 방해 또는 수신자료의 변조, 그 밖의 방법으로 그 효용을 해하여서는 아니 된다.

② 피부착자는 특정범죄사건에 대한 형의 집행이 종료되거나 면제·가석방되는 날부터 10일 이내에 주거지를 관할하는 보호관찰소에 출석하여 대통령령으로 정하는 신상정보 등을 서면으로 신고하여야 한다.

③ 피부착자는 주거를 이전하거나 7일 이상의 국내여행을 하거나 출국할 때에는 미리 보호관찰관의 허가를 받아야 한다.

시행령

제11조【전자장치의 효용 유지 의무】

피부착자는 전자장치의 부착기간 중 법 제14조 제1항에 따라 전자장치의 효용 유지를 위하여 다음 각 호의 사항을 준수하여야 한다.

1. 전자장치의 기능이 정상적으로 유지될 수 있도록 전자장치를 충전, 휴대 또는 관리할 것
2. 전자장치가 정상적으로 작동하지 아니하는 경우 지체 없이 그 사실을 보호관찰관에게 알릴 것

3. 전자장치의 기능 유지를 위한 보호관찰관의 정당한 지시에 따를 것

제12조【주거이전 · 국내여행 및 출국 허가 등】

① 법 제14조 제2항에서 "대통령령으로 정하는 신상정보 등"이란 제15조의2 제1항 제1호부터 제8호까지의 사항 및 그 밖에 피부착자에 대한 지도 · 감독에 필요한 사항을 말한다.

② 피부착자는 법 제14조 제3항에 따른 주거이전 등의 허가를 받으려고 할 때에는 본인의 성명, 주거, 주거이전 예정지나 국내여행 예정지 또는 출국 예정지, 주거이전 이유나 국내여행 목적 또는 출국 목적, 주거이전 일자나 국내여행 기간 또는 출국 기간 등을 적은 허가신청서와 소명자료를 보호관찰소에 출석하여 제출하여야 한다.

③ 제2항에 따른 허가 신청을 받은 보호관찰관은 신청일부터 7일 이내에 주거이전 예정지나 국내여행 예정지 또는 출국 예정지, 주거이전 이유나 국내여행 목적, 출국의 목적 또는 법 제9조의2 및 「보호관찰 등에 관한 법률」 제32조에 따른 준수사항 이행 정도 등을 종합적으로 고려하여 허가 여부를 결정하여야 한다.

④ 보호관찰관은 제3항에 따라 피부착자의 출국 허가를 결정할 경우 피부착자가 다음 각 호의 어느 하나에 해당하는 경우에는 출국을 허가하지 아니할 수 있다. 다만, 제1호의 경우에는 출국을 허가하지 아니하여야 한다.

　　1. 「출입국관리법」 제4조 등 다른 법률의 규정에 따라 출국이 금지된 경우

　　2. 출국의 목적에 관한 소명자료를 제출하지 아니하는 경우

　　3. 부착명령 집행기간 중 정당한 사유 없이 출국 허가기간 내에 귀국하지 아니하였거나 허가를 받지 아니하고 출국한 전력이 있는 경우

⑤ 보호관찰관은 제3항에 따라 피부착자의 출국 허가를 결정할 경우 그 허가기간을 출국일부터 3개월 이내의 범위에서 정하되, 불가피한 경우에만 이를 초과하여 정할 수 있다.

⑥ 피부착자는 주거이전 허가를 받아 다른 보호관찰소의 관할 구역으로 주거를 이전한 경우 3일 이내에 새로운 주거지를 관할하는 보호관찰소에 출석하여 제1항의 신고를 하여야 한다.

⑦ 보호관찰소의 장은 소속 보호관찰관이 제3항에 따라 피부착자에게 출국을 허가한 경우 법무부장관에게 피부착자의 출입국 사실을 통보하여 줄 것을 요청하여야 한다.

⑧ 법무부장관은 제7항에 따른 요청을 받은 경우에는 피부착자의 출입국 시 지체 없이 그 사실을 보호관찰소의 장에게 통보하여야 한다.

⑨ 제3항에 따른 출국 허가를 받아 출국했던 피부착자는 입국한 후 지체 없이 관할 보호관찰소에 출석하여 전자장치가 정상적으로 작동하는지를 확인받아야 한다.

제14조의2【부착기간의 연장 등】 ★

① 피부착자가 다음 각 호의 어느 하나에 해당하는 경우에는 법원은 보호관찰소의 장의 신청에 따른 검사의 청구로 1년의 범위에서 부착기간을 연장하거나 제9조의2 제1항의 준수사항을 추가 또는 변경하는 결정을 할 수 있다.

　　1. 정당한 사유 없이 「보호관찰 등에 관한 법률」 제32조에 따른 준수사항을 위반한 경우

　　2. 정당한 사유 없이 제14조 제2항(보호관찰소에 출석하여 서면 신고)을 위반하여 신고하지 아니한 경우

　　3. 정당한 사유 없이 제14조 제3항을 위반하여 허가를 받지 아니하고 주거이전 · 국내여행 또는 출국을 하거나, 거짓으로 허가를 받은 경우

　　4. 정당한 사유 없이 제14조 제3항에 따른 출국허가 기간까지 입국하지 아니한 경우

② 제1항 각 호에 규정된 사항 외의 사정변경이 있는 경우에도 법원은 상당한 이유가 있다고 인정되면 보호관찰소의 장의 신청에 따른 검사의 청구로 제9조의2 제1항의 준수사항을 부과, 추가, 변경 또는 삭제하는 결정을 할 수 있다.

시행령

제12조의2【부착기간의 연장 등의 신청】
① 보호관찰소의 장은 법 제14조의2에 따라 부착기간의 연장을 신청하거나 같은 조 또는 법 제14조의3에 따라 준수사항의 부과·추가·변경·삭제를 신청하는 경우에는 다음 각 호의 사항을 적은 서면으로 신청해야 한다.
  1. 피부착자 또는 피부착명령자의 성명, 주민등록번호, 직업 및 주거
  2. 신청의 취지
  3. 부착기간의 연장 또는 준수사항의 부과·추가·변경·삭제가 필요한 사유
② 보호관찰소의 장은 제1항의 신청을 할 때 신청사유를 소명할 수 있는 자료를 제출하여야 한다.
③ 법원은 법 제14조의2 또는 제14조의3에 따른 청구의 심리를 위하여 필요한 경우에는 담당 보호관찰관을 출석시켜 의견을 들을 수 있고, 피부착자 또는 피부착명령자를 소환하여 심문하거나 필요한 사항을 확인할 수 있다.

제14조의3【피부착명령자에 대한 준수사항의 부과 등】
피부착명령자의 재범의 위험성에 관하여 행형(行刑) 성적 등 자료에 의해 판결 선고 당시에 예상하지 못한 새로운 사정이 소명되는 등 특별한 사정이 있는 경우 법원은 보호관찰소의 장의 신청에 따른 검사의 청구로 제9조의2 제1항의 준수사항을 부과, 추가, 변경 또는 삭제하는 결정을 할 수 있다.

제15조【보호관찰관의 임무】
① 보호관찰관은 피부착자의 재범방지와 건전한 사회복귀를 위하여 필요한 지도와 원호를 한다.
② 보호관찰관은 전자장치 부착기간 중 피부착자의 소재지 인근 의료기관에서의 치료, 상담시설에서의 상담치료 등 피부착자의 재범방지 및 수치심으로 인한 과도한 고통의 방지를 위하여 필요한 조치를 할 수 있다.
③ 보호관찰관은 필요한 경우 부착명령의 집행을 개시하기 전에 교도소장등에게 요청하여 「형의 집행 및 수용자의 처우에 관한 법률」 제63조의 교육, 제64조의 교화프로그램 및 제107조의 징벌에 관한 자료 등 피부착자의 형 또는 치료감호 집행 중의 생활실태를 확인할 수 있는 자료를 확보하고, 형 또는 치료감호의 집행을 받고 있는 피부착자를 면접할 수 있다. 이 경우 교도소장등은 보호관찰관에게 협조하여야 한다.

🔲 시행령

제13조 【상담치료 등의 집행】

① 법무부장관은 다음 각 호의 시설 또는 단체를 지정하여 법 제15조 제2항의 치료 및 상담치료 등을 실시하게 할 수 있다.

  1. 「정신건강증진 및 정신질환자 복지서비스 지원에 관한 법률」 제3조 제4호에 따른 정신건강증진시설
  2. 「성폭력방지 및 피해자보호 등에 관한 법률」 제10조에 따른 성폭력피해상담소, 같은 법 제27조에 따른 전담의료기관
  3. 특정 범죄자를 치료하고 특정 범죄자 교정프로그램을 개발·실시한 경험이 있는 민간단체 또는 기관

② 법무부장관은 제1항의 치료 및 상담치료 등에 대하여 예산의 범위에서 비용의 전부 또는 일부를 지급할 수 있다.

③ 법무부장관은 제1항의 치료 및 상담치료에 필요한 프로그램의 개발과 전문인력의 양성을 위하여 노력하여야 한다.

④ 법무부장관은 제1항에 따른 지정을 받은 시설 또는 단체가 치료 및 상담치료 등을 실시하기에 부적당한 경우 그 지정을 취소할 수 있다.

제16조 【수신자료의 보존·사용·폐기 등】

① 보호관찰소의 장은 피부착자의 전자장치로부터 발신되는 전자파를 수신하여 그 자료(이하 "수신자료"라 한다)를 보존하여야 한다.

② 수신자료는 다음 각 호의 경우 외에는 열람·조회·제공 또는 공개할 수 없다.

  1. 피부착자의 특정범죄 혐의에 대한 수사 또는 재판자료로 사용하는 경우
  2. 보호관찰관이 지도·원호를 목적으로 사용하는 경우
  3. 「보호관찰 등에 관한 법률」 제5조에 따른 보호관찰심사위원회(이하 "심사위원회"라 한다)의 부착명령 임시해제와 그 취소에 관한 심사를 위하여 사용하는 경우
  4. 보호관찰소의 장이 피부착자의 제38조 또는 제39조에 해당하는 범죄 혐의에 대한 수사를 의뢰하기 위하여 사용하는 경우

③ 삭제 <2012.12.18.>

④ 검사 또는 사법경찰관은 제2항 제1호에 해당하는 사유로 수신자료를 열람 또는 조회하는 경우 관할 지방법원(군사법원을 포함한다) 또는 지원의 허가를 받아야 한다. 다만, 관할 지방법원 또는 지원의 허가를 받을 수 없는 긴급한 사유가 있는 때에는 수신자료 열람 또는 조회를 요청한 후 지체 없이 그 허가를 받아 보호관찰소의 장에게 송부하여야 한다.

⑤ 검사 또는 사법경찰관은 제4항 단서에 따라 긴급한 사유로 수신자료를 열람 또는 조회하였으나 지방법원 또는 지원의 허가를 받지 못한 경우에는 지체 없이 열람 또는 조회한 수신자료를 폐기하고, 그 사실을 보호관찰소의 장에게 통지하여야 한다.

⑥ 보호관찰소의 장은 다음 각 호의 어느 하나에 해당하는 때에는 수신자료를 폐기하여야 한다.

  1. 부착명령과 함께 선고된 형이 「형법」 제81조에 따라 실효된 때
  2. 부착명령과 함께 선고된 형이 사면으로 인하여 그 효력을 상실한 때
  3. 전자장치 부착이 종료된 자가 자격정지 이상의 형 또는 이 법에 따른 전자장치 부착을

받음이 없이 전자장치 부착을 종료한 날부터 5년이 경과한 때

⑦ 제1항부터 제6항까지에서 규정한 사항 외에 수신자료의 보존·사용·열람·조회·제공·폐기 등에 관하여 필요한 사항은 대통령령으로 정한다.

시행령

제14조 【수신자료의 사용】

보호관찰소의 장 및 법 제16조의3에 따른 위치추적 관제센터(이하 "위치추적 관제센터"라 한다)의 장은 법 제16조 제2항 제1호, 제3호 및 제4호에 따라 수신자료가 사용된 경우에는 그 사실을 대장에 적고 이를 비치해야 한다.

제14조의2 【수신자료 열람 또는 조회】

① 검사는 법 제16조 제4항 본문에 따라 수신자료를 열람 또는 조회하려는 경우에는 관할 법원에 피부착자에 대한 수신자료의 열람 또는 조회를 허가하여 줄 것을 청구할 수 있다.

② 사법경찰관은 법 제16조 제4항 본문에 따라 수신자료를 열람 또는 조회하려는 경우 검사에게 피부착자에 대한 수신자료의 열람 또는 조회에 대한 허가를 신청하고, 검사는 관할 법원에 그 허가를 청구할 수 있다.

③ 제1항 및 제2항에 따른 수신자료 열람 또는 조회의 허가 청구 또는 신청은 피부착자의 인적사항, 수신자료 제공기관, 청구·신청 사유 및 필요한 자료의 범위를 적은 서면으로 하여야 한다.

④ 검사 또는 사법경찰관은 법 제16조 제4항 본문에 따라 수신자료를 열람 또는 조회하는 경우에는 보호관찰소의 장(위치추적 관제센터의 장을 포함한다. 이하 제14조의3부터 제14조의6까지에서 같다)에게 관할 법원의 허가서 사본을 내주어야 한다.

제14조의3 【긴급 수신자료 열람 또는 조회】

① 검사 또는 사법경찰관은 법 제16조 제4항 단서에 따라 수신자료의 열람 또는 조회를 요청하는 경우에는 보호관찰소의 장에게 다음 각 호의 서류를 팩스 등의 방법으로 제시하여야 한다.

1. 피부착자의 인적사항, 긴급한 사유, 수신자료 제공기관, 요청사유 및 필요한 자료의 범위를 적은 긴급 열람·조회 요청서
2. 자신의 신분을 표시할 수 있는 증표

② 검사는 제1항에 따른 긴급 수신자료 열람 또는 조회를 요청한 경우에는 지체 없이 관할 법원에 그 허가를 청구하여야 한다.

③ 사법경찰관은 제1항에 따른 긴급 수신자료 열람 또는 조회를 요청한 경우에는 지체 없이 검사에게 긴급 수신자료 열람 또는 조회에 대한 허가를 신청하고, 검사는 관할 법원에 그 허가를 청구할 수 있다.

④ 검사 또는 사법경찰관이 법 제16조 제4항 단서에 따라 보호관찰소의 장에게 송부하여야 할 자료는 관할 법원의 허가서 사본으로 한다.

제14조의4 【열람 또는 조회한 수신자료의 보존·폐기 등】

① 검사 또는 사법경찰관은 법 제16조 제4항과 제5항에 따른 수신자료의 열람 또는 조회 허가 신청 및 청구 현황, 수신자료 열람 또는 조회 사실을 적은 대장을 3년간 소속 기관에 갖추어 두어야 한다.

② 보호관찰소의 장은 검사 또는 사법경찰관에게 수신자료를 열람 또는 조회하게 하였을 때에는 해당 수신자료 열람 또는 조회 사실을 적은 대장과 수신자료 열람·조회 요청서 등 관련 자료를 3년간 갖추어 두어야 한다.

③ 검사가 제14조의3 제3항에 따른 사법경찰관의 허가 신청을 기각하면 사법경찰관은 지체 없이 열람 또는 조회한 수신자료를 폐기하여야 한다.

④ 검사 또는 사법경찰관은 법 제16조 제5항 또는 이 조 제3항에 따라 열람 또는 조회한 수신자료를 폐기하였을

때에는 지체 없이 그 사실을 서면으로 보호관찰소의 장에게 통지하여야 한다.

제14조의5 【수신자료 사용사건의 결과 통지 등】
① 검사 또는 사법경찰관은 수신자료를 열람 또는 조회하여 수사한 사건에 관하여 공소를 제기하거나 공소의 제기 또는 입건을 하지 아니하는 처분(기소중지결정은 제외한다)을 하였을 때에는 그 처분의 결과를 수신자료를 제공한 보호관찰소의 장에게 서면으로 통지하여야 한다.
② 사법경찰관은 수신자료를 열람 또는 조회하여 수사한 사건을 종결하는 경우에는 그 결과를 검사에게 보고하여야 한다. 다만, 그 사건을 검찰에 송치하는 경우에는 그러하지 아니하다.

제14조의6 【수신자료 관련 비밀누설 금지 등】
수신자료를 열람 또는 조회한 사람은 그로 인하여 알게 된 타인의 비밀을 누설하거나 피부착자의 명예를 훼손하지 아니하도록 하여야 한다.

제15조 【수신자료의 폐기】
① 전자장치 부착기간이 끝난 사람이 부착을 마친 날부터 5년 내에 자격정지 이상의 형을 받은 경우에는 그 형의 집행이 끝난 날부터 5년이 지난 때에 수신자료를 폐기한다.
② 수신자료의 폐기는 전산자료에서 삭제하는 방법으로 한다.

제16조의2 【피부착자의 신상정보 제공 등】
① 보호관찰소의 장은 범죄예방 및 수사에 필요하다고 판단하는 경우 피부착자가 제14조 제2항에 따라 신고한 신상정보 및 피부착자에 대한 지도·감독 중 알게 된 사실 등의 자료를 피부착자의 주거지를 관할하는 경찰관서의 장 등 수사기관에 제공할 수 있다.
② 수사기관은 범죄예방 및 수사활동 중 인지한 사실이 피부착자 지도·감독에 활용할 만한 자료라고 판단할 경우 이를 보호관찰소의 장에게 제공할 수 있다.
③ 보호관찰소의 장은 피부착자가 범죄를 저질렀거나 저질렀다고 의심할만한 상당한 이유가 있을 때에는 이를 수사기관에 통보하여야 한다.
④ 수사기관은 체포 또는 구속한 사람이 피부착자임을 알게 된 경우에는 피부착자의 주거지를 관할하는 보호관찰소의 장에게 그 사실을 통보하여야 한다.
⑤ 제1항부터 제4항에 따른 제공 및 통보의 절차와 관리 등에 필요한 사항은 대통령령으로 정한다.

시행령

제15조의2 【피부착자의 신상정보 제공 등】
① 법 제16조의2 제1항에 따라 보호관찰소의 장이 피부착자의 주거지를 관할하는 경찰관서의 장 등 수사기관에 제공할 수 있는 피부착자의 신상정보는 다음 각 호와 같다.
  1. 성명
  2. 주민등록번호. 다만, 외국인 및 「재외동포의 출입국과 법적 지위에 관한 법률」 제2조 제1호에 따른 재외국민(주민등록을 하지 아니한 경우만 해당하며, 이하 이 호에서 "재외국민"이라 한다)과 같은 조 제2호에 따른 외국국적동포(이하 "외국국적동포"라 한다)에 대해서는 다음 각 목의 구분에 따라 표기한다.
    가. 외국인의 경우 : 국적·여권번호 및 외국인등록번호(외국인등록번호가 없는 경우에는 생년월일)
    나. 재외국민의 경우 : 여권번호 및 생년월일

다. 외국국적동포의 경우 : 국적·여권번호 및 같은 법 제7조 제1항에 따라 부여된 국내거소신고번호(국내거소신고번호가 없는 경우에는 생년월일)

3. 주소 및 실제 거주지

 가. 내국인의 경우 : 「주민등록법」에 따라 신고한 주소와 실제 거주지 주소

 나. 외국인의 경우 : 「출입국관리법」 제32조에 따라 등록한 국내 체류지와 실제 거주지 주소

 다. 외국국적동포의 경우 : 「재외동포의 출입국과 법적 지위에 관한 법률」 제6조에 따라 신고한 국내 거소와 실제 거주지 주소

4. 연락처

5. 사진

6. 죄명 및 판결·결정 내용

7. 전자장치 부착기간(법 제14조의2에 따라 부착기간이 연장된 경우에는 그 연장된 기간)

8. 직업

9. 그 밖에 보호관찰소의 장이 범죄예방 및 수사에 필요하다고 인정하는 사항

② 법 제16조의2 제3항에 따라 보호관찰소의 장이 수사기관에 통보하는 사항은 다음 각 호와 같다.

1. 제1항 각 호의 사항

2. 피부착자가 저지른 범죄 또는 저지른 것으로 의심되는 범죄사건의 발생일시, 장소 및 범행내용

③ 법 제16조의2 제4항에 따라 수사기관이 보호관찰소의 장에게 통보하는 사항은 다음 각 호와 같다.

1. 피부착자의 성명 및 주민등록번호

2. 피부착자의 범죄사실

3. 피부착자의 체포 또는 구속 일시 및 장소

④ 제1항에 따른 피부착자 신상정보의 제공은 보호관찰소의 장이 관리하는 제1항 각 호의 피부착자 신상정보에 관한 전자기록을 「형사사법절차 전자화 촉진법」 제2조 제4호에 따른 형사사법정보시스템에 등록하고, 수사기관은 이를 조회하는 방식 등으로 할 수 있다.

⑤ 수사기관의 장은 제4항에 따라 조회한 피부착자의 신상정보를 문서로 출력한 경우 제1항 제7호에 따른 전자장치 부착기간이 끝나면 그 문서를 폐기하여야 한다.

제16조의3【위치추적 관제센터의 설치·운영】

① 법무부장관은 보호관찰소의 장 및 보호관찰관이 피부착자의 위치를 확인하고 이동경로를 탐지하며, 전자장치로부터 발신되는 전자파를 수신한 자료를 보존·사용·폐기하는 업무를 지원하기 위하여 위치추적 관제센터를 설치하여 운영할 수 있다.

② 위치추적 관제센터의 장은 피부착자가 제9조의2 제1항 각 호(제4호 및 제6호는 제외한다)에 따른 준수사항 또는 제14조 제1항에 따른 효용 유지 의무를 위반하거나, 위반하였다고 의심할 만한 상당한 이유가 있고 피부착자에 대한 신속한 지도·감독을 위하여 긴급히 필요한 경우 지방자치단체의 장에게 「개인정보 보호법」 제2조 제7호에 따른 고정형 영상정보처리기기를 통하여 수집된 영상정보의 제공 등 협조를 요청할 수 있다.

③ 제2항에 따라 피부착자에 관한 영상정보를 제공받은 위치추적 관제센터의 장은 영상정보의 열람이 종료된 후 그 사실을 해당 피부착자에게 통지하여야 한다.

④ 제3항에 따른 통지의 시기 및 방법 등 영상정보 열람사실의 통지에 필요한 사항은 법무부령으로 정한다.

📖 **시행령**

제3조

삭제 ＜2021.9.14.＞

제17조【부착명령의 임시해제 신청 등】 ★★

① 보호관찰소의 장 또는 피부착자 및 그 법정대리인은 해당 보호관찰소를 관할하는 심사위원회
   에 부착명령의 임시해제를 신청할 수 있다.
② 제1항의 신청은 부착명령의 집행이 개시된 날부터 3개월이 경과한 후에 하여야 한다. 신청이
   기각된 경우에는 기각된 날부터 3개월이 경과한 후에 다시 신청할 수 있다.
③ 제2항에 따라 임시해제의 신청을 할 때에는 신청서에 임시해제의 심사에 참고가 될 자료를
   첨부하여 제출하여야 한다.

📖 **시행령**

제16조【부착명령의 임시해제 신청】

① 법 제17조 제1항에 따른 부착명령의 임시해제 신청은 「보호관찰 등에 관한 법률」 제5조에 따른 보호관찰심사
   위원회(이하 "심사위원회"라 한다)에 서면으로 해야 한다.
② 심사위원회는 피부착자 또는 그 법정대리인이 부착명령의 임시해제를 신청한 경우 지체 없이 그 사실을
   보호관찰소의 장에게 통보해야 한다.

제18조【부착명령 임시해제의 심사 및 결정】

① 심사위원회는 임시해제를 심사할 때에는 피부착자의 인격, 생활태도, 부착명령 이행상황 및 재범의
   위험성에 대하여 보호관찰관 등 전문가의 의견을 고려하여야 한다.
② 심사위원회는 임시해제의 심사를 위하여 필요한 때에는 보호관찰소의 장으로 하여금 필요한 사항
   을 조사하게 하거나 피부착자나 그 밖의 관계인을 직접 소환·심문 또는 조사할 수 있다.
③ 제2항의 요구를 받은 보호관찰소의 장은 필요한 사항을 조사하여 심사위원회에 통보하여야 한다.
④ 심사위원회는 피부착자가 부착명령이 계속 집행될 필요가 없을 정도로 개선되어 재범의 위험성이
   없다고 인정하는 때에는 부착명령의 임시해제를 결정할 수 있다. 이 경우 피부착자로 하여금 주거이
   전 상황 등을 보호관찰소의 장에게 정기적으로 보고하도록 할 수 있다.
⑤ 심사위원회는 부착명령의 임시해제를 하지 아니하기로 결정한 때에는 결정서에 그 이유를 명시하
   여야 한다.
⑥ 제4항에 따라 부착명령이 임시해제된 경우에는 제9조 제3항에 따른 보호관찰과 제9조의2에 따른
   준수사항 및 「아동·청소년의 성보호에 관한 법률」 제61조 제3항에 따른 보호관찰이 임시해제된
   것으로 본다. 다만, 심사위원회에서 보호관찰 또는 준수사항 부과가 필요하다고 결정한 경우에는
   그러하지 아니하다.

📖 시행령

제17조【부착명령 임시해제의 심사 및 결정】

① 심사위원회는 법 제18조 제1항에 따라 부착명령의 임시해제를 심사할 때에는 보호관찰관, 정신건강의학과 의사, 정신보건임상심리사, 그 밖의 전문가의 의견을 고려해야 한다.

② 심사위원회는 법 제18조 제4항 및 제5항의 결정을 하면 지체 없이 그 결정서 등본을 관할 보호관찰소의 장과 신청인에게 송달하여야 한다.

③ 보호관찰관은 법 제18조 제4항의 부착명령 임시해제 결정이 있으면 결정서에 기재된 임시해제일에 전자장치를 회수해야 한다.

④ 심사위원회가 제1항에 따라 전문가 의견을 고려한 경우 의견을 진술하거나 자료를 제출한 전문가에게는 예산의 범위에서 필요한 비용의 전부 또는 일부를 지급할 수 있다.

제19조【임시해제의 취소 등】★

① 보호관찰소의 장은 부착명령이 임시해제된 자가 특정범죄를 저지르거나 주거이전 상황 등의 보고에 불응하는 등 재범의 위험성이 있다고 판단되는 때에는 심사위원회에 임시해제의 취소를 신청할 수 있다. 이 경우 심사위원회는 임시해제된 자의 재범의 위험성이 현저하다고 인정될 때에는 임시해제를 취소하여야 한다.

② 제1항에 따라 임시해제가 취소된 자는 잔여 부착명령기간 동안 전자장치를 부착하여야 하고, 부착명령할 때 개시된 보호관찰을 받아야 하며, 부과된 준수사항(준수기간이 종료되지 않은 경우에 한정한다)을 준수하여야 한다. 이 경우 임시해제기간은 부착명령기간에 산입하지 아니한다.

📖 시행령

제18조【임시해제의 취소 등】

① 법 제19조 제1항에 따른 임시해제의 취소신청은 심사위원회에 서면으로 해야 한다.

② 심사위원회는 법 제19조 제1항에 따라 부착명령의 임시해제 취소 결정을 했을 때에는 지체 없이 그 사실을 관할 보호관찰소의 장에게 통보해야 한다.

③ 보호관찰관은 부착명령의 임시해제 취소결정이 있으면 피부착명령자에게 결정서를 제시한 후 전자장치를 부착해야 한다.

④ 임시해제가 취소된 경우 부착명령 집행기간은 부착장치를 피부착명령자의 신체에 부착한 때부터 진행한다.

제20조【부착명령 집행의 종료】★★

제9조에 따라 선고된 부착명령은 다음 각 호의 어느 하나에 해당하는 때에 그 집행이 종료된다.

1. 부착명령기간이 경과한 때

2. 부착명령과 함께 선고한 형이 사면되어 그 선고의 효력을 상실하게 된 때

3. 삭제 <2008.6.13.>
4. 부착명령이 임시해제된 자가 그 임시해제가 취소됨이 없이 잔여 부착명령기간을 경과한 때

제21조【부착명령의 시효】
① 피부착명령자는 그 판결이 확정된 후 집행을 받지 아니하고 함께 선고된 특정범죄사건의 형의 시효가 완성되면 그 집행이 면제된다.
② 부착명령의 시효는 피부착명령자를 체포함으로써 중단된다.

제2장의2 | 형 집행 종료 후의 보호관찰

제21조의2【보호관찰명령의 청구】
검사는 다음 각 호의 어느 하나에 해당하는 사람에 대하여 형의 집행이 종료된 때부터「보호관찰 등에 관한 법률」에 따른 보호관찰을 받도록 하는 명령(이하 "보호관찰명령"이라 한다)을 법원에 청구할 수 있다.
1. 성폭력범죄를 저지른 사람으로서 성폭력범죄를 다시 범할 위험성이 있다고 인정되는 사람
2. 미성년자 대상 유괴범죄를 저지른 사람으로서 미성년자 대상 유괴범죄를 다시 범할 위험성이 있다고 인정되는 사람
3. 살인범죄를 저지른 사람으로서 살인범죄를 다시 범할 위험성이 있다고 인정되는 사람
4. 강도범죄를 저지른 사람으로서 강도범죄를 다시 범할 위험성이 있다고 인정되는 사람
5. 스토킹범죄를 저지른 사람으로서 스토킹범죄를 다시 범할 위험성이 있다고 인정되는 사람

제21조의3【보호관찰명령의 판결】★
① 법원은 제21조의2 각 호의 어느 하나에 해당하는 사람(특정범죄 재범 위험성이 있는 사람)이 금고 이상의 선고형에 해당하고 보호관찰명령의 청구가 이유 있다고 인정하는 때에는 2년 이상 5년 이하의 범위에서 기간을 정하여 보호관찰명령을 선고하여야 한다.
② 법원은 제1항에도 불구하고 제9조 제4항 제1호(부착명령 청구가 이유 없다고 인정하는 때)에 따라 부착명령 청구를 기각하는 경우로서 제21조의2 각 호의 어느 하나에 해당하여 보호관찰명령을 선고할 필요가 있다고 인정하는 때에는 직권으로 제1항에 따른 기간을 정하여 보호관찰명령을 선고할 수 있다.

제21조의4 【준수사항】 ★

① 법원은 제21조의3에 따라 보호관찰명령을 선고하는 경우 제9조의2 제1항 각 호의 준수사항 중 하나 이상을 부과할 수 있다. 다만, 제9조의2 제1항 제4호(특정범죄 치료 프로그램의 이수)의 준수사항은 300시간의 범위에서 그 기간을 정하여야 한다.

② 제1항 본문에도 불구하고 법원은 성폭력범죄를 저지른 사람(19세 미만의 사람을 대상으로 성폭력범죄를 저지른 사람으로 한정한다) 또는 스토킹범죄를 저지른 사람에 대해서는 제21조의3에 따라 보호관찰명령을 선고하는 경우 제9조의2 제1항 제3호(피해자 등 특정인에의 접근금지)를 포함하여 준수사항을 부과하여야 한다.

제21조의5 【보호관찰명령의 집행】

보호관찰명령은 특정범죄사건에 대한 형의 집행이 종료되거나 면제·가석방되는 날 또는 치료감호 집행이 종료·가종료되는 날부터 집행한다. 다만, 보호관찰명령의 원인이 된 특정범죄사건이 아닌 다른 범죄사건으로 형이나 치료감호의 집행이 계속될 경우에는 보호관찰명령의 원인이 된 특정범죄사건이 아닌 다른 범죄사건에 대한 형의 집행이 종료되거나 면제·가석방되는 날 또는 치료감호의 집행이 종료·가종료되는 날부터 집행한다.

제21조의6 【보호관찰대상자의 의무】

① 보호관찰대상자는 특정범죄사건에 대한 형의 집행이 종료되거나 면제·가석방되는 날부터 10일 이내에 주거지를 관할하는 보호관찰소에 출석하여 서면으로 신고하여야 한다.

② 보호관찰대상자는 주거를 이전하거나 7일 이상의 국내여행을 하거나 출국할 때에는 미리 보호관찰관의 허가를 받아야 한다.

제21조의7 【보호관찰 기간의 연장 등】

① 보호관찰대상자가 정당한 사유 없이 제21조의4 또는 「보호관찰 등에 관한 법률」 제32조에 따른 준수사항을 위반하거나 제21조의6에 따른 의무를 위반한 때에는 법원은 보호관찰소의 장의 신청에 따른 검사의 청구로 다음 각 호의 결정을 할 수 있다.
1. 1년의 범위에서 보호관찰 기간의 연장
2. 제21조의4에 따른 준수사항의 추가 또는 변경

② 제1항 각 호의 처분은 병과할 수 있다.

③ 제1항에 규정된 사항 외의 사정변경이 있는 경우에도 법원은 상당한 이유가 있다고 인정하면 보호관찰소의 장의 신청에 따른 검사의 청구로 제21조의4에 따른 준수사항을 추가, 변경 또는 삭제하는 결정을 할 수 있다.

📖 **시행령**

제18조의2 【보호관찰 기간의 연장 등】

① 보호관찰소의 장은 법 제21조의7에 따라 보호관찰 기간의 연장 또는 준수사항의 추가 · 변경 · 삭제를 신청하는 경우에는 다음 각 호의 사항을 적은 서면으로 하여야 한다.

　1. 보호관찰대상자의 성명, 주민등록번호, 직업 및 주거

　2. 신청의 취지

　3. 보호관찰 기간의 연장 또는 준수사항의 추가 · 변경 · 삭제가 필요한 사유

② 보호관찰소의 장은 제1항의 신청을 할 때 신청사유를 소명할 수 있는 자료를 제출하여야 한다.

③ 법원은 법 제21조의7에 따른 청구의 심리를 위하여 필요한 경우에는 담당 보호관찰관을 출석시켜 의견을 들을 수 있으며, 보호관찰대상자를 소환하여 심문(審問)하거나 필요한 사항을 확인할 수 있다.

제21조의8 【준용규정】

보호관찰대상자에 대해서는 제5조 제6항 · 제8항, 제6조부터 제8조까지, 제9조 제2항부터 제9항까지, 제9조의2, 제10조부터 제12조까지, 제13조 제5항부터 제9항까지, 제15조 및 제17조부터 제21조까지의 규정을 준용하되, "부착명령"은 "보호관찰명령"으로, "부착기간"은 "보호관찰 기간"으로, "피부착명령청구자"는 "피보호관찰명령청구자"로, "피부착자"는 "보호관찰대상자"로, "전자장치 부착"은 "보호관찰"로 본다.

📖 **시행령**

제18조의3 【준용규정】

보호관찰대상자의 조사, 집행지휘, 주거이전 허가, 상담치료, 임시해제 및 취소 등에 관하여는 제4조부터 제6조까지, 제12조 제1항부터 제7항까지, 제13조, 제16조, 제17조 제1항 · 제2항 · 제4항 및 제18조 제1항 · 제2항을 준용한다. 이 경우 "부착명령"은 "보호관찰명령"으로, "부착기간"은 "보호관찰 기간"으로, "피부착명령청구자"는 "피보호관찰명령청구자"로, "피부착명령자"는 "피보호관찰명령자"로, "피부착자"는 "보호관찰대상자"로, "전자장치 부착"은 "보호관찰"로 본다.

제3장 | 가석방 및 가종료 등과 전자장치 부착

제22조 【가석방과 전자장치 부착】 ★ 　　　　　※ 보호관찰심사위원회에서 부착결정

① 제9조에 따른 부착명령 판결을 선고받지 아니한 특정 범죄자로서 형의 집행 중 가석방되어 보호관찰을 받게 되는 자는 준수사항 이행 여부 확인 등을 위하여 가석방기간 동안 전자장치를 부착하여야 한다(필요적 부착). 다만, 심사위원회가 전자장치 부착이 필요하지 아니하다고

결정한 경우에는 그러하지 아니하다.

② 심사위원회는 특정범죄 이외의 범죄로 형의 집행 중 가석방되어 보호관찰을 받는 사람의 준수사항 이행 여부 확인 등을 위하여 가석방 예정자의 범죄내용, 개별적 특성 등을 고려하여 가석방 기간의 전부 또는 일부의 기간을 정하여 전자장치를 부착하게 할 수 있다(임의적 부착).

③ 심사위원회는 제1항 및 제2항의 결정을 위하여 가석방 예정자에 대한 전자장치 부착의 필요성과 적합성 여부 등을 조사하여야 한다.

④ 심사위원회는 제1항 및 제2항에 따라 전자장치를 부착하게 되는 자의 주거지를 관할하는 보호관찰소의 장에게 가석방자의 인적사항 등 전자장치 부착에 필요한 사항을 즉시 통보하여야 한다.

⑤ 교도소장등은 제1항 및 제2항에 따른 가석방 예정자가 석방되기 5일 전까지 그의 주거지를 관할하는 보호관찰소의 장에게 그 사실을 통보하여야 한다.

시행령

제19조【전자장치 부착 적합성조사】

① 교도소·소년교도소·구치소의 장은 가석방 예정자에 대한 심사위원회의 법 제22조 제3항에 따른 전자장치 부착의 필요성과 적합성 여부 등의 조사(이하 "전자장치 부착 적합성조사"라 한다)를 위해 「형의 집행 및 수용자의 처우에 관한 법률」 및 관계 법령에 따라 가석방 적격심사 신청 대상자가 선정되면 지체 없이 해당 대상자에 대한 다음 각 호의 사항이 포함된 자료를 해당 교도소·소년교도소·구치소의 소재지를 관할하는 심사위원회에 보내야 한다.

1. 성명   2. 주민등록번호

3. 죄명   4. 전체 형명 및 형기

5. 최초 형기 및 최종 형기의 기산일   6. 최종 형기종료일

7. 처우등급(「형의 집행 및 수용자의 처우에 관한 법률 시행령」 제84조 제2항에 따른 처우등급 중 도주 등의 위험성에 따라 구분한 처우등급을 말한다) 및 재범위험에 관한 사항

② 심사위원회는 제1항에 따라 교도소·소년교도소·구치소의 장으로부터 자료를 받은 경우에는 가석방 예정자에 대한 전자장치 부착 적합성조사를 하거나, 교도소·소년교도소·구치소의 소재지 또는 해당 가석방 예정자의 거주예정지를 관할하는 보호관찰소의 장과 협의하여 보호관찰소의 장에게 전자장치 부착 적합성조사를 위하여 필요한 사항의 조사를 의뢰할 수 있다.

③ 보호관찰소의 장은 제2항에 따른 의뢰를 받은 경우에는 필요한 조사를 하고 그 결과를 심사위원회에 통보해야 한다.

④ 교도소·소년교도소·구치소의 장은 심사위원회 또는 보호관찰소의 장으로부터 제2항 또는 제3항에 따른 전자장치 부착 적합성조사 등을 위한 가석방 예정자 면담 등 필요한 협조를 요청받은 경우 특별한 사정이 없으면 이에 협조해야 한다.

⑤ 심사위원회 또는 보호관찰소의 장은 전자장치 부착 적합성조사를 위해 필요하다고 인정하면 국가기관, 지방자치단체 또는 공공기관의 장에게 사실을 알아보거나 관련 자료의 열람 등 협조를 요청할 수 있다. 이 경우 해당 기관의 장은 특별한 사정이 없는 한 이에 협조해야 한다.

⑥ 전자장치 부착 적합성조사의 내용에는 가석방 예정자의 범죄경력, 범죄내용 및 직업, 경제력, 생활환경 등

개별적 특성에 관한 사항이 포함되어야 한다.

제19조의2【결정의 고지 등】

① 심사위원회는 「보호관찰 등에 관한 법률」 제24조 제1항에 따른 보호관찰 결정서 등본을 수용기관의 장에게 송달하면서 법 제22조 제1항 및 제2항에 따른 전자장치 부착에 관한 사항을 함께 통보해야 한다.

②「치료감호 등에 관한 법률」 제37조에 따른 치료감호심의위원회는 법 제23조 제1항에 따라 피치료감호자 또는 피보호감호자에게 전자장치를 부착하는 결정을 한 경우 그 결정서를 피치료감호자 또는 피보호감호자에게, 결정서 등본을 수용기관의 장(보호감호시설의 장을 포함한다. 이하 이 장에서 같다)에게 각각 송달하여야 한다.

③ 제1항 또는 제2항에 따라 결정서 등본을 송달받은 수용기관의 장은 전자장치를 부착하게 될 가석방예정자, 피치료감호자 또는 피보호감호자에게 전자장치 부착에 관한 내용을 알려주어야 한다.

제23조【가종료 등과 전자장치 부착】 ★　　　　　※ 치료감호심의위원회에서 부착결정

①「치료감호 등에 관한 법률」 제37조에 따른 치료감호심의위원회(이하 "치료감호심의위원회"라 한다)는 제9조에 따른 부착명령 판결을 선고받지 아니한 특정 범죄자로서 치료감호의 집행 중 가종료 또는 치료위탁되는 피치료감호자나 보호감호의 집행 중 가출소되는 피보호감호자(이하 "가종료자등"이라 한다)에 대하여 「치료감호 등에 관한 법률」 또는 「사회보호법」(법률 제7656호로 폐지되기 전의 법률을 말한다)에 따른 준수사항 이행 여부 확인 등을 위하여 보호관찰 기간의 범위에서 기간을 정하여 전자장치를 부착하게 할 수 있다(임의적 부착).

② 치료감호심의위원회는 제1항에 따라 전자장치 부착을 결정한 경우에는 즉시 피부착결정자의 주거지를 관할하는 보호관찰소의 장에게 통보하여야 한다.

③ 치료감호시설의 장·보호감호시설의 장 또는 교도소의 장은 가종료자등이 가종료 또는 치료위탁되거나 가출소되기 5일 전까지 가종료자등의 주거지를 관할하는 보호관찰소의 장에게 그 사실을 통보하여야 한다.

시행령

제20조【치료감호시설의 장 등의 통보】

① 치료감호시설의 장 및 보호감호시설의 장은 법 제23조 제1항에 따라 전자장치 부착결정을 받은 사람(이하 "피부착결정자"라 한다)을 다른 수용기관으로 이송할 경우 그 수용기관의 장에게 이송되는 사람이 전자장치 부착결정을 받았음을 통보하여야 한다.

② 제1항에 따라 피부착결정자를 인수한 수용기관의 장은 그가 출소하기 5일 전까지 그 주거지를 관할하는 보호관찰소의 장에게 피부착결정자의 석방 예정 사실을 통보하여야 한다.

제24조【전자장치의 부착】 ★

① 전자장치 부착은 보호관찰관이 집행한다.

② 전자장치는 다음 각 호의 어느 하나에 해당하는 때 석방 직전에 부착한다.

1. 가석방되는 날
2. 가종료 또는 치료위탁되거나 가출소되는 날. 다만, 제23조 제1항에 따른 피치료감호자에게 치료감호와 병과된 형의 잔여 형기가 있거나 치료감호의 원인이 된 특정범죄사건이 아닌 다른 범죄사건으로 인하여 집행할 형이 있는 경우에는 해당 형의 집행이 종료·면제되거나 가석방되는 날 부착한다.

③ 전자장치 부착집행 중 보호관찰 준수사항 위반으로 유치허가장의 집행을 받아 유치된 때에는 부착집행이 정지된다. 이 경우 심사위원회가 보호관찰소의 장의 가석방 취소신청을 기각한 날 또는 법무부장관이 심사위원회의 허가신청을 불허한 날부터 그 잔여기간을 집행한다.

제25조 【부착집행의 종료】 ★★

제22조 및 제23조에 따른 전자장치 부착은 다음 각 호의 어느 하나에 해당하는 때에 그 집행이 종료된다.

1. 가석방 기간이 경과하거나 가석방이 실효 또는 취소된 때
2. 가종료자등의 부착기간이 경과하거나 보호관찰이 종료된 때
3. 가석방된 형이 사면되어 형의 선고의 효력을 상실하게 된 때
4. 삭제 <2010.4.15>

제26조 【수신자료의 활용】

보호관찰관은 수신자료를 준수사항 이행여부 확인 등 「보호관찰 등에 관한 법률」에 따른 보호관찰대상자의 지도·감독 및 원호에 활용할 수 있다.

제27조 【준용】

이 장에 따른 전자장치 부착에 관하여는 제13조 제4항·제6항 제1호·제8항 제1호·제9항, 제14조, 제15조, 제16조, 제16조의2, 제16조의3 및 제17조부터 제19조까지의 규정을 준용한다.

시행령

제21조 【준용】

이 장에 따른 전자장치 부착에 관하여는 제7조부터 제12조까지, 제12조의2 및 제13조부터 제18조까지의 규정을 준용한다.

참고 **부착명령과 부착집행 비교**

구분	부착명령	부착집행
결정기관	법원의 부착명령판결	보호관찰심사위원회 · 치료감호심의위원회의 결정
부착기간	최소 1년, 최대 30년	보호관찰기간
부착 시작시점	• 형집행 종료 · 면제 · 가석방되는 날 • 치료감호의 집행종료 · 가종료되는 날	• 가석방되는 날 • 치료감호의 치료위탁 · 가종료 · 가출소되는 날
종료시점	• 부착명령기간이 경과한 때 • 부착명령과 함께 선고한 형이 사면되어 그 선고의 효력을 상실하게 된 때 • 부착명령이 임시해제된 자가 그 임시해제가 취소됨이 없이 잔여 부착명령기간을 경과한 때	• 가석방기간이 경과하거나 가석방이 실효 또는 취소된 때 • 가종료자 등의 부착기간이 경과하거나 보호관찰이 종료된 때 • 가석방된 형이 사면되어 형의 선고의 효력을 상실하게 된 때

제4장 | 형의 집행유예와 부착명령

제28조 【형의 집행유예와 부착명령】   ※ 법원의 판결에 의한 부착명령

① 법원은 특정범죄를 범한 자에 대하여 형의 집행을 유예하면서 보호관찰을 받을 것을 명할 때에는 보호관찰 기간의 범위 내에서 기간을 정하여 준수사항의 이행여부 확인 등을 위하여 전자장치를 부착할 것을 명할 수 있다(임의적 부착명령).

② 법원은 제1항에 따른 부착명령기간 중 소재지 인근 의료기관에서의 치료, 지정 상담시설에서의 상담치료 등 대상자의 재범방지를 위하여 필요한 조치들을 과할 수 있다.

③ 법원은 제1항에 따른 전자장치 부착을 명하기 위하여 필요하다고 인정하는 때에는 피고인의 주거지 또는 그 법원의 소재지를 관할하는 보호관찰소의 장에게 범죄의 동기, 피해자와의 관계, 심리상태, 재범의 위험성 등 피고인에 관하여 필요한 사항의 조사를 요청할 수 있다.

시행령

제22조 【집행유예와 부착명령의 집행】

법 제28조 제1항에 따라 집행유예와 함께 전자장치 부착을 명하는 법원의 판결이 확정된 사람은 판결 확정 후 10일 이내에 보호관찰소에 출석하여 법 제29조 제1항에 따른 부착명령의 집행에 따라야 한다.

'특정 범죄자에 대한 위치추적 전자장치 부착 등에 관한 법률'상 특정범죄를 범한 자에 대하여 형의 집행을 유예하는 경우에는 보호관찰을 명하는 때에만 위치추적 전자장치 부착을 명할 수 있는지 여부(적극)

특정 범죄자에 대한 위치추적 전자장치 부착 등에 관한 법률 제28조 제1항은 "법원은 특정범죄를 범한 자에 대하여 형의 집행을 유예하면서 보호관찰을 받을 것을 명할 때에는 보호관찰기간의 범위 내에서 기간을 정하여 준수사항의 이행 여부 확인 등을 위하여 전자장치를 부착할 것을 명할 수 있다."고 규정하고 있고, 제9조 제4항 제4호는 "법원은 특정범죄사건에 대하여 선고유예 또는 집행유예를 선고하는 때에는 판결로 부착명령 청구를 기각하여야 한다."고 규정하고 있으며, 제12조 제1항은 "부착명령은 검사의 지휘를 받아 보호관찰관이 집행한다."고 규정하고 있으므로, 법원이 특정범죄를 범한 자에 대하여 형의 집행을 유예하는 경우에는 보호관찰을 받을 것을 명하는 때에만 전자장치를 부착할 것을 명할 수 있다(대법원 2012.2.23. 2011도8124).

제29조 【부착명령의 집행】

① 부착명령은 전자장치 부착을 명하는 법원의 판결이 확정된 때부터 집행한다.

② 부착명령의 집행 중 보호관찰 준수사항 위반으로 유치허가장의 집행을 받아 유치된 때에는 부착명령 집행이 정지된다. 이 경우 검사가 보호관찰소의 장의 집행유예 취소신청을 기각한 날 또는 법원이 검사의 집행유예취소청구를 기각한 날부터 그 잔여기간을 집행한다.

제30조 【부착명령 집행의 종료】 ★★

제28조의 부착명령은 다음 각 호의 어느 하나에 해당하는 때에 그 집행이 종료된다.

1. 부착명령기간이 경과한 때
2. 집행유예가 실효 또는 취소된 때
3. 집행유예된 형이 사면되어 형의 선고의 효력을 상실하게 된 때
4. 삭제 <2010.4.15.>

제31조 【준용】

이 장에 따른 부착명령에 관하여는 제6조, 제9조 제5항부터 제7항까지, 제10조 제1항, 제12조, 제13조 제4항·제6항 제1호·제8항 제1호·제9항, 제14조, 제15조 제1항, 제16조, 제16조의2, 제16조의3, 제17조부터 제19조까지 및 제26조를 준용한다.

시행령

제23조 【준용】

이 장에 따른 부착명령에 관하여는 제4조, 제6조부터 제12조까지, 제12조의2 및 제13조부터 제18조까지의 규정을 준용한다.

제5장 | 보석과 전자장치 부착

제31조의2 【보석과 전자장치 부착】 ※ 법원의 결정에 의한 부착명령

① 법원은 「형사소송법」 제98조 제9호(그 밖에 피고인의 출석을 보증하기 위하여 법원이 정하는 적당한 조건을 이행할 것)에 따른 보석조건으로 피고인에게 전자장치 부착을 명할 수 있다(임의적 부착명령).

② 법원은 제1항에 따른 전자장치 부착을 명하기 위하여 필요하다고 인정하면 그 법원의 소재지 또는 피고인의 주거지를 관할하는 보호관찰소의 장에게 피고인의 직업, 경제력, 가족상황, 주거상태, 생활환경 및 피해회복 여부 등 피고인에 관한 사항의 조사를 의뢰할 수 있다.

③ 제2항의 의뢰를 받은 보호관찰소의 장은 지체 없이 조사하여 서면으로 법원에 통보하여야 하며, 조사를 위하여 필요한 경우에는 피고인이나 그 밖의 관계인을 소환하여 심문하거나 소속 보호관찰관에게 필요한 사항을 조사하게 할 수 있다.

④ 보호관찰소의 장은 제3항의 조사를 위하여 필요하다고 인정하면 국공립 기관이나 그 밖의 단체에 사실을 알아보거나 관련 자료의 열람 등 협조를 요청할 수 있다.

시행령

제23조의2 【보석조건 전자장치 부착 결정 전 조사】

① 법원은 법 제31조의2 제2항에 따라 보호관찰소의 장에게 조사를 의뢰하는 경우에는 피고인의 인적사항 및 범죄사실의 요지를 통보해야 한다. 이 경우 필요하면 참고자료를 보낼 수 있다.

② 보호관찰소의 장은 법 제31조의2 제3항에 따른 조사를 위해 수용기관의 장에게 협조를 요청할 수 있다. 이 경우 수용기관의 장은 특별한 사유가 없으면 이에 협조해야 한다.

제31조의3 【전자장치 부착의 집행】

① 법원은 제31조의2 제1항에 따라 전자장치 부착을 명한 경우 지체 없이 그 결정문의 등본을 피고인의 주거지를 관할하는 보호관찰소의 장에게 송부하여야 한다.

② 제31조의2 제1항에 따라 전자장치 부착명령을 받고 석방된 피고인은 법원이 지정한 일시까지 주거지를 관할하는 보호관찰소에 출석하여 신고한 후 보호관찰관의 지시에 따라 전자장치를 부착하여야 한다.

③ 보호관찰소의 장은 제31조의2 제1항에 따른 피고인의 보석조건 이행 여부 확인을 위하여 적절한 조치를 하여야 한다.

④ 전자장치 부착 집행의 절차 및 방법 등에 관한 사항은 대통령령으로 정한다.

시행령

제23조의3 【보석허가 결정문의 송부 등】

법원은 긴급한 필요가 있는 경우 법 제31조의3 제1항에 따라 보호관찰소의 장에게 결정문의 등본을 송부하기 전에 팩스·전자우편 등의 방법으로 그 사본을 먼저 송부할 수 있다.

제23조의4【전자장치 부착 보석 피고인의 신고】

법 제31조의2 제1항에 따라 보석조건으로 전자장치 부착명령을 받고 석방된 피고인(이하 "전자장치 보석피고인"
이라 한다)은 법 제31조의3 제2항에 따라 주거지를 관할하는 보호관찰소에 출석하여 신고하는 경우 법무부령으
로 정하는 신고서를 제출해야 한다.

제23조의5【전자장치 부착 등】

① 보호관찰관은 법 제31조의3 제2항에 따라 부착명령을 집행하는 경우 같은 조 제1항에 따라 송부된 전자장치
　보석피고인에 대한 결정문 등본(제23조의3에 따른 사본을 포함한다)을 확인한 후 전자장치를 부착해야 한다.
② 보호관찰관은 제1항에 따라 전자장치를 부착하기 전에 전자장치 보석피고인에게 다음 각 호의 내용을 알려주
　어야 한다.
　1. 전자장치의 효용 유지를 위해 필요한 다음 각 목에 따른 의무 사항
　　가. 전자장치의 기능이 정상적으로 유지될 수 있도록 전자장치를 충전, 휴대 또는 관리할 것
　　나. 전자장치가 정상적으로 작동하지 않는 경우에는 지체 없이 그 사실을 보호관찰관에게 알릴 것
　　다. 전자장치의 기능 유지를 위한 보호관찰관의 정당한 지시에 따를 것
　2. 법 제31조의3 제3항에 따라 보호관찰관이 전자장치 보석피고인의 보석조건 이행 여부를 확인하기 위해
　　필요한 조치를 할 수 있다는 것
　3. 법원이 정한 보석조건을 위반한 경우「형사소송법」제102조 제2항 제5호(법원이 정한 조건을 위반한 때
　　법원의 직권 또는 검사의 청구에 의한 보석 취소)에 따라 보석이 취소될 수 있다는 것
　4. 그 밖에 법원이 정한 보석조건의 이행에 필요한 사항
③ 전자장치의 부착은 다음 각 호의 방법으로 한다.
　1. 부착장치는 전자장치 보석피고인의 발목 또는 손목에 부착한다. 다만, 발목 또는 손목에 부착할 수 없는
　　특별한 사유가 있으면 다른 신체 부위에 부착할 수 있다.
　2. 재택 감독장치는 전자장치 보석피고인이 제23조의4에 따라 보호관찰소에 신고한 날 해당 피고인의 주거지
　　에 고정하여 설치한다. 다만, 전자장치 보석피고인의 주거가 일정하지 않거나 그 밖에 재택 감독장치를
　　설치하기 어려운 사정이 있는 경우에는 설치하지 않을 수 있다.
④ 보호관찰소의 장은 법 제31조의3 제3항에 따라 피고인의 보석조건 이행 여부를 확인하기 위하여 국가기관,
　지방자치단체 또는 공공기관의 장에게 사실을 알아보거나 관련 자료의 열람 등 협조를 요청할 수 있다.
　이 경우 해당 기관의 장은 특별한 사정이 없는 한 이에 협조해야 한다.

제31조의4【보석조건 이행 상황 등 통지】

① 보호관찰소의 장은 제31조의2 제1항에 따른 피고인의 보석조건 이행 상황을 법원에 정기적으
　로 통지하여야 한다.
② 보호관찰소의 장은 피고인이 제31조의2 제1항에 따른 전자장치 부착명령을 위반한 경우 및
　전자장치 부착을 통하여 피고인에게 부과된 주거의 제한 등「형사소송법」에 따른 다른 보석조
　건을 위반하였음을 확인한 경우 지체 없이 법원과 검사에게 이를 통지하여야 한다.
③ 제2항에 따른 통지를 받은 법원은「형사소송법」제102조(보석조건의 변경과 취소 등)에 따라 피고
　인의 보석조건을 변경하거나 보석을 취소하는 경우 이를 지체 없이 보호관찰소의 장에게
　통지하여야 한다.

④ 제1항부터 제3항까지의 규정에 따른 통지의 절차 및 방법 등에 관한 사항은 대통령령으로 정한다.

시행령

제23조의6 【보석조건 이행 상황 통지】

① 보호관찰소의 장은 법 제31조의4 제1항에 따라 피고인의 보석조건 이행상황을 매월 말일을 기준으로 작성하여 그 다음달 10일까지 보석결정을 한 법원에 송부해야 한다.

② 제1항에도 불구하고 법원은 피고인의 재판을 위해 피고인의 보석조건 이행상황을 신속하게 파악할 필요가 있는 경우에는 보호관찰소의 장에게 피고인의 보석조건 이행상황에 관한 자료를 요청할 수 있다.

제23조의7 【보석조건 위반 통지】

① 보호관찰소의 장은 전자장치 보석피고인이 다음 각 호의 어느 하나에 해당하는 경우 법 제31조의4 제2항에 따라 보석결정을 한 법원과 그 법원에 대응하는 검찰청 검사에게 지체 없이 통지해야 한다.

1. 정당한 사유 없이 법 제31조의3 제2항에 따라 법원이 지정한 일시까지 보호관찰소에 출석하여 신고하지 않은 경우
2. 전자장치 부착을 거부하는 경우
3. 전자장치의 효용 유지를 위해 필요한 보호관찰관의 정당한 지시에 따르지 않는 경우
4. 「형사소송법」에 따른 다른 보석조건을 위반하거나 위반 사실의 확인을 위해 필요한 보호관찰관의 정당한 지시에 따르지 않는 경우
5. 전자장치를 신체에서 임의로 분리·손상, 전파 방해 또는 수신자료의 변조를 하는 경우
6. 소재를 알 수 없는 경우

② 제1항에 따른 통지는 인편 또는 등기우편의 방법으로 한다. 다만, 긴급한 경우에는 전화·팩스·전자우편 등의 방법으로 먼저 통지하고 사후에 인편 또는 등기우편의 방법으로 할 수 있다.

제23조의8 【보석조건 변경 및 보석취소 통지】

법원은 「형사소송법」 제102조 제1항(보석조건의 변경·유예) 또는 제2항(보석 취소)에 따라 보석조건을 변경하거나 취소한 경우 보호관찰소의 장에게 보석조건 변경이나 보석취소 결정문의 등본을 송부해야 한다. 이 경우 긴급한 경우에는 전화·팩스·전자우편 등의 방법으로 먼저 통지할 수 있다.

제23조의9 【준용규정】

이 장에 따른 전자장치 부착 등에 관하여는 제10조, 제14조의6 및 제15조를 준용한다. 이 경우 "피부착자"는 "전자장치 보석피고인"으로 본다.

제31조의5 【전자장치 부착의 종료】 ★

제31조의2 제1항에 따른 전자장치의 부착은 다음 각 호의 어느 하나에 해당하는 경우에 그 집행이 종료된다.

1. 구속영장의 효력이 소멸한 경우
2. 보석이 취소된 경우

3. 「형사소송법」 제102조(보석조건의 변경과 취소 등)에 따라 보석조건이 변경되어 전자장치를 부착할 필요가 없게 되는 경우

제5장의2 | 스토킹행위자에 대한 전자장치 부착

제31조의6 【전자장치 부착의 집행】

① 법원은 「스토킹범죄의 처벌 등에 관한 법률」 제9조 제1항 제3호의2에 따른 잠정조치(이하 이 장에서 "잠정조치"라 한다)로 전자장치의 부착을 결정한 경우 그 결정문의 등본을 스토킹행위자의 사건 수사를 관할하는 경찰관서(이하 이 장에서 "관할경찰관서"라 한다)의 장과 스토킹행위자의 주거지를 관할하는 보호관찰소(이하 이 장에서 "보호관찰소"라 한다)의 장에게 지체 없이 송부하여야 한다.

② 잠정조치 결정을 받은 스토킹행위자는 법원이 지정한 일시까지 보호관찰소에 출석하여 대통령령으로 정하는 신상정보 등을 서면으로 신고한 후 보호관찰관의 지시에 따라 전자장치를 부착하여야 한다.

③ 보호관찰소의 장은 스토킹행위자가 제2항에 따라 전자장치를 부착하면 관할경찰관서의 장에게 이를 즉시 통지하여야 하고, 관할경찰관서의 장은 「스토킹범죄의 처벌 등에 관한 법률」 제9조 제1항 제2호 및 제3호의2에 따른 스토킹행위자의 잠정조치 이행 여부를 확인하기 위하여 피해자에 대한 다음 각 호의 사항을 보호관찰소의 장에게 즉시 통지하여야 한다.

1. 성명　　　　　　　　　　　2. 주민등록번호
3. 주소 및 실제 거주지　　　　4. 직장 소재지
5. 전화번호
6. 그 밖에 대통령령으로 정하는 피해자의 보호를 위하여 필요한 사항

④ 보호관찰소의 장은 스토킹행위자가 다음 각 호의 어느 하나에 해당하는 경우 그 사실을 관할경찰관서의 장에게 즉시 통지하여야 한다.

1. 정당한 사유 없이 제2항에 따라 법원이 지정한 일시까지 보호관찰소에 출석하여 신고하지 아니하거나 전자장치 부착을 거부하는 경우
2. 잠정조치 기간 중 「스토킹범죄의 처벌 등에 관한 법률」 제9조 제1항 제2호를 위반하였거나 위반할 우려가 있는 경우
3. 잠정조치 기간 중 「스토킹범죄의 처벌 등에 관한 법률」 제9조 제4항을 위반하였거나 위반하였다고 의심할 상당한 이유가 있는 경우
4. 그 밖에 잠정조치의 이행 및 피해자의 보호를 위하여 적절한 조치가 필요한 경우로서 대통령령으로 정하는 사유가 있는 경우

⑤ 관할경찰관서의 장은 제4항에 따른 통지가 있는 경우 즉시 스토킹행위자가 소재한 현장에 출동하는 등의 방법으로 그 사유를 확인하고, 「스토킹범죄의 처벌 등에 관한 법률」 제9조 제1항 제4호에 따른 유치 신청 등 피해자 보호에 필요한 적절한 조치를 하여야 한다.

⑥ 관할경찰관서의 장은 「스토킹범죄의 처벌 등에 관한 법률」 제11조 제5항에 따라 잠정조치 결정이 효력을 상실하는 때에는 보호관찰소의 장에게 이를 지체 없이 통지하여야 한다.

⑦ 법원은 잠정조치의 연장·변경·취소 결정을 하는 경우 관할경찰관서의 장과 보호관찰소의 장에게 이를 지체 없이 통지하여야 한다.

⑧ 제1항부터 제7항까지에 따른 전자장치 부착의 집행 등에 필요한 사항은 대통령령으로 정한다.

제31조의7 【전자장치 부착의 종료】

제31조의6에 따른 전자장치 부착은 다음 각 호의 어느 하나에 해당하는 때에 그 집행이 종료된다.
1. 잠정조치의 기간이 경과한 때
2. 잠정조치가 변경 또는 취소된 때
3. 잠정조치가 효력을 상실한 때

제31조의8 【스토킹행위자 수신자료의 보존·사용·폐기 등】

① 보호관찰소의 장은 제31조의6 제2항에 따라 전자장치를 부착한 스토킹행위자의 전자장치로부터 발신되는 전자파를 수신하여 그 자료(이하 "스토킹행위자 수신자료"라 한다)를 보존하여야 한다.

② 스토킹행위자 수신자료는 다음 각 호의 경우 외에는 열람·조회·제공 또는 공개할 수 없다.
   1. 「스토킹범죄의 처벌 등에 관한 법률」 제2조 제2호에 따른 스토킹범죄 혐의에 대한 수사 또는 재판자료로 사용하는 경우
   2. 「스토킹범죄의 처벌 등에 관한 법률」 제9조 제1항 제2호 및 제3호의2에 따른 잠정조치 이행 여부를 확인하기 위하여 사용하는 경우
   3. 「스토킹범죄의 처벌 등에 관한 법률」 제11조에 따른 잠정조치의 연장·변경·취소의 청구 또는 그 신청을 위하여 사용하는 경우
   4. 「스토킹범죄의 처벌 등에 관한 법률」 제20조 제1항 제1호 및 같은 조 제2항에 해당하는 범죄 혐의에 대한 수사를 위하여 사용하는 경우

③ 검사 또는 사법경찰관이 제2항 제1호에 해당하는 사유로 스토킹행위자 수신자료를 열람 또는 조회하는 경우 그 절차에 관하여는 제16조 제4항 및 제5항을 준용한다.

④ 보호관찰소의 장은 다음 각 호의 어느 하나에 해당하는 때에는 스토킹행위자 수신자료를 폐기하여야 한다.
   1. 잠정조치가 효력을 상실한 때

2. 잠정조치의 원인이 되는 스토킹범죄사건에 대해 법원의 무죄, 면소, 공소기각 판결 또는 공소기각 결정이 확정된 때

3. 잠정조치 집행을 종료한 날부터 5년이 경과한 때

시행령

제29조【민감정보 및 고유식별정보의 처리】

② 검사는 다음 각 호의 사무를 수행하기 위해 불가피한 경우「개인정보 보호법」제23조에 따른 건강 및 성생활에 관한 정보, 같은 법 시행령 제18조 제1호 또는 제2호에 따른 유전정보 또는 범죄경력자료에 해당하는 정보 및 같은 영 제19에 따른 주민등록번호, 여권번호, 운전면허의 면허번호 또는 외국인등록번호가 포함된 자료를 처리할 수 있다. 다만, 제9호의2의 사무의 경우에는「개인정보 보호법」제23조에 따른 성생활에 관한 정보 및 같은 법 시행령 제18조 제1호에 따른 유전정보에 해당하는 정보는 제외한다.

1. 법 제5조에 따른 부착명령 청구에 관한 사무

2. 법 제6조(법 제21조의8 및 제31조에 따라 준용되는 경우를 포함한다)에 따른 조사에 관한 사무

3. 법 제12조(법 제21조의8 및 제31조에 따라 준용되는 경우를 포함한다)에 따른 부착명령의 집행 지휘에 관한 사무

4. 법 제13조에 따른 부착명령 집행장 발부에 관한 사무

5. 법 제14조의2에 따른 부착기간 연장청구 등에 관한 사무

5의2. 법 제14조의3에 따른 피부착명령자에 대한 준수사항의 부과 등 청구에 관한 사무

6. 법 제16조(법 제27조 및 제31조에 따라 준용되는 경우를 포함한다)에 따른 수신자료의 열람·조회·폐기 등에 관한 사무

7. 법 제21조의2에 따른 보호관찰명령 청구에 관한 사무

8. 법 제21조의7에 따른 보호관찰기간의 연장청구 등에 관한 사무

9. 법 제29조에 따른 부착명령 집행에 관한 사무

9의2. 법 제31조의8에 따른 스토킹행위자 수신자료의 열람·조회·폐기 등에 관한 사무

10. 법률 제9112호 특정 성폭력범죄자에 대한 위치추적 전자장치 부착에 관한 법률 일부개정법률 부칙 제2조에 따른 부착명령의 청구, 조사, 집행에 관한 사무

11. 제1호부터 제5호까지, 제5호의2, 제6호부터 제9호까지, 제9호의2 및 제10호에 따른 사무를 수행하기 위해 필요한 사무

③ 보호관찰소의 장 또는 보호관찰관은 다음 각 호의 사무를 수행하기 위해 불가피한 경우「개인정보 보호법」제23조에 따른 건강 및 성생활에 관한 정보, 같은 법 시행령 제18조 제1호 또는 제2호에 따른 유전정보 또는 범죄경력자료에 해당하는 정보 및 같은 영 제19조에 따른 주민등록번호, 여권번호, 운전면허의 면허번호 또는 외국인등록번호가 포함된 자료를 처리할 수 있다. 다만, 제16호의2 및 제16호의3의 사무의 경우에는「개인정보 보호법」제23조에 따른 성생활에 관한 정보 및 같은 법 시행령 제18조 제1호에 따른 유전정보에 해당하는 정보는 제외한다.

1. 법 제6조(법 제21조의8 및 제31조에 따라 준용되는 경우를 포함한다)에 따른 조사에 관한 사무

2. 법 제13조(법 제21조의8, 제27조 및 제31조에 따라 준용되는 경우를 포함한다)에 따른 부착명령의 집행에 관한 사무

3. 법 제14조의2에 따른 부착기간 연장신청 등에 관한 사무

3의2. 법 제14조의3에 따른 피부착명령자에 대한 준수사항의 부과 등 신청에 관한 사무

4. 법 제15조(법 제21조의8 및 제27조에 따라 준용되는 경우를 포함한다)에 따른 피부착자에 대한 자료 확보 등에 관한 사무

5. 법 제16조(법 제27조 및 제31조에 따라 준용되는 경우를 포함한다)에 따른 수신자료의 보존·사용·폐기에 관한 사무

6. 법 제16조의2(법 제27조 및 제31조에 따라 준용되는 경우를 포함한다)에 따른 신상정보 제공 등에 관한 사무

7. 법 제17조부터 제19조까지의 규정(법 제21조의8, 제27조 및 제31조에 따라 준용되는 경우를 포함한다)에 따른 부착명령 임시해제 및 취소에 관한 사무

8. 법 제21조의5에 따른 보호관찰명령의 집행에 관한 사무

9. 법 제21조의7에 따른 보호관찰 기간의 연장신청 등에 관한 사무

10. 법 제22조부터 제24조까지의 규정에 따른 전자장치 부착에 관한 사무

11. 법 제26조(법 제31조에 따라 준용되는 경우를 포함한다)에 따른 수신자료의 활용에 관한 사무

12. 법 제28조에 따른 조사에 관한 사무

13. 법 제29조에 따른 부착명령 집행에 관한 사무

14. 법 제31조의2에 따른 조사에 관한 사무

15. 법 제31조의3에 따른 전자장치 부착의 집행에 관한 사무

16. 법 제31조의4에 따른 보석조건 이행 상황 등 통지에 관한 사무

16의2. 법 제31조의6에 따른 전자장치 부착의 집행에 관한 사무

16의3. 법 제31조의8에 따른 스토킹행위자 수신자료의 보존·사용·폐기에 관한 사무

17. 법률 제9112호 특정 성폭력범죄자에 대한 위치추적 전자장치 부착에 관한 법률 일부개정법률 부칙 제2조에 따른 부착명령의 청구, 조사, 집행에 관한 사무

18. 제1호부터 제3호까지, 제3호의2, 제4호부터 제17호까지의 규정에 따른 사무를 수행하기 위해 필요한 사무

④ 심사위원회는 다음 각 호의 사무를 수행하기 위해 불가피한 경우 「개인정보 보호법」 제23조에 따른 건강 및 성생활에 관한 정보, 같은 법 시행령 제18조 제1호 또는 제2호에 따른 유전정보 또는 범죄경력자료에 해당하는 정보 및 같은 영 제19조에 따른 주민등록번호, 여권번호, 운전면허의 면허번호 또는 외국인등록번호가 포함된 자료를 처리할 수 있다.

1. 법 제16조(법 제27조 및 제31조에 따라 준용되는 경우를 포함한다)에 따른 수신자료의 열람·조회 등에 관한 사무

2. 법 제17조부터 제19조(법 제21조의8, 제27조 및 제31조에 따라 준용되는 경우를 포함한다)까지의 규정에 따른 부착명령 임시해제 및 취소에 관한 사무

3. 법 제22조 및 제24조에 따른 전자장치 부착에 관한 사무

4. 제1호부터 제3호까지의 규정에 따른 사무를 수행하기 위해 필요한 사무

⑤ 치료감호심의위원회는 법 제23조 및 제24조에 따른 전자장치 부착에 관한 사무를 수행하기 위해 불가피한 경우 「개인정보 보호법」 제23조에 따른 건강 및 성생활에 관한 정보, 같은 법 시행령 제18조 제1호 또는 제2호에 따른 유전정보 또는 범죄경력자료에 해당하는 정보 및 같은 영 제19조에 따른 주민등록번호, 여권번호, 운전면허의 면허번호 또는 외국인등록번호가 포함된 자료를 처리할 수 있다.

⑥ 수용기관의 장 또는 수용시설의 장은 다음 각 호의 사무를 수행하기 위해 불가피한 경우 「개인정보 보호법」 제23조에 따른 건강에 관한 정보, 같은 법 시행령 제18조 제2호에 따른 범죄경력자료에 해당하는 정보 및 같은 영 제19조에 따른 주민등록번호, 여권번호, 운전면허의 면허번호 또는 외국인등록번호가 포함된 자료를

처리할 수 있다.

1. 법 제10조(법 제21조의8에 따라 준용되는 경우를 포함한다)에 따른 석방 전 통보에 관한 사무
2. 법 제15조(법 제21조의8 및 제27조에 따라 준용되는 경우를 포함한다)에 따른 피부착자에 대한 자료확보 협조에 관한 사무
3. 법 제22조 및 제23조에 따른 전자장치 부착에 관한 사무
4. 법률 제9112호 특정 성폭력범죄자에 대한 위치추적 전자장치 부착에 관한 법률 일부개정법률 부칙 제2조에 따른 부착명령의 청구, 조사, 집행에 관한 사무
5. 제1호부터 제4호까지의 규정에 따른 사무를 수행하기 위해 필요한 사무

⑦ 경찰관서의 장 등 수사기관은 다음 각 호의 사무를 수행하기 위해 불가피한 경우 「개인정보 보호법」 제23조에 따른 건강에 관한 정보, 같은 법 시행령 제18조제2호에 따른 범죄경력자료에 해당하는 정보 및 같은 영 제19조에 따른 주민등록번호, 여권번호, 운전면허의 면허번호 또는 외국인등록번호가 포함된 자료를 처리할 수 있다.

1. 법 제16조의2(법 제27조 및 제31조에 따라 준용되는 경우를 포함한다)에 따른 신상정보 제공 등에 관한 사무
2. 법 제31조의6에 따른 전자장치 부착의 집행에 관한 사무

⑧ 사법경찰관은 다음 각 호의 사무를 수행하기 위해 불가피한 경우 「개인정보 보호법」 제23조에 따른 건강에 관한 정보, 같은 법 시행령 제18조 제2호에 따른 범죄경력자료에 해당하는 정보 및 같은 영 제19조에 따른 주민등록번호, 여권번호, 운전면허의 면허번호 또는 외국인등록번호가 포함된 자료를 처리할 수 있다.

1. 법 제16조(법 제27조 및 제31조에 따라 준용되는 경우를 포함한다)에 따른 수신자료의 열람·조회·폐기 등에 관한 사무
2. 법 제31조의8에 따른 스토킹행위자 수신자료의 열람·조회·폐기 등에 관한 사무

제6장 | 보칙

제32조 【전자장치 부착기간의 계산】

① 전자장치 부착기간은 이를 집행한 날부터 기산하되, 초일은 시간을 계산함이 없이 1일로 산정한다.

② 다음 각 호의 어느 하나에 해당하는 기간은 전자장치 부착기간에 산입하지 아니한다. 다만, 보호관찰이 부과된 사람의 전자장치 부착기간은 보호관찰 기간을 초과할 수 없다.

1. 피부착자가 제14조 제1항을 위반하여 전자장치를 신체로부터 분리하거나 손상하는 등 그 효용을 해한 기간
2. 피부착자의 치료, 출국 또는 그 밖의 적법한 사유로 전자장치가 신체로부터 일시적으로 분리된 후 해당 분리사유가 해소된 날부터 정당한 사유 없이 전자장치를 부착하지 아니한 기간

제32조의2 【부착명령 등 집행전담 보호관찰관의 지정】

보호관찰소의 장은 소속 보호관찰관 중에서 다음 각 호의 사항을 전담하는 보호관찰관을 지정하여야 한다. 다만, 보호관찰소의 장은 19세 미만의 사람에 대해서 성폭력범죄를 저지른 피부착자 중 재범의 위험성이 현저히 높은 사람에 대해서는 일정기간 그 피부착자 1명만을 전담하는 보호관찰관을 지정하여야 한다.

1. 부착명령 및 보호관찰명령을 청구하기 위하여 필요한 피의자에 대한 조사
2. 부착명령 및 보호관찰명령의 집행
3. 피부착자 및 보호관찰대상자의 재범방지와 건전한 사회복귀를 위한 치료 등 필요한 조치의 부과
4. 그 밖에 피부착자 및 보호관찰대상자의 「보호관찰 등에 관한 법률」 등에 따른 준수사항 이행 여부 확인 등 피부착자 및 보호관찰대상자에 대한 지도·감독 및 원호

제33조 【전자장치 부착 임시해제의 의제】

보호관찰이 임시해제된 경우에는 전자장치 부착이 임시해제된 것으로 본다.

제33조의2 【범죄경력자료 등의 조회 요청】

① 법무부장관은 이 법에 따른 부착명령 또는 보호관찰명령의 집행이 종료된 사람의 재범 여부를 조사하고 부착명령 또는 보호관찰명령의 효과를 평가하기 위하여 필요한 경우에는 그 집행이 종료된 때부터 5년 동안 관계 기관에 그 사람에 관한 범죄경력자료와 수사경력자료에 대한 조회를 요청할 수 있다.
② 제1항의 요청을 받은 관계 기관의 장은 정당한 사유 없이 이를 거부하여서는 아니 된다.

제34조 【군법 피적용자에 대한 특칙】

이 법을 적용함에 있어서 「군사법원법」 제2조 제1항 각 호의 어느 하나에 해당하는 자에 대하여는 군사법원은 법원의, 군검사는 검사의, 군사법경찰관리는 사법경찰관리의, 군교도소장은 교도소장의 이 법에 따른 직무를 각각 행한다.

제35조 【다른 법률의 준용】

이 법을 적용함에 있어서 이 법에 규정이 있는 경우를 제외하고는 그 성질에 반하지 아니하는 범위 안에서 「형사소송법」 및 「보호관찰 등에 관한 법률」의 규정을 준용한다.

관련판례

[1] 특정 범죄자에 대한 위치추적 전자장치 부착 등에 관한 법률 제38조에서 정하는 '그 효용을 해하는 때'의 의미와 범위 등

전자장치 부착법 제38조는 위치추적 전자장치(이하 '전자장치'라 한다)의 피부착자가 부착기간 중 전자장치를 신체에서 임의로 분리·손상, 전파 방해 또는 수신자료의 변조, 그 밖의 방법으로 그 효용을 해한 행위를 처벌하고 있는데, 그 효용을 해하는 행위는 전자장치를 부착하게 하여 위치를 추적하도록 한 전자장치의 실질적인 효용을 해하는 행위를 말하는 것으로서, 전자장치 자체의 기능을 직접적으로 해하는 행위 뿐 아니라 전자장치의 효용이 정상적으로 발휘될 수 없도록 하는 행위도 포함되며, 부작위 라고 하더라도 고의적으로 그 효용이 정상적으로 발휘될 수 없도록 한 경우에는 처벌된다고 해석된다 (대법원 2012.8.17. 2012도5862).

[2] 위치추적 전자장치의 효용을 해한 행위를 처벌하는 특정 범죄자에 대한 보호관찰 및 전자장치 부착 등에 관한 법률 제38조에서 '효용을 해하는 행위'의 의미 및 부작위라도 고의적으로 그 효용이 정상적으 로 발휘될 수 없도록 한 경우 처벌 대상이 되는지 여부(적극)

효용을 해하는 행위는 전자장치를 부착하게 하여 위치를 추적하도록 한 전자장치의 실질적인 효용을 해하는 행위를 말하는 것으로서, 전자장치 자체의 기능을 직접적으로 해하는 행위뿐 아니라 전자장치 의 효용이 정상적으로 발휘될 수 없도록 하는 행위도 포함하며, 부작위라고 하더라도 고의적으로 그 효용이 정상적으로 발휘될 수 없도록 한 경우에는 처벌의 대상이 된다.

피부착자가 재택 감독장치가 설치되어 있는 자신의 독립된 주거공간이나 가족 등과의 공동 주거공간을 떠나 타인의 생활공간 또는 타인이 공동으로 이용하는 공간을 출입하고자 하는 경우에는 휴대용 추적 장치를 휴대하여야 한다. 따라서 피부착자가 이를 위반하여 휴대용 추적장치를 휴대하지 아니하고 위와 같은 장소에 출입함으로써 부착장치의 전자파를 추적하지 못하게 하는 경우에는 전자장치부착법 제38조의 기타의 방법으로 전자장치의 효용을 해한 경우에 해당한다(대법원 2017.3.15. 2016도17719).

[3] 특정 범죄자에 대한 위치추적 전자장치 부착 등에 관한 법률이 개정되어 부착명령 기간을 연장하도록 규정한 것이 소급입법금지의 원칙에 반하는지 여부(소극)

특정 범죄자에 대한 위치추적 전자장치 부착 등에 관한 법률에 의한 전자감시제도는, 성폭력범죄자의 재범방지와 성행교정을 통한 재사회화를 위하여 그의 행적을 추적하여 위치를 확인할 수 있는 전자장 치를 신체에 부착하게 하는 부가적인 조치를 취함으로써 성폭력범죄로부터 국민을 보호함을 목적으로 하는 일종의 보안처분이다. 이러한 전자감시제도의 목적과 성격, 그 운영에 관한 위 법률의 규정 내용 및 취지 등을 종합해 보면, 전자감시제도는 범죄행위를 한 자에 대한 응보를 주된 목적으로 그 책임을 추궁하는 사후적 처분인 형벌과 구별되어 그 본질을 달리하는 것으로서 형벌에 관한 소급입법금지의 원칙이 그대로 적용되지 않으므로, 위 법률이 개정되어 부착명령 기간을 연장하도록 규정하고 있더라 도 그것이 소급입법금지의 원칙에 반한다고 볼 수 없다(대법원 2010.12.23. 2010도11996).

제7장 | 벌칙

제36조【벌칙】

① 전자장치 부착 업무를 담당하는 자가 정당한 사유 없이 피부착자의 전자장치를 해제하거나 손상한 때에는 1년 이상의 유기징역에 처한다.

② 전자장치 부착 업무를 담당하는 자가 금품을 수수·요구 또는 약속하고 제1항의 죄를 범한 때에는 2년 이상의 유기징역에 처한다.

③ 수신자료(스토킹행위자 수신자료를 포함한다)를 관리하는 자가 제16조 제2항 또는 제31조의8 제2항을 위반한 때에는 1년 이상의 유기징역에 처한다.

제39조【벌칙】

① 피부착자 또는 보호관찰대상자가 제9조의2 제1항 제3호 또는 제4호의 준수사항을 정당한 사유 없이 위반한 때에는 3년 이하의 징역 또는 3천만원 이하의 벌금에 처한다.

② 피부착자 또는 보호관찰대상자가 정당한 사유 없이 「보호관찰 등에 관한 법률」 제32조 제2항 또는 제3항에 따른 준수사항을 위반하여 같은 법 제38조에 따른 경고를 받은 후 다시 정당한 사유 없이 같은 법 제32조 제2항 또는 제3항에 따른 준수사항을 위반한 경우 1년 이하의 징역 또는 1천만원 이하의 벌금에 처한다.

③ 피부착자 또는 보호관찰대상자가 제9조의2 제1항 제1호·제2호·제2호의2·제5호 또는 제6호의 준수사항을 정당한 사유 없이 위반한 때에는 1년 이하의 징역 또는 1천만원 이하의 벌금에 처한다.

05 스토킹범죄의 처벌 등에 관한 법률

• **법** 2024.1.12. 시행 | **시행령** 2021.10.21. 시행

참고 **스토킹범죄의 처벌 등에 관한 법률 정리**

사법경찰관리 현장 응급조치	① 스토킹행위의 제지, 향후 스토킹행위의 중단 통보 및 스토킹행위를 지속적 또는 반복적으로 할 경우, 처벌 서면경고 ② 스토킹행위자와 피해자등의 분리 및 범죄수사 ③ 피해자등에 대한 긴급응급조치 및 잠정조치 요청의 절차 등 안내 ④ 스토킹 피해 관련 상담소 또는 보호시설로의 피해자등 인도(동의한 경우)	단, 긴급응급조치의 기간은 1개월 초과 ×	응급조치 변경	① 긴급응급조치 대상자나 대리인은 취소 또는 종류변경을 사경에 신청 가능 ② 상대방이나 대리인은 상대방등의 주거 등을 옮긴 경우 사경에 긴급응급조치변경 신청 가능 ③ 상대방이나 대리인은 긴급응급조치 필요하지 않은 경우 취소신청 가능 ④ 사경은 직권 또는 신청에 의하여 긴급조치를 취소할 수 있고, 지방법원 판사의 승인을 받아 종류변경 가능 ※ 통지와 고지 ① 상대방등이나 대리인은 취소 또는 변경취지 통지 ② 긴급조치 대상자는 취소 또는 변경 조치내용 및 불복방법 등 고지
사법경찰관 긴급응급조치 (직권 또는 피해자 등 요청)	① 스토킹행위의 상대방등이나 그 주거등으로부터 100m 이내의 접근금지 ② 스토킹행위의 상대방등에 대한 전기통신을 이용한 접근금지			
검사의 잠정조치 (청구)	검사는 스토킹범죄가 재발될 우려가 있다고 인정하면 직권 또는 사경의 신청에 따라 잠정조치 청구 가능	−	잠정조치 변경 신청	① 피해자, 동거인, 가족, 법정대리인은 2호(100m 이내 접근금지)결정이 있은 후 주거등을 옮긴 경우, 법원에 잠정조치 결정변경 신청 가능 ② 스토킹행위자나 그 법정대리인은 법원에 잠정조치 취소 또는 종류변경 신청 가능 ③ 검사는 직권이나 사경의 신청에 따라 기간의 연장 또는 종류변경을 청구할 수 있고, 필요하지 않은 경우 취소청구도 가능 ④ 법원은 결정할 수 있고, 고지하여야 함
법원의 잠정조치	① 피해자에 대한 스토킹범죄 중단에 관한 서면경고 ② 피해자 또는 그의 동거인, 가족이나 그 주거 등으로부터 100m 이내의 접근금지 ③ 피해자 또는 그의 동거인, 가족에 대한 전기통신을 이용한 접근금지 ④ 전자장치의 부착 ⑤ 국가경찰관서의 유치장 또는 구치소 유치	①·②·③·④는 3개월을 초과 × (두 차례에 한하여 각 3개월의 범위에서 연장 가능) ⑤는 1개월 초과 ×		

- 긴급응급조치의 효력상실
  - 긴급조치 정한 기간이 지난 때
  - 법원의 긴급대상자에 대한 조치결정 : 긴급조치에 따른 피해자 등 100m 이내 접근금지결정, 주거 등 장소 100m 이내 접근금지결정, 전기통신이용 접근금지결정(사경에서 법원으로 주체가 바뀜)
- 잠정조치의 효력상실 : 스토킹행위자에 대한 검사의 불기소처분, 사경의 불송치결정 한 때 효력상실

제1장 | 총칙

제1조 【목적】

이 법은 스토킹범죄의 처벌 및 그 절차에 관한 특례와 스토킹범죄 피해자에 대한 보호절차를 규정함으로써 피해자를 보호하고 건강한 사회질서의 확립에 이바지함을 목적으로 한다.

제2조 【정의】

이 법에서 사용하는 용어의 뜻은 다음과 같다.

스토킹행위	상대방의 의사에 반(反)하여 정당한 이유 없이 다음 각 목의 어느 하나에 해당하는 행위를 하여 상대방에게 불안감 또는 공포심을 일으키는 것 가. 상대방 또는 그의 동거인, 가족(이하 "상대방등"이라 한다)에게 접근하거나 따라다니거나 진로를 막아서는 행위 나. 상대방등의 주거, 직장, 학교, 그 밖에 일상적으로 생활하는 장소(이하 "주거등"이라 한다) 또는 그 부근에서 기다리거나 지켜보는 행위 다. 상대방등에게 우편·전화·팩스 또는 「정보통신망 이용촉진 및 정보보호 등에 관한 법률」 제2조 제1항 제1호의 정보통신망(이하 "정보통신망"이라 한다)을 이용하여 물건이나 글·말·부호·음향·그림·영상·화상(이하 "물건등"이라 한다)을 도달하게 하거나 정보통신망을 이용하는 프로그램 또는 전화의 기능에 의하여 글·말·부호·음향·그림·영상·화상이 상대방등에게 나타나게 하는 행위 라. 상대방등에게 직접 또는 제3자를 통하여 물건등을 도달하게 하거나 주거등 또는 그 부근에 물건등을 두는 행위 마. 상대방등의 주거등 또는 그 부근에 놓여져 있는 물건등을 훼손하는 행위 바. 다음의 어느 하나에 해당하는 상대방등의 정보를 정보통신망을 이용하여 제3자에게 제공하거나 배포 또는 게시하는 행위 　1) 「개인정보 보호법」 제2조 제1호의 개인정보 　2) 「위치정보의 보호 및 이용 등에 관한 법률」 제2조 제2호의 개인위치정보 　3) 1) 또는 2)의 정보를 편집·합성 또는 가공한 정보(해당 정보주체를 식별할 수 있는 경우로 한정한다)

스토킹행위	사. 정보통신망을 통하여 상대방등의 이름, 명칭, 사진, 영상 또는 신분에 관한 정보를 이용하여 자신이 상대방등인 것처럼 가장하는 행위
스토킹범죄	지속적 또는 반복적으로 스토킹행위를 하는 것
피해자	스토킹범죄로 직접적인 피해를 입은 사람
피해자등	피해자 및 스토킹행위의 상대방

제2장 | 스토킹범죄 등의 처리절차

제3조【스토킹행위 신고 등에 대한 응급조치】

사법경찰관리는 진행 중인 스토킹행위에 대하여 신고를 받은 경우 즉시 현장에 나가 다음 각 호의 조치를 하여야 한다.

1. 스토킹행위의 제지, 향후 스토킹행위의 중단 통보 및 스토킹행위를 지속적 또는 반복적으로 할 경우 처벌 서면경고
2. 스토킹행위자와 피해자등의 분리 및 범죄수사
3. 피해자등에 대한 긴급응급조치 및 잠정조치 요청의 절차 등 안내
4. 스토킹 피해 관련 상담소 또는 보호시설로의 피해자등 인도(피해자등이 동의한 경우만 해당한다)

제4조【긴급응급조치】

① 사법경찰관은 스토킹행위 신고와 관련하여 스토킹행위가 지속적 또는 반복적으로 행하여질 우려가 있고 스토킹범죄의 예방을 위하여 긴급을 요하는 경우 스토킹행위자에게 직권으로 또는 스토킹행위의 상대방이나 그 법정대리인 또는 스토킹행위를 신고한 사람의 요청에 의하여 다음 각 호에 따른 조치를 할 수 있다.

　1. 스토킹행위의 상대방등이나 그 주거등으로부터 100미터 이내의 접근 금지
　2. 스토킹행위의 상대방등에 대한 「전기통신기본법」 제2조 제1호의 전기통신을 이용한 접근 금지

② 사법경찰관은 제1항에 따른 조치(이하 "긴급응급조치"라 한다)를 하였을 때에는 즉시 스토킹 행위의 요지, 긴급응급조치가 필요한 사유, 긴급응급조치의 내용 등이 포함된 긴급응급조치결 정서를 작성하여야 한다.

제5조 【긴급응급조치의 승인 신청】

① 사법경찰관은 긴급응급조치를 하였을 때에는 지체 없이 검사에게 해당 긴급응급조치에 대한 사후승인을 지방법원 판사에게 청구하여 줄 것을 신청하여야 한다.

② 제1항의 신청을 받은 검사는 긴급응급조치가 있었던 때부터 48시간 이내에 지방법원 판사에게 해당 긴급응급조치에 대한 사후승인을 청구한다. 이 경우 제4조 제2항에 따라 작성된 긴급응급조치결정서를 첨부하여야 한다.

③ 지방법원 판사는 스토킹행위가 지속적 또는 반복적으로 행하여지는 것을 예방하기 위하여 필요하다고 인정하는 경우에는 제2항에 따라 청구된 긴급응급조치를 승인할 수 있다.

④ 사법경찰관은 검사가 제2항에 따라 긴급응급조치에 대한 사후승인을 청구하지 아니하거나 지방법원 판사가 제2항의 청구에 대하여 사후승인을 하지 아니한 때에는 즉시 그 긴급응급조치를 취소하여야 한다.

⑤ 긴급응급조치기간은 1개월을 초과할 수 없다.

제6조 【긴급응급조치의 통지 등】

① 사법경찰관은 긴급응급조치를 하는 경우에는 스토킹행위의 상대방등이나 그 법정대리인에게 통지하여야 한다.

② 사법경찰관은 긴급응급조치를 하는 경우에는 해당 긴급응급조치의 대상자(이하 "긴급응급조치대상자"라 한다)에게 조치의 내용 및 불복방법 등을 고지하여야 한다.

제7조 【긴급응급조치의 변경 등】

① 긴급응급조치대상자나 그 법정대리인은 긴급응급조치의 취소 또는 그 종류의 변경을 사법경찰관에게 신청할 수 있다.

② 스토킹행위의 상대방등이나 그 법정대리인은 제4조 제1항 제1호의 긴급응급조치가 있은 후 스토킹행위의 상대방등이 주거등을 옮긴 경우에는 사법경찰관에게 긴급응급조치의 변경을 신청할 수 있다.

③ 스토킹행위의 상대방이나 그 법정대리인은 긴급응급조치가 필요하지 아니한 경우에는 사법경찰관에게 해당 긴급응급조치의 취소를 신청할 수 있다.

④ 사법경찰관은 정당한 이유가 있다고 인정하는 경우에는 직권으로 또는 제1항부터 제3항까지의 규정에 따른 신청에 의하여 해당 긴급응급조치를 취소할 수 있고, 지방법원 판사의 승인을 받아 긴급응급조치의 종류를 변경할 수 있다.

⑤ 사법경찰관은 제4항에 따라 긴급응급조치를 취소하거나 그 종류를 변경하였을 때에는 스토킹행위의 상대방등 및 긴급응급조치대상자 등에게 다음 각 호의 구분에 따라 통지 또는 고지하여야 한다.

1. 스토킹행위의 상대방등이나 그 법정대리인 : 취소 또는 변경의 취지 통지
2. 긴급응급조치대상자 : 취소 또는 변경된 조치의 내용 및 불복방법 등 고지
⑥ 긴급응급조치(제4항에 따라 그 종류를 변경한 경우를 포함한다. 이하 이 항에서 같다)는 다음 각 호의 어느 하나에 해당하는 때에 그 효력을 상실한다.
1. 긴급응급조치에서 정한 기간이 지난 때
2. 법원이 긴급응급조치대상자에게 다음 각 목의 결정을 한 때(스토킹행위의 상대방과 같은 사람을 피해자로 하는 경우로 한정한다)
　　가. 제4조 제1항 제1호의 긴급응급조치에 따른 스토킹행위의 상대방등과 같은 사람을 피해자 또는 그의 동거인, 가족으로 하는 제9조 제1항 제2호에 따른 조치의 결정
　　나. 제4조 제1항 제1호의 긴급응급조치에 따른 주거등과 같은 장소를 피해자 또는 그의 동거인, 가족의 주거등으로 하는 제9조 제1항 제2호에 따른 조치의 결정
　　다. 제4조 제1항 제2호의 긴급응급조치에 따른 스토킹행위의 상대방등과 같은 사람을 피해자 또는 그의 동거인, 가족으로 하는 제9조 제1항 제3호에 따른 조치의 결정

제8조 【잠정조치의 청구】

① 검사는 스토킹범죄가 재발될 우려가 있다고 인정하면 직권 또는 사법경찰관의 신청에 따라 법원에 제9조 제1항 각 호의 조치를 청구할 수 있다.
② 피해자 또는 그 법정대리인은 검사 또는 사법경찰관에게 제1항에 따른 조치의 청구 또는 그 신청을 요청하거나, 이에 관하여 의견을 진술할 수 있다.
③ 사법경찰관은 제2항에 따른 신청 요청을 받고도 제1항에 따른 신청을 하지 아니하는 경우에는 검사에게 그 사유를 보고하여야 하고, 피해자 또는 그 법정대리인에게 그 사실을 지체 없이 알려야 한다.
④ 검사는 제2항에 따른 청구 요청을 받고도 제1항에 따른 청구를 하지 아니하는 경우에는 피해자 또는 그 법정대리인에게 그 사실을 지체 없이 알려야 한다.

제9조 【스토킹행위자에 대한 잠정조치】

① 법원은 스토킹범죄의 원활한 조사·심리 또는 피해자 보호를 위하여 필요하다고 인정하는 경우에는 결정으로 스토킹행위자에게 다음 각 호의 어느 하나에 해당하는 조치(이하 "잠정조치"라 한다)를 할 수 있다.
1. 피해자에 대한 스토킹범죄 중단에 관한 서면 경고
2. 피해자 또는 그의 동거인, 가족이나 그 주거등으로부터 100미터 이내의 접근 금지
3. 피해자 또는 그의 동거인, 가족에 대한 「전기통신기본법」 제2조 제1호의 전기통신을 이용한 접근 금지

3의2. 「전자장치 부착 등에 관한 법률」 제2조 제4호의 위치추적 전자장치(이하 "전자장치"라 한다)의 부착

4. 국가경찰관서의 유치장 또는 구치소에의 유치

② 제1항 각 호의 잠정조치는 병과할 수 있다.

③ 법원은 제1항 제3호의2 또는 제4호의 조치에 관한 결정을 하기 전 잠정조치의 사유를 판단하기 위하여 필요하다고 인정하는 때에는 검사, 스토킹행위자, 피해자, 기타 참고인으로부터 의견을 들을 수 있다. 의견을 듣는 방법과 절차, 그 밖에 필요한 사항은 대법원규칙으로 정한다.

④ 제1항 제3호의2에 따라 전자장치가 부착된 사람은 잠정조치기간 중 전자장치의 효용을 해치는 다음 각 호의 행위를 하여서는 아니 된다.

1. 전자장치를 신체에서 임의로 분리하거나 손상하는 행위

2. 전자장치의 전파를 방해하거나 수신자료를 변조하는 행위

3. 제1호 및 제2호에서 정한 행위 외에 전자장치의 효용을 해치는 행위

⑤ 법원은 잠정조치를 결정한 경우에는 검사와 피해자 또는 그의 동거인, 가족, 그 법정대리인에게 통지하여야 한다.

⑥ 법원은 제1항 제4호에 따른 잠정조치를 한 경우에는 스토킹행위자에게 변호인을 선임할 수 있다는 것과 제12조에 따라 항고할 수 있다는 것을 고지하고, 다음 각 호의 구분에 따른 사람에게 해당 잠정조치를 한 사실을 통지하여야 한다.

1. 스토킹행위자에게 변호인이 있는 경우 : 변호인

2. 스토킹행위자에게 변호인이 없는 경우 : 법정대리인 또는 스토킹행위자가 지정하는 사람

⑦ 제1항 제2호·제3호 및 제3호의2에 따른 잠정조치기간은 3개월, 같은 항 제4호에 따른 잠정조치기간은 1개월을 초과할 수 없다. 다만, 법원은 피해자의 보호를 위하여 그 기간을 연장할 필요가 있다고 인정하는 경우에는 결정으로 제1항 제2호·제3호 및 제3호의2에 따른 잠정조치에 대하여 두 차례에 한정하여 각 3개월의 범위에서 연장할 수 있다.

제10조 【잠정조치의 집행 등】

① 법원은 잠정조치 결정을 한 경우에는 법원공무원, 사법경찰관리, 구치소 소속 교정직공무원 또는 보호관찰관으로 하여금 집행하게 할 수 있다.

② 제1항에 따라 잠정조치 결정을 집행하는 사람은 스토킹행위자에게 잠정조치의 내용, 불복방법 등을 고지하여야 한다.

③ 피해자 또는 그의 동거인, 가족, 그 법정대리인은 제9조 제1항 제2호의 잠정조치 결정이 있은 후 피해자 또는 그의 동거인, 가족이 주거등을 옮긴 경우에는 법원에 잠정조치 결정의 변경을 신청할 수 있다.

④ 제3항의 신청에 따른 변경 결정의 스토킹행위자에 대한 고지에 관하여는 제2항을 준용한다.

⑤ 제1항부터 제4항까지에서 규정한 사항 외에 제9조 제1항 제3호의2에 따른 잠정조치 결정의 집행 등에 관하여는 「전자장치 부착 등에 관한 법률」 제5장의2에 따른다.

제11조 【잠정조치의 변경 등】

① 스토킹행위자나 그 법정대리인은 잠정조치 결정의 취소 또는 그 종류의 변경을 법원에 신청할 수 있다.

② 검사는 수사 또는 공판과정에서 잠정조치가 계속 필요하다고 인정하는 경우에는 직권이나 사법경찰관의 신청에 따라 법원에 해당 잠정조치기간의 연장 또는 그 종류의 변경을 청구할 수 있고, 잠정조치가 필요하지 아니하다고 인정하는 경우에는 직권이나 사법경찰관의 신청에 따라 법원에 해당 잠정조치의 취소를 청구할 수 있다.

③ 법원은 정당한 이유가 있다고 인정하는 경우에는 직권 또는 제1항의 신청이나 제2항의 청구에 의하여 결정으로 해당 잠정조치의 취소, 기간의 연장 또는 그 종류의 변경을 할 수 있다.

④ 법원은 제3항에 따라 잠정조치의 취소, 기간의 연장 또는 그 종류의 변경을 하였을 때에는 검사와 피해자 및 스토킹행위자 등에게 다음 각 호의 구분에 따라 통지 또는 고지하여야 한다.

1. 검사, 피해자 또는 그의 동거인, 가족, 그 법정대리인 : 취소, 연장 또는 변경의 취지 통지
2. 스토킹행위자 : 취소, 연장 또는 변경된 조치의 내용 및 불복방법 등 고지
3. 제9조 제6항 각 호의 구분에 따른 사람 : 제9조 제1항 제4호에 따른 잠정조치를 한 사실

⑤ 잠정조치 결정(제3항에 따라 잠정조치기간을 연장하거나 그 종류를 변경하는 결정을 포함한다. 이하 제12조 및 제14조에서 같다)은 스토킹행위자에 대해 검사가 불기소처분을 한 때 또는 사법경찰관이 불송치결정을 한 때에 그 효력을 상실한다.

참고 잠정조치 정리		
잠정조치	기간	연장
피해자에 대한 스토킹범죄 중단에 관한 서면경고	–	–
피해자 또는 그의 동거인, 가족이나 그 주거 등으로부터 100미터 이내의 접근금지	3개월 초과 ×	두 차례에 한하여 각 3개월의 범위에서 연장 가능
피해자 또는 그의 동거인, 가족에 대한 「전기통신기본법」 제2조 제1호의 전기통신을 이용한 접근금지	–	–
「전자장치 부착 등에 관한 법률」 제2조 제4호의 위치추적 전자장치의 부착	–	–
국가경찰관선의 유치장 또는 구치소에의 유치	1개월 초과 ×	–

제12조 【항고】

① 검사, 스토킹행위자 또는 그 법정대리인은 긴급응급조치 또는 잠정조치에 대한 결정이 다음 각 호의 어느 하나에 해당하는 경우에는 항고할 수 있다.

  1. 해당 결정에 영향을 미친 법령의 위반이 있거나 중대한 사실의 오인이 있는 경우

  2. 해당 결정이 현저히 부당한 경우

② 제1항에 따른 항고는 그 결정을 고지받은 날부터 7일 이내에 하여야 한다.

제13조 【항고장의 제출】

① 제12조에 따른 항고를 할 때에는 원심법원에 항고장을 제출하여야 한다.

② 항고장을 받은 법원은 3일 이내에 의견서를 첨부하여 기록을 항고법원에 보내야 한다.

제14조 【항고의 재판】

① 항고법원은 항고의 절차가 법률에 위반되거나 항고가 이유 없다고 인정하는 경우에는 결정으로 항고를 기각하여야 한다.

② 항고법원은 항고가 이유 있다고 인정하는 경우에는 원결정을 취소하고 사건을 원심법원에 환송하거나 다른 관할법원에 이송하여야 한다. 다만, 환송 또는 이송하기에 급박하거나 그 밖에 필요하다고 인정할 때에는 원결정을 파기하고 스스로 적절한 잠정조치 결정을 할 수 있다.

제15조 【재항고】

① 항고의 기각 결정에 대해서는 그 결정이 법령에 위반된 경우에만 대법원에 재항고를 할 수 있다.

② 제1항에 따른 재항고의 기간, 재항고장의 제출 및 재항고의 재판에 관하여는 제12조 제2항, 제13조 및 제14조를 준용한다.

제16조 【집행의 부정지】

항고와 재항고는 결정의 집행을 정지하는 효력이 없다.

제17조 【스토킹범죄의 피해자에 대한 전담조사제】

① 검찰총장은 각 지방검찰청 검사장에게 스토킹범죄 전담 검사를 지정하도록 하여 특별한 사정이 없으면 스토킹범죄 전담 검사가 피해자를 조사하게 하여야 한다.

② 경찰관서의 장(국가수사본부장, 시·도경찰청장 및 경찰서장을 의미한다. 이하 같다)은 스토킹범죄 전담 사법경찰관을 지정하여 특별한 사정이 없으면 스토킹범죄 전담 사법경찰관이 피해자를 조사하게 하여야 한다.

③ 검찰총장 및 경찰관서의 장은 제1항의 스토킹범죄 전담 검사 및 제2항의 스토킹범죄 전담 사법경찰관에게 스토킹범죄의 수사에 필요한 전문지식과 피해자 보호를 위한 수사방법 및 수사절차 등에 관한 교육을 실시하여야 한다.

제17조의2 【피해자 등에 대한 신변안전조치】

법원 또는 수사기관이 피해자등 또는 스토킹범죄를 신고(고소·고발을 포함한다. 이하 이 조에서 같다)한 사람을 증인으로 신문하거나 조사하는 경우의 신변안전조치에 관하여는 「특정범죄신고자 등 보호법」 제13조 및 제13조의2를 준용한다. 이 경우 "범죄신고자등"은 "피해자등 또는 스토킹범죄를 신고한 사람"으로 본다.

제17조의3 【피해자등의 신원과 사생활 비밀 누설 금지】

① 다음 각 호의 어느 하나에 해당하는 업무를 담당하거나 그에 관여하는 공무원 또는 그 직에 있었던 사람은 피해자등의 주소, 성명, 나이, 직업, 학교, 용모, 인적사항, 사진 등 피해자등을 특정하여 파악할 수 있게 하는 정보 또는 피해자등의 사생활에 관한 비밀을 공개하거나 다른 사람에게 누설하여서는 아니 된다.

1. 제3조에 따른 조치에 관한 업무
2. 긴급응급조치의 신청, 청구, 승인, 집행 또는 취소·변경에 관한 업무
3. 잠정조치의 신청, 청구, 결정, 집행 또는 취소·기간연장·변경에 관한 업무
4. 스토킹범죄의 수사 또는 재판에 관한 업무

② 누구든지 피해자등의 동의를 받지 아니하고 피해자등의 주소, 성명, 나이, 직업, 학교, 용모, 인적 사항, 사진 등 피해자등을 특정하여 파악할 수 있게 하는 정보를 신문 등 인쇄물에 싣거나 「방송법」 제2조 제1호에 따른 방송 또는 정보통신망을 통하여 공개하여서는 아니 된다.

제17조의4 【피해자에 대한 변호사 선임의 특례】

① 피해자 및 그 법정대리인은 형사절차상 입을 수 있는 피해를 방어하고 법률적 조력을 보장받기 위하여 변호사를 선임할 수 있다.

② 제1항에 따라 선임된 변호사(이하 이 조에서 "변호사"라 한다)는 검사 또는 사법경찰관의 피해자 및 그 법정대리인에 대한 조사에 참여하여 의견을 진술할 수 있다. 다만, 조사 도중에는

검사 또는 사법경찰관의 승인을 받아 의견을 진술할 수 있다.

③ 변호사는 피의자에 대한 구속 전 피의자심문, 증거보전절차, 공판준비기일 및 공판절차에 출석하여 의견을 진술할 수 있다. 이 경우 필요한 절차에 관한 구체적 사항은 대법원규칙으로 정한다.

④ 변호사는 증거보전 후 관계 서류나 증거물, 소송계속 중의 관계 서류나 증거물을 열람하거나 복사할 수 있다.

⑤ 변호사는 형사절차에서 피해자 및 법정대리인의 대리가 허용될 수 있는 모든 소송행위에 대한 포괄적인 대리권을 가진다.

⑥ 검사는 피해자에게 변호사가 없는 경우 국선변호사를 선정하여 형사절차에서 피해자의 권익을 보호할 수 있다.

제3장 | 벌칙

제18조 【스토킹범죄】

① 스토킹범죄를 저지른 사람은 3년 이하의 징역 또는 3천만원 이하의 벌금에 처한다.

② 흉기 또는 그 밖의 위험한 물건을 휴대하거나 이용하여 스토킹범죄를 저지른 사람은 5년 이하의 징역 또는 5천만원 이하의 벌금에 처한다.

③ 삭제 <2023.7.11.>

제19조 【형벌과 수강명령 등의 병과】

① 법원은 스토킹범죄를 저지른 사람에 대하여 유죄판결(선고유예는 제외한다)을 선고하거나 약식명령을 고지하는 경우에는 200시간의 범위에서 다음 각 호의 구분에 따라 재범 예방에 필요한 수강명령(「보호관찰 등에 관한 법률」에 따른 수강명령을 말한다. 이하 같다) 또는 스토킹 치료프로그램의 이수명령(이하 "이수명령"이라 한다)을 병과할 수 있다.
1. 수강명령 : 형의 집행을 유예할 경우에 그 집행유예기간 내에서 병과
2. 이수명령 : 벌금형 또는 징역형의 실형을 선고하거나 약식명령을 고지할 경우에 병과

② 법원은 스토킹범죄를 저지른 사람에 대하여 형의 집행을 유예하는 경우에는 제1항에 따른 수강명령 외에 그 집행유예기간 내에서 보호관찰 또는 사회봉사 중 하나 이상의 처분을 병과할 수 있다.

③ 제1항에 따른 수강명령 또는 이수명령의 내용은 다음 각 호와 같다.
1. 스토킹 행동의 진단·상담

2. 건전한 사회질서와 인권에 관한 교육

3. 그 밖에 스토킹범죄를 저지른 사람의 재범 예방을 위하여 필요한 사항

④ 제1항에 따른 수강명령 또는 이수명령은 다음 각 호의 구분에 따라 각각 집행한다.

1. 형의 집행을 유예할 경우 : 그 집행유예기간 내

2. 벌금형을 선고하거나 약식명령을 고지할 경우 : 형 확정일부터 6개월 이내

3. 징역형의 실형을 선고할 경우 : 형기 내

⑤ 제1항에 따른 수강명령 또는 이수명령이 벌금형 또는 형의 집행유예와 병과된 경우에는 보호관찰소의 장이 집행하고, 징역형의 실형과 병과된 경우에는 교정시설의 장이 집행한다. 다만, 징역형의 실형과 병과된 이수명령을 모두 이행하기 전에 석방 또는 가석방되거나 미결구금일수 산입 등의 사유로 형을 집행할 수 없게 된 경우에는 보호관찰소의 장이 남은 이수명령을 집행한다.

⑥ 형벌에 병과하는 보호관찰, 사회봉사, 수강명령 또는 이수명령에 관하여 이 법에서 규정한 사항 외에는 「보호관찰 등에 관한 법률」을 준용한다.

시행령

제2조 【스토킹범죄를 저지른 사람의 재범 예방을 위한 시책 마련】

법무부장관은 「스토킹범죄의 처벌 등에 관한 법률」(이하 "법"이라 한다) 제19조 제1항에 따른 수강명령과 스토킹 치료프로그램 이수명령의 실시에 필요한 프로그램의 개발과 관련 전문인력의 양성 등 스토킹범죄를 저지른 사람의 재범 예방을 위한 시책을 마련해야 한다.

제20조 【벌칙】

① 다음 각 호의 어느 하나에 해당하는 사람은 3년 이하의 징역 또는 3천만원 이하의 벌금에 처한다.

1. 제9조 제4항을 위반하여 전자장치의 효용을 해치는 행위를 한 사람

2. 제17조의3 제1항을 위반하여 피해자등의 주소, 성명, 나이, 직업, 학교, 용모, 인적사항, 사진 등 피해자등을 특정하여 파악할 수 있게 하는 정보 또는 피해자등의 사생활에 관한 비밀을 공개하거나 다른 사람에게 누설한 사람

3. 제17조의3 제2항을 위반하여 피해자등의 주소, 성명, 나이, 직업, 학교, 용모, 인적 사항, 사진 등 피해자등을 특정하여 파악할 수 있게 하는 정보를 신문 등 인쇄물에 싣거나 「방송법」 제2조 제1호에 따른 방송 또는 정보통신망을 통하여 공개한 사람

② 제9조 제1항 제2호 또는 제3호의 잠정조치를 이행하지 아니한 사람은 2년 이하의 징역 또는 2천만원 이하의 벌금에 처한다.

③ 긴급응급조치(검사가 제5조 제2항에 따른 긴급응급조치에 대한 사후승인을 청구하지 아니하거나 지방법원 판사가 같은 조 제3항에 따른 승인을 하지 아니한 경우는 제외한다)를 이행하

하지 아니한 사람은 1년 이하의 징역 또는 1천만원 이하의 벌금에 처한다.

④ 제19조 제1항에 따라 이수명령을 부과받은 후 정당한 사유 없이 보호관찰소의 장 또는 교정시설의 장의 이수명령 이행에 관한 지시에 따르지 아니하여 「보호관찰 등에 관한 법률」 또는 「형의 집행 및 수용자의 처우에 관한 법률」에 따른 경고를 받은 후 다시 정당한 사유 없이 이수명령 이행에 관한 지시를 따르지 아니한 경우에는 다음 각 호에 따른다.

1. 벌금형과 병과된 경우에는 500만원 이하의 벌금에 처한다.
2. 징역형의 실형과 병과된 경우에는 1년 이하의 징역 또는 1천만원 이하의 벌금에 처한다.

제21조
삭제 <2023.7.11.>

관련판례

스토킹처벌법상 스토킹행위 및 스토킹범죄 해당 여부 판단 방법

구 스토킹범죄의 처벌 등에 관한 법률 제2조 제1호는 "스토킹행위란 상대방의 의사에 반하여 정당한 이유 없이 상대방 또는 그의 동거인, 가족에 대하여 다음 각 목의 어느 하나에 해당하는 행위를 하여 상대방에게 불안감 또는 공포심을 일으키는 것을 말한다."라고 규정하고, 그 유형 중 하나로 '상대방 등에게 직접 또는 제3자를 통하여 글·말·부호·음향·그림·영상·화상을 도달하게 하거나 주거 등 또는 그 부근에 물건 등을 두는 행위'를 들고 있다(라. 목). 그리고 같은 조 제2호는 "스토킹범죄란 지속적 또는 반복적으로 스토킹행위를 하는 것을 말한다."라고 규정한다.

스토킹행위를 전제로 하는 스토킹범죄는 행위자의 어떠한 행위를 매개로 이를 인식한 상대방에게 불안감 또는 공포심을 일으킴으로써 그의 자유로운 의사결정의 자유 및 생활형성의 자유와 평온이 침해되는 것을 막고 이를 보호법익으로 하는 위험범이라고 볼 수 있으므로, 구 스토킹처벌법 제2조 제1호 각 목의 행위가 객관적·일반적으로 볼 때 이를 인식한 상대방으로 하여금 불안감 또는 공포심을 일으키기에 충분한 정도라고 평가될 수 있다면 현실적으로 상대방의 불안감 내지 공포심을 갖게 되었는지 여부와 관계없이 "스토킹행위"에 해당하고, 나아가 그와 같은 일련의 스토킹행위가 지속되거나 반복되면 '스토킹범죄'가 성립한다. 이때 구 스토킹처벌법 제2조 제1호 각 목의 행위가 객관적·일반적으로 볼 때 상대방으로 하여금 불안감 또는 공포심을 일으키기에 충분한 정도인지는 행위자와 상대방의 관계·지위·성향·행위에 이르게 된 경위, 행위태양, 행위자와 상대방의 언동, 주변의 상황 등 행위 전후의 여러 사정을 종합하여 객관적으로 판단하여야 한다(대법원 2023.12.14. 2023도10313).

※ 빌라 아래층에 살던 피고인이 불상의 도구로 여러 차례 벽 또는 천장을 두드려 '쿵쿵' 소리를 내어 이를 위층에 살던 피해자의 의사에 반하여 피해자에게 도달하게 한 사안임

대법원은, 피고인은 층간소음 기타 주변의 생활소음에 불만을 표시하며 수개월에 걸쳐 이웃들이 잠드는 시각인 늦은 밤부터 새벽 사이에 반복하여 도구로 벽을 치거나 음향기기를 트는 등으로 피해자를 비롯한 주변 이웃들에게 큰 소리가 전달되게 하였고, 피고인의 반복되는 행위로 다수의 이웃들은 수개월 내에 이사를 갈 수밖에 없었으며, 피고인은 이웃의 112 신고에 의하여 출동한 경찰관으로부터 주거지 문을 열어 줄 것을 요청받고도 '영장 들고 왔냐'고 하면서 대화 및 출입을 거부하였을 뿐만 아니라 주변 이웃들의 대화 시도를 거부하고 오히려 대화를 시도한 이웃을 스토킹혐의로 고소하는 등 이웃 간의 분쟁을 합리적으로 해결하려 하기보다 이웃을 괴롭힐 의도로 위 행위를

한 것으로 보이는 점 등 피고인과 피해자의 관계, 구체적 행위태양 및 경위, 피고인의 언동, 행위 전후의 여러 사정들에 비추어 보면, 피고인의 행위는 충간소음의 원인 확인이나 해결방안 모색 등을 위한 사회통념상 합리적 범위 내의 정당한 이 유 있는 행위에 해당한다고 볼 수 없고 객관적·일반적으로 상대방에게 불안감 내지 공포심을 일으키기에 충분하다고 보이며 나아가 위와 같은 일련의 행위가 지속되거나 반복되었으므로 '스토킹범죄'를 구성한다고 보아, 원심판결을 수긍하여 상고를 기각함

참고 현행법상 보안처분 정리

법률	종류	내용
「치료감호 등에 관한 법률」	치료감호	• 심신장애인 · 정신성적장애인 · 성폭력범죄자 : 15년 • 약물중독자 : 2년 • 특정 살인범죄자 : 매년 2년 범위 3회 연장 ○
	보호관찰	가종료 · 치료위탁 : 3년, 연장 ×
	치료명령	선고유예 · 집행유예 : 보호관찰기간 내
「보안관찰법」	보안관찰	2년, 제한 없이 갱신 ○
「보호관찰 등에 관한 법률」	보호관찰	선고유예, 집행유예, 가석방, 임시퇴원, 기타 다른 법령
	사회봉사 · 수강명령	집행유예, 소년법, 기타 다른 법령
「형법」	보호관찰	선고유예, 집행유예, 가석방
	사회봉사 · 수강명령	집행유예
「소년법」	보호처분	• 보호자 또는 보호자를 대신하는 자에게 감호위탁 : 6월, 6월 이내 1회 연장 ○ • 수강명령 : 12세 이상, 100시간 이내 • 사회봉사명령 : 14세 이상, 200시간 이내 • 단기 보호관찰 : 1년, 연장 × • 장기 보호관찰 : 2년, 1년 범위 1회 연장 ○ • 아동복지시설이나 소년보호시설에의 감호위탁 : 6월, 6월 이내 1회 연장 ○ • 병원, 요양소, 의료재활소년원에의 위탁 : 6월, 6월 이내 1회 연장 ○ • 1개월 이내의 소년원 송치 • 단기 소년원 송치 : 6월 이내, 연장 × • 장기 소년원 송치 : 12세 이상, 2년 이내, 연장 × ※ 위탁 및 감호위탁 : 6월, 6월 이내 1회 연장 ○
「국가보안법」	감시 · 보도	공소보류자에 대한 감시 · 보도
「성매매 알선 등 행위의 처벌에 관한 법률」	보호처분	• 보호처분 : 6월 • 사회봉사 · 수강명령 : 100시간 이내
「가정폭력범죄의 처벌 등에 관한 특례법 」	보호처분	• 보호처분 : 6월 초과 × • 사회봉사 · 수강명령 : 200시간 이내

「마약류관리에 관한 법률」	마약중독자의 치료보호	• 검사기간 : 1개월 이내 • 치료보호기간 : 12월 이내
「아동·청소년의 성보호에 관한 법률」	수강명령 또는 이수명령, 보호처분	수강명령 또는 성폭력 치료프로그램 이수명령 : 500시간 이내
「전자장치 부착 등에 관한 법률」	전자장치 부착, 치료프로그램 이수	• 보호관찰 : 1년 이상 30년 이하 • 치료프로그램 이수명령 : 500시간 이내
「성폭력범죄자의 성충동 약물치료에 관한 법률」	보호관찰, 성충동 약물치료	보호관찰, 성충동 약물치료 : 15년 이내(19세 이상)
「성폭력범죄의 처벌 등에 관한 특례법」	보호관찰, 수강(이수)	보호관찰, 수강 또는 이수명령 : 500시간 이내
「스토킹범죄의 처벌 등에 관한 법률」	보호관찰, 수강(이수)	보호관찰, 수강 또는 이수명령 : 200시간 이내

06 성폭력범죄자의 성충동 약물치료에 관한 법률

• **법** 2020.2.4. 시행 | **시행령** 2018.1.1. 시행

참고 **성충동약물치료법의 주요규정**

구분	판결에 의한 치료명령	수형자에 대한 법원의 결정	가종료자 등의 치료감호심의위원회의 결정
대상	성폭력범죄를 저지른 성도착증 환자로서 성폭력범죄를 다시 범할 위험성이 있다고 인정되는 19세 이상의 사람	성폭력범죄를 저질러 징역형 이상의 형이 확정되었으나 치료명령이 선고되지 아니한 수형자(성폭력 수형자) 중 성도착증 환자로서 성폭력범죄를 다시 범할 위험성이 있다고 인정되고 약물치료를 받는 것을 동의하는 사람	성폭력범죄자 중 성도착증 환자로서 치료감호의 집행 중 가종료 또는 치료위탁되는 피치료감호자나 보호감호의 집행 중 가출소되는 피보호감호자(가종료자 등)
기간	법원의 15년의 범위에서 치료기간을 정하여 판결로 치료명령을 선고	법원의 결정에 따른 치료기간은 15년을 초과할 수 없다.	보호관찰기간의 범위에서 치료감호심의위원회에서 치료명령을 부과결정
집행권자	검사지휘 보호관찰관	검사지휘 보호관찰관	보호관찰관
비용	국가 부담	원칙 본인 부담, 예외 가능 (본인의 동의에 의함)	국가 부담
통보	석방되기 3개월 전까지 보호관찰소장 통보	석방되기 5일 전까지 보호관찰소장 통보	석방되기 5일 전까지 보호관찰소장 통보
	• 석방되기 3개월 전부터 2개월 전까지 사이에 치료감호시설로 이송 • 치료감호시설의 장은 이송된 사실을 보호관찰소장에게 통보 • 치료감호시설의 장은 석방되기 5일 전 통보		–
집행시기	석방되기 전 2개월 이내		
임시해제	• 치료명령이 개시된 후 6개월 경과, 기각되면 6개월 경과 후에 신청 • 준수사항도 동시에 임시해제됨 • 임시해제기간은 치료명령기간에 산입되지 않음		
치료명령시효	• 판결확정 후 집행 없이 형의 시효기간 경과 • 판결확정 후 집행 없이 치료감호의 시효 완성	치료명령결정이 확정된 후 집행을 받지 아니하고 10년 경과하면 시효 완성	–

종료	• 기간경과 • 사면(형선고 효력 상실) • 임시해제기간 경과	좌동	• 기간경과 • 보호관찰기간 경과 및 종료 • 임시해제기간 경과

[기타 주요 내용]
1. **청구시기** : 항소심 변론종결 시까지
2. 주거이전 또는 7일 이상의 국내여행을 하거나 출국할 때에는 보호관찰관의 허가

제1장 | 총칙

제1조 【목적】

이 법은 사람에 대하여 성폭력범죄를 저지른 성도착증 환자로서 성폭력범죄를 다시 범할 위험성이 있다고 인정되는 사람에 대하여 성충동 약물치료를 실시하여 성폭력범죄의 재범을 방지하고 사회복귀를 촉진하는 것을 목적으로 한다.

제2조 【정의】 ★

이 법에서 사용하는 용어의 정의는 다음과 같다.

성도착증 환자	「치료감호 등에 관한 법률」 제2조 제1항 제3호에 해당하는 사람 및 정신건강의학과 전문의의 감정에 의하여 성적 이상 습벽으로 인하여 자신의 행위를 스스로 통제할 수 없다고 판명된 사람
성폭력범죄	가. 「아동·청소년의 성보호에 관한 법률」 제7조(아동·청소년에 대한 강간·강제추행 등)부터 제10조(강간 등 살인·치사)까지의 죄 나. 「성폭력범죄의 처벌 등에 관한 특례법」 제3조(특수강도강간 등)부터 제13조(통신매체를 이용한 음란행위)까지의 죄 및 제15조(미수범)의 죄(제3조부터 제9조까지의 미수범만을 말한다) 다. 「형법」 제297조(강간)·제297조의2(유사강간)·제298조(강제추행)·제299조(준강간, 준강제추행)·제300조(미수범)·제301조(강간 등 상해·치상)·제301조의2(강간 등 살인·치사)·제302조(미성년자등에 대한 간음)·제303조(업무상위력 등에 의한 간음)·제305조(미성년자에 대한 간음, 추행)·제339조(강도강간), 제340조(해상강도) 제3항(사람을 강간한 죄만을 말한다) 및 제342조(미수범)의 죄(제339조 및 제340조 제3항 중 사람을 강간한 죄의 미수범만을 말한다) 라. 가목부터 다목까지의 죄로서 다른 법률에 따라 가중 처벌되는 죄
성충동 약물치료	비정상적인 성적 충동이나 욕구를 억제하기 위한 조치로서 성도착증 환자에게 약물 투여 및 심리치료 등의 방법으로 도착적인 성기능을 일정기간 동안 약화 또는 정상화하는 치료

제3조【약물치료의 요건】
약물치료는 다음 각 호의 요건을 모두 갖추어야 한다.
1. 비정상적 성적 충동이나 욕구를 억제하거나 완화하기 위한 것으로서 의학적으로 알려진 것일 것
2. 과도한 신체적 부작용을 초래하지 아니할 것
3. 의학적으로 알려진 방법대로 시행될 것

제2장 | 약물치료명령의 청구 및 판결

제4조【치료명령의 청구】★★
① 검사는 사람에 대하여 성폭력범죄를 저지른 성도착증 환자로서 성폭력범죄를 다시 범할 위험성이 있다고 인정되는 19세 이상의 사람에 대하여 약물치료명령(이하 "치료명령"이라고 한다)을 법원에 청구할 수 있다.
② 검사는 치료명령 청구대상자(이하 "치료명령 피청구자"라 한다)에 대하여 정신건강의학과 전문의의 진단이나 감정을 받은 후 치료명령을 청구하여야 한다.
③ 제1항에 따른 치료명령의 청구는 공소가 제기되거나 치료감호가 독립 청구된 성폭력범죄사건(이하 "피고사건"이라 한다)의 항소심 변론종결 시까지 하여야 한다.
④ 법원은 피고사건의 심리결과 치료명령을 할 필요가 있다고 인정하는 때에는 검사에게 치료명령의 청구를 요구할 수 있다.
⑤ 피고사건에 대하여 판결의 확정 없이 공소가 제기되거나 치료감호가 독립 청구된 때부터 15년이 지나면 치료명령을 청구할 수 없다.
⑥ 제2항에 따른 정신건강의학과 전문의의 진단이나 감정에 필요한 사항은 대통령령으로 정한다.

시행령

제2조【정신건강의학과 전문의의 진단 및 감정】
① 「성폭력범죄자의 성충동 약물치료에 관한 법률」(이하 "법"이라 한다) 제4조 제2항 및 제6항에 따라 검사는 같은 조 제1항에 따른 성충동 약물치료명령(이하 "치료명령"이라 한다)을 청구하기 전에 다음 각 호의 어느 하나에 해당하는 시설 또는 기관의 정신건강의학과 전문의에게 치료명령 청구대상자(이하 "치료명령피청구자"라 한다)에 대한 진단이나 감정을 의뢰하여야 한다.
  1. 「치료감호 등에 관한 법률」에 따른 치료감호시설(이하 "치료감호시설"이라 한다)
  2. 「정신건강증진 및 정신질환자 복지서비스 지원에 관한 법률」에 따른 정신의료기관 중 법무부장관이 지정한 기관
② 제1항에 따라 치료명령피청구자를 진단하거나 감정하는 정신건강의학과 전문의는 치료명령피청구자를 직접

면접하여 진단이나 감정을 실시하여야 하며, 진단이나 감정에 필요하면 심리적·생리적 평가도구를 사용할 수 있다.

관련판례

[1] 장기간의 형 집행이 예정된 사람에 대하여 '성폭력범죄자의 성충동 약물치료에 관한 법률'에 의한 약물치료명령을 부과하기 위한 요건

성충동약물치료에 의한 약물치료명령(이하 '치료명령'이라고 한다)은 성폭력범죄를 저지른 성도착증 환자로서 성폭력범죄를 다시 범할 위험성이 있다고 인정되는 19세 이상의 사람에 대하여 약물투여와 심리치료 등의 방법으로 도착적인 성기능을 일정 기간 동안 약화 또는 정상화하는 치료를 실시하는 보안처분으로, 원칙적으로 형 집행 종료 후 신체에 영구적인 변화를 초래할 수도 있는 약물의 투여를 피청구자의 동의 없이 강제적으로 상당 기간 실시한다는 점에서 헌법이 보장하고 있는 신체의 자유와 자기결정권에 대한 직접적이고 침익적인 처분에 해당한다. 그러므로 장기간의 형 집행이 예정된 사람에 대해서는 그 형 집행에도 불구하고 재범의 방지, 사회복귀의 촉진과 국민의 보호를 위한 추가적인 조치를 취할 필요성이 인정되는 불가피한 경우에만 이를 부과하여야 한다(대법원 2015.3.12. 2014도17853).

[2] 성폭력범죄를 저지른 정신성적 장애인에 대하여 치료감호와 치료명령이 함께 청구된 경우, 치료감호와 함께 치료명령을 선고하기 위한 요건

피청구자의 동의 없이 강제적으로 이루어지는 치료명령 자체가 피청구자의 신체의 자유와 자기결정권에 대한 중대한 제한이 되는 점, 치료감호는 치료감호법에 규정된 수용기간을 한도로 피치료감호자가 치유되어 치료감호를 받을 필요가 없을 때 종료되는 것이 원칙인 점, 치료감호와 치료명령이 함께 선고된 경우에는 성충동약물치료법 제14조에 따라 치료감호의 종료·가종료 또는 치료위탁으로 석방되기 전 2개월 이내에 치료명령이 집행되는 점 등을 감안하면, 그러한 경우에는 치료감호를 통한 치료에도 불구하고 치료명령의 집행시점에도 여전히 약물치료가 필요할 만큼 피청구자에게 성폭력범죄를 다시 범할 위험성이 있고 피청구자의 동의를 대체할 수 있을 정도의 상당한 필요성이 인정되는 경우에 한하여 치료감호와 함께 치료명령을 선고할 수 있다(대법원 2015.3.12. 2014도17853).

제5조 【조사】

① 검사는 치료명령을 청구하기 위하여 필요하다고 인정하는 때에는 치료명령 피청구자의 주거지 또는 소속 검찰청(지청을 포함한다. 이하 같다) 소재지를 관할하는 보호관찰소(지소를 포함한다. 이하 같다)의 장에게 범죄의 동기, 피해자와의 관계, 심리상태, 재범의 위험성 등 치료명령 피청구자에 관하여 필요한 사항의 조사를 요청할 수 있다.

② 제1항의 요청을 받은 보호관찰소의 장은 조사할 보호관찰관을 지명하여야 한다.

③ 제2항에 따라 지명된 보호관찰관은 검사의 지휘를 받아 지체 없이 필요한 사항을 조사한 후 검사에게 조사보고서를 제출하여야 한다.

시행령

제3조【조사】

① 검사는 법 제5조 제1항에 따라 보호관찰소(지소를 포함한다. 이하 같다)의 장에게 조사를 요청할 때에는 치료명령피청구자의 인적사항 및 범죄사실의 요지를 통보하여야 한다. 이 경우 법무부령으로 정하는 참고자료를 함께 보낼 수 있다.

② 보호관찰소의 장은 법 제5조 제1항에 따른 조사를 위하여 필요하면 교도소·소년교도소·구치소·군교도소(이하 "수용시설"이라 한다)의 장, 경찰서장, 치료감호시설의 장에게 필요한 협조를 요청할 수 있다. 이 경우 요청을 받은 기관의 장은 특별한 사유가 없으면 협조하여야 한다.

제6조【치료명령 청구사건의 관할】

① 치료명령 청구사건의 관할은 치료명령 청구사건과 동시에 심리하는 피고사건의 관할에 따른다.

② 치료명령 청구사건의 제1심 재판은 지방법원 합의부(지방법원지원 합의부를 포함한다. 이하 같다)의 관할로 한다.

제7조【치료명령 청구서의 기재사항】

① 치료명령 청구서에는 다음 각 호의 사항을 적어야 한다.
  1. 치료명령 피청구자의 성명과 그 밖에 치료명령 피청구자를 특정할 수 있는 사항
  2. 청구의 원인이 되는 사실
  3. 적용 법조
  4. 그 밖에 대통령령으로 정하는 사항

② 법원은 치료명령 청구를 받으면 지체 없이 치료명령 청구서의 부본을 치료명령 피청구자 또는 그 변호인에게 송달하여야 한다. 이 경우 공소제기 또는 치료감호의 독립청구와 동시에 치료명령 청구가 있는 때에는 제1회 공판기일 5일 전까지, 피고사건 심리 중에 치료명령 청구가 있는 때에는 다음 공판기일 5일 전까지 송달하여야 한다.

시행령

제4조【치료명령 청구서의 기재사항】

① 법 제7조 제1항 제1호에서 "치료명령 피청구자를 특정할 수 있는 사항"이란 다음 각 호의 사항을 말한다.
  1. 치료명령피청구자의 주민등록번호   2. 주거지
  3. 직업   4. 등록기준지

② 법 제7조 제1항 제4호에서 "대통령령으로 정하는 사항"이란 다음 각 호의 사항을 말한다.
  1. 치료명령피청구자의 죄명   2. 연락처
  3. 구속 여부   4. 변호인의 성명

제8조 【치료명령의 판결 등】 ★★

① 법원은 치료명령 청구가 이유 있다고 인정하는 때에는 15년의 범위에서 치료기간을 정하여 판결로 치료명령을 선고하여야 한다.

② 치료명령을 선고받은 사람(이하 "치료명령을 받은 사람"이라 한다)은 치료기간 동안 「보호관찰 등에 관한 법률」에 따른 보호관찰을 받는다.

③ 법원은 다음 각 호의 어느 하나에 해당하는 때에는 판결로 치료명령 청구를 기각하여야 한다.

  1. 치료명령 청구가 이유 없다고 인정하는 때

  2. 피고사건에 대하여 무죄(심신상실을 이유로 치료감호가 선고된 경우는 제외한다)·면소·공소기각의 판결 또는 결정을 선고하는 때

  3. 피고사건에 대하여 벌금형을 선고하는 때

  4. 피고사건에 대하여 선고를 유예하거나 집행유예를 선고하는 때

④ 치료명령 청구사건의 판결은 피고사건의 판결과 동시에 선고하여야 한다.

⑤ 치료명령 선고의 판결 이유에는 요건으로 되는 사실, 증거의 요지 및 적용 법조를 명시하여야 한다.

⑥ 치료명령의 선고는 피고사건의 양형에 유리하게 참작되어서는 아니 된다.

⑦ 피고사건의 판결에 대하여 「형사소송법」에 따른 상소 및 상소의 포기·취하가 있는 때에는 치료명령 청구사건의 판결에 대하여도 상소 및 상소의 포기·취하가 있는 것으로 본다. 상소권 회복 또는 재심의 청구나 비상상고가 있는 때에도 또한 같다.

⑧ 검사 또는 치료명령 피청구자 및 「형사소송법」 제340조(피고인의 법정대리인)·제341조(피고인의 배우자, 직계친족, 형제자매 또는 원심의 대리인이나 변호인)에 규정된 사람은 치료명령에 대하여 독립하여 「형사소송법」에 따른 상소 및 상소의 포기·취하를 할 수 있다. 상소권회복 또는 재심의 청구나 비상상고의 경우에도 또한 같다.

[헌법불합치, 2013헌가9, 2015.12.23, '성폭력범죄자의 성충동 약물치료에 관한 법률'(2010.7.23. 법률 제10371호로 제정된 것) 제8조 제1항은 헌법에 합치되지 아니한다. 이 법률조항은 2017.12.31.을 시한으로 입법자가 개정할 때까지 계속 적용된다]

관련판례

성폭력범죄를 저지른 성도착증 환자로서 재범의 위험성이 인정되는 19세 이상의 사람에 대해 법원이 15년의 범위에서 치료명령을 선고할 수 있도록 한 성폭력범죄자의 성충동 약물치료에 관한 법률 제4조 제1항 및 성폭력범죄자의 성충동 약물치료에 관한 법률 제8조 제1항이 치료명령 피청구인의 신체의 자유 등 기본권을 침해하는지 여부(일부 적극)

장기형이 선고되는 경우 치료명령의 선고시점과 집행시점 사이에 상당한 시간적 간극이 있어 집행시점에서 발생할 수 있는 불필요한 치료와 관련한 부분에 대해서는 침해의 최소성과 법익균형성을 인정하기 어렵다. 따라서 이 사건 청구조항은 과잉금지원칙에 위배되지 아니하나(합헌 결정)이 사건 명령조항은 집행 시점에서 불필요한 치료를 막을 수 있는 절차가 마련되어 있지 않은 점으로 인하여 과잉금지원칙에 위배되어 치료명령 피청구인의 신체의 자유 등 기본권을 침해한다(헌법불합치 결정 : 헌재 2015.12.23. 2013헌가9).

> ※ 이 헌법불합치 결정으로 인해 법 8조의2부터 제8조의4까지 신설(2017.12.19)되었다.

제8조의2 【치료명령의 집행 면제 신청 등】 ★

① 징역형과 함께 치료명령을 받은 사람 및 그 법정대리인은 주거지 또는 현재지를 관할하는 지방법원(지원을 포함한다. 이하 같다)에 치료명령이 집행될 필요가 없을 정도로 개선되어 성폭력범죄를 다시 범할 위험성이 없음을 이유로 치료명령의 집행 면제를 신청할 수 있다. 다만, 징역형과 함께 치료명령을 받은 사람이 치료감호의 집행 중인 경우에는 치료명령의 집행 면제를 신청할 수 없다.

② 제1항 본문에 따른 신청은 치료명령의 원인이 된 범죄에 대한 징역형의 집행이 종료되기 전 12개월부터 9개월까지의 기간에 하여야 한다. 다만, 치료명령의 원인이 된 범죄가 아닌 다른 범죄를 범하여 징역형의 집행이 종료되지 아니한 경우에는 그 징역형의 집행이 종료되기 전 12개월부터 9개월까지의 기간에 하여야 한다.

③ 징역형과 함께 치료명령을 받은 사람은 제1항 본문에 따른 치료명령의 집행 면제를 신청할 때에는 신청서에 치료명령의 집행 면제의 심사에 참고가 될 자료를 첨부하여 제출하여야 한다.

④ 법원은 제1항 본문의 신청을 받은 경우 징역형의 집행이 종료되기 3개월 전까지 치료명령의 집행 면제 여부를 결정하여야 한다.

⑤ 법원은 제4항에 따른 결정을 하기 위하여 필요한 경우에는 그 법원의 소재지를 관할하는 보호관찰소의 장에게 치료명령을 받은 사람의 교정성적, 심리상태, 재범의 위험성 등 필요한 사항의 조사를 요청할 수 있다. 이 경우 조사에 관하여는 제5조를 준용하며, "검사"는 "법원"으로 본다.

⑥ 법원은 제4항에 따른 결정을 하기 위하여 필요한 때에는 치료명령을 받은 사람에 대하여 정신건강 의학과 전문의의 진단이나 감정을 받게 할 수 있다.

⑦ 제1항에 따른 치료명령 집행 면제 신청사건의 관할에 관하여는 제6조 제2항을 준용한다.

⑧ 징역형과 함께 치료명령을 받은 사람 및 그 법정대리인은 제4항의 결정에 대하여 항고(抗告)를 할 수 있다.

⑨ 제8항의 항고에 관하여는 제22조 제5항부터 제11항까지를 준용한다. 이 경우 "성폭력 수형자"는 "치료명령을 받은 사람"으로 본다.

📖 **시행령**

제4조의2 【치료명령의 집행 면제 신청 등】

① 법 제8조의2 제1항부터 제3항까지의 규정에 따라 치료명령의 집행 면제를 신청하려는 사람은 법무부령으로 정하는 신청서를 주거지 또는 현재지를 관할하는 지방법원(지원을 포함한다)에 제출하여야 한다.

② 법원은 보호관찰소의 장에게 법 제8조의2 제5항에 따라 필요한 사항의 조사를 요청하는 경우에는 치료명령을 받은 사람의 인적사항 및 범죄사실의 요지를 통보하여야 한다. 이 경우 법원은 필요하다고 인정하는 경우에는 참고자료를 송부할 수 있다.

제8조의3 【치료감호심의위원회의 치료명령 집행 면제 등】

① 「치료감호 등에 관한 법률」 제37조에 따른 치료감호심의위원회(이하 "치료감호심의위원회"라 한다)는 같은 법 제16조 제1항에 따른 피치료감호자 중 치료명령을 받은 사람(피치료감호자 중 징역형과 함께 치료명령을 받은 사람의 경우 형기가 남아 있지 아니하거나 9개월 미만의 기간이 남아 있는 사람에 한정한다)에 대하여 같은 법 제22조(가종료 등의 심사·결정) 또는 제23조(치료의 위탁)에 따른 치료감호의 종료·가종료 또는 치료위탁 결정을 하는 경우에 치료명령의 집행이 필요하지 아니하다고 인정되면 치료명령의 집행을 면제하는 결정을 하여야 한다.

② 치료감호심의위원회는 제1항의 결정을 하기 위하여 필요한 경우에는 치료명령을 받은 사람에 대하여 정신건강의학과 전문의의 진단이나 감정을 받게 할 수 있다.

제8조의4 【치료명령의 집행 면제 결정 통지】

법원 또는 치료감호심의위원회는 제8조의2 제4항 또는 제8조의3 제1항에 따라 치료명령의 집행 면제에 관한 결정을 한 때에는 지체 없이 신청인 또는 피치료감호자, 신청인 또는 피치료감호자의 주거지를 관할하는 보호관찰소의 장, 교도소·구치소 또는 치료감호시설의 장에게 결정문 등본을 송부하여야 한다.

제9조 【전문가의 감정 등】

법원은 제4조 제2항에 따른 정신건강의학과 전문의의 진단 또는 감정의견만으로 치료명령 피청구자의 성도착증 여부를 판단하기 어려울 때에는 다른 정신건강의학과 전문의에게 다시 진단 또는 감정을 명할 수 있다.

제10조 【준수사항】 ★

① 치료명령을 받은 사람은 치료기간 동안 「보호관찰 등에 관한 법률」 제32조 제2항(일반준수사항) 각 호[제4호(주거를 이전하거나 1개월 이상 국내외 여행을 할 때에는 미리 보호관찰관에게 신고할 것)는 제외한다]의 준수사항과 다음 각 호의 준수사항을 이행하여야 한다.

    1. 보호관찰관의 지시에 따라 성실히 약물치료에 응할 것

    2. 보호관찰관의 지시에 따라 정기적으로 호르몬 수치 검사를 받을 것

    3. 보호관찰관의 지시에 따라 인지행동 치료 등 심리치료 프로그램을 성실히 이수할 것

② 법원은 제8조 제1항에 따라 치료명령을 선고하는 경우 「보호관찰 등에 관한 법률」 제32조 제3항 각 호의 준수사항(특별준수사항)을 부과할 수 있다.

③ 법원은 치료명령을 선고할 때에 치료명령을 받은 사람에게 치료명령의 취지를 설명하고 준수사항을 적은 서면을 교부하여야 한다.

④ 제1항 제3호의 인지행동 치료 등 심리치료 프로그램에 관하여 필요한 사항은 대통령령으로 정한다.

시행령

제5조【인지행동 치료 등 심리치료 프로그램】

① 법 제10조 제1항 제3호에 따른 인지행동 치료 등 심리치료 프로그램(이하 "심리치료프로그램"이라 한다)은 다음 각 호의 내용을 포함하여야 한다.

1. 인지 왜곡과 일탈적 성적 기호(嗜好)의 수정
2. 치료 동기의 향상
3. 피해자에 대한 공감 능력 증진
4. 사회적응 능력 배양
5. 일탈적 성행동의 재발 방지
6. 그 밖에 성폭력범죄의 재범 방지를 위하여 필요한 사항

② 심리치료프로그램은 성충동 약물치료(이하 "약물치료"라 한다) 기간 동안 월 1회 이상 실시되어야 한다.

③ 법무부장관은 심리치료프로그램의 개발과 전문 집행 인력의 양성을 위하여 노력하여야 한다.

제11조【치료명령 판결 등의 통지】

① 법원은 제8조 제1항에 따라 치료명령을 선고한 때에는 그 판결이 확정된 날부터 3일 이내에 치료명령을 받은 사람의 주거지를 관할하는 보호관찰소의 장에게 판결문의 등본과 준수사항을 적은 서면을 송부하여야 한다.

② 교도소, 소년교도소, 구치소 및 치료감호시설의 장은 치료명령을 받은 사람이 석방되기 3개월 전까지 치료명령을 받은 사람의 주거지를 관할하는 보호관찰소의 장에게 그 사실을 통보하여야 한다.

제12조【국선변호인 등】

치료명령 청구사건에 관하여는 「형사소송법」 제282조(필요적 변호) 및 제283조(국선변호인)를 준용한다.

제3장 | 치료명령의 집행

제13조 【집행지휘】
① 치료명령은 검사의 지휘를 받아 보호관찰관이 집행한다.
② 제1항에 따른 지휘는 판결문 등본을 첨부한 서면으로 한다.

시행령

제6조 【집행지휘】

① 검사는 치료명령의 판결이 확정된 경우에는 지체 없이 치료명령을 선고받은 사람(이하 "치료명령을 받은 사람"이라 한다)의 주거지를 관할하는 보호관찰소의 장에게 법 제13조 제2항에 따라 지휘 서면을 보내야 한다.

② 제1항에 따른 지휘 서면에는 법 제4조 제2항에 따른 정신건강의학과 전문의의 감정서를 첨부하여야 한다.

제7조 【치료명령의 집행】

① 법 제13조 제1항에 따라 치료명령을 집행하는 보호관찰관은 치료명령을 집행하기 전에 다음 각 호의 서류 모두를 확인하여야 한다.
　　1. 치료명령을 받은 사람에 대한 판결문 등본
　　2. 제6조 제1항에 따른 지휘 서면
　　3. 제6조 제2항에 따른 정신건강의학과 전문의의 감정서
　　4. 법 제8조의4에 따라 송부 받은 치료명령의 집행 면제에 관한 결정문 등본

② 보호관찰관은 치료명령을 집행하기 전에 치료명령을 받은 사람에게 다음 각 호의 사항 모두를 알려 주어야 한다.
　　1. 법 제10조에 따른 준수사항
　　2. 법 제15조 및 이 영에 따른 치료명령을 받은 사람의 의무사항
　　3. 법 제16조에 따른 치료기간의 연장에 관한 사항
　　4. 법 제35조에 따른 벌칙에 관한 사항

③ 보호관찰관은 약물 투여의 방법으로 치료명령을 집행할 때에는 치료기관 의사의 진단과 처방에 따라 약물을 투여하여야 하며, 약물 투여와 함께 호르몬 수치 검사를 실시하여야 한다.

제14조 【치료명령의 집행】
① 치료명령은 「의료법」에 따른 의사의 진단과 처방에 의한 약물 투여, 「정신건강증진 및 정신질환자 복지서비스 지원에 관한 법률」에 따른 정신보건전문요원 등 전문가에 의한 인지행동치료 등 심리치료 프로그램의 실시 등의 방법으로 집행한다.
② 보호관찰관은 치료명령을 받은 사람에게 치료명령을 집행하기 전에 약물치료의 효과, 부작용 및 약물치료의 방법·주기·절차 등에 관하여 충분히 설명하여야 한다.
③ 치료명령을 받은 사람이 형의 집행이 종료되거나 면제·가석방 또는 치료감호의 집행이 종료·가종료 또는 치료위탁으로 석방되는 경우 보호관찰관은 석방되기 전 2개월 이내에 치료명령을 받은 사람에게 치료명령을 집행하여야 한다.

④ 다음 각 호의 어느 하나에 해당하는 때에는 치료명령의 집행이 정지된다.
　1. 치료명령의 집행 중 구속영장의 집행을 받아 구금된 때
　2. 치료명령의 집행 중 금고 이상의 형의 집행을 받게 된 때
　3. 가석방 또는 가종료·가출소된 자에 대하여 치료기간 동안 가석방 또는 가종료·가출소가
　　취소되거나 실효된 때

⑤ 제4항에 따라 집행이 정지된 치료명령의 잔여기간에 대하여는 다음 각 호의 구분에 따라
　집행한다.
　1. 제4항 제1호의 경우에는 구금이 해제되거나 금고 이상의 형의 집행을 받지 아니하는 것으
　　로 확정된 때부터 그 잔여기간을 집행한다.
　2. 제4항 제2호의 경우에는 그 형의 집행이 종료되거나 면제된 후 또는 가석방된 때부터
　　그 잔여기간을 집행한다.
　3. 제4항 제3호의 경우에는 그 형이나 치료감호 또는 보호감호의 집행이 종료되거나 면제된
　　후 그 잔여기간을 집행한다.

⑥ 그 밖에 치료명령의 집행 및 정지에 관하여 필요한 사항은 대통령령으로 정한다.

시행령

제8조 【치료약물의 지정】

① 법 제14조 제1항에 따라 치료명령을 받은 사람에게 투여할 약물은 다음 각 호의 약물 중에서 법무부장관이
　정하여 고시하는 약물로 한다.
　1. 성호르몬의 생성을 억제·감소시키는 약물
　2. 성호르몬이 수용체에 결합하는 것을 방해하는 약물

② 법무부장관은 제1항에 따라 약물을 지정·고시할 때에는 반드시 정신건강의학과 전문의, 비뇨의학과 전문의
　등 관계 전문가의 의견을 들어야 한다.

제9조 【치료기관】

① 법 제14조 제1항 및 제6항에 따라 보호관찰관은 다음 각 호의 시설 또는 기관(이하 "치료기관"이라 한다)으로
　하여금 약물치료를 실시하게 할 수 있다.
　1. 제2조 제1항 각 호의 시설 또는 기관
　2. 제1호의 기관 외에 「정신건강증진 및 정신질환자 복지서비스 지원에 관한 법률」에 따른 정신의료기관
　　중 법무부장관이 지정한 기관

② 제1항에 따라 약물치료를 실시한 치료기관에 대해서는 예산의 범위에서 치료비용의 전부를 지급하여야
　한다.

제10조 【수용시설 수용자의 이송 등】

① 치료명령을 받은 사람을 수용하고 있는 수용시설의 장은 치료명령을 받은 사람이 형의 집행이 종료되거나
　면제·가석방 등의 사유로 석방되기 3개월 전부터 2개월 전까지 사이에 「형의 집행 및 수용자의 처우에
　관한 법률」 제37조 제2항에 따라 치료명령을 받은 사람을 치료감호시설로 이송하여야 한다.

② 치료감호시설의 장은 제1항에 따라 치료명령을 받은 사람을 이송 받은 경우에는 지체 없이 그 사실을 그
　사람의 주거지를 관할하는 보호관찰소의 장에게 통보하여야 한다.

③ 치료감호시설의 장은 치료명령을 받은 사람이 형 또는 치료감호의 집행이 종료되거나 면제·가석방, 가종료 등의 사유로 석방되기 5일 전까지 석방 예정 사실을 그 사람의 주거지를 관할하는 보호관찰소의 장에게 통보하여야 한다.

제11조 【부작용에 대한 검사 및 치료】

① 보호관찰관은 약물 투여의 방법으로 치료명령을 집행하는 경우에는 치료기관의 의사로 하여금 부작용에 대한 검사 및 치료도 함께 실시하게 하여야 한다. 이 경우 치료기관에서 부작용에 대한 검사 및 치료를 실시하기 어려운 때에는 치료기관의 장으로 하여금 「의료법」에 따른 의료기관(이하 "의료기관"이라 한다)과 연계하여 부작용에 대한 검사 및 치료를 실시하게 할 수 있다.

② 보호관찰관은 제1항에 따른 검사 결과 치료명령을 받은 사람의 신체에 회복하기 어려운 손상이 발생할 수 있다는 의사의 소견이 있거나 그 밖에 약물 투여에 따른 부작용이 크다고 인정되는 경우에는 약물 투여를 일시 중단할 수 있다.

③ 제2항에 따라 약물 투여를 일시 중단한 경우 보호관찰관이 소속된 보호관찰소의 장은 즉시 「보호관찰 등에 관한 법률」 제5조에 따른 보호관찰 심사위원회(이하 "심사위원회"라 한다)에 약물 투여 일시 중단의 승인을 서면으로 신청하여야 한다.

④ 심사위원회는 제3항의 신청을 받은 때에는 지체 없이 약물 투여 일시 중단의 승인 여부를 결정하여야 한다. 이 경우 심사위원회는 의료기관에 치료명령을 받은 사람에 대한 약물치료 부작용 관련 진단을 의뢰할 수 있다.

⑤ 보호관찰관은 제4항에 따른 약물 투여 일시 중단의 승인일부터 1개월마다 치료명령을 받은 사람의 부작용 치료 내용, 신체상태의 변화 및 약물 투여 적합 여부 등에 대한 의사의 진단과 처방 결과를 심사위원회에 보고하여야 한다.

⑥ 심사위원회는 제5항에 따른 보호관찰관의 보고에 따라 약물 투여 재개 여부를 심사·결정하여야 한다.

⑦ 심사위원회가 제3항에 따른 신청을 기각하거나 제6항에 따라 약물 투여 재개를 결정하였을 때에는 보호관찰관은 지체 없이 치료명령을 다시 집행하여야 한다.

제12조 【집행이 정지된 치료명령의 잔여기간 집행】

① 법 제14조 제4항에 따라 집행이 정지된 치료명령의 잔여기간은 다음 각 호의 구분에 따라 집행한다.

　　1. 법 제14조 제4항 제2호·제3호의 사유로 집행이 정지된 경우로서 그 형이나 치료감호 또는 보호감호의 집행을 받을 기간이 3개월 이상일 경우 : 법 제14조 제3항 및 이 영 제10조에 따라 집행한다.

　　2. 제1호에 해당하지 아니하는 경우 : 치료명령을 받은 사람의 주거지를 관할하는 보호관찰관이 잔여기간에 대한 치료명령을 집행한다.

② 제1항 제2호의 경우에 치료명령을 받은 사람은 석방된 날부터 10일 이내에 주거지를 관할하는 보호관찰소에 출석하여 신고하고, 보호관찰관의 치료명령 집행 지시에 따라야 한다.

③ 제1항에 따른 치료명령의 집행기간은 다시 치료 약물을 투여한 날부터 진행한다.

④ 수용시설 또는 치료감호시설의 장은 법 제14조 제5항에 따른 치료명령의 잔여기간 집행 사유가 발생하였을 때에는 치료명령의 집행이 정지된 사람이 석방되기 5일 전까지 석방 예정 사실을 그 사람의 주거지를 관할하는 보호관찰소의 장에게 통보하여야 한다.

제15조 【치료명령을 받은 사람의 의무】 ★★

① 치료명령을 받은 사람은 치료기간 중 상쇄약물의 투약 등의 방법으로 치료의 효과를 해하여서는 아니 된다.

② 치료명령을 받은 사람은 형의 집행이 종료되거나 면제·가석방 또는 치료감호의 집행이 종료

· 가종료 또는 치료 위탁되는 날부터 10일 이내에 주거지를 관할하는 보호관찰소에 출석하여 서면으로 신고하여야 한다.

③ 치료명령을 받은 사람은 주거이전 또는 7일 이상의 국내여행을 하거나 출국할 때에는 미리 보호관찰관의 허가를 받아야 한다.

시행령

제13조 【치료명령을 받은 사람의 의무 등】

① 보호관찰관은 치료명령을 받은 사람이 법 제15조 제1항에 따른 의무를 준수하는지 확인할 필요가 있으면 호르몬 수치 검사 또는 상쇄약물 투약 여부 검사를 실시할 수 있다.

② 치료명령을 받은 사람은 보호관찰관이 제1항에 따른 검사를 위하여 소변 등 시료(試料)의 제출을 지시할 때에는 이에 따라야 한다.

③ 보호관찰소의 장은 치료명령을 받은 사람이 제출한 소변 등의 시료를 대검찰청 또는 국립과학수사연구원에 송부하여 제1항에 따른 검사를 의뢰하여야 한다.

제14조 【주거이전, 국내여행 및 출국의 허가 등】

① 보호관찰관은 법 제15조 제3항에 따라 주거이전 등의 허가 신청을 받은 때에는 그 신청을 받은 날부터 7일 이내에 다음 각 호의 사항을 종합적으로 고려하여 허가 여부를 결정하여야 한다.

1. 주거이전 예정지나 국내여행 예정지 또는 출국 예정지
2. 주거이전 이유나 국내여행 목적 또는 출국 목적
3. 국외 체류 예정 기간
4. 그동안의 치료 경과 및 준수사항 이행 상태
5. 치료명령 회피 목적의 유무

② 법 제15조 제3항에 따라 치료명령을 받은 사람이 주거이전 허가를 받아 다른 보호관찰소의 관할구역으로 주거를 이전한 경우에는 3일 이내에 새로운 주거지를 관할하는 보호관찰소에 출석하여 주거이전의 신고를 하여야 한다.

③ 보호관찰소의 장은 소속 보호관찰관이 제1항에 따라 치료명령을 받은 사람의 출국을 허가한 경우에는 출입국 사무를 관장하는 기관의 장에게 치료명령을 받은 사람의 출입국 사실을 통보하여 줄 것을 요청할 수 있다.

제16조 【치료기간의 연장 등】 ★

① 치료 경과 등에 비추어 치료명령을 받은 사람에 대한 약물치료를 계속 하여야 할 상당한 이유가 있거나 다음 각 호의 어느 하나에 해당하는 사유가 있으면 법원은 보호관찰소의 장의 신청에 따른 검사의 청구로 치료기간을 결정으로 연장할 수 있다. 다만, 종전의 치료기간을 합산하여 15년을 초과할 수 없다.

1. 정당한 사유 없이 「보호관찰 등에 관한 법률」 제32조 제2항(제4호는 제외한다) 또는 제3항에 따른 준수사항을 위반한 경우
2. 정당한 사유 없이 제15조 제2항을 위반하여 신고하지 아니한 경우
3. 거짓으로 제15조 제3항의 허가를 받거나, 정당한 사유 없이 제15조 제3항을 위반하여

허가를 받지 아니하고 주거이전, 국내여행 또는 출국을 하거나 허가기간 내에 귀국하지 아니한 경우

② 법원은 치료명령을 받은 사람이 제1항 각 호의 어느 하나에 해당하는 경우에는 보호관찰소의 장의 신청에 따른 검사의 청구로 제10조 제2항의 준수사항을 추가 또는 변경하는 결정을 할 수 있다.

③ 제1항 각 호에 규정된 사항 외의 사정변경이 있는 경우에도 법원은 상당한 이유가 있다고 인정되면 보호관찰소의 장의 신청에 따른 검사의 청구로 제10조 제2항의 준수사항을 추가, 변경 또는 삭제하는 결정을 할 수 있다.

시행령

제15조【치료기간 연장 등의 신청】

① 보호관찰소의 장은 법 제16조 제1항 또는 제2항에 따라 치료기간의 연장 또는 준수사항의 추가·변경을 신청하는 경우에는 다음 각 호의 사항을 적은 서면으로 하여야 한다.
  1. 치료명령을 받은 사람의 성명, 주민등록번호, 주거지 및 직업
  2. 신청의 취지
  3. 치료기간의 연장 또는 준수사항의 추가·변경이 필요한 사유
② 보호관찰소의 장은 제1항에 따른 신청을 할 때에는 신청 사유를 소명할 수 있는 자료를 함께 제출하여야 한다.
③ 법원은 법 제16조에 따른 청구의 심리를 위하여 필요하면 담당 보호관찰관을 출석시켜 의견을 들을 수 있고, 치료명령을 받은 사람을 소환하여 심문하거나 필요한 사항을 확인할 수 있다.

제17조【치료명령의 임시해제 신청 등】★

① 보호관찰소의 장 또는 치료명령을 받은 사람 및 그 법정대리인은 해당 보호관찰소를 관할하는 「보호관찰 등에 관한 법률」제5조에 따른 보호관찰 심사위원회(이하 "심사위원회"라 한다)에 치료명령의 임시해제를 신청할 수 있다.

② 제1항의 신청은 치료명령의 집행이 개시된 날부터 6개월이 지난 후에 하여야 한다. 신청이 기각된 경우에는 기각된 날부터 6개월이 지난 후에 다시 신청할 수 있다.

③ 임시해제의 신청을 할 때에는 신청서에 임시해제의 심사에 참고가 될 자료를 첨부하여 제출하여야 한다.

시행령

제16조【치료명령의 임시해제 신청】

① 법 제17조 제1항에 따른 치료명령의 임시해제 신청은 심사위원회에 서면으로 하여야 한다.
② 심사위원회는 치료명령을 받은 사람 또는 그 법정대리인이 치료명령의 임시해제를 신청한 경우에는 지체 없이 그 사실을 보호관찰소의 장에게 통보하여야 한다.

제18조 【치료명령 임시해제의 심사 및 결정】

① 심사위원회는 임시해제를 심사할 때에는 치료명령을 받은 사람의 인격, 생활태도, 치료명령 이행상황 및 재범의 위험성에 대한 전문가의 의견 등을 고려하여야 한다.

② 심사위원회는 임시해제의 심사를 위하여 필요한 때에는 보호관찰소의 장으로 하여금 필요한 사항을 조사하게 하거나 치료명령을 받은 사람이나 그 밖의 관계인을 직접 소환·심문 또는 조사할 수 있다.

③ 제2항의 요구를 받은 보호관찰소의 장은 필요한 사항을 조사하여 심사위원회에 통보하여야 한다.

④ 심사위원회는 치료명령을 받은 사람이 치료명령이 계속 집행될 필요가 없을 정도로 개선되어 죄를 다시 범할 위험성이 없다고 인정하는 때에는 치료명령의 임시해제를 결정할 수 있다.

⑤ 심사위원회는 치료명령의 임시해제를 하지 아니하기로 결정한 때에는 결정서에 그 이유를 명시하여야 한다.

⑥ 제4항에 따라 치료명령이 임시해제된 경우에는 제10조 제1항 각 호 및 같은 조 제2항에 따른 준수사항이 임시해제된 것으로 본다.

시행령

제17조 【치료명령 가해제의 심사 및 결정】

① 심사위원회는 법 제18조 제1항에 따라 치료명령의 가해제를 심사할 때에는 치료를 실시한 정신건강의학과 전문의와 보호관찰관의 의견을 들어야 하며, 필요하면 그 밖의 전문가의 의견을 들을 수 있다.

② 심사위원회는 법 제18조 제4항 및 제5항에 따른 결정을 한 때에는 지체 없이 그 결정서 등본을 관할 보호관찰소의 장과 신청인에게 송달하여야 한다.

③ 제1항에 따라 심사위원회에 의견 또는 자료를 제출한 정신건강의학과 전문의, 그 밖의 전문가 등에게는 예산의 범위에서 수당 또는 비용을 지급할 수 있다.

제19조 【임시해제의 취소 등】

① 보호관찰소의 장은 치료명령이 임시해제된 사람이 성폭력범죄를 저지르거나 주거이전 상황 등의 보고에 불응하는 등 재범의 위험성이 있다고 판단되는 때에는 심사위원회에 임시해제의 취소를 신청할 수 있다. 이 경우 심사위원회는 임시해제된 사람의 재범의 위험성이 현저하다고 인정될 때에는 임시해제를 취소하여야 한다.

② 임시해제가 취소된 사람은 잔여 치료기간 동안 약물치료를 받아야 한다. 이 경우 임시해제기간은 치료기간에 산입하지 아니한다.

시행령

제18조【가해제의 취소 등】

① 법 제19조 제1항에 따른 가해제 취소 신청은 심사위원회에 서면으로 하여야 한다.

② 심사위원회는 법 제19조 제1항에 따라 치료명령의 가해제 취소 결정을 한 때에는 지체 없이 그 사실을 관할 보호관찰소의 장과 가해제가 취소된 사람에게 통보하여야 한다.

③ 가해제가 취소된 경우에 치료명령의 집행기간은 가해제 취소 후 최초로 성호르몬 조절약물을 투여한 날부터 진행한다.

제20조【치료명령 집행의 종료】

제8조 제1항에 따라 선고된 치료명령은 다음 각 호의 어느 하나에 해당하는 때에 그 집행이 종료 된다.

1. 치료기간이 지난 때

2. 치료명령과 함께 선고한 형이 사면되어 그 선고의 효력을 상실하게 된 때

3. 치료명령이 임시해제된 사람이 그 임시해제가 취소됨이 없이 잔여 치료기간을 지난 때

제21조【치료명령의 시효】

① 치료명령을 받은 사람은 그 판결이 확정된 후 집행을 받지 아니하고 함께 선고된 피고사건의 형의 시효 또는 치료감호의 시효가 완성되면 그 집행이 면제된다.

② 치료명령의 시효는 치료명령을 받은 사람을 체포함으로써 중단된다.

제4장 | 수형자 · 가종료자 등에 대한 치료명령

제22조【성폭력 수형자에 대한 치료명령 청구】 ★

① 검사는 사람에 대하여 성폭력범죄를 저질러 징역형 이상의 형이 확정되었으나 제8조 제1항에 따른 치료명령이 선고되지 아니한 수형자(이하 "성폭력 수형자"라 한다) 중 성도착증 환자로서 성폭력범죄를 다시 범할 위험성이 있다고 인정되고 약물치료를 받는 것을 동의하는 사람에 대하여 그의 주거지 또는 현재지를 관할하는 지방법원에 치료명령을 청구할 수 있다.

② 제1항의 수형자에 대한 치료명령의 절차는 다음 각 호에 따른다.

　　1. 교도소 · 구치소(이하 "수용시설"이라 한다)의 장은 「형법」 제72조 제1항의 가석방 요건을 갖춘 성폭력 수형자에 대하여 약물치료의 내용, 방법, 절차, 효과, 부작용, 비용부담 등에 관하여 충분히 설명하고 동의 여부를 확인하여야 한다.

2. 제1호의 성폭력 수형자가 약물치료에 동의한 경우 수용시설의 장은 지체 없이 수용시설의 소재지를 관할하는 지방검찰청의 검사에게 인적사항과 교정성적 등 필요한 사항을 통보하여야 한다.

3. 검사는 소속 검찰청 소재지 또는 성폭력 수형자의 주소를 관할하는 보호관찰소의 장에게 성폭력 수형자에 대하여 제5조 제1항에 따른 조사를 요청할 수 있다.

4. 보호관찰소의 장은 제3호의 요청을 접수한 날부터 2개월 이내에 제5조 제3항의 조사보고서를 제출하여야 한다.

5. 검사는 성폭력 수형자에 대하여 약물치료의 내용, 방법, 절차, 효과, 부작용, 비용부담 등에 관하여 설명하고 동의를 확인한 후 정신건강의학과 전문의의 진단이나 감정을 받아 법원에 치료명령을 청구할 수 있다. 이 때 검사는 치료명령 청구서에 제7조 제1항 각 호의 사항 외에 치료명령 피청구자의 동의사실을 기재하여야 한다.

6. 법원은 제5호의 치료명령 청구가 이유 있다고 인정하는 때에는 결정으로 치료명령을 고지하고 치료명령을 받은 사람에게 준수사항 기재서면을 송부하여야 한다.

③ 제2항 제6호의 결정에 따른 치료기간은 15년을 초과할 수 없다.

④ 검사는 제2항 제5호에 따른 정신건강의학과 전문의의 진단이나 감정을 위하여 필요한 경우 수용시설의 장에게 성폭력 수형자를 치료감호시설 등에 이송하도록 할 수 있다.

⑤ 제2항 제6호의 결정이 다음 각 호의 어느 하나에 해당하면 결정을 고지 받은 날부터 7일 이내에 검사, 성폭력 수형자 본인 또는 그 법정대리인은 고등법원에 항고할 수 있다.

1. 해당 결정에 영향을 미칠 법령위반이 있거나 중대한 사실오인이 있는 경우

2. 처분이 현저히 부당한 경우

⑥ 항고를 할 때에는 항고장을 원심법원에 제출하여야 하며, 항고장을 제출받은 법원은 3일 이내에 의견서를 첨부하여 기록을 항고법원에 송부하여야 한다.

⑦ 항고법원은 항고 절차가 법률에 위반되거나 항고가 이유 없다고 인정한 경우에는 결정으로써 항고를 기각하여야 한다.

⑧ 항고법원은 항고가 이유 있다고 인정한 경우에는 원결정을 파기하고 스스로 결정을 하거나 다른 관할 법원에 이송하여야 한다.

⑨ 항고법원의 결정에 대하여는 그 결정이 법령에 위반된 때에만 대법원에 재항고를 할 수 있다.

⑩ 재항고의 제기기간은 항고기각 결정을 고지 받은 날부터 7일로 한다.

⑪ 항고와 재항고는 결정의 집행을 정지하는 효력이 없다.

⑫ 수용시설의 장은 성폭력 수형자가 석방되기 5일 전까지 그의 주소를 관할하는 보호관찰소의 장에게 그 사실을 통보하여야 한다.

⑬ 제2항 제6호에 따라 고지된 치료명령은 성폭력 수형자에게 선고된 제1항의 징역형 이상의 형이 사면되어 그 선고의 효력을 상실하게 된 때에 그 집행이 종료된다.

⑭ 치료명령을 받은 사람은 치료명령 결정이 확정된 후 집행을 받지 아니하고 10년이 경과하면 시효가 완성되어 집행이 면제된다.

시행령

제19조【수용시설의 장의 설명 및 동의 여부 확인】

수용시설의 장은 법 제22조 제1항에 따른 성폭력 수형자(이하 "성폭력수형자"라 한다) 가운데 「형의 집행 및 수용자의 처우에 관한 법률」 제121조 제1항에 따라 가석방 적격심사 신청 대상자로 선정된 사람에게 법 제22조 제2항 제1호에 따라 약물치료에 관한 사항을 서면으로 제시하여 설명하고, 약물치료에 동의한 경우에는 이를 서면으로 확인하여야 한다.

제20조【수용시설의 장의 통보】

수용시설의 장은 성폭력수형자가 제19조에 따라 약물치료에 동의한 경우에는 수용시설 소재지를 관할하는 지방 검찰청(지청을 포함한다)의 검사에게 지체 없이 다음 각 호의 사항을 통보하여야 한다.

1. 수용기록부
2. 판결문 사본
3. 분류처우심사표

제21조【조사】

검사는 법 제22조 제2항 제3호에 따라 보호관찰소의 장에게 조사를 요청할 때에는 제20조 각 호의 사항을 통보하여야 한다.

제22조【검사의 치료명령 청구 등】

① 검사는 법 제22조 제2항 제5호에 따라 약물치료 동의 여부를 확인할 때에는 약물치료에 관한 사항을 서면으로 제시하여 설명하고, 약물치료에 동의한 경우에는 이를 서면으로 확인하여야 한다.

② 법 제22조 제2항 제5호에 따른 정신건강의학과 전문의의 진단이나 감정 및 치료명령의 청구에 관하여는 제2조 및 제4조를 각각 준용한다.

제23조【치료명령 청구사실의 통보】

검사는 법 제22조 제2항 제5호에 따라 성폭력수형자에 대하여 치료명령을 청구한 경우에는 치료명령피청구자에게 지체 없이 청구서를 송부하여야 한다.

제24조【집행지휘 등】

① 검사는 법 제22조 제2항 제6호에 따라 치료명령이 결정된 경우에는 지체 없이 그 사실을 성폭력수형자를 수용하고 있는 수용시설의 장에게 통보하여야 한다.

② 법 제22조 제2항 제6호에 따라 치료명령이 결정된 경우에 검사의 집행지휘에 관하여는 제6조를 준용한다.

제25조【치료명령 결정문 송부】

법원은 법 제22조 제2항 제6호에 따라 성폭력수형자에게 치료명령을 고지한 날부터 3일 이내에 치료명령을 고지 받은 사람의 주거지를 관할하는 보호관찰소의 장에게 결정문 등본을 송부하여야 한다.

제23조【가석방】 ★

① 수용시설의 장은 제22조 제2항 제6호의 결정이 확정된 성폭력 수형자에 대하여 법무부령으로 정하는 바에 따라 「형의 집행 및 수용자의 처우에 관한 법률」 제119조의 가석방심사위원회에 가석방 적격심사를 신청하여야 한다.

② 가석방심사위원회는 성폭력 수형자의 가석방 적격심사를 할 때에는 치료명령이 결정된 사실을 고려하여야 한다.

제24조 【비용부담】 ★
① 제22조 제2항 제6호의 치료명령의 결정을 받은 사람은 치료기간 동안 치료비용을 부담하여야
한다. 다만, 치료비용을 부담할 경제력이 없는 사람의 경우에는 국가가 비용을 부담할 수 있다.
② 비용부담에 관하여 필요한 사항은 대통령령으로 정한다.

시행령

제26조 【비용부담】
① 보호관찰관은 법 제22조 제2항 제6호에 따라 치료명령의 결정을 받은 사람에게 치료행위마다 금액을 특정하여 서면으로 치료비용의 납부를 명하여야 한다.
② 치료명령을 받은 사람은 제1항의 서면을 받은 날부터 30일 이내에 치료비용을 내야 한다.
③ 치료명령을 받은 사람이 치료비용을 부담할 경제력이 없는 경우에는 제1항에 따라 치료비용 납부를 명하는 서면을 받을 때마다 다음 각 호의 서류를 보호관찰관에게 제출하여 치료비용 국가 부담 결정을 받아야 한다.
　1. 치료비용 국가 부담 신청서
　2. 소득이 없어 소득신고를 하지 않는 경우에는 그 사실을 확인할 수 있는 자료
　3. 그 밖에 일정한 수입원이나 재산이 없음을 확인할 수 있는 자료
④ 제3항에 따른 신청을 받은 보호관찰관은 「전자정부법」 제36조 제1항에 따른 행정정보의 공동이용을 통하여 다음 각 호의 행정정보를 확인하여야 한다. 다만, 신청인이 확인에 동의하지 아니하는 경우에는 그 서류를 첨부하게 하여야 한다.
　1. 소득금액 증명서(소득이 있는 경우만 해당한다)
　2. 지방세 세목별 과세(납세) 증명서
　3. 국민기초생활 수급자 증명서
⑤ 보호관찰관은 제3항에 따른 결정을 위하여 필요한 경우에는 치료명령을 받은 사람에게 출석 또는 자료의 제출을 요구하거나, 치료명령을 받은 사람의 동의를 받아 공공기관·민간단체 등에 치료비용 부담 능력 확인에 필요한 자료의 제출을 요구할 수 있다.
⑥ 보호관찰관은 제5항에 따라 공공기관·민간단체 등에 치료비용 부담 능력 확인에 필요한 자료의 제출을 요구할 때에는 다음 각 호의 사항이 적힌 치료명령을 받은 사람의 동의서를 첨부하여야 한다.
　1. 자료를 제출받을 기관　　2. 자료를 제출할 기관 또는 단체
　3. 제출할 자료의 범위　　4. 동의서의 유효기간
　5. 동의서의 작성 연월일　　6. 신청인의 성명, 서명날인 또는 손도장
⑦ 보호관찰관은 제3항에 따라 국가 부담 결정을 하였을 때에는 치료기관에 대하여 치료행위마다 예산의 범위에서 비용의 전부를 지급하여야 한다.

제25조 【가종료 등과 치료명령】
① 「치료감호 등에 관한 법률」 제37조에 따른 치료감호심의위원회(이하 "치료감호심의위원회"라 한다)는 성폭력범죄자 중 성도착증 환자로서 치료감호의 집행 중 가종료 또는 치료위탁되는 피치료감호자나 보호감호의 집행 중 가출소되는 피보호감호자(이하 "가종료자 등"이라

② 치료감호심의위원회는 제1항에 따라 치료명령을 부과하는 결정을 할 경우에는 결정일 전 6개월 이내에 실시한 정신건강의학과 전문의의 진단 또는 감정 결과를 반드시 참작하여야 한다.

③ 치료감호심의위원회는 제1항에 따라 치료명령을 부과하는 결정을 한 경우에는 즉시 가종료자 등의 주거지를 관할하는 보호관찰소의 장에게 통보하여야 한다.

시행령

제27조【치료감호심의위원회의 감정 의뢰】

① 「치료감호 등에 관한 법률」 제37조에 따른 치료감호심의위원회(이하 "치료감호심의위원회"라 한다)는 법 제25조 제1항에 따른 가종료자 등(이하 "가종료자등"이라 한다)에 대하여 치료명령을 부과할 필요가 있다고 인정되는 경우에는 치료감호시설의 정신건강의학과 전문의에게 진단 및 감정을 의뢰하여야 한다.

② 치료감호심의위원회는 제1항에 따른 치료감호시설의 정신건강의학과 전문의의 진단 및 감정만으로 성도착증 여부를 판단하기 어려울 때에는 다른 정신건강의학과 전문의에게 다시 진단 및 감정을 의뢰할 수 있다.

③ 치료감호심의위원회가 피보호감호자에 대하여 제1항에 따른 진단 및 감정을 의뢰한 경우 보호감호시설의 장은 「형의 집행 및 수용자의 처우에 관한 법률」 제37조 제2항에 따라 피보호감호자를 치료감호시설로 이송하여야 한다.

제28조【가종료자등에 대한 치료명령 결정의 통지 등】

① 치료감호심의위원회는 법 제25조 제1항에 따라 치료명령을 부과한 경우 가종료자등에게는 그 결정서를, 치료감호시설 또는 보호감호시설(이하 "감호시설"이라 한다)의 장에게는 결정서 등본을 각각 송달하여야 한다.

② 제1항에 따라 결정서 등본을 송달받은 감호시설의 장은 치료명령을 받게 될 피치료감호자 또는 피보호감호자에게 약물치료의 내용·방법·절차·효과·부작용 등에 관하여 알려 주어야 한다.

제26조【준수사항】

치료감호심의위원회는 제25조에 따른 치료명령을 부과하는 경우 치료기간의 범위에서 준수기간을 정하여 「보호관찰 등에 관한 법률」 제32조 제3항(특별준수사항) 각 호의 준수사항 중 하나 이상을 부과할 수 있다.

제27조【치료명령의 집행】 ★

보호관찰관은 가종료자 등이 가종료·치료위탁 또는 가출소 되기 전 2개월 이내에 치료명령을 집행하여야 한다. 다만, 치료감호와 형이 병과된 가종료자의 경우 집행할 잔여 형기가 있는 때에는 그 형의 집행이 종료되거나 면제되어 석방되기 전 2개월 이내에 치료명령을 집행하여야 한다.

제28조【치료명령 집행의 종료】

제25조에 따른 약물치료는 다음 각 호의 어느 하나에 해당하는 때에 그 집행이 종료된다.

1. 치료기간이 지난 때
2. 가출소·가종료·치료위탁으로 인한 보호관찰 기간이 경과하거나 보호관찰이 종료된 때

제29조 【준용】
① 이 장에 따른 치료명령에 관하여는 제10조 제1항·제4항, 제14조 제1항·제2항·제4항 제1호 및 제2호·제5항 제1호 및 제2호, 제15조, 제17조부터 제19조까지 및 제20조 제3호를 준용한다.
② 제22조에 따른 치료명령에 관하여는 제1항의 규정 외에 제6조 제2항, 제7조, 제8조 제2항 ·제5항, 제9조, 제10조 제2항, 제11조 제1항, 제12조, 제13조, 제14조 제3항·제4항 제3호 ·제5항 제3호, 제16조, 제20조 제1호 및 제21조 제2항을 준용한다.

시행령

제29조 【준용】
① 법 제4장(제22조부터 제29조까지)에 따른 치료명령에 관하여는 제7조부터 제14조까지 및 제16조부터 제18조 까지의 규정을 준용한다.
② 법 제22조에 따른 치료명령에 관하여는 제1항에서 준용하는 규정 외에 제4조, 제6조 및 제15조를 준용한다.

제30조 【민감정보 및 고유식별정보의 처리】
④ 치료감호심의위원회는 다음 각 호의 사무를 수행하기 위하여 불가피한 경우 제1항에 따른 개인정보가 포함된 자료를 처리할 수 있다.
1. 법 제8조의3 제1항에 따른 치료명령의 집행 면제 결정에 관한 사무
2. 법 제8조의4에 따른 치료명령의 집행 면제 결정의 통지에 관한 사무
3. 법 제25조 제1항에 따른 치료명령 부과 결정에 관한 사무
4. 법 제25조 제2항에 따른 진단 및 감정 의뢰에 관한 사무
5. 법 제25조 제3항에 따른 치료명령 부과 결정의 통보에 관한 사무
⑤ 보호관찰소의 장 또는 보호관찰관은 다음 각 호의 사무를 수행하기 위하여 불가피한 경우 제1항에 따른 개인정보가 포함된 자료를 처리할 수 있다.
1. 법 제8조의2 제5항 및 이 영 제4조의2 제2항에 따른 조사에 관한 사무
2. 법 제13조 및 영 제12조 제1항에 따른 치료명령 집행을 위한 통지에 관한 사무
3. 법 제14조 제2항에 따른 약물치료에 관한 설명 사무
4. 법 제15조 제1항에 따른 상쇄약물 투약 여부 등 검사 의뢰에 관한 사무
5. 법 제15조 제2항 및 영 제14조 제2항에 따른 치료명령을 받은 사람의 신고 접수에 관한 사무
6. 법 제15조 제3항에 따른 주거 이전 등의 신고 및 허가에 관한 사무
7. 법 제17조 제1항 또는 제19조 제1항에 따른 치료명령 가해제(임시해제) 또는 가해제(임시해제) 취소 신청 에 관한 사무
8. 법 제24조에 따른 치료비용 부담에 관한 사무
9. 법 제24조 및 이 영 제26조 제5항에 따른 치료비용 부담 능력 확인에 필요한 자료 제출에 관한 사무
10. 제11조 제3항에 따른 약물 투여 일시 중단의 승인 신청에 관한 사무

11. 제11조 제5항에 따른 부작용 치료 내용 등 보고에 관한 사무
12. 제14조 제3항에 따른 출입국 사실 통보 요청에 관한 사무

제5장 | 보칙

제30조【치료기간의 계산】
치료기간은 최초로 성 호르몬 조절약물을 투여한 날 또는 제14조 제1항에 따른 심리치료 프로그램의 실시를 시작한 날부터 기산하되, 초일은 시간을 계산함이 없이 1일로 산정한다.

제31조【치료명령 등 집행전담 보호관찰관의 지정】
보호관찰소의 장은 소속 보호관찰관 중에서 다음 각 호의 사항을 전담하는 보호관찰관을 지정하여야 한다.
1. 치료명령을 청구하기 위하여 필요한 치료명령 피청구자에 대한 조사
2. 치료명령의 집행
3. 치료명령을 받은 사람의 재범방지와 건전한 사회복귀를 위한 치료 등 필요한 조치의 부과
4. 그 밖에 치료명령을 받은 사람의 「보호관찰 등에 관한 법률」 등에 따른 준수사항 이행 여부 확인 등 치료명령을 받은 사람에 대한 지도·감독 및 원호

제32조【수용시설의 장 등의 협조】
제14조 제3항 및 제27조에 따른 보호관찰관의 치료명령 집행에 수용시설의 장, 치료감호시설의 장, 보호감호시설의 장은 약물의 제공, 의사·간호사 등 의료인력 지원 등의 협조를 하여야 한다.

제33조【군법 피적용자에 대한 특칙】
이 법을 적용함에 있어서 「군사법원법」 제2조 제1항 각 호의 어느 하나에 해당하는 자에 대하여는 군사법원은 법원의, 군검사는 검사의, 군사법경찰관리는 사법경찰관리의, 군교도소장은 교도소장의 이 법에 따른 직무를 각각 행한다.

제34조【다른 법률의 준용】
이 법을 적용함에 있어서 이 법에 규정이 있는 경우를 제외하고는 그 성질에 반하지 아니하는 범위에서 「형사소송법」 및 「보호관찰 등에 관한 법률」을 준용한다.

07 소년법

• 2021.4.21. 시행

참고 **소년사건 처리도**

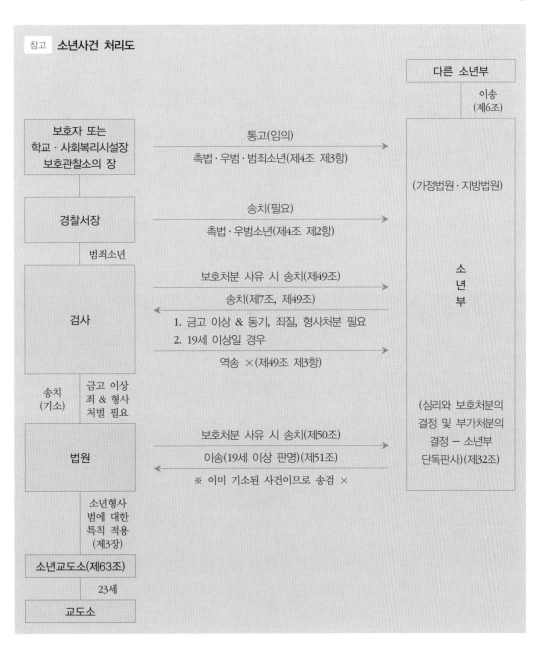

제1장 | 총칙

제1조 【목적】

이 법은 반사회성이 있는 소년의 환경 조정과 품행 교정(矯正)을 위한 보호처분 등의 필요한 조치를 하고, 형사처분에 관한 특별조치를 함으로써 소년이 건전하게 성장하도록 돕는 것을 목적으로 한다.

제2조 【소년 및 보호자】

이 법에서 "소년"이란 19세 미만인 자를 말하며, "보호자"란 법률상 감호교육을 할 의무가 있는 자 또는 현재 감호하는 자를 말한다.

제2장 | 보호사건

참고 **보호사건과 형사사건 비교**

구분	보호처분	일반형사처분
나이	10세 이상 19세 미만	14세 이상
심리대상	요보호성과 범죄행위	범죄행위
법적 제재수단	보호처분	형벌
제1심 법원	가정법원 및 지방법원 소년부	형사지방법원
심리	직권주의	당사자주의
검사의 재판 관여	없음	관여
재판심리 공개 여부	비공개	공개
적용법률	소년법	형법 · 형사소송법 · 소년법
진술거부권	인정	인정

제1절 통칙

제3조【관할 및 직능】
① 소년 보호사건의 관할은 소년의 행위지, 거주지 또는 현재지로 한다.
② 소년 보호사건은 가정법원소년부 또는 지방법원소년부[이하 "소년부(少年部)"라 한다]에 속한다.
③ 소년 보호사건의 심리와 처분 결정은 소년부 단독판사가 한다.

제4조【보호의 대상과 송치 및 통고】 ★
① 다음 각 호의 어느 하나에 해당하는 소년은 소년부의 보호사건으로 심리한다.
  1. 죄를 범한 소년(범죄소년으로 보호처분과 형사처분 모두 가능)
  2. 형벌법령에 저촉되는 행위를 한 10세 이상 14세 미만인 소년(촉법소년으로 보호처분만 가능)
  3. 다음 각 목에 해당하는 사유가 있고 그의 성격이나 환경에 비추어 앞으로 형벌법령에 저촉되는 행위를 할 우려가 있는 10세 이상인 소년(우범소년으로 보호처분만 가능)
     가. 집단적으로 몰려다니며 주위 사람들에게 불안감을 조성하는 성벽이 있는 것
     나. 정당한 이유 없이 가출하는 것
     다. 술을 마시고 소란을 피우거나 유해환경에 접하는 성벽이 있는 것
② 제1항 제2호(촉법소년) 및 제3호(우범소년)에 해당하는 소년이 있을 때에는 경찰서장은 직접 관할 소년부에 송치하여야 한다(의무규정).
③ 제1항 각 호의 어느 하나에 해당하는 소년을 발견한 보호자 또는 학교·사회복리시설·보호관찰소(보호관찰지소를 포함한다. 이하 같다)의 장은 이를 관할 소년부에 통고할 수 있다(재량규정).

제5조【송치서】
소년 보호사건을 송치하는 경우에는 송치서에 사건 본인의 주거·성명·생년월일 및 행위의 개요와 가정 상황을 적고, 그 밖의 참고자료를 첨부하여야 한다.

제6조【이송】
① 보호사건을 송치받은 소년부는 보호의 적정을 기하기 위하여 필요하다고 인정하면 결정으로써 사건을 다른 관할 소년부에 이송할 수 있다.
② 소년부는 사건이 그 관할에 속하지 아니한다고 인정하면 결정으로써 그 사건을 관할 소년부에 이송하여야 한다.

제7조 【형사처분 등을 위한 관할 검찰청으로의 송치】 ★

① 소년부는 조사 또는 심리한 결과 금고 이상의 형에 해당하는 범죄 사실이 발견된 경우 그 동기와 죄질이 형사처분을 할 필요가 있다고 인정하면 결정으로써 사건을 관할 지방법원에 대응한 검찰청 검사에게 송치하여야 한다.

② 소년부는 조사 또는 심리한 결과 사건의 본인이 19세 이상인 것으로 밝혀진 경우에는 결정으로써 사건을 관할 지방법원에 대응하는 검찰청 검사에게 송치하여야 한다. 다만, 제51조(19세 이상)에 따라 법원에 이송하여야 할 경우에는 그러하지 아니하다.

제8조 【통지】

소년부는 제6조(소년부의 다른 소년부 이송)와 제7조(형사처분 등을 위한 관할 검찰청으로 송치)에 따른 결정을 하였을 때에는 지체 없이 그 사유를 사건 본인과 그 보호자에게 알려야 한다.

제2절 조사와 심리

제9조 【조사 방침】

조사는 의학·심리학·교육학·사회학이나 그 밖의 전문적인 지식을 활용하여 소년과 보호자 또는 참고인의 품행, 경력, 가정 상황, 그 밖의 환경 등을 밝히도록 노력하여야 한다.

제10조 【진술거부권의 고지】

소년부 또는 조사관이 범죄 사실에 관하여 소년을 조사할 때에는 미리 소년에게 불리한 진술을 거부할 수 있음을 알려야 한다.

제11조 【조사명령】

① 소년부 판사는 조사관에게 사건 본인, 보호자 또는 참고인의 심문이나 그 밖에 필요한 사항을 조사하도록 명할 수 있다.

② 소년부는 제4조 제3항에 따라 통고(보호자 또는 학교·사회복리시설·보호관찰소의 장의 관할 소년부 통고)된 소년을 심리할 필요가 있다고 인정하면 그 사건을 조사하여야 한다.

제12조 【전문가의 진단】 ★

소년부는 조사 또는 심리를 할 때에 정신건강의학과의사·심리학자·사회사업가·교육자나 그 밖의 전문가의 진단, 소년 분류심사원의 분류심사 결과와 의견, 보호관찰소의 조사결과와 의견 등을 고려하여야 한다.

제13조 【소환 및 동행영장】 ★

① 소년부 판사는 사건의 조사 또는 심리에 필요하다고 인정하면 기일을 지정하여 사건 본인이나 보호자 또는 참고인을 소환할 수 있다.

② 사건 본인이나 보호자가 정당한 이유 없이 소환에 응하지 아니하면 소년부 판사는 동행영장을 발부할 수 있다.

제14조 【긴급동행영장】 ★

소년부 판사는 사건 본인을 보호하기 위하여 긴급조치가 필요하다고 인정하면 제13조 제1항에 따른 소환 없이 동행영장을 발부할 수 있다.

제15조 【동행영장의 방식】

동행영장에는 다음 각 호의 사항을 적고 소년부 판사가 서명 날인하여야 한다.

1. 소년이나 보호자의 성명
2. 나이
3. 주거
4. 행위의 개요
5. 인치(引致)하거나 수용할 장소
6. 유효기간 및 그 기간이 지나면 집행에 착수하지 못하며 영장을 반환하여야 한다는 취지
7. 발부연월일

제16조 【동행영장의 집행】

① 동행영장은 조사관이 집행한다.

② 소년부 판사는 소년부 법원서기관·법원사무관·법원주사·법원주사보나 보호관찰관 또는 사법경찰관리에게 동행영장을 집행하게 할 수 있다.

③ 동행영장을 집행하면 지체 없이 보호자나 보조인에게 알려야 한다.

제17조 【보조인 선임】 ★★

① 사건 본인이나 보호자는 소년부 판사의 허가를 받아 보조인을 선임할 수 있다.

② 보호자나 변호사를 보조인으로 선임하는 경우에는 제1항의 허가(소년부 판사의 허가)를 받지 아니하여도 된다.

③ 보조인을 선임함에 있어서는 보조인과 연명 날인한 서면을 제출하여야 한다. 이 경우 변호사가 아닌 사람을 보조인으로 선임할 경우에는 위 서면에 소년과 보조인과의 관계를 기재하여야 한다.

④ 소년부 판사는 보조인이 심리절차를 고의로 지연시키는 등 심리진행을 방해하거나 소년의 이익에 반하는 행위를 할 우려가 있다고 판단하는 경우에는 보조인 선임의 허가를 취소할 수 있다.

⑤ 보조인의 선임은 심급마다 하여야 한다.

⑥ 「형사소송법」 중 변호인의 권리의무에 관한 규정은 소년 보호사건의 성질에 위배되지 아니하는 한 보조인에 대하여 준용한다.

제17조의2 【국선보조인】 ★

① 소년이 소년분류심사원에 위탁된 경우 보조인이 없을 때에는 법원은 변호사 등 적정한 자를 보조인으로 선정하여야 한다.

② 소년이 소년분류심사원에 위탁되지 아니하였을 때에도 다음의 경우 법원은 직권에 의하거나 소년 또는 보호자의 신청에 따라 보조인을 선정할 수 있다.

  1. 소년에게 신체적·정신적 장애가 의심되는 경우

  2. 빈곤이나 그 밖의 사유로 보조인을 선임할 수 없는 경우

  3. 그 밖에 소년부 판사가 보조인이 필요하다고 인정하는 경우

③ 제1항과 제2항에 따라 선정된 보조인에게 지급하는 비용에 대하여는 「형사소송비용 등에 관한 법률」을 준용한다.

제18조 【임시조치】 ★

① 소년부 판사는 사건을 조사 또는 심리하는 데에 필요하다고 인정하면 소년의 감호에 관하여 결정으로써 다음 각 호의 어느 하나에 해당하는 조치를 할 수 있다.

  1. 보호자, 소년을 보호할 수 있는 적당한 자 또는 시설에 위탁(3개월)

  2. 병원이나 그 밖의 요양소에 위탁(3개월)

  3. 소년분류심사원에 위탁(1개월)

② 동행된 소년 또는 제52조 제1항(소년부 송치 시의 신병처리)에 따라 인도된 소년에 대하여는 도착한 때로부터 24시간 이내에 제1항의 조치를 하여야 한다.

③ 제1항 제1호 및 제2호의 위탁기간은 3개월을, 제1항 제3호의 위탁기간은 1개월을 초과하지 못한다. 다만, 특별히 계속 조치할 필요가 있을 때에는 한 번에 한하여 결정으로써 연장할 수 있다.

④ 제1항 제1호 및 제2호의 조치를 할 때에는 보호자 또는 위탁받은 자에게 소년의 감호에 관한 필요 사항을 지시할 수 있다.

⑤ 소년부 판사는 제1항의 결정(임시조치 결정)을 하였을 때에는 소년부 법원서기관·법원사무관·법원주사·법원주사보, 소년분류심사원 소속 공무원, 교도소 또는 구치소 소속 공무원, 보호관찰관 또는 사법경찰관리에게 그 결정을 집행하게 할 수 있다.

⑥ 제1항의 조치(임시조치)는 언제든지 결정으로써 취소하거나 변경할 수 있다.

제19조 【심리 불개시의 결정】

① 소년부 판사는 송치서와 조사관의 조사보고에 따라 사건의 심리를 개시할 수 없거나 개시할 필요가 없다고 인정하면 심리를 개시하지 아니한다는 결정을 하여야 한다. 이 결정은 사건 본인과 보호자에게 알려야 한다.

② 사안이 가볍다는 이유로 심리를 개시하지 아니한다는 결정을 할 때에는 소년에게 훈계하거나 보호자에게 소년을 엄격히 관리하거나 교육하도록 고지할 수 있다.

③ 제1항의 결정(심리 불개시의 결정)이 있을 때에는 제18조의 임시조치는 취소된 것으로 본다.

④ 소년부 판사는 소재가 분명하지 아니하다는 이유로 심리를 개시하지 아니한다는 결정을 받은 소년의 소재가 밝혀진 경우에는 그 결정을 취소하여야 한다.

제20조 【심리 개시의 결정】

① 소년부 판사는 송치서와 조사관의 조사보고에 따라 사건을 심리할 필요가 있다고 인정하면 심리 개시 결정을 하여야 한다.

② 제1항의 결정(심리 개시의 결정)은 사건 본인과 보호자에게 알려야 한다. 이 경우 심리 개시 사유의 요지와 보조인을 선임할 수 있다는 취지를 아울러 알려야 한다.

제21조 【심리 기일의 지정】

① 소년부 판사는 심리 기일을 지정하고 본인과 보호자를 소환하여야 한다. 다만, 필요가 없다고 인정한 경우에는 보호자는 소환하지 아니할 수 있다.

② 보조인이 선정된 경우에는 보조인에게 심리 기일을 알려야 한다.

제22조【기일 변경】

소년부 판사는 직권에 의하거나 사건 본인, 보호자 또는 보조인의 청구에 의하여 심리 기일을 변경할 수 있다. 기일을 변경한 경우에는 이를 사건 본인, 보호자 또는 보조인에게 알려야 한다.

제23조【심리의 개시】

① 심리 기일에는 소년부 판사와 서기가 참석하여야 한다.

② 조사관, 보호자 및 보조인은 심리 기일에 출석할 수 있다.

제24조【심리의 방식】 ★

① 심리는 친절하고 온화하게 하여야 한다.

② 심리는 공개하지 아니한다. 다만, 소년부 판사는 적당하다고 인정하는 자에게 참석을 허가할 수 있다.

제25조【의견의 진술】

① 조사관, 보호자 및 보조인은 심리에 관하여 의견을 진술할 수 있다.

② 제1항의 경우에 소년부 판사는 필요하다고 인정하면 사건 본인의 퇴장을 명할 수 있다.

제25조의2【피해자 등의 진술권】

소년부 판사는 피해자 또는 그 법정대리인·변호인·배우자·직계친족·형제자매(이하 이 조에서 "대리인등"이라 한다)가 의견진술을 신청할 때에는 피해자나 그 대리인등에게 심리 기일에 의견을 진술할 기회를 주어야 한다. 다만, 다음 각 호의 어느 하나에 해당하는 경우에는 그러하지 아니하다.

1. 신청인이 이미 심리절차에서 충분히 진술하여 다시 진술할 필요가 없다고 인정되는 경우

2. 신청인의 진술로 심리절차가 현저하게 지연될 우려가 있는 경우

제25조의3【화해권고】 ★★

① 소년부 판사는 소년의 품행을 교정하고 피해자를 보호하기 위하여 필요하다고 인정하면 소년에게 피해 변상 등 피해자와의 화해를 권고할 수 있다.

② 소년부 판사는 제1항의 화해를 위하여 필요하다고 인정하면 기일을 지정하여 소년, 보호자 또는 참고인을 소환할 수 있다.

③ 소년부 판사는 소년이 제1항의 권고에 따라 피해자와 화해하였을 경우에는 보호처분을 결정할 때 이를 고려할 수 있다.

제26조 【증인신문, 감정, 통역 · 번역】

① 소년부 판사는 증인을 신문하고 감정이나 통역 및 번역을 명할 수 있다.

② 제1항의 경우에는 「형사소송법」 중 법원의 증인신문, 감정이나 통역 및 번역에 관한 규정을 보호사건의 성질에 위반되지 아니하는 한도에서 준용한다.

제27조 【검증, 압수, 수색】

① 소년부 판사는 검증, 압수 또는 수색을 할 수 있다.

② 제1항의 경우에는 「형사소송법」 중 법원의 검증, 압수 및 수색에 관한 규정은 보호사건의 성질에 위반되지 아니하는 한도에서 준용한다.

제28조 【원조, 협력】

① 소년부 판사는 그 직무에 관하여 모든 행정기관, 학교, 병원, 그 밖의 공사단체에 필요한 원조와 협력을 요구할 수 있다.

② 제1항의 요구를 거절할 때에는 정당한 이유를 제시하여야 한다.

제29조 【불처분 결정】

① 소년부 판사는 심리 결과 보호처분을 할 수 없거나 할 필요가 없다고 인정하면 그 취지의 결정을 하고, 이를 사건 본인과 보호자에게 알려야 한다.

② 제1항의 결정에 관하여는 제19조 제2항과 제3항을 준용한다.

제30조 【기록의 작성】

① 소년부 법원서기관 · 법원사무관 · 법원주사 또는 법원주사보는 보호사건의 조사 및 심리에 대한 기록을 작성하여 조사 및 심리의 내용과 모든 결정을 명확히 하고 그 밖에 필요한 사항을 적어야 한다.

② 조사 기록에는 조사관 및 소년부 법원서기관 · 법원사무관 · 법원주사 또는 법원주사보가, 심리 기록에는 소년부 판사 및 법원서기관 · 법원사무관 · 법원주사 또는 법원주사보가 서명 날인하여야한다.

제30조의2 【기록의 열람·등사】

소년 보호사건의 기록과 증거물은 소년부 판사의 허가를 받은 경우에만 열람하거나 등사할 수 있다. 다만, 보조인이 심리 개시 결정 후에 소년 보호사건의 기록과 증거물을 열람하는 경우에는 소년부 판사의 허가를 받지 아니하여도 된다.

제31조 【위임규정】

소년 보호사건의 심리에 필요한 사항은 대법원규칙으로 정한다.

제3절 보호처분

제32조 【보호처분의 결정】 ★★

① 소년부 판사는 심리 결과 보호처분을 할 필요가 있다고 인정하면 결정으로써 다음 각 호의 어느 하나에 해당하는 처분을 하여야 한다.
  1. 보호자 또는 보호자를 대신하여 소년을 보호할 수 있는 자에게 감호 위탁(6개월+6개월)
  2. 수강명령(12세 이상 : 100시간 초과 금지)
  3. 사회봉사명령(14세 이상 : 200시간 초과 금지)
  4. 보호관찰관의 단기 보호관찰(1년)
  5. 보호관찰관의 장기 보호관찰(2년+1년)
  6. 「아동복지법」에 따른 아동복지시설이나 그 밖의 소년보호시설에 감호 위탁(6개월+6개월)
  7. 병원, 요양소 또는 「보호소년 등의 처우에 관한 법률」에 따른 의료재활소년원에 위탁(6개월+6개월)
  8. 1개월 이내의 소년원 송치
  9. 단기 소년원 송치(6개월)
  10. 장기 소년원 송치(12세 이상 : 2년)
② 다음 각 호 안의 처분 상호 간에는 그 전부 또는 일부를 병합할 수 있다.
  1. 제1항 제1호·제2호·제3호·제4호 처분
  2. 제1항 제1호·제2호·제3호·제5호 처분
  3. 제1항 제4호·제6호 처분
  4. 제1항 제5호·제6호 처분
  5. 제1항 제5호·제8호 처분
③ 제1항 제3호(사회봉사명령)의 처분은 14세 이상의 소년에게만 할 수 있다.
④ 제1항 제2호(수강명령) 및 제10호(장기 소년원 송치)의 처분은 12세 이상의 소년에게만 할 수 있다.

⑤ 제1항 각 호의 어느 하나에 해당하는 처분을 한 경우 소년부는 소년을 인도하면서 소년의
교정에 필요한 참고자료를 위탁받는 자나 처분을 집행하는 자에게 넘겨야 한다.
⑥ 소년의 보호처분은 그 소년의 장래 신상에 어떠한 영향도 미치지 아니한다.

관련판례

[1] 소년범에 대한 보호처분과 법원의 재량권
소년에 대한 피고사건을 심리한 법원이 그 결과에 따라 보호처분에 해당할 사유가 있는지의 여부를
인정하는 것은 법관의 자유재량에 의하여 판정될 사항이다(대법원 1991.1.25. 90도2693).

[2] 소년법 제1조나 제32조 제5항의 규정이 있다 하여 보호처분을 받은 사실을 상습성 인정의 자료로
삼을 수 없는 것은 아니다(대법원 1989.12.12. 89도2097).

제32조의2 【보호관찰처분에 따른 부가처분 등】 ★

① 제32조 제1항 제4호(보호관찰관의 단기 보호관찰) 또는 제5호(보호관찰관의 장기 보호관찰)의 처분을 할
때에 3개월 이내의 기간을 정하여 「보호소년 등의 처우에 관한 법률」에 따른 대안교육 또는
소년의 상담·선도·교화와 관련된 단체나 시설에서의 상담·교육을 받을 것을 동시에 명할
수 있다.
② 제32조 제1항 제4호 또는 제5호의 처분을 할 때에 1년 이내의 기간을 정하여 야간 등 특정
시간대의 외출을 제한하는 명령을 보호관찰대상자의 준수 사항으로 부과할 수 있다.
③ 소년부 판사는 가정상황 등을 고려하여 필요하다고 판단되면 보호자에게 소년원·소년분류심사원
또는 보호관찰소 등에서 실시하는 소년의 보호를 위한 특별교육을 받을 것을 명할 수 있다.

제33조 【보호처분의 기간】 ★★

① 제32조 제1항 제1호(보호자 등에게 감호 위탁)·제6호(아동복지시설이나 그 밖의 소년보호시설에 감호 위탁)
·제7호(병원, 요양소 또는 의료재활소년원에 위탁)의 위탁기간은 6개월로 하되, 소년부 판사는 결정
으로써 6개월의 범위에서 한 번에 한하여 그 기간을 연장할 수 있다. 다만, 소년부 판사는
필요한 경우에는 언제든지 결정으로써 그 위탁을 종료시킬 수 있다.
② 제32조 제1항 제4호의 단기 보호관찰기간은 1년으로 한다.
③ 제32조 제1항 제5호의 장기 보호관찰기간은 2년으로 한다. 다만, 소년부 판사는 보호관찰관의
신청에 따라 결정으로써 1년의 범위에서 한 번에 한하여 그 기간을 연장할 수 있다.
④ 제32조 제1항 제2호의 수강명령은 100시간을, 제32조 제1항 제3호의 사회봉사명령은 200시
간을 초과할 수 없으며, 보호관찰관이 그 명령을 집행할 때에는 사건 본인의 정상적인 생활을
방해하지 아니하도록 하여야 한다.

⑤ 제32조 제1항 제9호에 따라 단기로 소년원에 송치된 소년의 보호기간은 6개월을 초과하지 못한다.

⑥ 제32조 제1항 제10호에 따라 장기로 소년원에 송치된 소년의 보호기간은 2년을 초과하지 못한다.

⑦ 제32조 제1항 제6호(아동복지시설이나 그 밖의 소년보호시설에 감호 위탁)부터 제10호(장기 소년원 송치) 까지의 어느 하나에 해당하는 처분을 받은 소년이 시설위탁이나 수용 이후 그 시설을 이탈하였을 때에는 위 처분기간은 진행이 정지되고, 재위탁 또는 재수용된 때로부터 다시 진행한다.

제34조 【몰수의 대상】

① 소년부 판사는 제4조 제1항 제1호(범죄소년)·제2호(촉법소년)에 해당하는 소년에 대하여 제32조의 처분(보호처분)을 하는 경우에는 결정으로써 다음의 물건을 몰수할 수 있다.

1. 범죄 또는 형벌법령에 저촉되는 행위에 제공하거나 제공하려 한 물건
2. 범죄 또는 형벌법령에 저촉되는 행위로 인하여 생기거나 이로 인하여 취득한 물건
3. 제1호와 제2호의 대가로 취득한 물건

② 제1항의 몰수는 그 물건이 사건 본인 이외의 자의 소유에 속하지 아니하는 경우에만 할 수 있다. 다만, 사건 본인의 행위가 있은 후 그 정을 알고도 취득한 자가 소유한 경우에는 그러하지 아니하다.

제35조 【결정의 집행】

소년부 판사는 제32조 제1항(보호처분) 또는 제32조의2(보호관찰처분에 따른 부가처분)에 따른 처분 결정을 하였을 때에는 조사관, 소년부 법원서기관·법원사무관·법원주사·법원주사보, 보호관찰관, 소년원 또는 소년분류심사원 소속 공무원, 그 밖에 위탁 또는 송치 받을 기관 소속의 직원에게 그 결정을 집행하게 할 수 있다.

제36조 【보고와 의견 제출】

① 소년부 판사는 제32조 제1항(보호처분) 제1호(보호자 등에게 감호 위탁)·제6호(아동복지시설이나 그 밖의 소년보호시설에 감호 위탁)·제7호(병원, 요양소 또는 의료재활소년원에 위탁)의 처분을 한 경우에는 위탁받은 자에게 소년에 관한 보고서나 의견서를 제출하도록 요구할 수 있다.

② 소년부 판사는 조사관에게 제32조 제1항 제1호·제6호·제7호의 처분에 관한 집행상황을 보고하게 할 수 있고, 필요하다고 인정되면 위탁받은 자에게 그 집행과 관련된 사항을 지시할 수 있다.

제37조 【처분의 변경】

① 소년부 판사는 위탁받은 자나 보호처분을 집행하는 자의 신청에 따라 결정으로써 제32조의 보호처분과 제32조의2의 부가처분을 변경할 수 있다. 다만, 제32조 제1항 제1호(보호자 등에게 감호 위탁) · 제6호(아동복지시설이나 그 밖의 소년보호시설에 감호 위탁) · 제7호(병원, 요양소 또는 의료재활소년원에 위탁)의 보호처분과 제32조의2 제1항의 부가처분(보호관찰관의 단기 보호관찰 · 장기 보호관찰의 처분을 할 때에 대안교육 또는 상담 · 교육을 받는 부가처분)은 직권으로 변경할 수 있다.

② 제1항에 따른 결정을 집행할 때에는 제35조(결정의 집행)를 준용한다.

③ 제1항의 결정은 지체 없이 사건 본인과 보호자에게 알리고 그 취지를 위탁받은 자나 보호처분을 집행하는 자에게 알려야 한다.

제38조 【보호처분의 취소】

① 보호처분이 계속 중일 때에 사건 본인이 처분 당시 19세 이상인 것으로 밝혀진 경우에는 소년부 판사는 결정으로써 그 보호처분을 취소하고 다음의 구분에 따라 처리하여야 한다.
  1. 검사 · 경찰서장의 송치 또는 제4조 제3항의 통고(보호자 또는 학교 · 사회복리시설 · 보호관찰소의 장의 관할 소년부 통고)에 의한 사건인 경우에는 관할 지방법원에 대응하는 검찰청 검사에게 송치한다.
  2. 제50조(법원의 소년부 송치)에 따라 법원이 송치한 사건인 경우에는 송치한 법원에 이송한다.

② 제4조 제1항 제1호 · 제2호의 소년(범죄소년 · 촉법소년)에 대한 보호처분이 계속 중일 때에 사건 본인이 행위 당시 10세 미만으로 밝혀진 경우 또는 제4조 제1항 제3호(우범소년)의 소년에 대한 보호처분이 계속 중일 때에 사건 본인이 처분 당시 10세 미만으로 밝혀진 경우에는 소년부 판사는 결정으로써 그 보호처분을 취소하여야 한다.

제39조 【보호처분과 유죄판결】

보호처분이 계속 중일 때에 사건 본인에 대하여 유죄판결이 확정된 경우에 보호처분을 한 소년부 판사는 그 처분을 존속할 필요가 없다고 인정하면 결정으로써 보호처분을 취소할 수 있다.

제40조 【보호처분의 경합】

보호처분이 계속 중일 때에 사건 본인에 대하여 새로운 보호처분이 있었을 때에는 그 처분을 한 소년부 판사는 이전의 보호처분을 한 소년부에 조회하여 어느 하나의 보호처분을 취소하여야 한다.

제41조 【비용의 보조】

제18조 제1항 제1호(보호자, 소년을 보호할 수 있는 적당한 또는 시설에 위탁)·제2호(병원이나 그 밖의 요양소에 위탁)의 조치에 관한 결정이나 제32조 제1항 제1호(보호자 등에게 감호 위탁)·제6호(아동복지시설이나 그 밖의 소년보호시설에 감호 위탁)·제7호(병원, 요양소에 위탁)(「보호소년 등의 처우에 관한 법률」에 따른 의료재활소년원 위탁처분은 제외한다)의 처분을 받은 소년의 보호자는 위탁받은 자에게 그 감호에 관한 비용의 전부 또는 일부를 지급하여야 한다. 다만, 보호자가 지급할 능력이 없을 때에는 소년부가 지급할 수 있다.

제42조 【증인 등의 비용】

① 증인·감정인·통역인·번역인에게 지급하는 비용, 숙박료, 그 밖의 비용에 대하여는 「형사소송법」 중 비용에 관한 규정을 준용한다.
② 참고인에게 지급하는 비용에 관하여는 제1항을 준용한다.

제4절 항고

제43조 【항고】 ★

① 제32조에 따른 보호처분의 결정 및 제32조의2에 따른 부가처분 등의 결정 또는 제37조의 보호처분·부가처분 변경 결정이 다음 각 호의 어느 하나에 해당하면 사건 본인·보호자·보조인 또는 그 법정대리인은 관할 가정법원 또는 지방법원 본원 합의부에 항고할 수 있다.
1. 해당 결정에 영향을 미칠 법령 위반이 있거나 중대한 사실 오인이 있는 경우
2. 처분이 현저히 부당한 경우
② 항고를 제기할 수 있는 기간은 7일로 한다.

관련판례

[1] 소년법 제43조 제1항 중 '사건 본인, 보호자, 보조인 또는 그 법정대리인' 부분이 청구인의 평등권을 침해하는지 여부(소극)

형사소송절차에서는 일방 당사자인 검사가 상소 여부를 결정할 수 있고, 피해자도 간접적으로 검사를 통하여 상소 여부에 관여할 수 있음에 반하여, 소년심판절차에서는 검사에게 상소권이 인정되지 아니하여 소년심판절차에서의 피해자도 상소 여부에 관하여 전혀 관여할 수 있는 방법이 없는데, 양 절차의 피해자는 범죄행위로 인하여 피해를 입었다는 점에서 본질적으로 동일한 집단이라고 할 것임에도 서로 다르게 취급되고 있으므로 차별취급은 존재한다. 나아가 차별취급에 합리성이 있는지에 관하여 살펴보면, 소년심판절차의 전 단계에서 검사가 관여하고 있고, 소년심판절차의 1심에서 피해자 등의

진술권이 보장되고 있다. 또한 소년심판은 형사소송절차와는 달리 소년에 대한 후견적 입장에서 소년의 환경조정과 품행교정을 위한 보호처분을 하기 위한 심문절차이며, 보호처분을 함에 있어 범행의 내용도 참작하지만 주로 소년의 환경과 개인적 특성을 근거로 소년의 개선과 교화에 부합하는 처분을 부과하게 되므로 일반 형벌의 부과와는 차이가 있다. 그리고 소년심판은 심리의 객체로 취급되는 소년에 대한 후견적 입장에서 법원의 직권에 의해 진행되므로 검사의 관여가 반드시 필요한 것이 아니고 이에 따라 소년심판의 당사자가 아닌 검사가 상소 여부에 관여하는 것이 배제된 것이다. 위와 같은 소년심판절차의 특수성을 감안하면, 차별대우를 정당화하는 객관적이고 합리적인 이유가 존재한다고 할 것이어서 이 사건 법률조항은 청구인의 평등권을 침해하지 않는다(헌재 2012.7.26. 2011헌마232).

[2] 소년보호사건에서 항고제기기간 내에 항고이유를 제출하지 않은 항고인에게 항고법원이 별도로 항고이유 제출 기회를 주어야 하는지 여부(소극)

소년법 제43조 제2항은 '항고를 제기할 수 있는 기간은 7일로 한다'고 규정하고 있고, 같은 법 제31조는 '소년보호사건의 심리에 필요한 사항은 대법원규칙으로 정한다'고 규정하고 있으며, 이에 따라 제정된 소년심판규칙 제44조는 '항고장에는 항고의 이유를 간결하게 명시하여야 한다'고 규정하고 있는바, 따라서 소년보호사건의 경우 제1심의 보호처분에 대하여 항고를 제기함에 있어서는 그 항고장에 항고이유를 기재하거나, 적법한 항고제기기간 내에 항고이유를 기재한 서면을 제출하여야 하고, 이와 별도로 항고법원이 항고인에게 항고이유의 제출 기회를 부여하여야 하는 것은 아니다(대법원 2008.8.12. 2007트13).

제44조 【항고장의 제출】 ★
① 항고를 할 때에는 항고장을 원심 소년부에 제출하여야 한다.
② 항고장을 받은 소년부는 3일 이내에 의견서를 첨부하여 항고법원에 송부하여야 한다.

제45조 【항고의 재판】
① 항고법원은 항고 절차가 법률에 위반되거나 항고가 이유 없다고 인정한 경우에는 결정으로써 항고를 기각하여야 한다.
② 항고법원은 항고가 이유가 있다고 인정한 경우에는 원결정을 취소하고 사건을 원소년부에 환송하거나 다른 소년부에 이송하여야 한다. 다만, 환송 또는 이송할 여유가 없이 급하거나 그 밖에 필요하다고 인정한 경우에는 원결정을 파기하고 불처분 또는 보호처분의 결정을 할 수 있다.
③ 제2항에 따라 항고가 이유가 있다고 인정되어 보호처분의 결정을 다시 하는 경우에는 원결정에 따른 보호처분의 집행 기간은 그 전부를 항고에 따른 보호처분의 집행 기간에 산입[제32조 제1항 제8호(1개월 이내의 소년원 송치)·제9호(단기 소년원 송치)·제10호(장기 소년원 송치) 처분 상호 간에만 해당한다]한다(즉, 제3항은 소년원 송치 처분 상호 간에만 적용된다).

제46조【집행 정지】 ★

항고는 결정의 집행을 정지시키는 효력이 없다.

제47조【재항고】

① 항고를 기각하는 결정에 대하여는 그 결정이 법령에 위반되는 경우에만 대법원에 재항고를 할 수 있다.

② 제1항의 재항고에 관하여는 제43조 제2항(항고를 제기할 수 있는 기간 : 7일) 및 제45조 제3항(집행 기간의 산입)을 준용한다.

제3장 | 형사사건

제1절 통칙

제48조【준거법례】

소년에 대한 형사사건에 관하여는 이 법에 특별한 규정이 없으면 일반 형사사건의 예에 따른다.

제49조【검사의 송치】 ★

① 검사는 소년에 대한 피의사건을 수사한 결과 보호처분에 해당하는 사유가 있다고 인정한 경우에는 사건을 관할 소년부에 송치하여야 한다.

② 소년부는 제1항에 따라 송치된 사건을 조사 또는 심리한 결과 그 동기와 죄질이 금고 이상의 형사처분을 할 필요가 있다고 인정할 때에는 결정으로써 해당 검찰청 검사에게 송치할 수 있다.

③ 제2항에 따라 송치한 사건은 다시 소년부에 송치할 수 없다.

제49조의2【검사의 결정 전 조사】 ★

① 검사는 소년 피의사건에 대하여 소년부 송치, 공소제기, 기소유예 등의 처분을 결정하기 위하여 필요하다고 인정하면 피의자의 주거지 또는 검찰청 소재지를 관할하는 보호관찰소의 장, 소년분류심사원장 또는 소년원장(이하 "보호관찰소장 등"이라 한다)에게 피의자의 품행, 경력, 생활환경이나 그 밖에 필요한 사항에 관한 조사를 요구할 수 있다.

② 제1항의 요구를 받은 보호관찰소장 등은 지체 없이 이를 조사하여 서면으로 해당 검사에게 통보하여야 하며, 조사를 위하여 필요한 경우에는 소속 보호관찰관·분류심사관 등에게 피의자 또는 관계인을 출석하게 하여 진술요구를 하는 등의 방법으로 필요한 사항을 조사하게 할 수 있다.

③ 제2항에 따른 조사를 할 때에는 미리 피의자 또는 관계인에게 조사의 취지를 설명하여야 하고, 피의자 또는 관계인의 인권을 존중하며, 직무상 비밀을 엄수하여야 한다.

④ 검사는 보호관찰소장등으로부터 통보받은 조사 결과를 참고하여 소년피의자를 교화·개선하는 데에 가장 적합한 처분을 결정하여야 한다.

제49조의3【조건부 기소유예】 ★

검사는 피의자에 대하여 다음 각 호에 해당하는 선도 등을 받게 하고, 피의사건에 대한 공소를 제기하지 아니할 수 있다. 이 경우 소년과 소년의 친권자·후견인 등 법정대리인의 동의를 받아야 한다.

1. 범죄예방자원봉사위원의 선도
2. 소년의 선도·교육과 관련된 단체·시설에서의 상담·교육·활동

제50조【법원의 송치】

법원은 소년에 대한 피고사건을 심리한 결과 보호처분에 해당할 사유가 있다고 인정하면 결정으로써 사건을 관할 소년부에 송치하여야 한다.

제51조【이송】

소년부는 제50조에 따라 송치 받은 사건을 조사 또는 심리한 결과 사건의 본인이 19세 이상인 것으로 밝혀지면 결정으로써 송치한 법원에 사건을 다시 이송하여야 한다.

제52조【소년부 송치 시의 신병 처리】 ★

① 제49조 제1항(검사의 소년부 송치)이나 제50조(법원의 소년부 송치)에 따른 소년부 송치결정이 있는 경우에는 소년을 구금하고 있는 시설의 장은 검사의 이송 지휘를 받은 때로부터 법원 소년부가 있는 시·군에서는 24시간 이내에, 그 밖의 시·군에서는 48시간 이내에 소년을 소년부에 인도하여야 한다. 이 경우 구속영장의 효력은 소년부 판사가 제18조 제1항에 따른 소년의 감호에 관한 결정을 한 때에 상실한다.

② 제1항에 따른 인도와 결정은 구속영장의 효력기간 내에 이루어져야 한다.

제53조 【보호처분의 효력】

제32조의 보호처분을 받은 소년에 대하여는 그 심리가 결정된 사건은 다시 공소를 제기하거나 소년부에 송치할 수 없다. 다만, 제38조 제1항 제1호(검사·경찰서장의 송치 또는 보호자, 학교·사회복리시설·보호관찰소의 장의 관할 소년부 통고에 의한 사건의 보호처분이 계속 중일 때에 사건 본인이 처분 당시 19세 이상인 것으로 밝혀져 소년부 판사가 결정으로써 그 보호처분을 취소하고 검찰청 검사에게 송치한 경우)의 경우에는 공소를 제기할 수 있다.

관련판례

[1] 소년법 제30조의 보호처분을 받은 사건에 대해 다시 공소가 제기된 경우 법원이 취하여야 할 조치(공소기각 판결)

소년법 제30조(現 제32조)의 보호처분을 받은 사건과 동일한 사건에 대하여 다시 공소제기가 되었다면 동조의 보호처분은 확정판결이 아니고 따라서 기판력도 없으므로 이에 대하여 면소판결을 할 것이 아니라 공소제기절차가 동법 제47조(現 제53조)의 규정에 위배하여 무효인 때에 해당한 경우이므로 공소기각의 판결을 하여야 한다(대법원 1985.5.28. 85도21).

[2] 소년법상 보호처분을 받은 소년에 대한 보호처분의 변경이 종전 보호처분 사건에 관한 재판인지 여부(적극) 및 종전 보호처분에서 심리가 결정된 사건이 아닌 사건에 대하여 공소를 제기하거나 소년부에 송치하는 것이 소년법 제53조에 위배되는지 여부(소극)

보호처분의 변경은 보호처분결정에 따른 위탁 또는 집행 과정에서 발생한 준수사항 위반 등 사정변경을 이유로 종전 보호처분결정을 변경하는 것이다. 즉 이는 종전 보호처분 사건에 관한 재판이다. 따라서 종전 보호처분에서 심리가 결정된 사건이 아닌 사건에 대하여 공소를 제기하거나 소년부에 송치하는 것은 소년법 제53조에 위배되지 않는다(대법원 2019.5.10. 2018도3768).

제54조 【공소시효의 정지】

제20조에 따른 (소년보호사건에 대한) 심리 개시 결정이 있었던 때로부터 그 사건에 대한 보호처분의 결정이 확정될 때까지 공소시효는 그 진행이 정지된다.

제55조 【구속영장의 제한】

① 소년에 대한 구속영장은 부득이한 경우가 아니면 발부하지 못한다.
② 소년을 구속하는 경우에는 특별한 사정이 없으면 다른 피의자나 피고인과 분리하여 수용하여야 한다.

제2절 심판

제56조【조사의 위촉】

법원은 소년에 대한 형사사건에 관하여 필요한 사항을 조사하도록 조사관에게 위촉할 수 있다.

제57조【심리의 분리】

소년에 대한 형사사건의 심리는 다른 피의사건과 관련된 경우에도 심리에 지장이 없으면 그 절차를 분리하여야 한다.

제58조【심리의 방침】

① 소년에 대한 형사사건의 심리는 친절하고 온화하게 하여야 한다.
② 제1항의 심리에는 소년의 심신상태, 품행, 경력, 가정상황, 그 밖의 환경 등에 대하여 정확한 사실을 밝힐 수 있도록 특별히 유의하여야 한다.

제59조【사형 및 무기형의 완화】 ★

죄를 범할 당시 18세 미만인 소년에 대하여 사형 또는 무기형으로 처할 경우에는 15년의 유기징역으로 한다.

참고 **특정강력범죄법**

제4조【소년에 대한 형】① 특정강력범죄를 범한 당시 18세 미만인 소년을 사형 또는 무기형에 처하여야 할 때에는 「소년법」 제59조에도 불구하고 그 형을 20년의 유기징역으로 한다.

관련판례

소년법 제53조 소정의 "사형 또는 무기형으로 처할 것인 때"의 의미(=처단형)
소년법 제53조(現 제59조) 소정의 "사형 또는 무기형으로 처할 것인 때에는 15년의 유기징역으로 한다"라는 규정은 소년에 대한 처단형이 사형 또는 무기형일 때에 15년의 유기징역으로 한다는 것이지 법정형이 사형 또는 무기형인 경우를 의미하는 것은 아니다(대법원 1986.12.23. 86도2314).

제60조【부정기형】 ★★
① 소년이 법정형으로 장기 2년 이상의 유기형에 해당하는 죄를 범한 경우에는 그 형의 범위에서 장기와 단기를 정하여 선고한다. 다만, 장기는 10년, 단기는 5년을 초과하지 못한다.
② 소년의 특성에 비추어 상당하다고 인정되는 때에는 그 형을 감경할 수 있다.
③ 형의 집행유예나 선고유예를 선고할 때에는 제1항을 적용하지 아니한다.
④ 소년에 대한 부정기형을 집행하는 기관의 장은 형의 단기가 지난 소년범의 행형 성적이 양호하고 교정의 목적을 달성하였다고 인정되는 경우에는 관할 검찰청 검사의 지휘에 따라 그 형의 집행을 종료시킬 수 있다.

참고 **특정강력범죄법**
제4조【소년에 대한 형】② 특정강력범죄를 범한 소년에 대하여 부정기형(不定期刑)을 선고할 때에는 「소년법」 제60조 제1항 단서에도 불구하고 장기는 15년, 단기는 7년을 초과하지 못한다.

관련판례

[1] 법정형 중 사형이나 무기형을 선택한 경우 소년에게 부정기형을 선고할 수 있는지의 여부(소극)
① 소년에 대하여 사형, 무기형 또는 유기형의 법정형 중 사형이나 무기형을 선택한 경우에는 부정기형은 과할 수 없다(대법원 1970.5.12. 70도675).
② 소년법 제54조(現 제60조)는 소년이 법정형 장기 2년 이상의 유기형에 해당하는 죄를 범한 때에는 그 법정형기 범위 내에서 장기와 단기를 정하여 선고한다고 규정하고 있으므로 법정형이 사형, 무기징역, 유기징역이 있는 때에 그 법정형 중 사형이나 무기징역형을 선택하고 작량감경한 결과로 피고인에게 유기징역형을 선고할 경우에는 위 소년법 제54조는 그 적용이 없다(대법원 1985.6.25. 85도881).
③ 법정형 중에서 무기징역을 선택한 후 작량감경한 결과 유기징역을 선고하게 되었을 경우에는 피고인이 미성년자라 하더라도 부정기형을 선고할 수 없다(대법원 1991.4.9. 91도357).
④ 법정형이 사형이나 무기징역 뿐이면 소년법 제54조 제1항(現 제60조 제1항)의 적용이 없으므로 설사 법정형을 감경하여 유기징역을 선고하는 경우도 정기형을 선고하는 것이 위법이 아니다(대법원 1969.7.29. 69도933).

[2] 항소심이 미성년자에 대하여 정기형을 선고하였음이 위법이라는 이유로 상고심이 항소심 판결을 파기자판하는 경우에 성년이 된 피고인에 대하여 선고할 형(=정기형)
항소심이 미성년자에 대하여 정기형을 선고하였음이 위법이라는 이유로 상고심이 항소심판결을 파기하고 자판하는 경우에 동 피고인이 성년에 달하였다면 부정기형을 선고한 제1심 판결까지 파기하고 정기형을 선고하여야한다(대법원 1981.12.8. 81도2414).
① 제1심에서 부정기형을 선고한 판결에 대한 항소심 계속중 개정 소년법이 시행되었고 항소심 판결선고시에는 이미 신법상 소년에 해당하지 않게 된 경우, 법원이 취하여야 할 조치(=정기형 선고)
개정 소년법은 제2조에서 '소년'의 정의를 '20세 미만'에서 '19세 미만'으로 개정하였고, 이는 같은 법 부칙 제2조에 따라 위 법 시행 당시 심리중에 있는 형사사건에 관하여도 적용된다. 제1심은 피고인을

구 소년법 제2조에 의한 소년으로 인정하여 구 소년법 제60조 제1항에 의하여 부정기형을 선고하였고, 그 항소심 계속중 개정 소년법이 시행되었는데 항소심판결 선고일에 피고인이 이미 19세에 달하여 개정 소년법상 소년에 해당하지 않게 되었다면, 항소심법원은 피고인에 대하여 정기형을 선고하여야 한다(대법원 2008.10.23. 2008도8090).

② 항소심판결 선고당시 성년이 된 자에 대한 부정기형의 적부(소극)

항소심판결 선고당시 성년이 되었음에도 불구하고 정기형을 선고함이 없이 부정기형을 선고한 제1심판결을 인용하여 항소를 기각한 것은 위법하다(대법원 1990.4.24. 90도539).

③ 범행 당시 미성년자(연령이 만 20세 미만)이었다 하더라도 재판시에 성년자가 된 사실이 인정되면 정기형을 선고하여야 한다(대법원 1963.10.10. 63도219).

[3] 항소심에서 부정기형이 선고된 후 상고심 계속 중 성년이 된 경우 정기형으로 고칠 수 있는지의 여부(소극)

① 상고심에서의 심판대상은 항소심 판결 당시를 기준으로 하여 그 당부를 심사하는 데에 있는 것이므로 항소심판결 선고 당시 미성년이었던 피고인이 상고 이후에 성년이 되었다고 하여 항소심의 부정기형의 선고가 위법이 되는 것은 아니다(대법원 1998.2.27. 97도3421).

② 항소심 판결선고 당시 미성년자로서 부정기형을 선고받은 피고인이 상고심 계속 중에 성년이 되었다 하더라도 항소심의 부정기형선고를 정기형으로 고칠 수는 없다(대법원 1990.11.27. 90도2225).

③ 상고심의 심판대상은 원심판결 당시를 기준으로 하여 그 당부를 심사하는 것으로 원심판결 당시 미성년으로서 부정기형을 선고받은 자가 그 후 상고심계속 중 가까운 시일 안에 성년이 된다하여 원심의 부정기형 선고가 위법이 될 수 없고 위와 같은 사유는 적법한 상고이유가 되지 아니한다(대법원 1985.10.8. 85도1721).

[4] 소년범에 대하여 형법 제37조 후단의 경합범에 해당한다 하여 2개의 형을 선고하는 경우에 그 단기형의 합계가 징역 5년을 초과하더라도 이는 소년법 제54조(現 제60조) 제1항 단서의 규정에 저촉된다고 볼 수 없다(대법원 1983.10.25. 83도2323).

[5] 소년법 제54조(現 제60조)에 의하여 부정기형을 선고할 때 그 장기와 단기의 폭에 관하여는 법정한 바 없으므로, 소년인 피고인에 대하여 선고한 형량의 장기가 3년, 단기가 2년 6월 이어서 그 폭이 6월에 불과하다 하여 소년법 제54조(現 제60조)의 해석을 잘못한 위법이 있다고 할 수 없다(대법원 1983.2.8. 82도2889).

[6] 형법 제53조에 의한 작량감경은 법정형을 감경하여 처단형을 정하는 과정이며 법원은 이 처단형의 범위내에서 선고형을 양정하게 되는 것인바, 소년법 제54조 제1항 단서는 소년에 대한 부정기 선고형의 상한을 정한 것에 불과하고 법정형을 정한 것이 아니므로 피고인에게 형법 제53조에 의한 작량감경 사유가 있다고 하여 위 소년법 소정의 부정기 선고형의 상한도 아울러 감경되어야 하는 것은 아니다(대법원 1983.6.14. 83도993).

[7] 소년범 감경에 관한 소년법 제60조 제2항 등의 적용대상인 '소년'인지 여부를 판단하는 시기(=사실심판결 선고 시)

소년법이 적용되는 '소년'이란 심판시에 19세 미만인 사람을 말하므로, 소년법의 적용을 받으려면 심판시에 19세 미만이어야 한다. 따라서 소년법 제60조 제2항의 적용대상인 '소년'인지의 여부도 심판시, 즉 사실심판결 선고시를 기준으로 판단되어야 한다. 이러한 법리는 '소년'의 범위를 20세 미만에서 19세 미만으로 축소한 소년법 개정법률이 시행되기 전에 범행을 저지르고, 20세가 되기 전에 원심판결이 선고되었다고 해서 달라지지 아니한다(대법원 2009.5.28. 2009도2682).

[8] 피고인이 제1심판결 선고 시 소년에 해당하여 부정기형을 선고받았고, 피고인만이 항소한 항소심에서 피고인이 성년에 이르러 항소심이 제1심의 부정기형을 정기형으로 변경해야 할 경우, 불이익변경금지 원칙 위반 여부를 판단하는 기준(=부정기형의 장기와 단기의 중간형)

부정기형은 장기와 단기라는 폭의 형태를 가지는 양형인 반면 정기형은 점의 형태를 가지는 양형이므로 불이익변경금지 원칙의 적용과 관련하여 양자 사이의 형의 경중을 단순히 비교할 수 없는 특수한 상황이 발생한다. 결국 피고인이 항소심 선고 이전에 19세에 도달하여 부정기형을 정기형으로 변경해야 할 경우 불이익변경금지 원칙에 반하지 않는 정기형을 정하는 것은 부정기형과 실질적으로 동등하다고 평가될 수 있는 정기형이 부정기형의 장기와 단기 사이의 어느 지점에 존재하는지를 특정하는 문제로 귀결된다. 이는 정기형의 상한으로 단순히 부정기형의 장기와 단기 중 어느 하나를 택일적으로 선택하는 문제가 아니라, 단기부터 장기에 이르는 수많은 형 중 어느 정도의 형이 불이익변경금지 원칙 위반 여부를 판단하는 기준으로 설정되어야 하는지를 정하는 '정도'의 문제이다. 따라서 부정기형과 실질적으로 동등하다고 평가될 수 있는 정기형을 정할 때에는 형의 장기와 단기가 존재하는 특수성으로 인해 발생하는 요소들, 즉 부정기형이 정기형으로 변경되는 과정에서 피고인의 상소권 행사가 위축될 우려가 있는지 여부, 소년법이 부정기형 제도를 채택한 목적과 책임주의 원칙이 종합적으로 고려되어야 한다. 이러한 법리를 종합적으로 고려하면, 부정기형과 실질적으로 동등하다고 평가될 수 있는 정기형은 부정기형의 장기와 단기의 정중앙에 해당하는 형(예를 들어 징역 장기 4년, 단기 2년의 부정기형의 경우 징역 3년의 형이다. 이하 '중간형'이라 한다)이라고 봄이 적절하므로, 피고인이 항소심 선고 이전에 19세에 도달하여 제1심에서 선고한 부정기형을 파기하고 정기형을 선고함에 있어 불이익변경금지 원칙 위반 여부를 판단하는 기준은 부정기형의 장기와 단기의 중간형이 되어야 한다(대법원 2020.10.22. 2020도4140).

제61조 【미결구금일수의 산입】
제18조 제1항 제3호(소년분류심사원에 위탁)의 조치가 있었을 때에는 그 위탁기간은 「형법」 제57조 제1항의 판결선고 전 구금일수로 본다.

제62조 【환형처분의 금지】 ★★
(처분 시) 18세 미만인 소년에게는 「형법」 제70조(노역장 유치)에 따른 유치선고(환형유치선고)를 하지 못한다. 다만, 판결선고 전 구속되었거나 제18조 제1항 제3호(소년분류심사원에 위탁)의 조치가 있었을 때에는 그 구속 또는 위탁의 기간에 해당하는 기간은 노역장에 유치된 것으로 보아 「형법」 제57조(판결선고 전 구금일수의 통산)를 적용할 수 있다.

제63조 【징역 · 금고의 집행】
징역 또는 금고를 선고받은 소년에 대하여는 특별히 설치된 교도소 또는 일반 교도소 안에 특별히 분리된 장소에서 그 형을 집행한다. 다만, 소년이 형의 집행 중에 23세가 되면 일반 교도소에서 집행할 수 있다.

제64조 【보호처분과 형의 집행】 ★
보호처분이 계속 중일 때에 징역, 금고 또는 구류를 선고받은 소년에 대하여는 먼저 그 형을 집행한다.

제65조 【가석방】 ★★
징역 또는 금고를 선고받은 소년에 대하여는 다음 각 호의 기간이 지나면 가석방을 허가할 수 있다.
1. 무기형의 경우에는 5년
2. 15년 유기형의 경우에는 3년
3. 부정기형의 경우에는 단기의 3분의 1

제66조 【가석방 기간의 종료】
징역 또는 금고를 선고받은 소년이 가석방된 후 그 처분이 취소되지 아니하고 가석방 전에 집행을 받은 기간과 같은 기간이 지난 경우에는 형의 집행을 종료한 것으로 한다. 다만, 제59조의 형기(刑期)(죄를 범할 당시 18세 미만인 소년에 대하여 사형 또는 무기형으로 처할 경우에는 15년의 유기징역) 또는 제60조 제1항에 따른 장기(소년이 법정형으로 장기 2년 이상의 유기형에 해당하는 죄를 범한 경우에 선고된 부정기형의 장기)의 기간이 먼저 지난 경우에는 그 때에 형의 집행을 종료한 것으로 한다.

제67조 【자격에 관한 법령의 적용】
① 소년이었을 때 범한 죄에 의하여 형의 선고 등을 받은 자에 대하여 다음 각 호의 경우 자격에 관한 법령을 적용할 때 장래에 향하여 형의 선고를 받지 아니한 것으로 본다.
　1. 형을 선고받은 자가 그 집행을 종료하거나 면제받은 경우
　2. 형의 선고유예나 집행유예를 선고받은 경우
② 제1항에도 불구하고 형의 선고유예가 실효되거나 집행유예가 실효·취소된 때에는 그 때에 형을 선고받은 것으로 본다.

관련판례

[1] 소년범 중 형의 집행이 종료되거나 면제된 자에 한하여 자격에 관한 법령의 적용에 있어 장래에 향하여 형의 선고를 받지 아니한 것으로 본다고 규정한 구 소년법 제67조가 평등원칙에 위반되는지 여부(헌법불합치)
집행유예는 실형보다 죄질이나 범정이 더 가벼운 범죄에 관하여 선고하는 것이 보통인데, 이 사건 조항은 집행유예보다 중한 실형을 선고받고 집행이 종료되거나 면제된 경우에는 자격에 관한 법령의

적용에 있어 형의 선고를 받지 아니한 것으로 본다고 하여 공무원 임용 등에 자격제한을 두지 않으면서 집행유예를 선고받은 경우에 대해서는 이와 같은 특례조항을 두지 아니하여 불합리한 차별을 야기하고 있다. 예를 선고 받은 경우에는 원칙적으로 형의 선고에 의한 법적 효과가 장래를 향하여 소멸하고 향후 자격제한 등의 불이익을 받지 아니함에도, 이 사건 조항에 따르면 집행유예를 선고받은 자의 자격제한을 완화하지 아니하여 집행유예 기간이 경과한 경우에도 그 후 일정 기간 자격제한을 받게 되었으므로, 명백히 자의적인 차별에 해당하여 평등원칙에 위반된다(헌재 2018.1.25. 2017헌가7).

[2] 소년법이 소년이었을 때 범한 죄로 형의 집행유예를 선고받은 경우 자격에 관한 법률을 적용할 때 장래에 향하여 선고를 받지 않은 것으로 보는 취지는 인격의 형성 도중에 있어 개선가능성이 풍부하고 심신의 발육에 따른 특수한 정신적 동요상태에 있는 소년의 시기에 범한 죄로 장래를 포기하거나 재기의 기회를 잃지 않도록 하기 위한 것이다. 따라서 소년법 제67조에서 정하고 있는 '소년이었을 때 범한 죄'인지는 실제 생년월일을 기준으로 판단하여야 하고, 형의 집행유예 등 선고 이후에 가족관계 등록부의 출생연월일이 실제 생년월일에 따라 정정되었다면 그와 같이 정정된 출생연월일을 기준으로 소년이었을 때 범한 죄인지 여부를 판단하여야 한다(대법원 2019.2.14. 2017두62587).

[3] 소년법 제67조의 규정 취지 및 구 특정범죄 가중처벌 등에 관한 법률 제5조의4 제5항의 적용 요건인 과거 전과로서의 징역형에 '소년범'으로서 처벌받은 징역형도 포함되는지 여부(적극)

소년법 제67조는 "소년이었을 때 범한 죄에 의하여 형을 선고받은 자가 그 집행을 종료하거나 면제받은 경우 자격에 관한 법령을 적용할 때에는 장래에 향하여 형의 선고를 받지 아니한 것으로 본다"라고 규정하고 있는바, 위 규정은 「사람의 자격」에 관한 법령의 적용에 있어 장래에 향하여 형의 선고를 받지 아니한 것으로 본다는 취지에 불과할 뿐 전과까지 소멸한다는 것은 아니다. 따라서 특정범죄 가중처벌 등에 관한 법률 제5조의4 제5항을 적용하기 위한 요건으로서 요구되는 과거 전과로서의 징역형에는 소년으로서 처벌받은 징역형도 포함된다고 보아야 한다(대법원 2010.4.29. 2010도973).

제3장의2 | 비행 예방

제67조의2 【비행 예방정책】

법무부장관은 제4조 제1항에 해당하는 자(이하 "비행소년"이라 한다)가 건전하게 성장하도록 돕기 위하여 다음 각 호의 사항에 대한 필요한 조치를 취하여야 한다.

1. 비행소년이 건전하게 성장하도록 돕기 위한 조사·연구·교육·홍보 및 관련 정책의 수립·시행
2. 비행소년의 선도·교육과 관련된 중앙행정기관·공공기관 및 사회단체와의 협조체계의 구축 및 운영

제4장 | 벌칙

제68조【보도 금지】

① 이 법에 따라 조사 또는 심리 중에 있는 보호사건이나 형사사건에 대하여는 성명·연령·직업·용모 등으로 비추어 볼 때 그 자가 당해 사건의 당사자라고 미루어 짐작할 수 있는 정도의 사실이나 사진을 신문이나 그 밖의 출판물에 싣거나 방송할 수 없다.

② 제1항을 위반한 다음 각 호의 자는 1년 이하의 징역 또는 1천만원 이하의 벌금에 처한다.

　1. 신문 : 편집인 및 발행인

　2. 그 밖의 출판물 : 저작자 및 발행자

　3. 방송 : 방송편집인 및 방송인

제69조【나이의 거짓 진술】

성인이 고의로 나이를 거짓으로 진술하여 보호처분이나 소년 형사처분을 받은 경우에는 1년 이하의 징역에 처한다.

제70조【조회 응답】

① 소년 보호사건과 관계있는 기관은 그 사건 내용에 관하여 재판, 수사 또는 군사상 필요한 경우 외의 어떠한 조회에도 응하여서는 아니 된다.

② 제1항을 위반한 자는 1년 이하의 징역 또는 1천만원 이하의 벌금에 처한다.

제71조【소환의 불응 및 보호자 특별교육명령 불응】

다음 각 호의 어느 하나에 해당하는 자에게는 300만원 이하의 과태료를 부과한다.

1. 제13조 제1항에 따른 소환(소년부 판사의 사건 본인·보호자·참고인 소환)에 정당한 이유 없이 응하지 아니한 자

2. 제32조의2 제3항의 (소년부 판사의 보호자에 대한) 특별교육명령에 정당한 이유 없이 응하지 아니한 자

08 보호소년 등의 처우에 관한 법률

• 법 2022.2.18. 시행 | 시행령 2022.7.12. 시행 | 시행규칙 2022.12.19. 시행

제1장 | 총칙

제1조 【목적】
이 법은 보호소년 등의 처우 및 교정교육과 소년원과 소년분류심사원의 조직, 기능 및 운영에 관하여 필요한 사항을 규정함을 목적으로 한다.

제1조의2 【정의】
이 법에서 사용하는 용어의 뜻은 다음과 같다.

보호소년	「소년법」 제32조 제1항 제7호부터 제10호까지의 규정에 따라 가정법원소년부 또는 지방법원소년부(이하 "법원소년부"라 한다)로부터 위탁되거나 송치된 소년
위탁소년	「소년법」 제18조 제1항 제3호에 따라 법원소년부로부터 위탁된 소년
유치소년	「보호관찰 등에 관한 법률」 제42조 제1항에 따라 유치(留置)된 소년
보호소년등	보호소년, 위탁소년 또는 유치소년

제2조 【처우의 기본원칙】
① 소년원장 또는 소년분류심사원장(이하 "원장"이라 한다)은 보호소년등을 처우할 때에 인권보호를 우선적으로 고려하여야 하며, 그들의 심신 발달 과정에 알맞은 환경을 조성하고 안정되고 규율 있는 생활 속에서 보호소년등의 성장 가능성을 최대한으로 신장시킴으로써 사회적응력을 길러 건전한 청소년으로서 사회에 복귀할 수 있도록 하여야 한다.
② 보호소년에게는 품행의 개선과 진보의 정도에 따라 점차 향상된 처우를 하여야 한다.

--- 시행령 ---

제2조 【보호소년의 처우】
소년원장은 「보호소년 등의 처우에 관한 법률」(이하 "법"이라 한다) 제2조 제2항에 따라 교육활동에 지장을 주지 않는 범위에서 보호소년에게 다음 각 호에 해당하는 향상된 처우를 할 수 있다.
1. 특별히 마련한 거실·기구나 그 밖의 설비 사용
2. 사회·문화시설 견학·참관 등의 기회 부여

제3조 【임무】 ★★

① 소년원은 보호소년을 수용하여 교정교육을 하는 것을 임무로 한다.

② 소년분류심사원은 다음 각 호의 임무를 수행한다.

1. 위탁소년의 수용과 분류심사
2. 유치소년의 수용과 분류심사
3. 「소년법」 제12조(전문가의 진단)에 따른 전문가 진단의 일환으로 법원소년부가 상담조사를 의뢰한 소년의 상담과 조사
4. 「소년법」 제49조의2(검사의 결정 전 조사)에 따라 소년 피의사건에 대하여 검사가 조사를 의뢰한 소년의 품행 및 환경 등의 조사
5. 제1호부터 제4호까지의 규정에 해당되지 아니하는 소년으로서 소년원장이나 보호관찰소장이 의뢰한 소년의 분류심사

제4조 【관장 및 조직】

① 소년원과 소년분류심사원은 법무부장관이 관장한다.

② 소년원과 소년분류심사원의 명칭, 위치, 직제(職制), 그 밖에 필요한 사항은 대통령령으로 정한다.

제5조 【소년원의 분류 등】

① 법무부장관은 보호소년의 처우상 필요하다고 인정하면 대통령령으로 정하는 바에 따라 소년원을 초·중등교육, 직업능력개발훈련, 의료재활 등 기능별로 분류하여 운영하게 할 수 있다.

② 법무부장관은 제1항에 따라 의료재활 기능을 전문적으로 수행하는 소년원을 의료재활소년원으로 운영한다.

시행령

제3조 【소년원의 기능별 분류 · 운영】

① 법 제5조에 따라 소년원을 다음 각 호와 같이 분류한다.

초·중등교육소년원	「초·중등교육법」에 따른 초·중등교육이 필요한 소년을 수용·교육하는 소년원
직업능력개발훈련소년원	「국민 평생 직업능력 개발법」에 따른 직업능력개발훈련이 필요한 소년을 수용·교육하는 소년원
의료·재활소년원	약물 오·남용, 정신·지적발달 장애, 신체질환 등으로 집중치료나 특수교육이 필요한 소년을 수용·교육하는 소년원
인성교육소년원	정서순화, 품행교정 등 인성교육이 집중적으로 필요한 소년을 수용·교육하는 소년원

② 제1항에 따른 소년원의 세부분류·운영기준은 법무부장관이 정한다.

제6조【소년원 등의 규모 등】

① 신설하는 소년원 및 소년분류심사원은 수용정원이 150명 이내의 규모가 되도록 하여야 한다. 다만, 소년원 및 소년분류심사원의 기능·위치나 그 밖의 사정을 고려하여 그 규모를 증대할 수 있다.

② 보호소년 등의 개별적 특성에 맞는 처우를 위하여 소년원 및 소년분류심사원에 두는 생활실은 대통령령으로 정하는 바에 따라 소규모로 구성하여야 한다.

③ 소년원 및 소년분류심사원의 생활실이나 그 밖의 수용생활을 위한 설비는 그 목적과 기능에 맞도록 설치되어야 한다.

④ 소년원 및 소년분류심사원의 생활실은 보호소년 등의 건강한 생활과 성장을 위하여 적정한 수준의 공간과 채광·통풍·난방을 위한 시설이 갖추어져야 한다.

시행령

제5조의2【생활실 수용정원】

법 제6조 제2항에 따라 소년원 또는 소년분류심사원(이하 "소년원 등"이라 한다)에 두는 생활실 수용정원은 4명 이하로 한다. 다만, 소년원 등의 기능·위치나 그 밖의 사정을 고려하여 수용인원을 증대할 수 있다.

제2장 │ 수용·보호

제7조【수용절차】

① 보호소년 등을 소년원이나 소년분류심사원에 수용할 때에는 법원소년부의 결정서, 법무부장관의 이송허가서 또는 지방법원 판사의 유치허가장에 의하여야 한다.

② 원장은 새로 수용된 보호소년 등에 대하여 지체 없이 건강진단과 위생에 필요한 조치를 하여야 한다.

③ 원장은 새로 수용된 보호소년 등의 보호자나 보호소년 등이 지정하는 자(이하 "보호자등"이라 한다)에게 지체 없이 수용 사실을 알려야 한다.

시행령

제6조【보호소년 등의 인수】

① 소년원장 또는 소년분류심사원장(이하 "원장"이라 한다)은 법 제7조 또는 법 제12조에 따라 보호소년등을

새로 수용할 때에는 법원소년부의 결정서, 법무부장관의 이송허가서 또는 지방법원 판사의 유치허가장을 통하여 본인임을 확인한 후 인수하고, 인도기관에 인수서를 내주어야 한다.

② 보호관찰소의 장은 유치소년을 원장에게 인도할 때에는 원본과 대조·확인한 유치허가장 사본을 제출하여야 한다.

제8조【수용사실 통지】

원장은 법 제7조 제3항에 따라 보호소년 등의 보호자 또는 보호소년 등이 지정하는 사람(이하 "보호자등"이라 한다)에게 보호소년 등을 수용한 사실을 알릴 때에는 수용 경위, 처우의 개요, 면회·통신 방법, 그 밖에 필요한 사항을 함께 알려야 한다.

시행규칙

제9조【보호소년 등의 인수절차】

① 「보호소년 등의 처우에 관한 법률 시행령」(이하 "영"이라 한다) 제6조에 따른 인수서는 별지 제1호서식에 따른다.

② 소년원장 또는 소년분류심사원장(이하 "원장"이라 한다)은 보호소년 등이 영 제6조에 따라 새로 수용된 때에는 지체 없이 다음 각 호에 따른 검사·조사 또는 조치 등을 하고, 이상이 발견되었을 경우에는 필요한 조치를 마련하여야 한다.

  1. 보호소년 등의 의류 및 소지품 등의 검사
  2. 신상조사
  3. 건강진단 및 신체검사
  4. 이발·목욕 및 피복지급 등 위생에 필요한 조치
  5. 사진촬영

③ 여성인 보호소년 등에 대한 제2항 제1호·제3호 및 제4호의 검사 또는 조치는 여성인 직원이 실시해야 한다. 다만, 제2항 제3호에 따른 검사는 여성인 직원이 참석한 가운데 의사나 간호사가 실시할 수 있다.

제10조【수용사실 통지】

영 제8조에 따른 수용사실의 통지는 별지 제2호서식에 따른다. 다만, 보호소년 등의 보호자 또는 보호소년 등이 지정하는 사람(이하 "보호자 등"이라 한다)이 원하는 때에는 정보통신망을 이용하여 통지할 수 있다. 이 경우 그 통지사실을 기록·유지하여야 한다.

제8조【분류처우】★

① 원장은 보호소년 등의 정신적·신체적 상황 등 개별적 특성을 고려하여 생활실을 구분하는 등 적합한 처우를 하여야 한다.

② 보호소년 등은 다음 각 호의 기준에 따라 분리 수용한다.

  1. 남성과 여성
  2. 보호소년, 위탁소년 및 유치소년

③ 「소년법」제32조 제1항 제7호(병원, 요양소 또는 의료재활소년원에 위탁)의 처분을 받은 보호소년은 의료재활소년원에 해당하는 소년원에 수용하여야 한다.

④ 원장은 보호소년 등이 희망하거나 특별히 보호소년 등의 개별적 특성에 맞는 처우가 필요한 경우 보호소년 등을 혼자 생활하게 할 수 있다.

📖 **시행령**

제9조 【분류처우】

① 원장은 법 제8조 제1항에 따라 분류처우를 할 때에는 분류심사 결과와 법원소년부로부터 송부된 자료를 고려하여야 한다.

② 원장은 법 제8조 제2항에 따라 보호소년 등을 분리수용하는 경우 비행, 공범관계, 처우과정 등을 고려하여 법무부령으로 정하는 바에 따라 생활실을 구분할 수 있다.

📖 **시행규칙**

제11조 【분류처우】

원장은 영 제9조에 따라 다음 각 호의 어느 하나에 해당하는 보호소년등은 다른 보호소년등과 생활실 및 처우과정을 달리해야 한다. 다만, 원장은 시설여건이나 교육과정 운영을 위하여 특히 필요한 경우에는 「보호소년 등의 처우에 관한 법률」(이하 "법"이라 한다) 제15조의2에 따른 보호소년등처우·징계위원회(이하 "처우·징계위원회"라 한다)의 심의를 거쳐 이를 조정·운영할 수 있다.

1. 「소년법」 제32조 제1항 제7호부터 제10호까지의 규정에 따라 위탁되거나 송치된 보호소년
2. 제53조(신입자교육)에 따른 신입자교육을 받고 있는 보호소년
3. 감염병에 감염된 보호소년 등
4. 공동으로 비행을 저지르는 등 특별관리가 필요하다고 인정되는 보호소년등

📖 **시행령**

제10조 【개별처우계획의 수립】

① 소년원장은 제9조에 따른 분류처우 대상 보호소년에 대하여 법 제15조의2에 따른 보호소년등처우·징계위원회(이하 "처우·징계위원회"라 한다)의 심사를 거쳐 개별처우계획을 수립해야 한다.

② 제1항에 따른 개별처우계획에는 초·중등교육, 직업능력개발훈련, 의료재활, 인성교육 등 개별 교육·처우의 방향이 제시돼야 한다. 이 경우 보호소년과 보호자등의 의견을 고려해야 한다.

③ 제1항 및 제2항에 따라 수립된 개별처우계획은 교정교육에 지장이 없는 범위에서 그 내용을 본인 및 보호자등에게 알려 보호소년이 스스로 교육에 참여하고, 자기 개선을 위하여 노력하도록 하여야 한다.

제11조 【개별처우계획의 수정】

소년원장은 제10조 제1항에 따라 수립한 보호소년의 개별처우계획을 변경할 필요가 있는 경우에는 지체 없이 처우·징계위원회의 심사를 거쳐 수정해야 한다.

📖 **시행규칙**

제12조 【처우·징계위원회의 개별처우계획 심사】

영 제10조 및 영 제11조에 따른 처우·징계위원회의 개별처우계획 심사는 심사 사유가 발생한 날부터 10일 이내에 실시해야 한다.

시행령

제12조【보호처분 취소대상자 통지】

원장은 보호소년 등이 법원소년부의 보호처분 결정 당시 10세 미만[「소년법」 제32조 제1항 제10호 처분(장기 소년원 송치)의 경우에는 12세 미만으로 한다]이었거나 19세 이상이었던 것으로 밝혀지면 지체 없이 해당 보호처분 결정을 한 법원소년부에 그 사실을 통지하여야 한다.

제9조【보호처분의 변경 등】

① 소년원장은 보호소년이 다음 각 호의 어느 하나에 해당하는 경우에는 소년원 소재지를 관할하는 법원소년부에 「소년법」 제37조(처분의 변경)에 따른 보호처분의 변경을 신청할 수 있다.

  1. 중환자로 판명되어 수용하기 위험하거나 장기간 치료가 필요하여 교정교육의 실효를 거두기가 어렵다고 판단되는 경우

  2. 심신의 장애가 현저하거나 임신 또는 출산(유산·사산한 경우를 포함한다), 그 밖의 사유로 특별한 보호가 필요한 경우

  3. 시설의 안전과 수용질서를 현저히 문란하게 하는 보호소년에 대한 교정교육을 위하여 보호기간을 연장할 필요가 있는 경우

② 소년분류심사원장은 위탁소년이 제1항 각 호의 어느 하나에 해당하는 경우에는 위탁 결정을 한 법원소년부에 「소년법」 제18조(임시조치)에 따른 임시조치의 취소, 변경 또는 연장에 관한 의견을 제시할 수 있다.

③ 소년분류심사원장은 유치소년이 제1항 제1호 또는 제2호에 해당하는 경우에는 유치 허가를 한 지방법원 판사 또는 소년분류심사원 소재지를 관할하는 법원소년부에 유치 허가의 취소에 관한 의견을 제시할 수 있다.

④ 제3항에 따른 의견 제시 후 지방법원 판사 또는 법원소년부 판사의 유치 허가 취소 결정이 있으면 소년분류심사원장은 그 유치소년을 관할하는 보호관찰소장에게 이를 즉시 통보하여야 한다.

⑤ 제1항에 따른 보호처분의 변경을 할 경우 보호소년이 19세 이상인 경우에도 「소년법」 제2조(소년 및 보호자의 정의) 및 제38조(보호처분의 취소) 제1항에도 불구하고 같은 법 제2장의 보호사건 규정을 적용한다.

제10조【원장의 면접】

원장은 보호소년 등으로부터 처우나 일신상의 사정에 관한 의견을 듣기 위하여 수시로 보호소년 등과 면접을 하여야 한다.

제11조【청원】

보호소년 등은 그 처우에 대하여 불복할 때에는 법무부장관에게 문서로 청원할 수 있다.

시행령

제13조 【청원의 편의 제공】
① 원장은 법 제11조에 따른 청원서를 접수하면 지체 없이 이를 법무부장관에게 보내야 한다.
② 원장은 법 제11조에 따른 청원을 할 수 있다는 안내문을 보기 쉬운 곳에 게시하는 등 청원의 편의를 제공하여야 한다.
③ 원장은 보호소년 등이 청원을 못하게 하거나 청원을 하였다는 이유를 불이익한 처우를 하여서는 아니 된다.

시행규칙

제17조 【청원의 처리절차】
① 원장은 영 제13조에 따른 청원의 편의를 위하여 보호소년 등이 이용하기 편리한 곳에 청원함을 설치하고, 매일 청원사항을 확인하여야 한다.
② 청원에 대한 결정은 문서로 하여야 하며, 그 결정서는 지체 없이 청원인에게 전달하여야 한다.
③ 원장은 별지 제3호서식의 청원처리부를 갖추고, 청원의 처리경위 등을 기록·유지하여야 한다.

제18조 【여론조사】
원장은 보호소년 등을 적절하게 처우하기 위하여 보호소년 등을 대상으로 월 1회 이상 처우에 관한 의견을 조사하고 그 처리결과를 보호소년 등에게 알려야 한다.

제12조 【이송】
① 소년원장은 분류수용, 교정교육상의 필요, 그 밖의 이유로 보호소년을 다른 소년원으로 이송하는 것이 적당하다고 인정하면 법무부장관의 허가를 받아 이송할 수 있다.
② 「소년법」 제32조 제1항 제7호(병원, 요양소 또는 의료재활소년원 위탁)의 처분을 받은 보호소년은 의료재활소년원에 해당하지 아니하는 소년원으로 이송할 수 없다.

시행령

제14조 【수용인원의 조절을 위한 이송】
법무부장관은 분류수용이나 교육훈련을 위하여 수용인원을 조절할 필요가 있다고 인정되면 소년원장에게 보호소년을 다른 소년원으로 이송할 것을 지시할 수 있다.

제15조 【청원에 따른 이송】
소년원장은 보호소년 또는 그 보호자등이 다른 소년원으로 이송해 줄 것을 청원한 경우에는 법무부장관의 허가를 받아 보호소년을 그 소년원으로 이송할 수 있다.

제16조 【이송의 제한】
① 소년원장은 이송할 보호소년에 대하여 건강진단을 하고 건강상태가 이송해 갈 소년원의 교육활동에 적합하지 아니하다고 판명되면 이송을 중지하여야 한다.
② 소년원장은 다음 각 호의 어느 하나에 해당하는 보호소년을 다른 소년원으로 이송하여서는 아니 된다.
  1. 외부 의료기관에 입원 또는 통원치료 중인 사람으로서 이송하는 것이 부적절하다고 판단되는 사람
  2. 「소년법」 제43조에 따라 항고하여 재판에 계류 중인 사람. 다만, 재항고한 사람은 제외한다.

3. 징계를 받고 있는 사람

③ 소년원장은 제2항에도 불구하고 처우상 특히 필요하다고 인정되는 사유가 있으면 처우·징계위원회의 심의를 거쳐 법무부장관의 허가를 받아 보호소년을 다른 소년원으로 이송할 수 있다.

시행규칙

제19조【이송】

① 신입보호소년의 이송은 보호처분에 대한 항고제기기간이 지난 후 지체 없이 실시하여야 한다. 다만, 보호소년 및 보호소년의 보호자가 항고제기의사가 없음을 밝히고, 별지 제4호서식의 항고권포기 서약서를 작성하여 제출한 경우에는 항고제기기간이 지나기 전이라도 이송할 수 있다.

② 소년원장은 「보호소년 등의 처우에 관한 법률」(이하 "법"이라 한다) 제12조에 따라 보호소년을 다른 소년원으로 이송하려면 이송할 보호소년의 인적사항, 이송사유, 그 밖에 필요한 사항을 구체적으로 제시하여 법무부장관에게 이송허가를 신청해야 한다.

③ 소년원장은 제1항에 따라 이송허가를 받아 보호소년을 다른 소년원에 이송할 때에는 그 보호소년의 소년관리기록부·보관금품 및 별지 제12호서식에 따른 보관금품 보관증(기관 보관용을 말한다) 그 밖의 참고자료를 인수소년원에 인계하여야 한다.

제21조【의료재활처우소년의 이송】

① 소년원장은 보호소년이 다음 각 호의 어느 하나에 해당하는 경우에는 해당 보호소년을 의료재활소년원으로 이송하도록 허가해 줄 것을 법무부장관에게 신청할 수 있다.

1. 정신질환자(알코올중독자 및 약물중독자를 포함한다)

2. 신체질환자(뇌전증 환자를 포함한다)

② 제1항에 따른 이송허가의 구체적인 기준은 법무부장관이 정한다.

제22조【의료재활소년원 이송절차 등】

① 소년원장은 의료재활소년원으로의 이송을 신청할 때에는 별지 제5호서식에 따른 소속 의무과장의 진료소견서를 첨부해야 한다.

② 보호소년을 의료재활소년원으로 이송하는 경우 인계기관은 해당 보호소년의 의무·진료와 관련된 모든 자료의 원본 또는 출력물을 인수기관으로 보내고 그 사본을 보관해야 한다.

③ 의료재활소년원장은 보호소년이 개별처우계획에 따른 의료재활과정을 마쳤을 때에는 해당 보호소년을 처우하기에 적합한 소년원을 정하여 법무부장관에게 이송을 신청해야 한다. 이 경우 처우·징계위원회의 심사를 거쳐야 한다.

④ 제1항부터 제3항까지에서 규정한 사항 외에 의료재활소년원으로의 이송절차 등에 관한 구체적인 사항은 법무부장관이 정한다.

제13조【비상사태 등의 대비】

① 원장은 천재지변이나 그 밖의 재난 또는 비상사태에 대비하여 계획을 수립하고 보호소년 등에게 대피훈련 등 필요한 훈련을 실시하여야 한다.

② 원장은 천재지변이나 그 밖의 재난 또는 비상사태가 발생한 경우에 그 시설 내에서는 안전한 대피방법이 없다고 인정될 때에는 보호소년 등을 일시적으로 적당한 장소로 긴급 이송할 수 있다.

시행령

제17조【비상사태 등의 대비】

원장은 법 제13조에 따른 비상사태 등에 대비하여 소년원등 안에 대피시설을 마련해야 한다.

제14조【사고 방지 등】

① 원장은 보호소년 등이 이탈, 난동, 폭행, 자해, 그 밖의 사고를 일으킬 우려가 있을 때에는 이를 방지하는 데에 필요한 조치를 하여야 한다.
② 보호소년 등이 소년원이나 소년분류심사원을 이탈하였을 때에는 그 소속 공무원이 재수용할 수 있다.

시행령

제17조의2【소지금지물품】

보호소년 등은 다음 각 호의 물품을 소지해서는 아니 된다.

1. 흉기, 화기, 폭발물, 독극물, 그 밖에 시설의 안전 또는 질서를 해칠 우려가 있는 물품
2. 주류·담배·현금·수표·음란물, 사행행위에 사용되는 물품, 그 밖에 보호소년 등의 교정교육 또는 건전한 사회복귀를 해칠 우려가 있는 물품

제17조의3【신체 검사 등】

① 원장은 시설의 안전과 질서 유지를 위하여 필요하다고 인정하는 경우에는 보호소년 등의 신체·의류·휴대품·생활실 등을 검사할 수 있다.
② 원장은 보호소년 등의 신체를 검사하는 경우에는 해당 보호소년 등이 불필요한 고통이나 수치심을 느끼지 않도록 유의해야 하며, 특히 신체를 면밀히 검사할 필요가 있으면 다른 보호소년 등이 볼 수 없는 차단된 장소에서 해야 한다.
③ 원장은 여성인 보호소년 등의 신체·의류 및 휴대품을 검사하는 경우에는 소속 여성 공무원이 하게 하여야 한다.
④ 원장은 제1항에 따라 검사한 결과 제17조의2에 따른 소지금지물품(이하 "금지물품"이라 한다)이 발견되면 이를 보호소년 등에게 알린 후 폐기한다.
⑤ 제4항에도 불구하고 폐기하는 것이 적당하지 아니한 물품은 소년원등에 보관하거나 보호자등에게 전달할 수 있다. 이 경우 보관 물품의 처리는 법 제22조(금품의 보관 및 반환)에 따른다.

시행규칙

제25조【소지품검사 및 시설점검】

① 원장은 보호소년 등의 인원·소지품·이용시설 그 밖에 필요한 사항을 수시로 점검하고 보호소년 등이 허가 없이 외부인과 접촉하는 것을 금지하여야 한다.
② 원장은 보호소년 등이 외출하거나 생활관을 출입할 때에는 반드시 소지품검사를 하여 부정물품반입을 예방하여야 한다.
③ 원장은 수시로 생활실 등 각종 시설의 이상유무, 부정물품의 은닉여부 그 밖에 필요한 사항을 점검하여야 한다.

시행령

제18조 【외부인의 출입통제】

① 원장은 소년원등에 출입하는 외부인의 출입 목적과 신원을 확인하고, 시설의 안전과 질서 유지를 위하여 필요하다고 인정하면 출입자의 의류와 휴대품을 검사할 수 있다.

② 원장은 제1항에 따른 검사 결과 출입자가 금지물품을 소지하고 있으면 소년원등에 맡기게 하여야 하며, 이에 따르지 아니하면 출입을 금지할 수 있다.

③ 원장은 여성 출입자의 의류 및 휴대품을 검사하는 경우에는 소속 여성 공무원이 하게 하여야 한다.

제19조 【심신안정실에의 수용】

① 원장은 보호소년 등이 다음 각 호의 어느 하나에 해당할 때에는 의사의 의견을 고려하여 심신안정실(자살 및 자해 방지 등의 설비를 갖춘 생활실을 말한다. 이하 같다)에 수용할 수 있다.

　1. 자살 또는 자해의 우려가 있을 때

　2. 신체적·정신적 질병 또는 임신·출산(유산·사산한 경우를 포함한다) 등으로 인하여 특별한 보호가 필요할 때

　3. 설비 또는 기구 등을 손괴하거나 손괴하려 할 때

　4. 담당 직원의 제지에도 불구하고 소란행위를 계속하여 다른 보호소년 등의 평온한 생활을 방해할 때

② 제1항 제1호 및 제2호에 따른 심신안정실의 수용기간은 15일 이내로 한다. 다만, 원장은 특별히 계속하여 수용할 필요가 있으면 의사의 의견을 고려하여 7일을 초과하지 아니하는 범위에서 한 차례만 그 기간을 연장할 수 있다.

③ 제1항 제3호 및 제4호에 따른 심신안정실 수용기간은 24시간 이내로 한다. 다만, 원장은 특별히 계속하여 수용할 필요가 있으면 의사의 의견을 고려하여 12시간을 초과하지 아니하는 범위에서 한 차례만 그 기간을 연장할 수 있다.

④ 원장은 보호소년 등을 심신안정실에 수용하거나 그 수용기간을 연장하는 경우에는 그 사유를 본인에게 알려주어야 한다.

⑤ 원장은 의사 및 간호사로 하여금 심신안정실에 수용된 보호소년 등의 건강상태를 수시로 확인하게 하여야 한다.

⑥ 원장은 심신안정실에 수용할 사유가 소멸하면 심신안정실 수용을 즉시 중단하여야 한다.

제20조 【사고발생 보고】

① 원장은 보호소년 등의 사망, 이탈, 난동, 그 밖의 중대한 사고가 발생하면 지체 없이 법무부장관에게 보고하여야 한다.

② 원장은 조사·심리를 받고 있는 위탁소년 또는 항고 중의 보호소년이 사망하거나 이탈한 경우 또는 이탈한 보호소년 등을 재수용한 경우에는 지체 없이 그 사실을 사건이 계류되어 있는 법원에 통지하여야 한다.

시행규칙

제27조 【사고발생보고】

원장은 영 제20조 제1항에 따라 사고발생사실을 법무부장관에게 보고하는 경우에는 관련 자료와 대상자의 인적사항, 사고발생 일시·장소·내용·조치사항 등이 작성된 보고서를 첨부하여야 한다.

시행령

제21조【사체의 검사】
원장은 보호소년 등이 사망한 경우에는 지체 없이 검사의 지휘에 따라 사체의 검사 등 필요한 조치를 하여야 한다.

제22조【사망 통지 및 사체의 인도】
원장은 보호소년 등이 사망하면 지체 없이 병명, 사망 원인 및 사망 일시를 보호자등에게 알리고, 검사의 지휘에 따라 사체를 인도하여야 한다.

제23조【사체의 임시매장】
원장은 보호자등의 소재를 알 수 없거나 그 밖의 부득이한 사유로 제22조에 따라 사체를 인도할 수 없을 때에는 임시매장을 하고, 임시매장 한 장소에 사망자의 성명, 생년월일 및 사망연월일을 새긴 표지를 세워야 한다.

시행규칙

제16조【이탈한 사람에 대한 조치】
① 소년원장은 법 제9조 제1항에 따라 「소년법」 제32조 제1항 제7부터 제10호까지(병원·요양소 또는 의료재활소년원에 위탁, 1개월 이내의 소년원 송치, 단기 소년원 송치, 장기 소년원 송치)의 보호처분을 받아 수용된 보호소년이 소년원을 이탈한 후 재수용되었을 때에는 법원소년부에 같은 항 제7호부터 제10호까지의 보호처분으로 변경을 신청할 수 있다.
② 소년원장은 「소년법」 제32조 제1항 제5호(보호관찰관의 장기 보호관찰) 처분과 제8호(1개월 이내의 소년원 송치) 처분이 병합되어 소년원에 수용된 보호소년이 소년원을 이탈하였을 때에는 그 보호소년을 관할하는 보호관찰소에 즉시 통보하여야 한다.
③ 소년원장은 보호소년이 소년원을 이탈하거나 소년원을 이탈한 후 범법행위로 인하여 징역 또는 금고 이상의 유죄판결이 확정된 경우 또는 보호처분에 따라 소년원에 다시 송치된 경우에는 해당 보호소년에 대한 종전의 보호처분을 취소할 것을 법원소년부에 신청하여야 한다.

제23조【수용사고 방지계획 등의 수립】
원장은 보호소년 등의 이탈·난동·폭행·자해 그 밖의 수용사고의 방지를 위한 종합대책 및 세부적인 생활지도계획을 수립·시행하여야 한다.

제24조【보호소년 등의 감호】
① 원장은 보호소년 등의 특성·인원·감호환경 그 밖에 사고방지를 위한 모든 여건을 고려하여 감호직원을 배치하여야 한다.
② 제1항에 따라 감호의 임무를 부여받은 사람은 보호소년 등을 방치하거나 감호 중에 무단이석·음주·독서·잡무처리 등 감호 외의 용무를 보아서는 아니 된다.

제26조【행동관찰】
원장은 보호소년 등의 행동을 수시로 관찰하고 특이사항을 기록·유지하여 감호·분류심사 및 교정교육의 자료로 활용하여야 한다.

제14조의2【보호장비의 사용】 ★★
① 보호장비의 종류는 다음 각 호와 같다.

1. 수갑
2. 포승
3. 가스총
4. 전자충격기
5. 머리보호장비
6. 보호대

② 원장은 다음 각 호의 어느 하나에 해당하는 경우에는 소속 공무원으로 하여금 보호소년 등에 대하여 수갑, 포승 또는 보호대를 사용하게 할 수 있다.

　1. 이탈·난동·폭행·자해·자살을 방지하기 위하여 필요한 경우

　2. 법원 또는 검찰의 조사·심리, 이송, 그 밖의 사유로 호송하는 경우

　3. 그 밖에 소년원·소년분류심사원의 안전이나 질서를 해칠 우려가 현저한 경우

③ 원장은 다음 각 호의 어느 하나에 해당하는 경우에는 소속 공무원으로 하여금 보호소년 등에 대하여 수갑, 포승 또는 보호대 외에 가스총이나 전자충격기를 사용하게 할 수 있다.

　1. 이탈, 자살, 자해하거나 이탈, 자살, 자해하려고 하는 때

　2. 다른 사람에게 위해를 가하거나 가하려고 하는 때

　3. 위력으로 소속 공무원의 정당한 직무집행을 방해하는 때

　4. 소년원·소년분류심사원의 설비·기구 등을 손괴하거나 손괴하려고 하는 때

　5. 그 밖에 시설의 안전 또는 질서를 크게 해치는 행위를 하거나 하려고 하는 때

④ 제3항에 따라 가스총이나 전자충격기를 사용하려면 사전에 상대방에게 이를 경고하여야 한다. 다만, 상황이 급박하여 경고할 시간적인 여유가 없는 때에는 그러하지 아니하다.

⑤ 원장은 보호소년 등이 자해할 우려가 큰 경우에는 소속 공무원으로 하여금 보호소년 등에게 머리보호장비를 사용하게 할 수 있다.

⑥ 보호장비는 필요한 최소한의 범위에서 사용하여야 하며, 보호장비를 사용할 필요가 없게 되었을 때에는 지체 없이 사용을 중지하여야 한다.

⑦ 보호장비는 징벌의 수단으로 사용되어서는 아니 된다.

⑧ 보호장비의 사용방법 및 관리에 관하여 필요한 사항은 법무부령으로 정한다.

시행규칙

제24조의2 【보호장비의 사용방법】
※ 형집행법 제172조 이하 참조

① 수갑의 사용방법은 다음 각 호와 같다. 이 경우 수갑은 손목에만 채워야 하며, 주요 동맥이나 정맥을 압박하여 피가 통하지 않도록 해서는 안 된다.

　1. 법 제14조의2 제2항 각 호의 어느 하나에 해당하는 경우에는 별표 1(앞으로 사용)의 방법으로 할 것

　2. 법 제14조의2 제2항 제1호 또는 제3호에 해당하는 경우로서 별표 1의 방법으로는 사용 목적을 달성할 수 없다고 인정되는 경우에는 별표 1의2(뒤로 사용)의 방법으로 할 것. 이 경우 별표 1의2의 방법으로 수갑을 사용하여 그 목적을 달성했을 때에는 즉시 별표 1의 방법으로 바꾸거나 사용을 중지해야 한다.

　3. 외부 의료기관에 입원 중인 보호소년 등에 대하여 한 손 수갑을 사용할 경우에는 별표 1의3(한손 수갑)의 방법으로 할 것

② 포승의 사용방법은 다음 각 호와 같이 하되, 주요 동맥이나 정맥을 압박하여 피가 통하지 않도록 해서는 안 된다. 다만, 제1호부터 제4호까지의 규정에도 불구하고 원장은 영 제2조 제2호에 따른 향상된 처우를

하는 경우로서 보호소년 등이 이탈할 위험성이 크지 않다고 판단되는 경우에는 포승을 사용하지 않을 수 있다.

1. 환자, 진학·취업 등을 위한 면접 대상자 등을 개별 호송하는 경우로서 이탈할 위험성이 크지 않다고 판단되는 경우에는 별표 1의4(간이승)부터 별표 1의6(벨트형 족승)까지의 방법으로 할 것

2. 법 제14조의2 제2항 제2호의 경우(이 항 제1호의 경우는 제외한다)에는 별표 1의7(상체승) 또는 별표 1의8(벨트형 포승)의 방법으로 할 것. 다만, 3명 이상의 보호소년 등을 호송하는 경우에는 별표 1의4의 방법으로 할 수 있다.

3. 법 제14조의2 제2항 각 호의 어느 하나에 해당하는 경우로서 별표 1의4부터 별표 1의8까지의 방법으로는 사용 목적을 달성할 수 없다고 인정되는 경우에만 별표 1의9(하체승)의 방법으로 할 것

4. 3명 이상의 보호소년 등을 인솔하거나 호송하는 경우에는 연속으로 포승을 할 것. 이 경우 성별이 다른 보호소년 등은 서로 분리하여 연결해야 한다.

③ 가스총의 사용방법은 다음 각 호와 같다.

1. 가스총은 법 제14조의2 제3항 각 호의 어느 하나에 해당하는 경우만 사용할 것

2. 가스총을 사용하려면 법 제14조의2 제4항에 따라 상대방에게 이를 경고할 것

3. 가스총을 발사할 때는 해당 보호소년 등의 안전 및 가스총 발사효과 등을 고려하여 발사거리를 2미터 이상 유지할 것

④ 전자충격기의 사용방법은 다음 각 호와 같다.

1. 전자충격기는 법 제14조의2 제3항 각 호의 어느 하나에 해당하는 경우로서 상황이 긴급하여 가스총만으로는 그 목적을 달성할 수 없는 경우에만 사용할 것

2. 전자충격기를 사용하려면 법 제14조의2 제4항에 따라 상대방에게 이를 경고할 것

3. 전자충격기를 사용할 때에는 상대방의 피해를 최소화하도록 노력할 것

4. 전자충격기를 사용할 때에는 상대방의 머리, 얼굴, 가슴, 그 밖에 치명적 피해를 줄 수 있는 부위에는 사용하지 말 것

5. 전자충격기를 사용했을 때에는 충격 즉시 전자충격기를 떼어낼 것

⑤ 머리보호장비는 별표 1의10(전·후면)의 방법으로 사용한다. 이 경우 보호소년 등이 머리보호장비를 임의로 해제하지 못하도록 수갑이나 포승을 함께 사용할 수 있다.

⑥ 보호대는 보호대에 부착된 고리에 수갑을 연결하여 별표 1의11(벨트보호대)의 방법으로 사용한다.

⑦ 법 제14조의2 제1항에 따른 보호장비를 사용하려면 미리 원장의 허가를 받아야 한다. 다만, 긴급한 경우에는 사용 후 즉시 원장에게 보고해야 한다.

⑧ 제1항부터 제7항까지의 규정에서 정한 사항 외에 그 밖에 보호장비의 사용방법 등에 관한 세부 사항은 법무부장관이 정한다.

제24조의3 【보호장비의 관리】

① 원장은 보호장비의 관리책임을 지며, 월 1회 이상 소속기관의 보호장비 사용실태를 확인·점검하여야 한다.

② 보호장비는 항상 사용가능한 상태를 유지하여야 하며, 보관은 별도의 캐비넷에 하여야 한다.

③ 보호장비를 사용할 때에는 별지 제34호서식의 보호장비 사용 기록부에 기록·관리한다.

④ 유효기간이 지난 가스총의 탄환 및 분사약재 등은 폐기해야 한다.

⑤ 제1항부터 제4항까지의 규정에서 정한 사항 외에 보호장비의 관리 등에 관한 세부 사항은 법무부장관이 정한다.

제14조의3 【전자장비의 설치 · 운영】

① 소년원 및 소년분류심사원에는 보호소년 등의 이탈·난동·폭행·자해·자살, 그 밖에 보호소년 등의 생명·신체를 해치거나 시설의 안전 또는 질서를 해치는 행위(이하 이 조에서 "자해 등"이라 한다)를 방지하기 위하여 필요한 최소한의 범위에서 전자장비를 설치하여 운영할 수 있다.

② 보호소년 등이 사용하는 목욕탕, 세면실 및 화장실에 전자영상장비를 설치하여 운영하는 것은 자해 등의 우려가 큰 때에만 할 수 있다. 이 경우 전자영상장비로 보호소년 등을 감호할 때에는 여성인 보호소년 등에 대해서는 여성인 소속 공무원만, 남성인 보호소년 등에 대해서는 남성인 소속 공무원만이 참여하여야 한다.

③ 제1항 및 제2항에 따라 전자장비를 설치·운영할 때에는 보호소년 등의 인권이 침해되지 아니하도록 하여야 한다.

④ 전자장비의 종류·설치장소·사용방법 및 녹화기록물의 관리 등에 필요한 사항은 법무부령으로 정한다.

▨ 시행규칙

제24조의4 【전자장비의 종류】

법 제14조의3에 따라 소년원 또는 소년분류심사원(이하 "소년원등"이라 한다)에 설치하여 운영할 수 있는 전자장비는 다음 각 호와 같다.

1. 영상정보처리기기 : 일정한 공간에 지속적으로 설치되어 사람 또는 사물의 영상 및 이에 따르는 음성·음향 등을 수신하거나 유·무선망을 통하여 이를 전송하는 장치
2. 전자감지기 : 일정한 공간에 지속적으로 설치되어 사람 또는 사물의 움직임을 빛·온도·소리·압력 등을 이용하여 감지하고 전송하는 장치
3. 전자이름표 : 전자파를 발신하고 추적하는 원리를 이용하여 사람의 위치를 확인하거나 이동경로를 탐지하는 일련의 기계적 장치
4. 물품검색기(고정식 물품검색기와 휴대식 금속탐지기를 말한다)
5. 증거수집장비 : 디지털카메라, 녹음기, 비디오카메라 등 증거수집에 필요한 장비

제24조의5 【통제실의 운영】

① 원장은 전자장비의 효율적인 운용을 위하여 각종 전자장비를 통합적으로 관리할 수 있는 시스템이 설치된 통제실을 설치하여 운영한다.

② 원장은 통제실에 대한 외부인의 출입을 제한하여야 한다. 다만, 시찰·참관이나 그 밖에 원장이 특별히 필요하다고 인정하는 경우에는 외부인의 출입을 허가할 수 있다.

제24조의6 【영상정보처리기기의 설치 및 운영】

① 영상정보처리기기 중 카메라는 소년원등의 청사 정문·운동장, 외곽 담장, 생활관 내 복도, 각 생활실, 생활지도실, 그 밖에 보호소년 등의 감호에 필요한 장소로서 법무부장관이 정하는 장소에 설치한다.

② 영상정보처리기기 중 모니터는 상황실·생활지도실, 그 밖에 소년원등의 소속 공무원(이하 제24조의10까지에서 "소속공무원"이라 한다)이 보호소년 등을 감호하기에 적정한 장소로서 법무부장관이 정하는 장소에 설치한다.

③ 제1항 및 제2항에서 규정한 사항 외에 영상정보처리기기의 운영·관리 등에 관한 세부 사항은 법무부장관이 정한다.

제24조의7【전자감지기의 설치】
전자감지기는 소년원등의 외곽 담장, 그 밖에 보호소년 등의 이탈이나 외부로부터의 침입을 방지하기 위하여 필요한 장소로서 법무부장관이 정하는 장소에 설치한다.

제24조의8【전자이름표의 사용】
원장은 수용 중인 보호소년 등의 안전사고 방지, 출석관리 등을 위하여 소년원 등의 시설 내에서 보호소년 등에게 전자이름표를 휴대하도록 할 수 있다.

제24조의9【물품검색기 설치 및 사용】
① 고정식 물품검색기는 정문, 생활관 입구, 교육관 입구, 그 밖에 보호소년 등이나 소년원등에 출입하는 외부인에 대한 신체·의류·휴대품의 검사가 필요한 장소에 설치한다.
② 소속공무원이 영 제17조의3 제1항에 따라 보호소년 등의 신체·의류·휴대품을 검사하는 경우에는 특별한 사정이 없으면 고정식 물품검색기를 통과하게 한 후 휴대식 금속탐지기나 손으로 이를 확인한다.
③ 소속공무원이 영 제18조 제1항에 따라 소년원 등을 출입하는 외부인의 의류와 휴대품을 검사하는 경우에는 고정식 물품검색기를 통과하게 하거나 휴대식 금속탐지기로 이를 확인한다.

제24조의10【증거수집장비의 사용】
소속공무원은 보호소년 등이 사후에 증명이 필요하다고 인정되는 행위를 하거나 사후 증명이 필요한 상태에 있는 경우 보호소년 등에 대하여 증거수집장비를 사용할 수 있다.

제24조의11【녹음·녹화 기록물의 관리】
원장은 전자장비로 녹음·녹화된 기록물을 「공공기록물 관리에 관한 법률」에 따라 관리하여야 한다.

제14조의4【규율 위반 행위】
보호소년 등은 다음 각 호의 행위를 하여서는 아니 된다.
1. 「형법」, 「폭력행위 등 처벌에 관한 법률」, 그 밖의 형사법률에 저촉되는 행위
2. 생활의 편의 등 자신의 요구를 관철할 목적으로 자해하는 행위
3. 소년원·소년분류심사원의 안전 또는 질서를 해칠 목적으로 단체를 조직하거나 그 단체에 가입하거나 다중을 선동하는 행위
4. 금지물품을 반입하거나 이를 제작·소지·사용·수수·교환 또는 은닉하는 행위
5. 정당한 사유 없이 교육 등을 거부하거나 게을리 하는 행위
6. 그 밖에 시설의 안전과 질서 유지를 위하여 법무부령으로 정하는 규율을 위반하는 행위

■ 시행규칙

제27조의2【규율위반】
법 제14조의4 제6호에서 "법무부령으로 정하는 규율을 위반하는 행위"란 다음 각 호의 행위를 말한다.
1. 보호소년 등이 이탈을 하는 행위
2. 다른 사람을 처벌받게 하거나 직원의 집무집행을 방해할 목적으로 거짓사실을 신고하는 행위
3. 보호장비, 전자장비, 그 밖의 보안시설의 기능을 훼손하는 행위

4. 음란한 행위를 하거나 다른 사람에게 성적 언동 등으로 성적 수치심 또는 혐오감을 느끼게 하는 행위

5. 다른 사람에게 부당한 금품을 요구하는 행위

6. 교육·면회·전화통화 등 다른 보호소년 등의 정상적인 일과진행 또는 직원의 직무를 방해하는 행위

7. 문신을 하거나 이물질을 신체에 삽입하는 등 신체를 변형시키는 행위

8. 허가 없이 지정된 장소를 벗어나거나 금지구역에 출입하는 행위

9. 허가 없이 다른 사람과 만나거나 연락하는 행위

10. 수용생활의 편의 등 자신의 요구를 관철할 목적으로 이물질을 삼키는 행위

11. 인원점검을 회피하거나 방해하는 행위

12. 시설의 설비나 물품을 고의로 훼손하는 행위

13. 큰 소리를 내거나 시끄럽게 하여 다른 보호소년등의 평온한 생활을 방해하는 행위

14. 도박이나 그 밖에 사행심을 조장하는 놀이나 내기를 하는 행위

15. 지정된 생활실에 입실하기를 거부하는 등 정당한 사유 없이 직원의 직무상 지시나 명령을 따르지 아니하는 행위

제15조 【징계】 ★★

① 원장은 보호소년 등이 제14조의4(규율 위반 행위) 각 호의 어느 하나에 해당하는 행위를 하면 제15조의2(보호소년 등 처우·징계위원회) 제1항에 따른 보호소년등처우·징계위원회의 의결에 따라 다음 각 호의 어느 하나에 해당하는 징계를 할 수 있다.

1. 훈계

2. 원내 봉사활동

3. 서면 사과

4. 20일 이내의 텔레비전 시청 제한

5. 20일 이내의 단체 체육활동 정지

6. 20일 이내의 공동행사 참가 정지

7. 20일 이내의 기간 동안 지정된 실(室) 안에서 근신하게 하는 것

② 제1항 제3호부터 제6호까지의 처분은 함께 부과할 수 있다.

③ 제1항 제7호(20일 이내의 기간 동안 지정된 실 안에서 근신)의 처분은 14세 미만의 보호소년 등에게는 부과하지 못한다.

④ 원장은 제1항 제7호의 처분을 받은 보호소년 등에게 개별적인 체육활동 시간을 보장하여야 한다. 이 경우 매주 1회 이상 실외운동을 할 수 있도록 하여야 한다.

⑤ 제1항 제7호의 처분을 받은 보호소년 등에게는 그 기간 중 같은 항 제4호부터 제6호까지의 처우 제한이 함께 부과된다. 다만, 원장은 보호소년 등의 교화 또는 건전한 사회복귀를 위하여 특히 필요하다고 인정하면 텔레비전 시청, 단체 체육활동 또는 공동행사 참가를 허가할 수 있다.

⑥ 소년원장은 보호소년이 제1항 각 호의 어느 하나에 해당하는 징계를 받은 경우에는 법무부령으로 정하는 기준에 따라 교정성적 점수를 빼야 한다.

⑦ 징계는 당사자의 심신상황을 고려하여 교육적으로 하여야 한다.

⑧ 원장은 보호소년 등에게 제1항에 따라 징계를 한 경우에는 지체 없이 그 사실을 보호자에게 통지하여야 한다.

⑨ 원장은 징계를 받은 보호소년 등의 보호자와 상담을 할 수 있다.

시행령

제24조【징계】

① 원장은 법 제15조에 따라 보호소년 등을 징계할 때에는 다음 각 호의 사항을 고려하여야 한다.

    1. 행위자의 연령·지능·성격 및 건강상태

    2. 행위의 동기·수단 및 결과

    3. 교정성적 및 생활태도

    4. 규율위반 행위가 타인에게 미치는 영향

    5. 행위 후의 자수·반성·합의 여부

② 원장은 제1항에 따라 보호소년 등을 징계할 때에는 증거에 의하여 징계 정도를 공정하게 정하고 교육적 효과를 고려하여야 한다.

시행규칙

제28조【징계양정】

① 원장은 규율을 위반한 보호소년 등을 징계할 때에는 별표 2의 보호소년 등의 징계기준에 따라야 한다.

② 삭제 <2014.1.29.>

③ 소년원장은 제1항에 따른 징계를 받은 보호소년에 대하여 각각 다음 각 호에 따른 점수를 해당 보호소년의 교정성적에서 뺀다.

    1. 훈계 : 30점

    2. 원내봉사활동 : 50점

    3. 서면사과 : 30점

    4. 텔레비전 시청 제한 : 50점

    5. 단체 체육활동 정지 : 50점

    6. 공동행사 참가 정지 : 50점

    7. 7일 미만의 근신 : 60점

    8. 7일 이상의 근신 : 1일에 각 10점

④ 보호소년에 대하여 법 제15조 제2항에 따라 여러 처분을 함께 부과하는 경우에는 제3항 각 호에 따른 점수가 가장 높은 처분의 점수만을 해당 보호소년의 교정성적에서 뺀다.

⑤ 소년분류심사원장은 징계를 받은 위탁소년 및 유치소년에 대하여는 분류심사관에게 통보하여 분류심사에 반영하여야 한다.

> 참고 **[별표 2] 보호소년등의 징계기준(제28조 제1항 관련)**

징계구분	징계대상행위
근신	• 법 제14조의4 제1호부터 제5호까지의 어느 하나에 해당하는 행위 • 제27조의2 제1호, 제3호부터 제7호까지, 제10호, 제12호 및 제15호의 어느 하나에 해당하는 행위 • 공동행사 참가 정지, 단체 체육활동 정지, 텔레비전 시청 제한, 원내 봉사활동에 해당하는 행위를 반복하는 경우
공동행사 참가 정지, 단체 체육활동 정지, 텔레비전 시청 제한, 원내 봉사활동	• 근신에 해당하는 행위에 대하여 영 제24조 제1항 각 호의 사항을 고려하여 징계를 감경할 필요가 있는 경우 • 제27조의2 제2호, 제8호, 제9호, 제11호, 제13호 및 제14호의 어느 하나에 해당하는 행위
훈계	공동행사 참가 정지, 단체 체육활동 정지, 텔레비전 시청 제한, 원내 봉사활동에 해당하는 행위에 대하여 영 제24조 제1항 각 호의 사항을 고려하여 징계를 감경할 필요가 있는 경우
서면사과	법 제14조의4 또는 이 규칙 제27조의2 각 호의 어느 하나에 해당하는 행위로 인하여 피해자가 발생한 경우

시행령

제24조의2【징계대상행위의 조사】
① 보호소년 등의 징계대상행위에 대한 조사기간(조사를 시작한 날부터 조사를 완료하여 처우·징계위원회 개최 통보를 한 날까지를 말한다. 이하 같다)은 7일 이내로 한다. 다만, 원장은 특별히 필요하다고 인정하는 경우에는 3일을 초과하지 아니하는 범위에서 한 차례만 그 기간을 연장할 수 있다.
② 원장은 규율을 위반하여 징계가 필요하다고 의심할 만한 상당한 이유가 있는 보호소년등이 다음 각 호의 어느 하나에 해당하면 조사기간 중 분리하여 수용할 수 있다.
  1. 증거를 없앨 우려가 있을 때
  2. 다른 보호소년 등에게 위해를 끼칠 우려가 있거나 다른 보호소년 등의 위해로부터 보호할 필요가 있을 때
③ 제2항에 따른 분리수용기간은 징계기간에 포함한다.
④ 원장은 조사대상자의 질병이나 그 밖의 특별한 사정으로 조사를 계속하기 어려운 경우에는 그 사유가 없어질 때까지 조사를 일시적으로 정지할 수 있다. 이 경우 조사가 정지된 다음 날부터 정지사유가 소멸한 전날까지의 기간은 조사기간에 포함하지 아니한다.
⑤ 제1항부터 제4항까지에서 규정한 사항 외에 징계대상행위 조사에 관한 세부 사항은 법무부령으로 정한다.

시행규칙

제28조의2【징계대상행위 조사 시 준수사항】
영 제24조의2에 따라 징계대상행위에 대하여 조사하는 직원은 다음 각 호의 사항을 준수하여야 한다.
1. 인권침해가 발생하지 아니하도록 유의할 것

2. 조사의 이유를 설명하고, 충분한 진술의 기회를 제공할 것

3. 공정한 절차와 객관적 증거에 따라 조사하고, 선입견이나 추측에 따라 처리하지 아니할 것

4. 형사법률에 저촉되는 행위에 대하여 징계 부과 외에 형사입건조치가 요구되는 경우에는 형사소송절차에 따라 조사대상자에게 진술을 거부할 수 있다는 것과 변호인을 선임할 수 있다는 것을 알릴 것

시행령

제26조【지정된 실내의 구조】

법 제15조 제1항 제7호(20일 이내의 기간 동안 지정된 실 안에서 근신)에 따른 지정된 실내는 면적·채광·통풍·온도·습도 등이 보호소년 등의 건강을 보호할 수 있도록 적절하여야 한다.

제27조【징계 중의 지도】

① 원장은 보호소년 등을 징계할 때에는 지도계획을 수립하여 시행하여야 한다.

② 원장은 징계 중인 보호소년 등을 매주 1회 이상 면접하고 개별지도를 하여야 한다.

③ 원장은 징계 중인 보호소년 등의 처우를 제한하는 경우에는 그 사실을 그 보호소년 등의 가족이나 친지에게 알려야 한다.

④ 원장은 징계 중인 보호소년 등에 대하여는 의사 및 간호사에게 수시로 건강진단을 하도록 하여야 한다.

제28조【이송 중의 규율위반자에 대한 징계】

보호소년이 이송 중에 규율을 위반한 경우 그 징계는 인수한 소년원장이 한다.

제29조【징계자의 처우 제한】

원장은 법 제15조에 따라 징계처분을 받은 보호소년 등에 대하여 징계기간 중 교육활동의 일부를 제한할 수 있다.

제30조【징계집행의 유예·정지·면제】

원장은 정상을 특별히 참작할 사유가 있거나 환자인 경우에는 징계 집행을 면제하거나 사유가 없어질 때까지 징계 집행을 유예하거나 정지할 수 있다.

제15조의2【보호소년등 처우·징계위원회】

① 보호소년 등의 처우에 관하여 원장의 자문에 응하게 하거나 징계대상자에 대한 징계를 심의·의결하기 위하여 소년원 및 소년분류심사원에 보호소년 등 처우·징계위원회를 둔다.

② 제1항에 따른 보호소년 등 처우·징계위원회(이하 "위원회"라 한다)는 위원장을 포함한 5명 이상 11명 이하의 위원으로 구성하고, 민간위원은 1명 이상으로 한다.

③ 위원회가 징계대상자에 대한 징계를 심의·의결하는 경우에는 1명 이상의 민간위원이 해당 심의·의결에 참여하여야 한다.

④ 위원회는 소년보호에 관한 학식과 경험이 풍부한 외부인사로부터 의견을 들을 수 있다.

⑤ 제1항부터 제4항까지에서 규정한 사항 외에 위원회의 구성과 운영 등에 필요한 사항은 대통령령으로 정한다.

⑥ 위원회의 위원 중 공무원이 아닌 사람은 「형법」 제127조 및 제129조부터 제132조까지(공무상 비밀누설죄, 사전 수뢰죄, 수뢰죄, 사후 수뢰죄, 수뢰 후 부정처사죄, 알선 수뢰죄, 제삼자뇌물제공죄)의 규정을 적용할 때에는 공무원으로 본다.

제30조의2 【처우·징계위원회의 심의·의결사항】

처우·징계위원회는 법 제15조의2 제1항에 따라 다음 각 호의 사항을 심의·의결한다.

1. 보호소년(「소년법」제32조 제1항 제8호의 처분을 받은 보호소년은 제외한다)의 개별처우계획 수립

2. 보호소년에 대한 향상된 처우의 결정

3. 보호소년의 이송·외출(원장이 처우·징계위원회 심의가 필요하다고 인정하는 경우로 한정한다. 이하 제5호에서 같다)·통학·통근취업·포상·졸업사정 및 계속수용 등에 관한 사항

4. 보호소년의 소년원 퇴원 또는 임시퇴원

5. 위탁소년 및 유치소년의 외출·포상 등의 처우

6. 징계대상자에 대한 징계

7. 그 밖에 원장이 보호소년 등의 처우에 필요하다고 인정하여 처우·징계위원회에 심의를 요청한 사항

제30조의3 【처우·징계위원회의 구성】

① 처우·징계위원회의 위원장(이하 "위원장"이라 한다)은 원장이 된다.

② 처우·징계위원회의 위원(이하 "위원"이라 한다)은 다음 각 호에 해당하는 사람 중에서 위원장이 성별을 고려하여 임명하거나 위촉한다. 이 경우 의료재활소년원에 두는 처우·징계위원회의 위원에는 의무직공무원 및 간호직공무원이 포함돼야 한다.

  1. 해당 소년원등의 각 과장 및 6급 이상의 공무원

  2. 소년보호에 관한 학식과 경험이 풍부한 사람

③ 「국가공무원법」제33조 각 호에 해당하는 사람은 위원이 될 수 없다.

④ 제2항에 따라 위촉된 위원의 임기는 2년으로 한다.

제30조의4 【위원의 제척·기피·회피】

① 위원이 다음 각 호의 어느 하나에 해당하는 경우에는 처우·징계위원회의 심의·의결에서 제척(除斥)된다.

  1. 위원이나 그 배우자 또는 배우자였던 사람이 해당 안건의 당사자인 경우

  2. 위원이 해당 안건의 당사자와 친족이거나 친족이었던 경우

  3. 위원이 해당 안건에 관해 증언, 진술, 자문 또는 감정을 한 경우

  4. 위원이나 위원이 속한 법인·단체 등이 해당 안건의 당사자의 대리인이거나 대리인이었던 경우

② 해당 안건의 당사자는 위원에게 공정한 심의·의결을 기대하기 어려운 사정이 있는 경우에는 처우·징계위원회에 기피 신청을 할 수 있고, 처우·징계위원회는 의결로 기피 여부를 결정한다. 이 경우 기피 신청의 대상인 위원은 그 의결에 참여할 수 없다.

③ 위원이 제1항 각 호에 따른 제척사유나 제2항 전단에 따른 기피사유에 해당하는 경우에는 스스로 해당 안건의 심의·의결에서 회피해야 한다.

제30조의5 【처우·징계위원회의 위원장】

① 위원장은 처우·징계위원회를 대표하고, 처우·징계위원회의 업무를 총괄한다.

② 위원장이 부득이한 사유로 직무를 수행할 수 없을 경우에는 위원장이 미리 지정한 위원이 그 직무를 대행한다.

제30조의6 【처우·징계위원회의 회의】

① 위원장은 다음 각 호의 어느 하나에 해당하는 경우에 처우·징계위원회의 회의를 소집한다.

  1. 위원 2명 이상의 요구가 있는 경우

  2. 그 밖에 위원장이 필요하다고 인정하는 경우

② 처우·징계위원회의 회의는 재적위원 과반수의 출석으로 개의하고, 출석위원 과반수의 찬성으로 의결한다.

③ 처우·징계위원회의 회의에 출석한 위원과 관계 전문가 등에게는 예산의 범위에서 수당과 여비, 그 밖에 필요한 경비를 지급할 수 있다. 다만, 공무원이 그 소관 업무와 직접 관련하여 출석하는 경우에는 지급하지 않는다.

제30조의7 【위원의 해촉】

위원장은 제30조의3 제2항에 따라 위촉된 위원이 다음 각 호의 어느 하나에 해당하면 그 위원을 해촉할 수 있다.

1. 심신장애로 인해 직무를 수행할 수 없게 된 경우
2. 직무와 관련된 비위사실이 있는 경우
3. 직무 태만, 품위 손상이나 그 밖의 사유로 인해 위원으로서 적합하지 않다고 인정하는 경우
4. 위원 스스로 직무를 수행하는 것이 곤란하다고 의사를 밝히는 경우

제30조의8 【간사】

① 처우·징계위원회의 사무를 처리하기 위해 처우·징계위원회에 2명 이내의 간사를 둔다.
② 간사는 위원장이 해당 소년원등에 소속된 공무원 중에서 임명한다.

제30조의9 【회의록의 작성 및 보관】

① 간사는 처우·징계위원회의 회의록을 작성·보관해야 한다.
② 제1항에 따른 회의록에는 위원장 및 출석위원이 서명 또는 날인해야 한다.

제30조의10 【운영세칙】

이 영에서 규정한 것 외에 처우·징계위원회의 운영에 필요한 사항은 처우·징계위원회의 의결을 거쳐 위원장이 정한다.

제16조 【포상】

① 원장은 교정성적이 우수하거나 품행이 타인의 모범이 되는 보호소년 등에게 포상을 할 수 있다.
② 원장은 제1항에 따라 포상을 받은 보호소년 등에게는 특별한 처우를 할 수 있다.

시행령

제31조 【포상】

① 원장은 법 제16조 제1항에 따라 선정된 보호소년 등에게는 상장·상품 등을 주거나 그 밖의 포상을 할 수 있다.
② 원장은 제1항에 따라 포상을 받은 보호소년 등에 대하여 제2조 각 호의 특별처우를 할 수 있다.

시행규칙

제29조 【포상】

원장은 별표 2의2의 보호소년 등의 포상기준에 따라 교정성적이 우수한 학생에 대하여 처우·징계위원회의 심사를 거쳐 포상을 할 수 있다. 다만 모범상 및 공로상은 직원 2명 이상의 추천을 받아야 한다.

[별표 2의2] 보호소년등의 포상기준(제29조 관련)

포상종류	포상기준
우수상	1. 전국단위 각종 외부 경시대회에서 입상한 자 2. 상급학교 진학시험, 각급학교 검정고시 등에서 수석·차석·최연소성적을 거둔 자
기능상	직업능력개발훈련 관련 각종 기능경기대회에서 입상한 자
모범상	1. 생활태도가 성실하여 다른 사람의 모범이 된 자 2. 봉사정신이 투철하고, 다른 학생에게 귀감이 되는 선행을 한 자
공로상	1. 학생 자치활동과 규범생활, 안전관리 등에 현저한 공이 있는 자 2. 수용사고 방지에 현저한 공이 있는 자

제30조【징계 · 포상의 기록】

원장은 보호소년 등의 징계 또는 포상에 관한 사항을 소년관리기록부 및 별지 제6호서식의 상벌대장에 기록 · 관리하여야 한다.

제17조【급여품 등】

① 보호소년 등에게는 의류, 침구, 학용품, 그 밖에 처우에 필요한 물품을 주거나 대여한다.

② 보호소년 등에게는 주식, 부식, 음료, 그 밖의 영양물을 제공하되, 그 양은 보호소년 등이 건강을 유지하고 심신의 발육을 증진하는 데에 필요한 정도이어야 한다.

③ 제1항 및 제2항에 따른 급여품과 대여품의 종류와 수량의 기준은 법무부령으로 정한다.

시행령

제32조【특별급식】

원장은 국경일이나 그 밖에 필요하다고 인정할 때에는 보호소년 등에게 특별급식을 할 수 있다.

제33조【음식물 등의 반입 허가】

① 원장은 교정교육이나 위생에 해가 없다고 인정되는 경우에만 보호자나 그 밖의 관계인으로부터 음식물 · 의류·학용품 등을 반입하도록 허가할 수 있다.

② 원장은 제1항에 따른 반입품이 유해한지를 검사하여야 한다.

제34조【금전 사용금지】

보호소년등은 통학, 통근취업 등 원장이 특히 필요하다고 인정하여 허가하는 경우가 아니면 금전을 소지하거나 직접 사용할 수 없다.

시행규칙

제31조【급여품관리부의 작성】

보호소년 등에게 물품을 급여 또는 대여할 때에는 별지 제7호서식의 개인별 급여품관리부에 그 내용을 기록

· 관리하여야 한다.

제32조【물품반입】

① 원장은 별표 3의 분기별 반입품 허가기준에 따라 자체실정에 맞는 반입기준을 정하여 물품의 반입을 허가할 수 있다. 다만, 다음 각 호의 어느 하나에 해당한다고 인정되는 물품에 대하여는 반입을 허가하지 아니한다.

   1. 교육에 유해하다고 인정되는 물품

   2. 위화감을 조장할 수 있다고 판단되는 고가품

   3. 적정 소요량을 초과한 것으로 인정되는 물품

② 반입품은 별지 제8호서식의 개인별 반입품관리부에 기록·관리하여야 한다.

제18조【면회·편지·전화통화】

① 원장은 비행집단과 교제하고 있다고 의심할 만한 상당한 이유가 있는 경우 등 보호소년 등의 보호 및 교정교육에 지장이 있다고 인정되는 경우 외에는 보호소년 등의 면회를 허가하여야 한다. 다만, 제15조 제1항 제7호(20일 이내의 기간 동안 지정된 실 안에서 근신)의 징계를 받은 보호소년 등에 대한 면회는 그 상대방이 변호인이나 보조인(이하 "변호인등"이라 한다) 또는 보호자인 경우에 한정하여 허가할 수 있다.

② 보호소년 등이 면회를 할 때에는 소속 공무원이 참석하여 보호소년 등의 보호 및 교정교육에 지장이 없도록 지도할 수 있다. 이 경우 소속 공무원은 보호소년 등의 보호 및 교정교육에 지장이 있다고 인정되는 경우에는 면회를 중지할 수 있다.

③ 제2항 전단에도 불구하고 보호소년 등이 변호인등과 면회를 할 때에는 소속 공무원이 참석하지 아니한다. 다만, 보이는 거리에서 보호소년 등을 지켜볼 수 있다.

④ 원장은 공동으로 비행을 저지른 관계에 있는 사람의 편지인 경우 등 보호소년 등의 보호 및 교정교육에 지장이 있다고 인정되는 경우에는 보호소년 등의 편지 왕래를 제한할 수 있으며, 편지의 내용을 검사할 수 있다.

⑤ 제4항에도 불구하고 보호소년 등이 변호인등과 주고받는 편지는 제한하거나 검사할 수 없다. 다만, 상대방이 변호인등임을 확인할 수 없는 때에는 예외로 한다.

⑥ 원장은 공범 등 교정교육에 해가 된다고 인정되는 사람과의 전화통화를 제한하는 등 보호소년 등의 보호 및 교정교육에 지장을 주지 아니하는 범위에서 가족 등과 전화통화를 허가할 수 있다.

⑦ 제1항과 제2항에 따른 면회 허가의 제한과 면회 중지, 제4항에 따른 편지 왕래의 제한 및 제6항에 따른 전화통화의 제한 사유에 관한 구체적인 범위는 대통령령으로 정한다.

⑧ 제6항에 따른 전화통화를 위하여 소년원 및 소년분류심사원에 설치하는 전화기의 운영에 필요한 사항은 법무부장관이 정한다.

시행령

제36조【면회 시간】

① 보호소년등의 면회는 평일[원장이 필요하다고 인정하는 경우에는 토요일(공휴일은 제외한다)을 포함한다]에 교육 등 일과 진행에 지장이 없는 범위에서 1일 1회 40분 이내로 한다. 다만, 특별한 사유가 있을 때에는

그렇지 않다.

② 제1항에 따른 면회의 장소·절차 등에 관하여 필요한 사항은 법무부령으로 정한다.

제37조【면회의 참석】

법 제18조 제2항에 따라 면회에 참석하는 직원은 보호소년 등이 규율을 위반하거나 면회인이 보호소년 등에게 나쁜 영향을 준다고 인정되는 때에는 면회를 중지시킬 수 있다.

제38조【면회허가의 제한】

원장은 보호소년 등을 면회하려는 사람이 다음 각 호의 어느 하나에 해당한다고 인정되면 면회를 허가하지 않을 수 있다.

1. 비행집단과 교제하고 있거나 특정 비행집단에 소속되어 있다고 의심할 만한 상당한 이유가 있는 경우
2. 보호소년등과 소년원등에서 함께 수용된 적이 있는 사람으로서 그와 교류하는 것이 보호소년 등의 교육에 지장을 줄 수 있다고 판단되는 경우
3. 보호소년 등의 보호자등 없이 단독으로 면회하려는 경우. 다만, 학교 교사, 소년보호위원 또는 자원봉사자 등 교정교육에 도움이 된다고 인정되거나 보호소년등과 사실혼 관계에 있다고 인정되는 경우는 제외한다.
4. 그 밖에 보호소년등과의 관계가 불명확하거나 음주·폭언·폭행 등으로 보호소년 등의 교육에 해가 될 수 있다고 판단되는 경우

제39조【편지 왕래의 제한】

① 원장은 법 제18조 제4항에 따라 편지를 검사한 결과 다음 각 호의 어느 하나에 해당하는 경우에는 편지의 왕래를 제한할 수 있다.
   1. 공동으로 비행을 저지른 관계에 있는 사람의 편지인 경우
   2. 편지 내용이 보호소년 등의 교육에 해가 되거나 보호소년 등이 그 내용을 알아서는 아니 되는 사유가 있는 경우
② 제1항에 따른 편지 왕래의 제한은 다음 각 호의 어느 하나에 해당하는 방법으로 한다.
   1. 보호소년 등에게 그 사실을 알리고 반송할 것
   2. 보호소년 등의 동의를 받아 폐기할 것
   3. 보호소년 등의 동의를 받아 담당직원이 보관하였다가 출원할 때 내줄 것
③ 정보통신매체를 통한 편지의 제한에 관하여는 제1항 및 제2항을 준용한다.

시행규칙

제33조【면회장소】

① 법 제18조 제1항에 따른 보호소년등의 면회는 면회실에서 하여야 한다.
② 면회실에는 상담직원을 배치하고 다음 각 호의 사항을 구비하여 면회인의 편의를 도모하며 수시로 의견을 청취하여 민원개선에 노력하여야 한다.
   1. 면회시간·절차 및 면회 시 유의사항 등이 작성된 안내문
   2. 청원함
③ 원장은 제1항에도 불구하고 특별한 사유가 있으면 면회인과 보호소년 등이 보다 안정된 분위기 속에서 면회를 할 수 있도록 별도의 장소를 활용할 수 있다.

제34조【면회절차】

① 원장은 면회를 신청하는 사람의 성명·주소 및 보호소년등과의 관계 등을 확인하고 면회허가여부를 결정하여야 한다.

② 원장은 면회를 신청하는 사람이 해당 사건의 변호인 또는 수사관련 공무원인 경우에는 신분 및 면회신청사유 등을 확인한 후 면회를 허가하여야 한다.

제35조【공휴일의 면회】

원장은 보호소년등을 면회할 목적으로 방문하는 민원인의 편의를 도모하기 위하여 제36조 각 호의 어느 하나에 해당하는 특별한 사유가 있는 경우에는 공휴일에도 별도의 면회장소 및 시간을 지정하여 면회를 허가할 수 있다. 이 경우 별지 제9호서식의 시간외 면회부에 그 내용을 기록·관리하여야 한다.

제36조【면회의 특례】

영 제36조 제1항 단서에 따른 특별한 사유는 다음 각 호의 어느 하나에 해당하는 경우를 말한다.

1. 처음 면회온 사람으로서 면회에 관한 법령을 알지 못한 경우
2. 환자인 보호소년 등을 면회하는 경우
3. 보호소년 등의 직계존속이 원격지에서 면회를 오는 경우
4. 통신망을 이용한 화상면회를 하는 경우
5. 사전에 면회예약신청을 통하여 원장의 허가를 받은 경우
6. 교정교육 활동의 하나로 사전에 수립된 계획에 포함된 경우
7. 보호소년 등의 가족관계 개선 등을 위하여 원장이 특별히 필요하다고 인정하는 경우

▌ 시행령

제39조의2【전화통화의 제한】

① 원장은 전화통화 허가를 신청한 보호소년 등에게 다음 각 호의 어느 하나에 해당하는 사유가 있는 경우에는 전화통화를 허가하지 않을 수 있다.

1. 공동으로 비행을 저지르는 등 교정교육에 해가 된다고 인정되는 사람과 전화통화를 하려는 경우
2. 지속적인 규율 위반으로 교정성적이 현저하게 낮은 경우
3. 그 밖에 보호소년 등의 교정교육 또는 수용질서에 부정적 영향을 끼칠 우려가 있는 경우

② 원장은 다음 각 호의 어느 하나에 해당하는 경우에는 보호소년 등의 전화통화를 중지시킬 수 있다.

1. 허가받지 아니한 사람(가족은 제외한다)과 통화하는 경우
2. 전화통화 중 반복·지속적으로 욕설을 하거나 허용되지 아니한 물품의 반입을 요구하는 등 교정교육 또는 수용질서 유지에 바람직하지 아니하다고 판단되는 경우

③ 제2항에 따라 보호소년 등의 전화통화를 중지시키려면 미리 보호소년 등에게 경고하여야 하며, 전화통화를 중지시킬 경우 통화상대방에게도 그 사유를 알려야 한다.

▌ 시행규칙

제36조의2【전화통화의 방법 등】

① 원장은 법 제18조 제6항에 따른 전화통화를 할 수 있는 별도의 장소를 지정하여야 한다.
② 전화통화는 평일 근무시간에 한정한다. 다만, 원장은 특별히 필요하다고 인정하는 경우에는 야간 및 휴일에도 전화통화를 허가할 수 있다.
③ 제1항 및 제2항에서 규정한 사항 외에 전화통화의 신청 및 기록 등에 관한 세부 사항은 법무부장관이 정한다.

제19조 【외출】

소년원장은 보호소년에게 다음 각 호의 어느 하나에 해당하는 사유가 있을 때에는 본인이나 보호자등의 신청에 따라 또는 직권으로 외출을 허가할 수 있다.

1. 직계존속이 위독하거나 사망하였을 때
2. 직계존속의 회갑 또는 형제자매의 혼례가 있을 때
3. 천재지변이나 그 밖의 사유로 가정에 인명 또는 재산상의 중대한 피해가 발생하였을 때
4. 병역, 학업, 질병 등의 사유로 외출이 필요할 때
5. 그 밖에 교정교육상 특히 필요하다고 인정할 때

시행령

제40조 【외출 기간】

법 제19조에 따른 외출 기간은 7일(공휴일과 토요일을 포함한다) 이내로 한다. 다만, 특별한 사유가 있을 때에는 그 기간을 연장할 수 있다.

제41조 【외출 시 준수사항의 부과】

① 소년원장은 외출허가를 받은 보호소년에게 지켜야 할 사항을 부과하여야 한다.
② 소년원장은 보호소년이 준수사항을 위반하면 지체 없이 외출허가를 취소하고 복귀에 필요한 조치를 하여야 한다.

시행규칙

제37조 【외출의 신청】

① 보호소년이 법 제19조에 따른 외출을 허가받으려면 별지 제10호서식의 외출신청서를 작성하여 해당 소년원장에게 제출하여야 한다.
② 보호소년 또는 그 보호자가 영 제40조 단서에 따라 외출을 연장하려면 외출기간이 종료되기 전에 별지 제10호서식에 따른 외출기간연장신청서를 제출하고 소년원장의 허가를 받아야 한다.

제39조 【외출 시 준수사항】

① 영 제41조 제1항에 따른 준수사항에는 다음 각 호의 내용이 포함되어야 한다.
  1. 재범의 유혹이나 충동을 느낄 수 있는 장소에 출입하지 아니할 것
  2. 사행행위를 하지 아니할 것
  3. 음주·흡연을 하지 아니할 것
  4. 마약·향정신성의약품·대마 등 오·남용의 위험성이 있거나 건강에 해로운 물질을 사용하지 아니할 것
  5. 그 밖에 보호자의 훈육의지에 반하는 행위나 불량한 교우관계를 형성하지 아니할 것
② 소년원장은 보호소년의 자유를 부당하게 제한하지 아니하는 범위에서 제1항에 따른 준수사항 외에 별도의 특별한 준수사항을 부과할 수 있다.
③ 영 제66조 및 영 제76조에 따른 통학 또는 통근취업 대상자에 대하여는 제1항 및 제2항의 규정을 준용한다.

제20조【환자의 치료】

① 원장은 보호소년 등이 질병에 걸리면 지체 없이 적정한 치료를 받도록 하여야 한다.

② 원장은 소년원이나 소년분류심사원에서 제1항에 따른 치료를 하는 것이 곤란하다고 인정되면 외부 의료기관에서 치료를 받게 할 수 있다.

③ 원장은 보호소년 등이나 그 보호자등이 자비로 치료받기를 원할 때에는 이를 허가할 수 있다.

④ 소년원 및 소년분류심사원에 근무하는 간호사는 「의료법」 제27조(무면허 의료행위 등 금지)에도 불구하고 야간 또는 공휴일 등 의사가 진료할 수 없는 경우 대통령령으로 정하는 경미한 의료행위를 할 수 있다.

시행령

제42조【건강진단 등】

원장은 보호소년 등에 대하여 법 제7조 제2항에 따른 건강진단 외에 정기·수시검진을 하고 그 결과를 기록·유지하여야 한다.

제43조【외부 의료기관 의료조치】

① 원장은 제42조에 따른 건강진단이나 정기·수시검진 결과 중한 질병이 있다는 사실을 알았거나, 외부 의료기관에서 입원·수술 등의 처치를 받아야 할 사유가 발생하면 지체 없이 그 사실을 법무부장관에게 보고하고 보호자등에게 알려야 한다.

② 원장은 법 제20조 제2항에 따라 보호소년 등을 외부 의료기관에 입원시킨 경우에는 지체 없이 법무부장관에게 보고하여야 한다.

제44조【보호자 등의 간호】

원장은 보호소년 등이 법 제20조 제2항에 따라 외부 의료기관에서 치료를 받는 경우 그 보호자등에게 간호하게 할 수 있다.

제44조의2【간호사의 의료행위】

법 제20조 제4항에서 "대통령령으로 정하는 경미한 의료행위"란 다음 각 호의 의료행위를 말한다.

1. 자주 발생하는 가벼운 상처의 치료
2. 응급처치가 필요한 보호소년 등에 대한 처치
3. 부상·질병의 악화를 방지하기 위한 처치
4. 환자의 요양지도 및 관리
5. 제1호부터 제4호까지의 의료행위에 따르는 의약품의 투여

시행규칙

제40조【보건·위생관리계획 수립 등】

① 원장은 보호소년 등의 보건·위생관리를 위한 종합대책과 세부생활지도계획을 분기별로 수립·시행하여야 한다.

② 원장은 제9조 제2항 제3호에 따른 신체검사 등을 통하여 문신이 있는지 확인하고 해당 보호소년 등이 문신제거 시술을 원하는 경우에는 신청에 의하여 문신제거 시술을 할 수 있다.

제41조 【청결의 유지】

① 원장은 보호소년 등의 보건위생을 위하여 보호소년 등의 신체·의류·거실·침구·식기·취사장·화장실 그 밖의 생활환경을 청결히 하도록 하여야 한다.

② 원장은 제1항에 따른 생활환경의 청결유지상태를 월 1회 이상 점검하여야 한다.

제42조 【이발과 목욕】

원장은 위생을 위해 보호소년 등이 이발과 목욕을 수시로 하게 해야 한다.

제43조 【체력검사 등】

① 영 제42조에 따른 정기검진은 분기별로 1회 이상 실시하되, 「학교건강검사규칙」 제4조 및 제5조에 따른 신체검사 및 건강검진이 연 1회 이상 포함되어야 한다.

② 영 제3조 제1항 제1호에 따른 초·중등교육소년원(이하 "소년원학교"라 한다)의 원장(이하 "소년원학교장"이라 한다)은 보호소년을 대상으로 연 1회 이상 체력검사를 실시하고 그 결과를 기록·유지해야 한다.

③ 제2항에 따른 체력검사의 대상·종목·시기·방법·급수판정 및 관리 등에 관하여는 「학교건강검사규칙」 제7조부터 제9조까지의 규정을 준용한다.

제44조 【환자발생 보고】

영 제43조에 따른 외부 의료기관 의료조치에 관한 보고는 제27조를 준용한다.

제20조의2 【진료기록부 등의 관리】

① 소년원 및 소년분류심사원에 근무하는 의사와 간호사는 보호소년등에 대한 진료기록부, 간호기록부, 그 밖의 진료에 관한 기록(이하 "진료기록부등"이라 한다)을 소년원과 소년분류심사원의 정보를 통합적으로 관리하기 위하여 법무부장관이 운영하는 정보시스템에 입력하여야 한다.

② 법무부장관은 진료기록부등을 법무부령으로 정하는 바에 따라 보존하여야 한다.

📖 시행규칙

제44조의2 【진료기록부등의 보존】

법무부장관은 법 제20조의2 제1항에 따른 진료기록부등(이하 "진료기록부 등"이라 한다)을 「의료법 시행규칙」 제15조 제1항(진료기록부 등의 보존)에 따른 기간 동안 보존해야 한다.

제44조의3 【진료기록부등의 송부 및 요청】

① 소년원등의 소속 의료인은 보호소년 등의 치료를 위하여 보호소년 등을 진료한 의료인 또는 의료기관의 장에게 「의료법」 제22조(진료기록부 등) 또는 제23조(전자의무기록)에 따른 진료기록의 내용 확인이나 진료기록의 사본 및 환자의 진료경과에 대한 소견 등을 송부하거나 전송할 것을 요청하는 경우에는 같은 법 제21조의2 제1항에 따라 해당 보호소년이나 그 보호자의 동의를 받아야 한다.

② 소년원등의 소속 의료인은 의료재활소년원 출원생이 외래진료를 받은 법 제20조의3 제2항 전단에 따라 법무부장관이 지정하는 기관(이하 "지정법무병원"이라 한다)의 의료인 또는 의료기관의 장으로부터 「의료법」 제21조의2에 따라 요청받은 같은 법 제22조 또는 제23조에 따른 진료기록의 내용 확인이나 진료기록의 사본 및 환자의 진료경과에 대한 소견 등을 송부 또는 전송하려는 경우에는 해당 출원생이나 그 보호자의 동의를 받아야 한다.

제20조의3 【출원생의 외래진료】

① 의료재활소년원장은 의료재활소년원 출원생이 외래진료를 신청하는 경우 의료재활소년원에서 검사, 투약 등 적절한 진료 및 치료를 받도록 할 수 있다.

② 법무부장관은 의료재활소년원 출원생이 신청하는 경우 「치료감호 등에 관한 법률」 제16조의2(치료감호시설)제1항 제2호에 따른 법무부장관이 지정하는 기관[국가가 설립·운영하는 국립정신의료기관 중 법무부장관이 지정하는 기관(지정법무병원)]에서 외래진료를 받도록 할 수 있다. 이 경우 법무부장관은 예산의 범위에서 진료비용을 지원할 수 있다.

③ 제1항 및 제2항에 따른 외래진료의 기간과 방법 및 진료비용 지원 등에 필요한 사항은 법무부령으로 정한다.

■ 시행규칙

제44조의4 【출원생의 외래진료의 기간·방법】

① 법 제20조의3 제1항 및 제2항에 따른 외래진료기간은 의료재활소년원 출원일부터 10년의 범위로 한다.

② 법 제20조의3 제1항 및 제2항에 따른 외래진료의 방법은 영 제3조 제1항 제3호의 약물 오·남용 및 정신장애에 대한 의료재활을 위하여 필요한 정신건강의학과 의사의 진료, 검사시설에 의한 검사, 처방 및 투약 등으로 한다.

제44조의5 【출원생의 외래진료 진료비용 지원】

① 법무부장관은 법 제20조의3 제2항 전단에 따라 의료재활소년원 출원생이 지정법무병원에서 외래진료를 받도록 한 경우에는 같은 항 후단에 따라 예산의 범위에서 지정법무병원에 외래진료 진료비용(「국민건강보험법」, 「의료급여법」, 그 밖의 다른 법령에 따라 의료재활소년원 출원생 또는 보호자등이 부담하지 않는 비용은 제외한다)을 지급한다.

② 제1항에 따라 외래진료 진료비용을 지급받으려는 지정법무병원의 장은 별지 제11호서식의 외래진료 진료비용 지급 청구서에 의료재활소년원 출원생별 진료비 계산서를 첨부하여 「치료감호 등에 관한 법률 시행령」 제4조의5 제2항에 따른 제출기간(매달 10일까지)에 법무부장관에게 제출해야 한다.

제21조 【감염병의 예방과 응급조치】

① 원장은 소년원이나 소년분류심사원에서 감염병이 발생하거나 발생할 우려가 있을 때에는 이에 대한 상당한 조치를 하여야 한다.

② 원장은 보호소년 등이 감염병에 걸렸을 때에는 지체 없이 격리 수용하고 필요한 응급조치를 하여야 한다.

■ 시행령

제45조 【감염병의 예방】

① 원장은 보호소년 등에 대한 예방접종과 방역소독 등 감염병 예방에 필요한 조치를 하여야 한다.

② 원장은 감염병이 유행하고 있을 때에는 감염병 유행지역 거주자의 면회, 음식물·피복이나 그 밖의 물품의 반입을 금지할 수 있다.

③ 원장은 보호소년 등이 감염병에 감염되었다고 의심되는 경우에는 감염병의 증상 또는 전염력이 없어질 때까지 격리수용하고, 소지품에 대한 소독 등 필요한 조치를 하여야 한다.

제46조【감염병 발생 보고 등】

원장은 소년원등에서 감염병이 발생하면 지체 없이 그 발생 상황을 법무부장관에게 보고하고,「감염병의 예방 및 관리에 관한 법률」제12조에 따라 그 소년원등이 있는 지역의 보건소장에게 즉시 신고해야 한다.

제22조【금품의 보관 및 반환】

① 원장은 보호소년 등이 갖고 있던 금전, 의류, 그 밖의 물품을 보관하는 경우에는 이를 안전하게 관리하고 보호소년 등에게 수령증을 내주어야 한다.
② 원장은 보호소년 등의 퇴원, 임시퇴원, 사망, 이탈 등의 사유로 금품을 계속 보관할 필요가 없게 되었을 때에는 본인이나 보호자등에게 반환하여야 한다.
③ 제2항에 따라 반환되지 아니한 금품은 퇴원, 임시퇴원, 사망, 이탈 등의 사유가 발생한 날부터 1년 이내에 본인이나 보호자등이 반환 요청을 하지 아니하면 국고에 귀속하거나 폐기한다.

시행령

제47조【금품의 보관】

① 원장은 법 제22조 제1항에 따라 보호소년 등의 금품을 보관할 때에는 본인이 참여한 가운데 점검하고, 법무부령으로 정하는 보관금품 보관증(이하 "보관증"으로 한다)에 품명·수량·규격과 그 밖에 필요한 사항을 기재한 후 본인이 확인·서명하게 하여야 한다. 이 경우 보관증은 원장과 보호소년 등이 각각 한 부씩 보관한다.
② 제1항의 경우 보호소년 등이 소지한 물품이 보관하기에 부적당하다고 인정되면 보호자등에게 반환하거나 본인의 승낙을 받아 매각하고 그 대금을 보관할 수 있다. 다만, 물품 중 가치가 없다고 인정되는 것은 본인이 폐기하게 할 수 있다.
③ 원장은 필요하다고 인정하면 보관한 물품을 보호소년 등이 사용하게 할 수 있다.

제48조【보관금품의 반환 등】

① 법 제22조 제2항에 따라 보관금품을 반환하는 때에는 보관증에 그 사유를 기재하고 수령인에게 확인·서명하도록 하여야 한다.
② 원장은 법 제22조 제2항에도 불구하고 출원하는 보호소년 이 보관금품을 반환받기를 원하지 아니하면 반환하지 않을 수 있다.
③ 제2항에 따라 보관금품을 반환하지 않을 때에는 보관증에 그 사유를 기재하고 해당 보호소년 에게 확인·서명하도록 하여야 한다.

제49조【물품 등의 기증】

① 원장은 소년원등에서 사용할 물품을 기증하려는 자가 있을 경우에는 보호와 교정교육에 필요한 물품만 기증받을 수 있다.
② 원장은 기증자가 제1항의 물품 기증을 목적으로 현금을 기탁하는 경우에는 이를 접수하여 해당 물품을 대신 구입할 수 있다. 이 경우 관련 증빙서류를 첨부하여 기증자에게 알려야 한다.

제50조【탁송금품의 반송】

원장은 보호소년 등에게 탁송된 금품을 본인이 받기를 거부하거나 처우상 본인에게 교부하는 것이 적당하지 아니하다고 인정되면 지체 없이 이를 보낸 사람에게 반송하여야 한다.

시행규칙

제45조 【물품의 보관】
원장은 보호소년 등의 물품을 보관할 때에는 세탁·소독 그 밖의 적당한 조치를 한 후 주의하여 보관하여야 한다.

제47조 【기증품 사용관리】
원장은 영 제49조 제1항에 따라 기증품을 접수하면 기증인에게 별지 제13호서식에 따른 영수증을 발급하고, 별지 제14호서식에 따른 기증품관리대장에 기록한 후 사용하여야 하며, 그 사용결과를 기증자에게 통보하여야 한다.

제23조 【친권 또는 후견】 ★
원장은 미성년자인 보호소년 등이 친권자나 후견인이 없거나 있어도 그 권리를 행사할 수 없을 때에는 법원의 허가를 받아 그 보호소년 등을 위하여 친권자나 후견인의 직무를 행사할 수 있다.

제3장 | 분류심사

제24조 【분류심사】
① 분류심사는 제3조 제2항에 해당하는 소년의 신체, 성격, 소질, 환경, 학력 및 경력 등에 대한 조사를 통하여 비행 또는 범죄의 원인을 규명하여 심사대상인 소년의 처우에 관하여 최선의 지침을 제시함을 목적으로 한다.
② 분류심사를 할 때에는 심리학·교육학·사회학·사회복지학·범죄학·의학 등의 전문적인 지식과 기술에 근거하여 보호소년 등의 신체적·심리적·환경적 측면 등을 조사·판정하여야 한다.

시행령

제51조 【분류심사의 영역】
① 법 제3조 제2항 제1호 및 제2호에 따른 분류심사를 할 때는 다음 각 호의 사항을 종합·분석해야 한다.
  1. 신상관계 : 소년의 인적사항, 학력, 지니고 있는 문제, 비행의 개요, 비행 이력, 보호자 및 가족상황, 그 밖에 참고인 등에 대한 자료
  2. 신체적 측면 : 소년의 건강상태, 신체특징, 결함 여부 및 병력 등의 진단
  3. 심리적 측면 : 소년의 지능을 중심으로 한 능력, 성격의 특징, 신경증·정신병 등 정신기능의 장애 여부, 적응 및 욕구, 자기개선 의지 등의 측정

4. 환경적 측면 : 출생 이후 현재까지 소년의 가정·학교·사회생활 등의 조사

5. 행동특징 : 수용생활 및 검사·면접할 때 등 소년이 처한 환경 조건에 따라 반응하는 특이사항 및 경향의 관찰

6. 그 밖의 참고사항

② 제1항에 따른 분류심사를 할 때에는 각종 기록 및 상담 결과, 관계인과의 면접, 그 밖의 객관적인 자료를 토대로 하여야 한다.

제52조 【상담조사 등】

① 법 제3조 제2항 제3호부터 제5호까지의 규정에 따른 상담조사, 검사의 결정 전 조사, 분류심사 업무를 할 때에는 의뢰기관이 요청한 영역에 대하여 실시한다.

② 법 제3조 제2항 제3호의 경우 소년의 진로지도 및 품행 개선을 위한 교육을 실시할 수 있다. 이 경우 상담조사 기간의 출석일수 인정 등에 관하여는 제85조를 준용한다.

시행규칙

제48조 【분류심사의 방법 및 구분 등】

① 법 제3조 제2항 각 호에 따른 분류심사, 상담조사 및 검사의 결정 전 조사(이하 "분류심사등"이라 한다)는 면접조사, 심리검사, 정신의학적 진단, 행동관찰, 자기기록 검토, 자료조회, 현지조사 등의 방법에 따른다.

② 분류심사는 다음 각 호와 같이 구분한다.

1. 일반분류심사 : 문제 또는 비행원인이 비교적 단순한 소년에 대하여 면접조사와 신체의학적 진찰, 집단검사, 자기기록 검토, 자료조회, 행동관찰 등을 주로 하여 실시하는 분류심사

2. 특수분류심사 : 일반분류심사결과 문제 또는 비행원인이 중대하고 복잡한 소년에 대하여 개별검사와 정신의학적 진단, 현지조사 등을 추가하여 실시하는 분류심사

③ 분류심사의 실시기준은 별표 4와 같다.

제49조 【면접조사】

① 면접조사는 다음 각 호의 구분에 따른 방법으로 하여야 한다.

1. 법 제3조 제2항 각 호의 소년에 대한 면접조사의 경우 : 직접 면담하는 방법

2. 법 제3조 제2항 각 호의 소년의 보호자 및 그 밖의 참고인에 대한 면접조사의 경우 : 직접 면담하거나 전화 등을 이용하는 방법

② 분류심사관은 면접대상자가 심리적 안정감을 가질 수 있도록 친절하게 대하고 용모·태도·언어 등에 유의하여야 한다.

제50조 【행동관찰】

① 소년에 대한 행동관찰은 객관적이고 신뢰성있게 하고 그 결과가 분류심사등에 유용하도록 제공되어야 한다.

② 소년분류심사원장은 행동관찰 업무를 적정하게 하기 위하여 담당직원의 교육, 부서간의 협조 독려 그 밖에 필요한 조치를 하여야 한다.

제25조 【분류심사관】

① 제3조 제2항(소년분류심사원의 임무)에 따른 임무를 수행하기 위하여 소년분류심사원에 분류심사관을 둔다.

② 분류심사관은 제24조 제2항에 따른 학문적 소양과 전문지식을 갖추어야 한다.

시행령

제53조 【분류심사관의 직무 등】

① 분류심사관은 제51조에 따른 분류심사자료를 종합하여 분류심사서를 작성하여야 한다.

② 소년분류심사원장은 분류심사관의 원활한 직무수행을 위하여 필요한 소양과 전문지식을 갖춘 분류심사 전문 요원을 두고 제51조 제1항 각 호의 자료수집과 심리검사 등을 하게 할 수 있다.

시행규칙

제51조 【분류심사관의 임명 등】

① 소년분류심사원장은 법 제25조 제2항에 따라 다음 각 호의 어느 하나에 해당하는 사람 중에서 분류심사관을 임명하여야 한다.

1. 법무부장관이 정하는 바에 따라 분류심사관의 자격 인정을 받은 사람

2. 분류심사 업무를 목적으로 특별채용된 사람

3. 법 제24조 제2항에 규정된 분야의 학사 이상의 학위를 소지한 사람으로서 소년원, 소년분류심사원, 보호관 찰소 또는 이와 유사한 시설에서 3년 이상 근무한 경력(학위 취득 전의 경력을 포함한다)이 있는 사람

② 소년분류심사원장은 각종 전문교육, 관련 학회 등에 분류심사관의 참여를 적극 권장하는 등 분류심사관의 자질향상을 위하여 노력하여야 한다.

③ 소년분류심사원장은 분류심사에 필요한 각종 검사기구의 구비, 전문성 증진을 위한 연구개발지원 등 분류심 사의 과학화를 위하여 노력하여야 한다.

제26조 【청소년심리검사 등】

소년분류심사원장은 「청소년기본법」 제3조 제1호에 따른 청소년이나 그 보호자가 적성검사 등 진로탐색을 위한 청소년심리검사 또는 상담을 의뢰하면 이를 할 수 있다. 이 경우에는 법무부장관 이 정하는 바에 따라 실비를 받을 수 있다.

시행령

제54조 【청소년심리검사 등】

① 법 제26조에 따라 심리검사 등을 요청하려는 사람은 소년분류심사원장에게 법무부장관이 정한 방법과 절차 에 따라 심리검사를 의뢰하여야 한다.

② 소년분류심사원장은 제1항에 따른 청소년 심리검사 등을 의뢰받았을 때에는 심리검사 등의 일시와 장소, 그 밖에 필요한 사항 등 협조사항을 미리 알려야 한다.

제27조 【분류심사 결과 등의 통지】

① 소년분류심사원장은 제3조 제2항 제1호부터 제4호까지의 규정(위탁·유치소년의 분류심사, 전문가 진단의 일환으로 법원소년부가 상담조사를 의뢰한 소년의 상담과 조사, 소년 피의사건에 대하여 검사가 조사를

의뢰한 소년의 품행 및 환경 등의 조사)에 따른 분류심사 결과 또는 조사 결과와 의견 등을 각각 법원소년부 또는 검사에게 통지하여야 한다.

② 소년분류심사원장은 제3조 제2항 제1호에부터 제3호까지에 규정된 소년(위탁·유치소년, 전문가 진단의 일환으로 법원소년부가 상담조사를 의뢰한 소년)이 보호처분의 결정을 받으면 그 소년의 분류심사 결과 및 의견 또는 상담조사 결과 및 의견을 지체 없이 그 처분을 집행하는 소년원이나 보호관찰소에 통지하여야 한다.

③ 소년분류심사원장은 제3조 제2항 제5호에 따른 분류심사(제1호부터 제4호까지의 규정에 해당되지 아니하는 소년으로서 소년원장이나 보호관찰소장이 의뢰한 소년의 분류심사) 또는 제26조에 따른 청소년심리검사 등을 하였을 때에는 그 결과를 각각 분류심사 또는 심리검사 등을 의뢰한 자에게 통지하고 필요한 의견을 제시할 수 있다.

시행규칙

제52조【분류심사 결과 등의 통지】
법 제26조에 따른 청소년심리검사 등의 결과 및 법 제27조에 따른 분류심사 결과 등을 통지할 때에는 법무부장관이 별도로 정한 서식에 따른다.

제4장 | 교정교육 등

제28조【교정교육의 원칙】
소년원의 교정교육은 규율 있는 생활 속에서 초·중등교육, 직업능력개발훈련, 인성교육, 심신의 보호·지도 등을 통하여 보호소년이 전인적인 성장·발달을 이루고 사회생활에 원만하게 적응할 수 있도록 하여야 한다.

제29조【학교의 설치·운영】
법무부장관은 대통령령으로 정하는 바에 따라 소년원에 「초·중등교육법」 제2조 제1호부터 제4호까지(초등학교·공민학교, 중학교·고등공민학교, 고등학교·고등기술학교, 특수학교)의 학교(이하 "소년원학교"라 한다)를 설치·운영할 수 있다.

📖 **시행령**

제59조【학교의 설치·운영 등】

① 법 제29조에 따른 소년원학교(이하 "소년원학교"라 한다)를 설치하는 경우에는 「초·중등교육법」에서 정하는 기준에 따라야 한다.

② 소년원학교의 원활한 운영과 소년보호 교육기관의 특성을 고려하여 "소년원"과 "소년원의 각급학교 명칭"을 함께 사용할 수 있다.

제60조【교감의 겸직】

소년원학교가 설치된 소년원의 교무과장은 법 제30조 제3항에 따라 그 소년원학교 교감의 직무를 겸임한다.

📖 **시행규칙**

제60조【학칙】

① 소년원학교장은 학칙을 제정하거나 개정할 때에는 법무부장관의 승인을 받아야 한다.

② 제1항에 따른 학칙에는 다음 각 호의 사항이 포함되어야 한다.

1. 수업연한·학년·학기 및 휴업일
2. 학급편제 및 학생정원(학급당 편성인원은 30명 이내로 한다)
3. 교과·수업일수 및 시험과 과정수료의 인정
4. 입학·재입학·편입학·전학·수료 및 졸업
5. 학생포상 및 징계
6. 학생자치활동의 조직 및 운영
7. 학칙개정 절차
8. 그 밖에 법령에서 정하는 사항

제61조【학칙 등에 관한 통지】

소년원학교장은 학사운영에 관한 긴밀한 협력을 도모하기 위하여 관할 시·도교육감 또는 시·군·자치구 교육장에게 소년원학교에 관한 다음 각 호의 사항을 통지하여야 한다.

1. 명칭
2. 위치
3. 학칙
4. 그 밖에 학사운영에 관하여 필요한 사항

제62조【업무연구 등】

원장은 교정교육 전반을 창의적으로 개선하고 업무능률을 향상시키기 위하여 직원으로 하여금 업무연구 또는 연구수업을 실시하게 하고, 연구발표회 등의 참관을 적극 권장하여야 한다.

제63조【보충수업】

소년원학교장은 보호소년의 학력신장과 수업일수의 충족 등을 위하여 필요하다고 인정하면 평일의 경우 1일 2시간, 휴업일의 경우 1일 8시간의 범위에서 보충수업을 실시할 수 있다.

제29조의2【「초·중등교육법」에 관한 특례】

① 소년원학교에 대하여는 「초·중등교육법」 제4조(학교의 설립 등), 제10조(수업료 등), 제11조(학교시설 등의 이용), 제18조(학생의 징계), 제18조의2(재심청구), 제30조의2(학교회계의 설치), 제30조의3(학교회계의 운영), 제31조(학교운영위원회의 설치), 제31조의2(결격사유), 제32조(기능), 제33조(학교발전기금),

제34조(학교운영위원회의 구성·운영)까지, 제34조의2(학교운영위원회 위원의 연수 등) 및 제63조(시정 또는 변경 명령), 제64조(휴업명령 및 휴교처분), 제65조(학교 등의 폐쇄)까지의 규정을 적용하지 아니한다.

② 소년원학교에 대하여 「초·중등교육법」 제6조(지도·감독), 제7조(장학지도)부터 제9조(학생·기관·학교 평가)까지의 규정을 적용할 때에는 "교육부장관"을 "법무부장관"으로 본다.

③ 교육부장관은 「교육기본법」 및 「초·중등교육법」에 관한 사항(제1항에 따라 적용이 배제되는 사항은 제외한다)에 대하여 법무부장관에게 필요한 권고를 할 수 있으며, 법무부장관은 정당한 사유를 제시하지 아니하는 한 이에 따라야 한다.

제29조의3 【「학교폭력예방 및 대책에 관한 법률」에 관한 특례】

소년원학교에 대해서는 「학교폭력예방 및 대책에 관한 법률」 제12조(학교폭력대책심의위원회의 설치·기능), 제13조(심의위원회의 구성·운영), 제13조의2(학교의 장의 자체해결), 제14조(전문상담교사 배치 및 전담기구 구성), 제15조(학교폭력 예방교육 등), 제16조(피해학생의 보호), 제16조의2(장애학생의 보호), 제17조(가해학생에 대한 조치), 제17조의2(행정심판) 및 제18조(분쟁조정), 제19조(학교의 장의 의무), 제20조(학교폭력의 신고 의무)의 규정을 적용하지 아니한다.

제30조 【교원 등】 ★

① 소년원학교에는 「초·중등교육법」 제21조 제2항에 따른 자격을 갖춘 교원을 두되, 교원은 일반직공무원으로 임용할 수 있다.

② 제1항에 따라 일반직공무원으로 임용된 교원의 경력·연수 및 직무 수행 등에 관하여 필요한 사항은 대통령령으로 정한다. 이 경우 「교육기본법」 및 「교육공무원법」에 따라 임용된 교원과 동등한 처우를 받도록 하여야 한다.

③ 제1항과 제2항에도 불구하고 소년원학교의 교장(이하 "소년원학교장"이라 한다)은 소년원학교가 설치된 소년원의 장이, 교감은 그 소년원의 교육과정을 총괄하는 부서의 장으로서 대통령령으로 정하는 자가 겸직할 수 있다.

④ 소년원학교장은 소년원학교의 교육과정을 원활하게 운영하기 위하여 필요하면 관할 교육청의 장에게 소년원학교 교사와 다른 중·고등학교 교사 간 교환수업 등 상호 교류협력을 요청할 수 있다.

시행령

제61조 【교원 등의 직무수행】

① 법 제30조 제1항에 따라 임용된 소년원학교의 교원은 학생의 수업, 생활지도, 그 밖에 필요한 직무를 수행하여야 한다.

② 소년원학교장은 소년원학교 교육을 원활하게 하기 위하여 필요하다고 판단되면 법무부장관의 승인을 받아

관련 학과 학사학위 이상 소지자, 청소년상담사, 청소년지도사, 정보통신·어학 관련 국가공인 자격 소지자등 정해진 자격요건을 갖춘 소속 공무원에게 제1항에 따른 직무를 담당하도록 할 수 있다.

제62조 【교원의 연수】

① 법무부장관은 「교육공무원법」 및 「교원 등의 연수에 관한 규정」에서 정하는 바에 따라 소년원학교 교원을 각급학교의 교육연수원에서 연수하게 하거나 법무연수원에서 연수하게 해야 한다.

② 소년원학교장은 제1항에 따른 연수대상자를 선발하려면 관할 교육감 또는 법무연수원장과 협의해야 한다.

제31조 【학적관리】 ★

① 보호소년이 소년원학교에 입교하면 「초·중등교육법」에 따라 입학·전학 또는 편입학한 것으로 본다.

② 「초·중등교육법」 제2조(초등학교·공민학교, 중학교·고등공민학교, 고등학교·고등기술학교, 특수학교)의 학교에서 재학하던 중 소년분류심사원에 위탁되거나 유치된 소년 및 「소년법」 제32조 제1항 제8호(1개월 이내의 소년원 송치)의 처분을 받은 소년의 수용기간은 그 학교의 수업일수로 계산한다.

③ 소년원학교장은 보호소년이 입교하면 그 사실을 보호소년이 최종적으로 재학했던 학교(이하 "전적학교"라 한다)의 장에게 통지하고 그 보호소년의 학적에 관한 자료를 보내줄 것을 요청할 수 있다.

④ 제3항에 따른 요청을 받은 전적학교의 장은 교육의 계속성을 유지하는 데에 필요한 학적사항을 지체 없이 소년원학교장에게 보내야 한다.

시행령

제63조 【입학 또는 편입학】

① 소년원학교장은 학년 초부터 60일 이내에 입교한 보호소년이 각급학교를 졸업하였거나 같은 수준 이상의 학력이 있다고 인정되는 경우에는 상급학교 교육과정에 입학시킬 수 있다.

② 소년원학교장은 보호소년이 학적을 가졌던 학년의 입교 당시 학기에 전학·편입학시킬 수 있다. 다만, 입교 당시 학기에 전학·편입학 시킬 수 없을 경우에는 같은 학년 이하의 학기에 전학·편입학시킬 수 있다.

③ 「소년법」 제32조 제1항 제8호(1개월 이내의 소년원 송치)에 따라 소년원에 송치된 소년에 대하여는 제1항 및 제2항을 적용하지 아니한다.

제64조 【학교생활기록부】

소년원학교장은 「초·중등교육법」 제25조에 따라 보호소년의 인성발달상황과 학업성취도 등을 종합적으로 관찰·평가한 학교생활기록부를 작성·관리하여야 한다.

제64조의2 【학적사항 통지 및 관리】

① 소년원학교장은 법 제31조 제1항에 따라 보호소년이 편입학한 경우에는 편입학사항을 보호소년이 최종적으로 재학하였던 학교(이하 "전적학교"라 한다)의 장에게 통지하여야 한다.

② 소년원학교장은 보호소년의 학적기록사항을 매 학기 또는 매 학년이 종료되기 이전까지 전적학교의 장에게 보내야 한다.

③ 소년원학교장은 보호소년이 출원하면 그 출원일부터 10일 이내에 학적기록 전부를 전적학교의 장에게 보내야 한다.

④ 전적학교의 장은 제1항부터 제3항까지의 규정에 따라 학적사항을 접수하면 이를 재학생에 준하여 관리하여
야 한다.

제32조 【다른 학교로의 전학 · 편입학】

보호소년이 소년원학교에서 교육과정을 밟는 중에 소년원에서 퇴원하거나 임시퇴원하여 전적학
교 등 다른 학교에 전학이나 편입학을 신청하는 경우 전적학교 등 다른 학교의 장은 정당한
사유를 제시하지 아니하는 한 이를 허가하여야 한다.

시행령

제65조 【다른 학교로의 전학 · 편입학】

보호소년이 법 제32조에 따른 전적학교 등 다른 학교에 전학 · 편입학하려는 경우에는 전학 · 편입학 배정원서,
그 밖의 필요한 서류를 거주지 또는 전학 · 편입학 예정학교의 관할교육청의 장이나 전학 · 편입학 예정학교의
장에게 제출하여야 한다.

시행규칙

제64조 【학적자료 송부 등】

소년원학교장은 보호소년이 법 제32조에 따라 다른 학교로 전학하거나 편입학을 하는 경우에는 전학 또는
편입학한 학교에 학교생활기록부 전산자료와 용지에 출력한 출력물 및 건강기록부를 송부하고, 소년원학교에는
그 사본을 소년관리기록부와 함께 보관하여야 한다.

제33조 【통학】

소년원장은 교정성적이 양호한 보호소년의 원활한 학업 연계를 위하여 필요하다고 판단되면
보호소년을 전적학교 등 다른 학교로 통학하게 할 수 있다.

시행령

제66조 【통학】

① 소년원장은 보호소년이 수용으로 인하여 학교 입학 · 복학 또는 편입학에 지장을 줄 염려가 있는 경우에는
보호소년에게 준수사항을 부과하여 통학하도록 할 수 있다.

② 소년원장은 제1항에 따라 통학을 허가받은 보호소년이 통학기간 중 준수사항을 현저하게 위반하거나 통학을
계속해서는 아니 된다고 판단되는 사유가 있으면 통학허가를 취소할 수 있다.

제34조 【전적학교의 졸업장 수여】 ★

① 소년원학교에서 교육과정을 마친 보호소년이 전적학교의 졸업장 취득을 희망하는 경우 소년
원학교장은 전적학교의 장에게 학적사항을 통지하고 졸업장의 발급을 요청할 수 있다.

② 제1항에 따른 요청을 받은 전적학교의 장은 정당한 사유를 제시하지 아니하는 한 졸업장을 발급하여야 한다. 이 경우 그 보호소년에 관한 소년원학교의 학적사항은 전적학교의 학적사항으로 본다.

시행령

제67조 【졸업사정 등】
① 소년원학교의 학년별 과정 이수 및 졸업 여부는 처우·징계위원회에서 다음 각 호의 사항을 심의하여 결정한다.
  1. 교육과정 이수 정도
  2. 총 수업시간 수 또는 수업일수 충족 여부
  3. 학교규칙에서 정하고 있는 결격사유에 해당되는지 여부
② 제1항 제2호에 따른 총 수업시간 수 또는 수업일수는 각 소년원학교별 수업시간수를 더하여 산정하되, 그 기간이 「초·중등교육법 시행령」 제50조 제2항에 따른 기간을 넘으면 졸업요건을 충족한 것으로 본다.

제68조 【졸업증명서 등의 발급】
소년원장은 보호소년이나 그 보호자의 신청을 받으면 졸업증명서, 성적증명서, 수료증명서 등을 발급하여야 한다.

제69조 【학력인정 검정고시의 응시 특례】
소년원학교에 재학 중인 보호소년 중 다음 각 호 어느 하나에 해당하는 사람은 학력인정 검정고시에 응시할 수 있다.
1. 초등학교 졸업학력 검정고시는 12세 이상으로 초등학교 교육과정을 이수 중인 사람
2. 중학교 졸업학력 검정고시는 15세 이상으로 중학교 교육과정을 이수 중인 사람
3. 고등학교 졸업학력 검정고시는 18세 이상으로 고등학교 교육과정을 이수 중인 사람

제70조 【장학 협의】
소년원학교장은 관할 교육청의 장과 소년원학교의 학사운영에 관하여 장학 협의를 할 수 있으며, 관할 교육청의 장은 필요한 권고를 할 수 있다.

시행규칙

제65조 【졸업장의 발급 등】
① 영 제67조에 따라 졸업대상자로 결정된 보호소년에 대하여는 별지 제18호서식의 졸업대장에 기록하고, 별지 제19호서식의 졸업증서를 발급한다.
② 법 제34조 제1항에 따라 전적학교의 졸업장 취득을 위해 학적사항을 통지하는 방법 및 절차 등에 관하여는 제64조를 준용한다.
③ 제1항에 따른 졸업장 및 법 제34조에 따른 전적학교의 졸업장은 가능하면 보호소년이 모두 모인 장소에서 소년원학교장이 본인에게 직접 수여해야 한다.

제35조 【직업능력개발훈련】
① 소년원의 직업능력개발훈련은 「국민 평생 직업능력 개발법」으로 정하는 바에 따른다.

② 소년원장은 법무부장관의 허가를 받아 산업체의 기술지원이나 지원금으로 직업능력개발훈련을 실시하거나 소년원 외의 시설에서 직업능력개발훈련을 실시할 수 있다.

③ 고용노동부장관은 보호소년의 직업능력개발훈련에 관하여 법무부장관에게 필요한 권고를 할 수 있다.

📖 시행령

제71조【직업능력개발훈련 방침】

① 소년원의 직업능력개발훈련은 보호소년이 근로의 소중함을 깨닫고 직업에 대한 올바른 태도와 능력을 길러 건전한 직업생활을 할 수 있도록 하여야 한다.

② 소년원의 직업능력개발훈련은 학교교육 및 산업사회와 밀접한 관련을 갖도록 실시하여야 한다.

제72조【공공직업훈련시설의 설치】

법무부장관은 「국민 평생 직업능력 개발법」 제27조에 따라 소년원에 공공직업훈련시설을 설치·운영할 수 있다.

제73조【지원 직업능력개발훈련】

소년원장은 법 제35조 제2항에 따라 산업체의 지원을 받아 직업능력개발훈련을 실시하려면 지원산업체와 지원 목적, 기간, 내용, 그 밖의 지원에 관한 사항을 포함하는 지원약정서를 작성하여야 한다.

제74조【외부시설에서의 직업능력개발훈련】

소년원장은 법 제35조 제2항에 따라 보호소년을 소년원 외의 시설에 통근시키거나 위탁하여 직업능력개발훈련을 실시할 수 있다.

📖 시행규칙

제67조【직종의 신설 또는 폐지】

① 소년원장은 필요하다고 판단되는 경우 「근로자직업능력 개발법」에서 고용노동부장관이 정한 직업능력개발훈련기준에 따라 직업능력개발훈련 직종을 신설 또는 폐지할 수 있다. 이 경우 지방고용노동관서의 장과 협의를 거쳐 법무부장관의 승인을 받아야 한다.

② 소년원장은 제1항에 따라 직업능력개발훈련 직종을 신설하거나 폐지하는 경우에는 산업계의 인력수요를 조사·파악하여 이를 적절히 반영하여야 한다.

③ 제1항에 따라 신설되는 직종의 수업일수, 교과편성 그 밖에 필요한 사항은 법무부장관의 승인을 받아 소년원장이 정한다.

제68조【직업능력개발훈련 대상자】

① 직업능력개발훈련을 받을 수 있는 보호소년은 15세 이상으로 한다.

② 소년원장은 훈련직종 또는 훈련과정에 따라 보호소년의 연령 또는 학력의 기준을 따로 정할 수 있다.

제36조【직업능력개발훈련교사】

직업능력개발훈련을 실시하는 소년원에는 「국민 평생 직업능력 개발법」으로 정한 자격을 갖춘 직업능력개발훈련교사를 둔다.

시행령

제75조【직업능력개발훈련교사의 훈련】

법무부장관은 직업능력개발훈련교사의 능력개발을 위하여 해당 교사에게 「국민 평생 직업능력 개발법」제37조 제2항에 따른 보수교육을 정기적으로 이수하도록 해야 한다.

> ### 제37조【통근취업】
> ① 소년원장은 보호소년이 직업능력개발훈련과정을 마쳤을 때에는 산업체에 통근취업하게 할 수 있다.
> ② 소년원장은 보호소년이 제1항에 따라 취업을 하였을 때에는 해당 산업체로 하여금 「근로기준법」을 지키게 하고, 보호소년에게 지급되는 보수는 전부 본인에게 지급하여야 한다.

시행령

제76조【통근취업의 원칙】

① 보호소년의 통근취업 대상 산업체는 소년원 출원 후 직업 선택이 쉽고 건전한 직업의식과 가치관을 기를 수 있는 업체로 선정해야 한다.
② 소년원장은 법 제37조 제1항에 따라 보호소년을 통근취업시키려면 통근취업 대상 산업체와 보수, 취업기간, 취업조건, 그 밖에 필요한 사항을 포함하는 취업약정서를 작성하여야 한다.
③ 소년원장은 통근취업을 하는 보호소년에게 준수사항을 부과하여 이를 지키도록 지도하여야 한다.
④ 소년원장은 산업체가 제2항의 취업약정사항을 위반하였을 때 또는 보호소년이 준수사항을 현저하게 위반하거나 통근취업을 계속하여서는 아니 된다고 판단되는 사유가 있을 때에는 통근취업을 금지할 수 있다.

제77조【자립기반 조성】

법무부장관은 보호소년의 직업능력 향상과 성공적 자립기반 조성을 위하여 창업보육, 지원재단 설립 및 자립생활관 운영 등 필요한 사업을 할 수 있다.

시행규칙

제69조【통근취업 보호소년의 관리】

① 소년원장은 법 제37조 제1항에 따라 통근취업을 하는 보호소년의 원만한 적응과 교통편의 등을 위하여 예산의 범위에서 통근취업 기간 중의 교통비 전액 또는 일부를 지원할 수 있다.
② 소년원장은 보호소년의 통근취업으로 발생한 보수 등에 관하여는 영 제47조의 규정을 준용하여 관리하여야 한다.
③ 영 제76조 제2항에 따른 통근취업약정서는 별지 제24호서식에 따른다.

> ### 제38조【안전관리】
> ① 소년원장은 직업능력개발훈련을 실시할 때 보호소년에게 해롭거나 위험한 일을 하게 하여서는 아니 된다.

② 소년원장은 직업능력개발훈련을 실시할 때 기계, 기구, 재료, 그 밖의 시설 등에 의하여 보호소년에게 위해가 발생할 우려가 있으면 이를 방지하는 데에 필요한 조치를 하여야 한다.

제39조【생활지도】
원장은 보호소년 등의 자율성을 높이고 각자가 당면한 문제를 스스로 해결하여 사회생활에 적응할 수 있는 능력을 기르도록 생활지도를 하여야 한다.

시행령

제78조【생활지도의 목표】
원장은 법 제39조에 따라 생활지도를 할 때에는 보호소년 등의 심신, 행동발달 및 품행 개선에 목표를 두고 지도하여야 한다.

제79조【상담·인성교육】
① 원장은 보호소년 등이 지닌 모든 문제와 그들의 욕구를 효과적으로 해소하여 교정목표를 조기에 달성할 수 있도록 체계적인 상담과 심리치료 등 인성교육을 하여야 한다.
② 원장은 보호자등이 보호소년 등의 처우 또는 개인 사정에 관하여 상담을 신청하면 이에 응하여야 한다.
③ 원장은 제1항의 직무를 수행하기 위하여 해당 분야에 전문성과 소양을 갖춘 전담직원을 배치하거나 지정하여야 한다.

시행규칙

제70조【보호소년 등의 일과】
① 원장은 보호소년 등의 심신이 조화롭게 성장·발달할 수 있도록 일과를 진행하여야 한다.
② 원장은 보호소년 등이 8시간 이상 취침할 수 있도록 하여야 한다. 다만, 수업시간 수 확보 등 교육과정의 운영상 불가피한 경우에는 그러하지 아니하다.
③ 원장은 교정교육상 특히 필요한 경우를 제외하고는 보호소년 등의 정서함양을 위하여 공휴일에는 직원의 지도로 보호소년 등이 다양한 여가선용프로그램에 참여하거나 휴식할 수 있도록 하여야 한다.
④ 국경일 및 스승의 날, 성년의 날 등 교육적으로 필요하다고 인정되는 기념일에는 경축·기념의식 또는 관련 교육행사를 가질 수 있다.

제40조【특별활동】
소년원장은 보호소년의 취미와 특기를 신장하고 집단생활의 경험을 통하여 민주적이고 협동적인 생활태도를 기르도록 특별활동지도를 하여야 한다.

시행령

제80조 【특별활동】

① 원장은 법 제40조에 따라 보호소년 등의 정서를 순화하고 특기를 살리기 위하여 적당한 특별활동에 참여하게 하여야 한다.

② 제1항에 따른 특별활동은 체육, 독서, 음악, 연극지도 등 교내 특별활동과 전시관 및 산업시설 견학, 문화유적지 답사, 문화예술 공연 관람, 야영, 소풍 등 다양한 체험학습을 하는 교외 특별활동으로 한다.

제81조 【봉사활동】

소년원장은 보호소년의 공동체의식 함양과 체험을 통한 인성교육을 위하여 다양한 봉사활동 프로그램을 운영하여야 한다.

제82조 【종교활동 등】

① 원장은 교육과정 운영에 지장을 주지 않는 범위에서 종교를 가진 보호소년 등에게 지정된 장소에서 자유롭게 종교의식에 참여하도록 하여야 한다.

② 원장은 신부, 목사, 승려, 그 밖의 종교인에게 보호소년 등에 대하여 종교에 관한 지도를 하도록 할 수 있다.

제83조 【도서실 등의 설치 · 운영】

① 원장은 교정교육에 필요한 도서실 · 상담실 · 방송실 · 심리검사실 · 교육자료실 및 종교실 등을 설치 · 운영할 수 있다.

② 원장은 보호소년 등이 제1항의 시설을 이용할 수 있도록 필요한 지원을 하여야 한다.

시행규칙

제71조 【종교활동】

종교활동은 휴업일에 하는 것을 원칙으로 한다. 다만, 원장이 필요하다고 인정하면 교육과정의 이수에 지장이 없는 범위에서 휴업일이 아닌 날에도 할 수 있다.

제72조 【보호소년자치회】

① 소년원장은 보호소년이 자발적으로 교육목표를 달성할 수 있도록 자치회를 조직하여 운영하게 할 수 있다.

② 제1항에 따른 자치회는 소년원의 관리 · 규율 · 설비 · 급양(給養) · 의료 및 위생에 관한 업무에 관여할 수 없다. 다만, 소년원장 또는 직원이 함께 참석하여 자치회를 개최하는 경우에는 관련 의견을 제시할 수 있다.

③ 제1항에 따른 자치회의 대표자와 임원의 임면, 자치회의 조직 및 운영에 관하여 필요한 사항은 소년원장이 정한다.

제41조 【교육계획 등】

① 소년원장은 보호소년의 연령, 학력, 적성, 진로, 교정의 난이도 등을 고려하여 처우과정을 정하고 교정목표를 조기에 달성할 수 있도록 교육계획을 수립 · 시행하여야 한다.

② 소년원장은 제1항의 교육계획에 따른 교육과정을 운영하고 법무부장관이 정하는 바에 따라 그 결과를 평가하여 출원, 포상 등 보호소년의 처우에 반영할 수 있다.

시행령

제55조 【교육계획】

① 소년원장은 보호소년이 정해진 교육기간에 교정목적을 달성할 수 있도록 법 제41조에 따른 교육계획을 수립하여 시행하여야 한다.

② 제1항에 따른 교육계획에는 교육과정, 특별활동 및 생활지도 등에 관한 구체적 내용이 포함되어야 한다.

제56조 【교육단계】

① 교정교육은 보호소년이 소년원에 입원할 때부터 출원할 때까지의 전 과정을 신입자교육, 기본교육, 사회복귀교육의 3단계로 구분하여 순차적으로 실시해야 한다.

② 제1항에 따른 단계별 교육에 관한 세부사항은 법무부령으로 정한다.

제57조 【교정성적의 평가】

① 보호소년의 교정성적은 교육성과 및 생활성적을 종합하여 평가한다.

② 그 밖에 보호소년의 교정성적 평가에 필요한 사항은 법무부장관이 정한다.

제58조 【소년관리기록부】

① 원장은 보호소년 등의 처우와 교정성적 관리를 적절하게 하기 위하여 개인별로 소년관리기록부를 갖추고 출원 시까지의 모든 상황을 정해진 양식에 따라 계속 기록·유지하여야 한다.

② 소년분류심사원장은 위탁소년, 유치소년 또는 법 제3조 제2항 제3호에 따른 상담조사 대상 소년이 법원소년부의 심리 결과 소년원 송치처분을 받게 된 때에는 지체 없이 그 소년의 소년관리기록부 원본을 해당 소년원에 송부해야 한다.

시행규칙

제53조 【신입자교육】

① 소년원장은 신입보호소년에 대하여 생활규범지도, 기초교육, 적응훈련 그 밖에 필요한 지도를 함으로써 신입보호소년이 소년원에 신속히 적응하고 심신의 안정을 도모할 수 있도록 하여야 한다.

② 제1항에 따른 신입자교육기간은 10일 이내로 한다.

제54조 【기본교육】

소년원장은 제53조에 따른 신입자교육을 마친 보호소년에 대하여는 인문·실업·특성화·인성교육 또는 직업능력개발훈련, 특별활동, 생활지도 그 밖에 필요한 기본교육을 실시하여야 한다.

제55조 【사회복귀교육】

① 소년원장은 보호소년이 제54조에 따른 기본교육과정을 마치고 퇴원 또는 임시퇴원의 요건을 갖춘 때에는 사회적응에 필요한 진로상담, 장래의 생활설계에 대한 지도, 퇴원 또는 임시퇴원 후의 준수사항에 대한 교육 그 밖에 사회복귀에 필요한 교육을 실시한다.

② 소년원장은 제1항에 따른 보호소년에게 퇴원이나 임시퇴원 후에도 자립생활관 이용, 취업알선 및 창업보육 등의 사회정착지원을 받을 수 있음을 알려 주어야 한다.

③ 제1항에 따른 사회복귀교육기간은 10일 이내로 한다.

제57조 【여름철 및 겨울철의 지도】

소년원장은 여름철과 겨울철에 상당기간을 방학기간으로 정하여 특별활동 및 생활지도 중심의 교정교육을 할 수 있다.

제59조 【소년관리기록부 등】

① 영 제58조 제1항에 따른 소년관리기록부에는 다음 각 호의 자료가 포함되어야 한다.

1. 신상조사(상반신 사진 및 가정·학교·사회 등 환경조사사항을 포함한다)
2. 처분결정서
2의2. 유치허가장 사본 또는 위탁결정서(해당 사유가 있는 경우로 한정한다)
3. 비행개요
4. 건강·신체특징조사(병력·문신·자해상황 등을 포함한다)
5. 삭제 ＜2021.4.20.＞
6. 심리검사 결과
7. 개별처우계획
8. 처우기간 조정내역(해당사유가 있는 경우로 한정한다)
9. 범죄경력조회 회보서 및 수사경력조회 회보서(해당 사유가 있는 경우로 한정한다)
10. 분류심사서 또는 상담조사서(법 제3조 제2항에 따른 분류심사 또는 조사를 받은 경우에 한정한다)
11. 행동관찰기록
12. 상담기록
13. 면회·통신기록
14. 교육훈련성적
15. 신상변동기록
16. 그 밖에 분류심사 관련자료 등의 증빙자료

② 원장은 보호소년 등을 다른 기관으로 이송할 때에는 영 제64조에 따른 학교생활기록부와 함께 소년관리기록부를 송부하여야 한다.

제42조【장학지도】

법무부장관은 교정교육 성과를 평가하고 개선하기 위하여 소속 공무원으로 하여금 장학지도를 하게 할 수 있다.

시행령

제84조【장학지도】

법무부장관은 법 제42조에 따른 장학지도를 할 때에는 매 학년도마다 장학지도의 대상·방법 및 결과처리 등에 관한 세부계획을 수립하고 이를 소년원학교에 미리 통보하여야 한다.

제42조의2【대안교육 및 비행예방 등】

① 소년원 및 소년분류심사원은 청소년 등에게 비행예방 및 재범방지 또는 사회적응을 위한 체험과 인성 위주의 교육을 실시하기 위하여 다음 각 호의 교육과정(이하 "대안교육과정"이라 한다)을 운영한다.
  1. 「소년법」 제32조의2(보호관찰처분에 따른 부가처분) 제1항에 따라 법원소년부 판사가 명한 대안교육
  2. 「소년법」 제49조의3(조건부 기소유예) 제2호에 따라 검사가 의뢰한 상담·교육·활동 등

3. 「초·중등교육법」 제18조(학생의 징계)에 따른 징계대상인 학생으로서 각급학교의 장이 의
   뢰한 소년의 교육
4. 「학교폭력예방 및 대책에 관한 법률」 제15조 제3항(학교폭력 예방교육)에 따른 학교폭력 예방
   교육과 같은 법 제17조(가해학생에 대한 조치)에 따른 가해학생 및 보호자 특별교육
② 원장은 행정기관, 지방자치단체, 학교, 그 밖의 단체 등과 협력하여 지역사회의 청소년 비행을
   예방하기 위하여 적극 노력하여야 한다.
③ 대안교육과정의 운영에 필요한 사항은 법무부령으로 정한다.

🖥 시행령

제85조 【대안교육 대상자의 출석일수 인정】
① 법 제42조의2 제1항에 따라 판사 또는 검사가 의뢰한 대안교육 대상 소년이 소년원등에서 정해진 교육과정을
   이수했을 때에는 그 기간을 재적학교의 출석일수로 인정해야 한다.
② 원장은 법 제31조(학적관리) 제2항에 따른 위탁소년이나 그 보호자 또는 제1항에 따른 대안교육 대상 소년이나
   그 보호자가 원하는 경우에는 소년원등의 교육과정 이수사실이나 대안교육 이수사실을 소년의 재적학교의
   장에게 통지할 수 있다.

🖥 시행규칙

제73조 【대안교육】
① 원장은 법 제42조의2에 따른 대안교육과정의 운영을 위한 계획을 수립하여 시행하여야 한다.
② 제1항에 따른 대안교육과정운영계획에는 다음 각 호의 내용이 포함되어야 한다. 다만, 교육기간 및 대상에
   따라 이를 달리 수립·시행할 수 있다.
   1. 자기반성을 통한 자기관리능력 증진 및 올바른 가치관 정립
   2. 준법의식 고취 및 청소년비행문제 인식
   3. 당면문제에 대한 현실적 대응능력 함양
   4. 약물오·남용, 학교폭력 및 성폭력 예방
   5. 봉사활동 등 체험교육
   6. 감수성훈련·인간관계훈련 등 심성훈련
   7. 그 밖에 미래에 대한 계획수립
③ 원장은 대안교육대상자와 보호소년 등을 분리하여 관리하여야 한다.

제42조의3 【보호자교육】
① 소년원과 소년분류심사원은 「소년법」 제32조의2 제3항(소년부 판사의 보호자에 대한 특별교육 명령)
   에 따라 교육명령을 받은 보호자 또는 보호소년 등의 보호자를 대상으로 역할개선 중심의
   보호자교육과정을 운영한다.
② 제1항에 따른 보호자교육의 절차 및 방법 등에 관하여 필요한 사항은 대통령령으로 정한다.

시행령

제86조 【보호자교육】

① 원장은 법 제42조의3에 따라 보호자교육이 필요하다고 인정되면 교육목적과 대상, 시간 및 장소, 프로그램 등의 내용이 포함되는 교육계획을 수립·시행하여야 한다.

② 제1항에 따른 교육 프로그램에는 다음 각 호의 내용을 포함하여야 한다.

  1. 가족기능 회복 및 문제해결 능력 함양
  2. 자녀의 일탈행동에 대한 원인 분석 및 이해 증진
  3. 양성평등의식 및 민주적 양육태도 함양
  4. 자녀의 훈육지도 및 효과적인 대화기법
  5. 자녀의 학습동기 유발과 진로지도 방법

시행규칙

제74조 【보호자상담 등】

① 원장은 교정교육의 효과를 높이기 위하여 필요하다고 인정되는 경우에는 관계직원으로 하여금 보호자상담을 실시하게 할 수 있다.

② 관계직원이 제1항에 따른 보호자상담을 실시하려는 때에는 지정된 장소에서 실시하고 별지 제25호서식의 보호자상담부에 상담내용을 기록·유지하여야 한다.

③ 영 제86조 제1항에 따른 보호자교육의 대상자를 선정하는 때에는 제1항에 따른 보호자상담 결과를 고려하여야 한다.

제5장 │ 출원

제43조 【퇴원】 ★★

① 소년원장은 보호소년이 22세가 되면 퇴원시켜야 한다.

② 소년원장은 「소년법」 제32조 제1항 제8호(1개월 이내의 소년원 송치) 또는 같은 법 제33조 제1항(보호자 또는 보호자를 대신하여 소년을 보호할 수 있는 자에게 감호 위탁, 아동복지시설이나 그 밖의 소년보호시설에 감호 위탁, 병원·요양소 또는 의료재활소년원에 위탁 : 6개월 6개월 연장 가능)·제5항(단기 소년원 송치 6개월)·제6항(장기 소년원 송치 2년)에 따라 수용상한기간에 도달한 보호소년은 즉시 퇴원시켜야 한다.

③ 소년원장은 교정성적이 양호하며 교정의 목적을 이루었다고 인정되는 보호소년(「소년법」 제32조 제1항 제8호에 따라 송치된 보호소년은 제외한다)에 대하여는 「보호관찰 등에 관한 법률」에 따른 보호관찰심사위원회에 퇴원을 신청하여야 한다.

④ 위탁소년 또는 유치소년의 소년분류심사원 퇴원은 법원소년부의 결정서에 의하여야 한다.

📖 시행규칙

제75조 【퇴원·임시퇴원 심사의 신청】

① 소년원장이 법 제43조 제3항 및 제44조에 따라 관할 보호관찰심사위원회에 보호소년의 출원심사를 신청하는 경우에는 처우·징계위원회의 심사를 거쳐 퇴원, 임시퇴원 여부를 구분하여 신청해야 한다.

② 제1항에 따른 보호소년의 출원에 관한 처우·징계위원회의 심사를 할 때에는 보호소년의 생활태도, 교정성적, 사회적응 정도 및 보호자의 보호력 등을 종합적으로 고려해야 한다.

③ 그 밖에 보호소년의 출원에 관한 처우·징계위원회의 심사 및 보호관찰심사위원회로의 심사 신청에 관한 사항은 법무부장관이 따로 정한다.

제44조 【임시퇴원】 ★★

소년원장은 교정성적이 양호한 자 중 보호관찰의 필요성이 있다고 인정되는 보호소년[「소년법」 제32조 제1항 제8호(1개월 이내의 소년원 송치)에 따라 송치된 보호소년은 제외한다]에 대하여는 「보호관찰 등에 관한 법률」 제22조 제1항에 따라 보호관찰심사위원회에 임시퇴원을 신청하여야 한다.

📖 시행규칙

제77조 【특별 임시퇴원】

소년원장은 보호소년이 다음 각 호의 어느 하나에 해당하는 사유가 있는 경우에는 증빙서류를 첨부하여 특별 임시퇴원허가를 신청할 수 있다.

1. 중환자에 해당되어 소년원에서 치료가 불가능하거나 장기 치료가 필요하여 교육훈련의 실효성을 기대하기 곤란한 경우

2. 심신의 현저한 장애, 임신 또는 출산 등으로 특별한 보호가 필요한 경우

3. 부양의무가 있는 사람으로서 본인이 직접 부양하지 아니하면 피부양 가족의 생계 유지가 곤란한 경우

4. 각급학교의 입학시험에 합격하여 진학이 확정되었거나 별표 2의2에 따른 우수상·기능상을 수상한 자로서 입상 또는 취득자격과 관련이 있는 업체에 취업이 확정된 경우

5. 수용사고방지 등 현저한 선행이 있고 재비행의 우려가 없다고 인정되는 경우

6. 입영·이민 그 밖에 특별한 사유가 있는 경우

제78조 【임시퇴원자의 보호관찰자료 제공 등】

① 소년원장은 보호소년이 임시퇴원하는 경우에는 보호관찰의 실효성을 높이기 위하여 지체 없이 임시퇴원자에 관한 분류심사서 사본 및 별지 제26호서식의 교육·생활지도부 등을 해당 보호관찰소에 송부하여야 한다.

② 소년원장은 법 제46조 제1항에 따른 계속수용의 사유가 소멸하여 보호소년을 보호자등에게 인도할 때에는 보호소년과 보호자등에게 지체 없이 관할보호관찰소에 출석·신고할 것을 고지하고 보호관찰소장에게 출원 사실을 통보하여야 한다.

제79조 【퇴원증 또는 임시퇴원증의 교부 등】

① 소년원장은 퇴원 또는 임시퇴원이 허가된 보호소년에 대하여 수료식을 실시하고 별지 제27호서식에 따른 퇴원증 또는 별지 제28호서식에 따른 임시퇴원증을 내주어야 한다.

② 소년원장은 임시퇴원자에 대하여 보호관찰기간 중의 준수사항을 이행하도록 교육하고 신고기일 이내에 관할 보호관찰소에 출석하여 신고할 것을 알려주어야 한다.

제44조의2 【보호소년의 출원】

소년원장은 제43조(퇴원) 제3항 및 제44조(임시퇴원)의 신청에 대하여 「보호관찰 등에 관한 법률」 제25조에 따른 법무부장관의 퇴원·임시퇴원 허가를 통보받으면 해당 허가서에 기재되어 있는 출원예정일에 해당 보호소년을 출원시켜야 한다. 다만, 제46조에 따라 계속 수용하는 경우[제45조(보호소년의 인도) 제3항의 경우를 포함한다]에는 그러하지 아니하다.

제45조 【보호소년의 인도】

① 소년원장은 보호소년의 퇴원 또는 임시퇴원이 허가되면 지체 없이 보호자등에게 보호소년의 인도에 관하여 알려야 한다.

② 소년원장은 퇴원 또는 임시퇴원이 허가된 보호소년을 보호자등에게 직접 인도하여야 한다. 다만, 보호소년의 보호자등이 없거나 제44조의2(보호소년의 출원) 본문에 따른 출원예정일부터 10일 이내에 보호자등이 인수하지 아니하면 사회복지단체, 독지가, 그 밖의 적당한 자에게 인도할 수 있다.

③ 제2항 단서에 따라 사회복지단체 등에 인도되기 전까지의 보호소년에 대해서는 제46조(퇴원자 또는 임시퇴원자의 계속 수용) 제1항에 따른 계속 수용에 준하여 처우한다.

시행규칙

제80조 【보호소년의 인도】

① 법 제45조 제1항에 따른 보호소년의 인도에 관한 통지는 별지 제29호서식에 따른다.

② 소년원장은 법 제45조 제2항에 따라 보호소년을 보호자, 사회복지단체 또는 독지가 등에게 인도할 때에는 별지 제30호서식의 보호자인도부에 그 사실을 기록·유지하여야 한다.

제45조의2 【사회정착지원】 ★

① 원장은 출원하는 보호소년 등의 성공적인 사회정착을 위하여 장학·원호·취업알선 등 필요한 지원을 할 수 있다.

② 제1항에 따른 사회정착지원(이하 이 조에서 "사회정착지원"이라 한다)의 기간은 6개월 이내로 하되, 6개월 이내의 범위에서 한 번에 한하여 그 기간을 연장할 수 있다.

③ 원장은 제51조에 따른 소년보호협회 및 제51조의2에 따른 소년보호위원에게 사회정착지원에 관한 협조를 요청할 수 있다.

④ 사회정착지원의 절차와 방법 등에 관하여 필요한 사항은 법무부령으로 정한다.

시행규칙

제81조 【사회정착지원】
① 원장은 법 제45조의2에 따른 사회정착지원에 관한 계획을 수립·시행하여야 한다.
② 제1항에 따른 계획은 취업·진학 등 보호소년 등의 진로를 고려하여 수립하되, 이 계획에는 방문·출석·통신지도 등 사회정착지원 방법과 기간·횟수 등의 구체적인 내용이 포함되어야 한다.
③ 원장은 제1항에 따른 계획을 수립하기 전에 보호소년 등으로부터 사회정착지원을 희망하는 구체적인 분야 등을 청취한 후 이를 계획에 반영하여야 한다.
④ 원장은 법 제45조의2 제2항에 따라 사회정착지원 기간을 연장하려는 경우에는 보호소년 등의 재범 여부, 취업·진학 여부, 주거 안정 여부, 그 밖에 사회정착지원의 필요성 등을 고려하여 판단하여야 한다.
⑤ 원장은 보호소년 등이 무의탁소년인 경우에는 법 제51조에 따른 소년보호협회가 영 제98조에 따라 운영하는 자립지원시설의 이용지원, 취업알선, 그 밖에 필요한 사회정착지원을 하여야 한다.

제46조 【퇴원자 또는 임시퇴원자의 계속 수용】
① 퇴원 또는 임시퇴원이 허가된 보호소년이 질병에 걸리거나 본인의 편익을 위하여 필요하면 본인의 신청에 의하여 계속 수용할 수 있다.
② 소년원장은 제1항에 따른 계속 수용의 사유가 소멸되면 지체 없이 보호소년을 보호자등에게 인도하여야 한다.
③ 소년원장은 제1항에 따라 임시퇴원이 허가된 보호소년을 계속 수용할 때에는 그 사실을 보호관찰소장에게 통지하여야 한다.

시행규칙

제83조 【퇴원 또는 임시퇴원자의 계속수용】
① 법 제46조 제1항에 따른 보호소년의 계속수용은 다음 각 호의 어느 하나에 해당하는 사유로 해당 보호소년과 보호자등이 희망하는 경우에 한정한다.
  1. 질병에 걸려 치료가 필요한 경우(제77조 제1호 또는 제2호에 해당하는 경우는 제외한다)
  2. 진학
  3. 기능자격 취득
  4. 재능 또는 특기의 지속적 계발
② 보호소년과 보호자등이 제1항에 따른 사유로 계속수용을 희망할 때에는 퇴원일 또는 임시퇴원일을 기준으로 7일 전까지 별지 제32호서식의 계속수용신청서를 소년원장에게 제출해야 한다.
③ 소년원장은 제2항에 따른 계속수용신청서를 접수받은 경우에는 처우·징계위원회의 심의를 거쳐 계속수용을 허용할 수 있다. 이 경우 해당 보호소년에게 계속수용 중의 준수사항을 지시할 수 있다.
④ 계속수용기간은 다음 각 호와 같다. 이 경우 보호소년의 의사를 존중하여야 한다.
  1. 제1항 제1호부터 제3호까지의 경우 : 6개월 이내
  2. 제1항 제4호의 경우 : 보호소년이 법 제43조 제1항에 따른 연령에 도달할 때까지의 기간 이내
⑤ 계속수용의 교육과정은 특별한 프로그램이 마련된 경우를 제외하고는 퇴원 또는 임시퇴원허가 이전의 기본 교육과정으로 분류하여야 한다.

⑥ 법 제46조 제3항에 따른 보호소년의 계속수용사실의 통지는 별지 제33호서식에 따른다.

제47조 【물품 또는 귀가여비의 지급】

소년원장은 보호소년이 퇴원허가 또는 임시퇴원허가를 받거나 「소년법」 제37조 제1항(보호처분과 부가처분의 변경)에 따라 처분변경 결정을 받았을 때에는 필요한 경우 물품 또는 귀가여비를 지급할 수 있다.

제48조 【임시퇴원 취소자의 재수용】

① 소년원장은 「보호관찰 등에 관한 법률」 제48조(가석방 및 임시퇴원의 취소)에 따라 임시퇴원이 취소된 자는 지체 없이 재수용하여야 한다.
② 제1항에 따라 재수용된 자의 수용기간은 수용상한기간 중 남은 기간으로 한다.
③ 제1항에 따라 재수용된 자는 새로 수용된 보호소년에 준하여 처우를 한다.

▣ 시행령

제87조 【퇴원 · 임시퇴원의 취소 및 심사신청의 철회】

소년원장은 소년원 퇴원 또는 임시퇴원이 허가되었거나 퇴원 또는 임시퇴원 심사신청 중인 보호소년에게 징계사유 등 특별한 사유가 발생하면 보호관찰심사위원회에 퇴원 또는 임시퇴원 허가의 취소를 신청하거나 퇴원 · 임시퇴원 심사신청을 철회할 수 있다.

제88조 【임시퇴원 취소자의 재수용】

① 「보호관찰 등에 관한 법률」 제48조에 따라 임시퇴원이 취소된 소년의 경우 임시퇴원 당시의 소년원장은 보호관찰관으로부터 그 소년을 인수하여 지체 없이 재수용하여야 한다.
② 제1항에도 불구하고 임시퇴원 당시의 소년원과 임시퇴원 취소자(여성인 임시퇴원 취소자는 제외한다. 이하 이 항에서 같다)의 현재지의 시 · 도가 달라 재수용이 지체될 우려가 있으면 임시퇴원 취소자의 현재지와 인접한 소년원에서 소년을 인수할 수 있다.
③ 제주지역을 현재지로 하여 임시퇴원이 취소된 사람은 제주소년원에 재수용한다. 다만, 임시퇴원 취소자의 주된 거주지와 제주소년원의 시 · 도가 다르면 청원이나 그 밖에 처우상 필요에 따라 임시퇴원 당시의 소년원에서 인수할 수 있다.

▣ 시행규칙

제84조 【임시퇴원취소자 인수소년원의 사후조치】

① 영 제88조 제2항에 따라 임시퇴원취소자의 신병을 인수한 소년원장은 지체 없이 임시퇴원 당시의 해당 소년원장에게 신병인수 사실을 알리고, 가정 · 학교 · 사회환경 및 임시퇴원 기간 중의 생활상태를 종합심사하기 위한 처우 · 징계위원회의 심사를 거쳐 자체수용 또는 이송여부를 결정해야 한다.
② 제1항에 따라 임시퇴원취소자를 자체수용하기로 결정한 때에는 지체 없이 임시퇴원 당시의 해당 소년원장에게 그 사실을 알리고, 개별처우계획의 수립에 필요한 자료의 제출을 요구할 수 있다.

③ 제1항에 따라 이송을 결정한 때에는 지체 없이 임시퇴원취소자의 신병을 임시퇴원 당시의 소년원에 이송하여야 한다.

제85조 【임시퇴원취소로 재수용된 사람의 처우】

① 소년원장은 임시퇴원된 보호소년이 영 제88조에 따라 임시퇴원이 취소되어 재수용된 때에는 제53조에 따른 신입자교육을 실시하고, 처우·징계위원회의 심사를 거쳐 개별처우계획을 새로 수립해야 한다. 다만, 재수용된 보호소년의 잔여 수용기간이 40일 미만인 경우에는 처우·징계위원회의 심사를 생략하고 임시퇴원 당시의 과정에 편성할 수 있다.

② 소년원장은 임시퇴원자가 보호관찰기간 중에 범법행위를 하여 임시퇴원이 취소되고 징역 또는 금고 이상의 유죄판결이 확정되거나 보호처분에 의하여 소년원에 송치된 때에는 이전의 보호처분취소를 법원소년부에 신청하여야 한다.

시행령

제87조의2 【재·퇴원증명서의 발급】

원장은 다음 각 호의 어느 하나에 해당하는 자가 소년원등에 수용된 사실 또는 수용되었다가 출원한 사실 등에 관한 증명서의 발급을 신청하는 경우에는 법무부령으로 정하는 재·퇴원증명서를 발급할 수 있다. 이 경우 재·퇴원증명서의 발급 신청 및 발급은 「민원 처리에 관한 법률」 제12조의2 제2항 및 제3항에 따른 전자민원창구를 통하여 처리할 수 있다.

1. 보호소년등
2. 보호소년등이었던 사람
3. 제1호 또는 제2호에 해당하는 사람의 보호자
4. 제1호 또는 제2호에 해당하는 사람의 위임을 받은 자

제6장 | 보칙

제49조 【방문 허가 등】

① 보호소년 등에 대한 지도, 학술연구, 그 밖의 사유로 소년원이나 소년분류심사원을 방문하려는 자는 그 대상 및 사유를 구체적으로 밝혀 원장의 허가를 받아야 한다.

② 소년원이나 소년분류심사원을 방문하지 아니하고 설문조사를 하려는 자는 미리 그 내용을 원장과 협의하여야 한다.

시행령

제89조 【외국인의 방문】

원장은 법 제49조에 따라 외국인의 방문을 허가하려면 법무부장관의 승인을 받아야 한다.

제50조【협조 요청】

① 원장은 제3조에 따른 교정교육, 분류심사 또는 조사에 특히 필요하다고 인정하면 행정기관, 학교, 병원, 그 밖의 단체에 대하여 필요한 협조를 요청할 수 있다.

② 제1항의 요청을 거절할 때에는 정당한 이유를 제시하여야 한다.

시행령

제90조【각종 자료 조회】

① 원장은 법 제50조에 따라 보호소년 등의 교정교육과 분류심사를 위하여 필요한 경우에는 다음 각 호의 자료를 해당 기관에 요청할 수 있다.

1. 범죄 및 수사경력 자료
2. 학교생활기록부
3. 그 밖에 교육 및 분류심사에 참고가 되는 자료

② 직무상 제1항의 자료조회를 요청하는 사람 또는 이를 취급하는 사람은 그 내용을 직무와 직접 관련되지 아니하는 사람에게 누설하여서는 아니 된다.

제90조의2【민감정보 및 고유식별정보의 처리】

① 원장은 다음 각 호의 사무를 수행하기 위하여 불가피한 경우「개인정보 보호법」제23조에 따른 건강에 관한 정보, 같은 법 시행령 제18조 제2호에 따른 범죄경력자료에 해당하는 정보 및 같은 영 제19조에 따른 주민등록번호, 여권번호, 운전면허의 면허번호 또는 외국인등록번호가 포함된 자료를 처리할 수 있다.

1. 보호소년 등의 수용 및 출원 절차에 관한 사무
2. 보호소년 등의 건강조사 및 치료내역 관리, 의료처우의 결정에 관한 사무
3. 법 제3조 제2항에 따른 분류심사 및 조사에 관한 사무
4. 법 제8조 및 제9조에 따른 보호소년 등의 처우 결정과 그 변경에 관한 사무
5. 법 제31조 및 제35조에 따른 학적관리 및 직업능력개발훈련에 관한 사무
6. 법 제41조에 따른 교육계획의 수립·시행 및 결과 평가에 관한 사무
7. 법 제45조의2에 따른 사회정착지원에 관한 사무

② 원장은 다음 각 호의 사무를 수행하기 위하여 불가피한 경우「개인정보 보호법 시행령」제19조에 따른 주민등록번호, 여권번호, 운전면허의 면허번호 또는 외국인등록번호가 포함된 자료를 처리할 수 있다.

1. 법 제18조에 따른 면회 허가에 관한 사무
2. 법 제42조의3에 따른 보호자교육에 관한 사무
3. 법 제45조에 따른 보호소년의 인도에 관한 사무
4. 법 제49조에 따른 소년원등의 방문 허가에 관한 사무
5. 법 제50조의2에 따른 청소년심리상담실 운영에 관한 사무
6. 법 제51조의2에 따른 소년보호위원의 위촉 및 비용 지급에 관한 사무
7. 법 제53조에 따른 기부금품의 접수에 관한 사무
8. 제87조의2에 따른 증명서 발급에 관한 사무

제50조의2 【청소년심리상담실】

① 소년분류심사원장은 제26조에 따른 업무를 처리하기 위하여 청소년심리상담실을 설치·운영할 수 있다.

② 제1항에 따른 청소년심리상담실의 설치와 운영에 필요한 사항은 법무부령으로 정한다.

■ 시행규칙

제86조 【청소년심리상담실의 운영】

법 제50조의2에 따른 청소년심리상담실에는 법 제24조 제2항에 따른 전문적 지식과 기술을 갖춘 직원을 상시 배치하여야 한다.

제87조 【실비 징수】

① 청소년심리상담실 이용에 따른 실비는 그 수혜자가 부담함을 원칙으로 한다. 다만, 다음 각 호의 어느 하나에 해당하는 사람에게는 실비의 징수를 면제할 수 있다.

1. 퇴원 또는 임시퇴원자
2. 「사회복지사업법」에 따른 사회복지시설에서 생활하는 사람
3. 소년분류심사원장이 공익 그 밖의 사유로 필요하다고 인정하는 사람

② 실비의 산정기준은 소속 공무원의 인건비를 제외한 프로그램 운영비 및 검사용지 매입가를 기준으로 하되, 100원 미만은 버린다.

제51조 【소년보호협회】

① 보호소년 등을 선도하기 위하여 법무부장관 감독하에 소년 선도에 관하여 학식과 경험이 풍부한 인사로 구성되는 소년보호협회를 둘 수 있다.

② 소년보호협회의 설치, 조직, 그 밖의 운영에 필요한 사항은 대통령령으로 정한다.

③ 국가는 소년보호협회에 보조금을 지급할 수 있다.

④ 국가는 보호소년 등의 교정교육과 사회복귀 지원 및 청소년 비행예방을 위하여 필요하다고 인정하는 경우에는 「국유재산법」에도 불구하고 소년보호협회에 소년원, 소년분류심사원 및 「보호관찰 등에 관한 법률」 제14조(보호관찰소의 설치)에 따른 보호관찰소의 시설, 그 밖에 대통령령으로 정하는 국유재산을 무상으로 대부하거나 사용 허가할 수 있다.

⑤ 제4항에 따라 국유재산을 무상으로 대부하거나 사용 허가하는 경우 그 기간은 「국유재산법」 제35조(사용허가기간) 제1항 또는 같은 법 제46조(대부기간) 제1항에서 정하는 바에 따른다.

⑥ 제5항의 대부기간 또는 사용허가기간이 끝난 국유재산에 대해서는 그 대부기간 또는 사용허가기간을 초과하지 아니하는 범위에서 종전의 대부계약 또는 사용허가를 갱신할 수 있다.

⑦ 국가나 지방자치단체는 소년보호협회에 대하여 「조세특례제한법」 및 「지방세특례제한법」에서 정하는 바에 따라 국세 또는 지방세를 감면할 수 있다.

📖 **시행령**

제91조 【지부 등의 설치】

법 제51조에 따라 설치된 소년보호협회(이하 "협회"라 한다)에는 소관 사업의 원활한 추진을 위하여 그 지부 또는 지회를 둘 수 있다.

제92조 【정관】

① 협회의 정관에는 다음 각 호의 사항이 포함되어야 한다.

   1. 목적
   2. 명칭
   3. 주된 사무소 및 지부·지회에 관한 사항
   4. 임직원에 관한 사항
   5. 이사회에 관한 사항
   6. 업무에 관한 사항
   7. 기금, 재산 및 회계에 관한 사항
   8. 공고에 관한 사항
   9. 정관의 변경에 관한 사항
   10. 내부 규정의 제정·개정 및 폐지에 관한 사항

② 협회는 정관을 변경할 때에는 이사회의 의결을 거쳐 법무부장관의 허가를 받아야 한다.

제93조 【임원】

① 협회에는 다음 각 호의 임원을 둔다.

   1. 이사장 1명
   2. 상임이사 1명
   3. 이사 5명 이상 15명 이하(이사장 및 상임이사를 포함한다)
   4. 감사 2명

② 이사장은 법무부장관이 임명하고, 이사장 및 상임이사를 제외한 이사 중 1명은 법무부 소속 공무원 중에서 법무부장관이 지명하며, 이사장과 법무부장관이 지명한 이사(이하 "당연직이사"라 한다)를 제외한 임원은 이사회에서 선임하되, 법무부장관의 승인을 받아 취임한다.

③ 이사장 및 감사의 임기는 2년으로 하고, 당연직이사를 제외한 이사의 임기는 3년으로 한다.

④ 당연직이사를 제외한 임원은 법무부장관의 승인을 받아 연임할 수 있다. 다만, 임원의 재임기간은 이사장의 경우 6년을 초과할 수 없고, 이사의 경우 이사장 임기를 포함하여 10년을 초과할 수 없다.

제94조 【임원의 직무】

① 이사장은 협회를 대표하고 협회의 업무를 총괄한다.

② 이사장은 이사회를 소집하며, 이사회의 의장이 된다.

③ 이사장이 부득이한 사유로 직무를 수행할 수 없을 때에는 상임이사가 이사장의 직무를 대행한다.

④ 이사는 이사회에 출석하여 협회의 중요 사항을 심의·의결하며, 이사회 또는 이사장으로부터 위임받은 업무를 처리한다.

⑤ 감사는 협회의 업무 및 회계를 감사한다.

제95조 【이사회】

① 협회의 업무에 관한 주요 사항을 심의·의결하기 위하여 협회에 이사장과 이사로 구성된 이사회를 둔다.

② 감사는 이사회에 출석하여 의견을 진술할 수 있다.

제96조 【직원의 임면】
협회의 직원은 정관으로 정하는 바에 따라 이사장이 임면한다.

제97조 【협회의 자산】
협회는 다음 각 호의 재산을 그 자산으로 한다.
1. 협회가 소유하는 부동산과 그 밖의 재산
2. 국고보조금
3. 자산으로부터 생기는 과실
4. 그 밖의 수입

제98조 【협회의 사업】
① 협회는 그 설립목적을 달성하기 위하여 다음 각 호의 목적사업을 한다.
   1. 보호소년 등에 대한 교육활동 지원
   2. 자립지원시설 운영 등 소년원 출원생의 사회정착 지원
   3. 청소년 관련 연구, 자료 발간, 학술단체 지원
   4. 청소년 관련 선도·복지 사업
   5. 그 밖에 협회의 목적 달성에 필요한 사업
② 협회는 그 설립목적을 달성하기 위하여 수익사업을 할 수 있다.
③ 협회는 제2항의 수익사업을 하려는 경우에는 사업마다 미리 법무부장관의 승인을 받아야 한다. 이를 변경하려는 경우에도 또한 같다.

제99조 【사업 및 회계관리】
① 협회의 회계연도는 정부의 회계연도에 따른다.
② 협회는 매 회계연도 개시 전까지 해당 회계연도에 수행할 사업계획 및 예산안을 작성하여 이사회의 의결을 거친 후 법무부장관에게 제출하여 승인을 받아야 한다. 이를 변경할 때에도 또한 같다.
③ 협회는 매 회계연도의 사업실적과 결산서를 작성하여 이사회의 의결을 거친 후 다음 회계연도 2월 말일까지 법무부장관에게 제출하여야 한다.
④ 협회는 국고보조금의 집행결과를 분기마다 법무부장관에게 보고하여야 한다.

제100조 【감독】
① 법무부장관은 협회를 지휘·감독한다.
② 법무부장관은 협회에 대하여 감독상 필요한 경우에는 그 업무에 관한 사항을 보고하게 하거나 자료의 제출, 그 밖에 필요한 명령을 할 수 있으며, 소속 공무원에게 협회 운영 실태를 조사하게 할 수 있다.
③ 법무부장관은 협회의 국고보조금 집행에 관하여 감사를 할 수 있다.

제101조 【준용규정】
협회에 관하여는 이 영에서 규정한 것을 제외하고는 「공익법인의 설립·운영에 관한 법률」 및 「민법」 중 재단법인에 관한 규정을 준용한다.

시행규칙

제90조 【소년보호협회의 수익사업 등】
① 법 제51조에 따라 설치된 소년보호협회(이하 "협회"라 한다)는 영 제98조 제2항에 따른 수익사업의 경영으로 목적사업에 지장을 초래하여서는 아니되며, 그 수익은 목적사업을 위하여 사용하여야 한다.
② 협회는 영 제98조 제3항에 따라 수익사업의 승인 또는 변경승인을 신청하는 경우에는 승인신청서에 다음

각 호의 서류를 첨부하여 법무부장관에게 제출하여야 한다.
1. 사업계획서
2. 추정손익계산서 및 그 부속명세서
③ 영 제99조 제3항에 따라 협회가 법무부장관에게 제출하는 사업실적 및 결산서에는 해당 회계연도의 대차대조표 · 손익계산서 · 재산목록 · 잉여금처분계산서 · 감사의견서 및 관련 서류가 포함되어야 한다.

제51조의2 【소년보호위원】
① 보호소년 등의 교육 및 사후지도를 지원하기 위하여 소년보호위원을 둘 수 있다.
② 소년보호위원은 명예직으로 하며, 법무부장관이 위촉한다.
③ 소년보호위원에게는 예산의 범위에서 직무수행에 필요한 비용의 전부 또는 일부를 지급할 수 있다.
④ 소년보호위원의 위촉 · 해촉 및 자치조직 등에 관하여 필요한 사항은 법무부령으로 정한다.

시행규칙

제88조 【소년보호위원의 위촉 및 해촉】
① 법무부장관은 보호소년 등의 선도 · 보호에 관한 학식과 경험이 풍부한 자를 소년보호위원으로 위촉하여 교정교육에 참여시킬 수 있다. 다만, 다음 각 호의 어느 하나에 해당하는 자는 소년보호위원으로 위촉할 수 없다.
1. 「국가공무원법」 제33조 각 호의 결격사유에 해당하는 사람
2. 심신장애로 인하여 직무수행이 불가능하거나 현저히 곤란하다고 인정되는 사람
3. 직무태만 · 품위손상 그 밖의 사유로 해촉된 사실이 있거나 소년보호위원으로서 적당하지 아니하다고 인정되는 사람
② 원장은 소년보호위원으로 위촉된 자가 제1항 각 호의 어느 하나에 해당되는 사유가 발생한 때에는 지체 없이 사유서 등을 첨부하여 법무부장관에게 해촉을 신청하여야 한다.

제89조 【소년보호위원의 자격기준 등】
소년보호위원의 세부적인 자격기준, 활동 등에 관한 사항은 법무부장관이 정한다.

제52조 【소년분류심사원이 설치되지 아니한 지역에서의 소년분류심사원의 임무수행】
소년분류심사원이 설치되지 아니한 지역에서는 소년분류심사원이 설치될 때까지 소년분류심사원의 임무는 소년원이 수행하고, 위탁소년 및 유치소년은 소년원의 구획된 장소에 수용한다.

제53조 【기부금품의 접수】
① 원장은 기관 · 단체 또는 개인이 보호소년 등에 대한 적절한 처우, 학업 지원 및 보호소년 등의 사회 정착 등을 위하여 소년원이나 소년분류심사원에 자발적으로 기탁하는 금품을 접수할 수 있다.

② 기부자에 대한 영수증 발급, 기부금품의 용도 지정, 장부의 열람, 그 밖에 필요한 사항은 대통령령으로 정한다.

시행령

제102조 【기부금품의 접수 등】

① 원장은 법 제53조 제1항에 따라 기부금품을 접수하는 경우 기부자에게 영수증을 발급하여야 한다. 다만, 익명으로 기부하거나 기부자를 알 수 없는 경우에는 영수증을 발급하지 아니할 수 있다.

② 원장은 제1항에 따른 기부자가 다음 각 호의 어느 하나의 경우에 해당하는 사실을 알게 된 경우에는 기부금품을 접수해서는 아니 된다.

　1. 기부자가 보호소년등인 경우

　2. 기부자가 보호소년등과 친족이거나 친족이었던 경우

　3. 그 밖에 기부자가 보호소년등과 직접적인 이해관계가 있다고 인정되는 기관·단체 또는 사람인 경우

③ 원장은 제1항에 따른 기부자가 기부금품의 용도를 지정한 경우에는 그 용도로만 사용하여야 한다. 다만, 기부자가 지정한 용도로 사용하기 어려운 경우에는 특별한 사정이 없는 한 기부자의 동의를 받아 다른 용도로 사용할 수 있다.

④ 원장은 모든 기부금의 수입 및 지출을 기부금 전용계좌를 통하여 처리하여야 한다.

⑤ 원장은 기부금품의 접수현황 및 사용실적 등에 관한 장부를 갖추어 두고 기부자가 열람할 수 있도록 하여야 한다.

⑥ 원장은 매 반기별로 기부금품의 접수현황 및 사용실적 등에 관한 사항을 법무부장관에게 보고하여야 한다.

제54조 【범죄경력자료 등의 조회 요청】

① 법무부장관은 제43조(퇴원) 제1항 및 제2항에 따라 소년원에서 퇴원한 보호소년의 재범 여부를 조사하고 소년원 교정교육의 효과를 평가하기 위하여 보호소년이 같은 조 제1항 및 제2항에 따라 퇴원한 때부터 3년 동안 관계 기관에 그 소년에 관한 범죄경력자료와 수사경력자료에 대한 조회를 요청할 수 있다.

② 제1항의 요청을 받은 관계 기관의 장은 정당한 사유 없이 이를 거부해서는 아니 된다.

시행령

제103조 【범죄경력자료 등 조회 요청의 제한 등】

① 법무부장관이 법 제54조에 따라 범죄경력자료와 수사경력자료의 조회를 요청하는 경우 「형의 실효 등에 관한 법률」 제6조 제1항에 따라 소년원에서 퇴원한 보호소년의 재범 여부를 조사하고 소년원 교정교육의 효과를 평가하기 위해 필요한 최소한의 범위에서 요청해야 한다.

② 범죄경력자료 또는 수사경력자료를 관리하는 사람이나 직무상 범죄경력자료 또는 수사경력자료를 조회하거나 열람한 사람은 그 내용을 누설해서는 안 된다.

③ 제1항 및 제2항에서 규정한 사항 외에 범죄경력자료와 수사경력자료의 조회 요청 방법, 자료 관리 등에 필요한 세부사항은 법무부장관이 정한다.

09 벌금 미납자의 사회봉사 집행에 관한 특례법

• 법 2009.9.26. 시행 | 시행령 2020.1.7. 시행

제1조 【목적】
이 법은 「형법」 제69조 제2항의 벌금 미납자에 대한 노역장 유치를 사회봉사로 대신하여 집행할 수 있는 특례와 절차를 규정함으로써 경제적인 이유로 벌금을 낼 수 없는 사람의 노역장 유치로 인한 구금을 최소화하여 그 편익을 도모함을 목적으로 한다.

제2조 【정의】
이 법에서 사용하는 용어의 뜻은 다음과 같다.

벌금 미납자	법원으로부터 벌금을 선고받아 확정되었는데도 그 벌금을 내지 아니한 사람
사회봉사	보호관찰관이 지정한 일시와 장소에서 공공의 이익을 위하여 실시하는 무보수 근로
사회봉사 대상자	벌금 미납자의 신청에 따른 검사의 청구로 법원이 사회봉사를 허가한 사람

제3조 【국가의 책무】
국가는 경제적인 이유로 인한 노역장 유치를 최소화하기 위하여 벌금 미납자에 대한 사회봉사 집행 등에 관한 시책을 적극적으로 수립·시행하여야 한다.

제4조 【사회봉사의 신청】 ★
① 대통령령으로 정한 금액 범위 내의 벌금형이 확정된 벌금 미납자는 검사의 납부명령일부터 30일 이내에 주거지를 관할하는 지방검찰청(지방검찰청지청을 포함한다. 이하 같다)의 검사에게 사회봉사를 신청할 수 있다. 다만, 검사로부터 벌금의 일부납부 또는 납부연기를 허가받은 자는 그 허가기한 내에 사회봉사를 신청할 수 있다.
② 제1항에도 불구하고 다음 각 호의 어느 하나에 해당하는 사람은 사회봉사를 신청할 수 없다.
  1. 징역 또는 금고와 동시에 벌금을 선고받은 사람
  2. 「형법」 제69조 제1항 단서에 따라 법원으로부터 벌금 선고와 동시에 벌금을 완납할 때까지 노역장에 유치할 것을 명받은 사람
  3. 다른 사건으로 형 또는 구속영장이 집행되거나 노역장에 유치되어 구금 중인 사람

    4. 사회봉사를 신청하는 해당 벌금에 대하여 법원으로부터 사회봉사를 허가받지 못하거나 취소당한 사람. 다만, 사회봉사 불허가 사유가 소멸한 경우에는 그러하지 아니하다.

③ 제1항의 사회봉사를 신청할 때에 필요한 서류 및 제출방법에 관한 사항은 대통령령으로 정하되, 신청서식 및 서식에 적을 내용 등은 법무부령으로 정한다.

📖 **시행령**

제2조 【사회봉사의 신청과 벌금액】

「벌금 미납자의 사회봉사 집행에 관한 특례법」(이하 "법"이라 한다) 제4조 제1항 본문에 따른 벌금형의 금액은 500만원으로 한다.

제3조 【사회봉사 신청에 필요한 서류 및 제출방법】

법 제4조 제1항에 따라 사회봉사를 신청하는 사람은 다음 각 호의 서류를 첨부하여 주거지를 관할하는 지방검찰청(지방검찰청 지청을 포함한다. 이하 같다)의 검사에게 신청서를 제출하여야 한다.

1. 판결문 또는 약식명령서 사본
2. 소득금액 증명서 또는 소득이 없어 소득 신고를 하지 않은 경우에는 그 사실을 확인할 수 있는 자료
3. 재산세 납부증명서
4. 「국민기초생활 보장법」에 따른 수급권자인 경우 그 사실을 확인할 수 있는 자료
5. 그 밖에 일정한 수입원이나 재산이 없음을 확인할 수 있는 자료

> **관련판례**
>
> 벌금 미납자의 사회봉사 집행에 관한 특례법 제4조 제1항에서 정한 납부명령일부터 30일 이내가 벌금 미납자의 사회봉사 신청기간의 종기(終期)만을 규정한 것인지 여부(적극) 및 이때 '납부명령일'의 의미(=납부명령이 벌금 미납자에게 고지된 날)
>
> 벌금 미납자의 사회봉사 집행에 관한 특례법(이하 '특례법'이라 한다)은 벌금 미납자에 대한 노역장 유치를 사회봉사로 대신하여 집행할 수 있는 제도를 새로 도입하면서, 벌금형이 확정된 벌금 미납자는 검사의 '납부명령일부터 30일 이내에' 사회봉사를 신청할 수 있다고 규정하고 있다(제4조 제1항). 여러 사정, 특히 특례법의 입법 취지 등을 종합해 보면, 벌금 미납자가 사회봉사의 대체집행 신청을 할 수 있는 처음 시점, 즉 시기(始期)를 특별히 제한하여 해석할 이유는 없으므로, 신청은 벌금형이 확정된 때부터 가능하다고 볼 것이다. 따라서 위 규정은 신청을 할 수 있는 종기(終期)만을 규정한 것으로 새기는 것이 타당하고, 그 종기(終期)는 검사의 납부'명령일'이 아니라 납부명령이 벌금 미납자에게 '고지된 날'로부터 30일이 되는 날이라고 해석하는 것이 옳다(대법원 2013.1.16, 2011모16).

제5조 【사회봉사의 청구】 ★

① 제4조 제1항의 신청을 받은 검사는 사회봉사 신청인(이하 "신청인"이라 한다)이 제6조 제2항 각 호의 요건에 해당하지 아니하는 때에는 법원에 사회봉사의 허가를 청구하여야 한다.

② 검사는 사회봉사의 청구 여부를 결정하기 위하여 필요한 경우 신청인에게 출석 또는 자료의 제출을 요구하거나, 신청인의 동의를 받아 공공기관, 민간단체 등에 벌금 납입 능력 확인에 필요한 자료의 제출을 요구할 수 있다.

③ 신청인이 정당한 이유 없이 검사의 출석 요구나 자료제출 요구를 거부한 경우 검사는 신청을 기각할 수 있다.

④ 검사는 신청일부터 7일 이내에 사회봉사의 청구 여부를 결정하여야 한다. 다만, 제2항에 따른 출석 요구, 자료제출 요구에 걸리는 기간은 위 기간에 포함하지 아니한다.

⑤ 검사는 사회봉사의 신청을 기각한 때에는 이를 지체 없이 신청인에게 서면으로 알려야 한다.

⑥ 사회봉사의 신청을 기각하는 검사의 처분에 대한 이의신청에 관하여는 「형사소송법」 제489조를 준용한다.

시행령

제4조【사회봉사의 청구】

법 제5조 제1항에 따라 검사가 사회봉사의 허가를 청구할 때에는 사회봉사 청구서와 함께 사회봉사 신청인이 제출한 자료 및 관련 소명자료를 관할 법원에 제출하여야 한다.

제5조【신청인의 자료제출 동의】

검사는 법 제5조 제2항에 따라 공공기관, 민간단체 등에 벌금 납입 능력 확인에 필요한 자료의 제출을 요구할 때에는 다음 각 호의 사항이 적힌 신청인의 동의서를 첨부하여야 한다.

1. 자료를 제출받을 기관
2. 자료를 제출할 기관 또는 단체
3. 제출할 자료의 범위
4. 동의서의 유효기간
5. 동의서의 작성 연월일
6. 신청인의 성명, 서명날인 또는 지장

제6조【사회봉사 허가】★

① 법원은 검사로부터 사회봉사 허가 청구를 받은 날부터 14일 이내에 벌금 미납자의 경제적 능력, 사회봉사 이행에 필요한 신체적 능력, 주거의 안정성 등을 고려하여 사회봉사 허가 여부를 결정한다. 다만, 제3항에 따른 출석 요구, 자료제출 요구에 걸리는 기간은 위 기간에 포함하지 아니한다.

② 다음 각 호의 어느 하나에 해당하는 경우에는 사회봉사를 허가하지 아니한다.

1. 제4조 제1항에 따른 벌금의 범위를 초과하거나 신청 기간이 지난 사람이 신청을 한 경우
2. 제4조 제2항에 따라 사회봉사를 신청할 수 없는 사람이 신청을 한 경우
3. 정당한 사유 없이 제3항에 따른 법원의 출석 요구나 자료제출 요구를 거부한 경우
4. 신청인이 일정한 수입원이나 재산이 있어 벌금을 낼 수 있다고 판단되는 경우
5. 질병이나 그 밖의 사유로 사회봉사를 이행하기에 부적당하다고 판단되는 경우

③ 법원은 사회봉사 허가 여부를 결정하기 위하여 필요한 경우 신청인에게 출석 또는 자료의 제출을 요구하거나 신청인의 동의를 받아 공공기관, 민간단체 등에 벌금 납입 능력 확인에 필요한 자료의 제출을 요구할 수 있다.

④ 법원은 사회봉사를 허가하는 경우 벌금 미납액에 의하여 계산된 노역장 유치 기간에 상응하는 사회봉사시간을 산정하여야 한다. 다만, 산정된 사회봉사시간 중 1시간 미만은 집행하지 아니한다.

⑤ 사회봉사를 허가받지 못한 벌금 미납자는 그 결정을 고지받은 날부터 15일 이내에 벌금을 내야 하며, 위의 기간 내에 벌금을 내지 아니할 경우 노역장에 유치한다. 다만, 사회봉사 불허가에 관한 통지를 받은 날부터 15일이 지나도록 벌금을 내지 아니한 사람 중 「형법」 제69조 제1항에 따른 벌금 납입기간(판결확정일로부터 30일 이내)이 지나지 아니한 사람의 경우에는 그 납입기간이 지난 후 노역장에 유치한다.

제7조 【사회봉사 허가 여부에 대한 통지】
① 법원은 제6조 제1항의 결정을 검사와 신청인에게 서면으로 알려야 한다.
② 법원은 사회봉사를 허가하는 경우 그 확정일부터 3일 이내에 사회봉사 대상자의 주거지를 관할하는 보호관찰소(보호관찰지소를 포함한다. 이하 같다)의 장에게 사회봉사 허가서, 판결문 등본, 약식명령 등본 등 사회봉사 집행에 필요한 서류를 송부하여야 한다.

제8조 【사회봉사의 신고】
① 사회봉사 대상자는 법원으로부터 사회봉사 허가의 고지를 받은 날부터 10일 이내에 사회봉사 대상자의 주거지를 관할하는 보호관찰소의 장에게 주거, 직업, 그 밖에 대통령령으로 정하는 사항을 신고하여야 한다.
② 사회봉사 대상자로부터 제1항의 신고를 받은 보호관찰소의 장은 사회봉사 대상자에게 사회봉사의 내용, 준수사항, 사회봉사 종료 및 취소 사유 등에 대하여 고지하여야 한다.

시행령

제6조 【사회봉사의 신고】
사회봉사 대상자는 법 제8조 제1항에서 정한 사항 외에 다음 각 호의 사항을 주거지를 관할하는 보호관찰소에 출석하여 서면으로 신고하여야 한다.
1. 성명 및 주민등록번호
2. 가족 관계 또는 교우 관계
3. 최종 학력
4. 특기, 특정 분야 근무경력 및 자격증

5. 사회봉사 허가 결정 내용
6. 운전면허증에 관한 사항

제9조【사회봉사의 집행담당자】★

① 사회봉사는 보호관찰관이 집행한다. 다만, 보호관찰관은 그 집행의 전부 또는 일부를 국공립
기관이나 그 밖의 단체 또는 시설의 협력을 받아 집행할 수 있다.

② 검사는 보호관찰관에게 사회봉사 집행실태에 대한 관련 자료의 제출을 요구할 수 있고, 집행
방법 및 내용이 부적당하다고 인정하는 경우에는 이에 대한 변경을 요구할 수 있다.

③ 보호관찰관은 검사로부터 제2항의 변경 요구를 받으면 그에 따라 사회봉사의 집행방법 및
내용을 변경하여 집행하여야 한다.

제10조【사회봉사의 집행】

① 보호관찰관은 사회봉사 대상자의 성격, 사회경력, 범죄의 원인 및 개인적 특성 등을 고려하여
사회봉사의 집행분야를 정하여야 한다.

② 사회봉사는 1일 9시간을 넘겨 집행할 수 없다. 다만, 사회봉사의 내용상 연속집행의 필요성이
있어 보호관찰관이 승낙하고 사회봉사 대상자가 분명히 동의한 경우에만 연장하여 집행할
수 있다.

③ 사회봉사의 집행시간은 사회봉사 기간 동안의 집행시간을 합산하여 시간 단위로 인정한다.
다만, 집행시간을 합산한 결과 1시간 미만이면 1시간으로 인정한다.

④ 집행 개시 시기와 그 밖의 사회봉사 집행기준에 관한 사항은 대통령령으로 정하되, 구체적인
절차 및 서식에 적을 내용 등은 법무부령으로 정한다.

시행령

제7조【집행 개시 시기】

법 제8조에 따라 사회봉사 대상자의 신고를 받은 보호관찰소의 장은 보호관찰관에게 사회봉사 집행 장소 등
집행 여건을 갖추어 지체 없이 사회봉사를 집행하게 하여야 한다. 다만, 사회봉사 대상자의 생업, 학업, 질병
등을 고려하여 집행 개시 시기를 조정할 수 있다.

제8조【집행시간】

① 사회봉사는 평일 주간에 집행하는 것을 원칙으로 한다. 다만, 사회봉사 대상자의 동의 또는 신청을 받아
사회봉사 대상자의 생업, 학업, 질병 등을 고려하여 야간 또는 공휴일에 집행할 수 있다.

② 법 제10조 제2항 단서에 따라 1일 9시간을 넘겨 사회봉사를 집행하는 경우에도 1일 총 13시간을 초과할
수 없다.

제9조【집행 대상 인원】

보호관찰관은 사회봉사 집행의 분야 및 장소 등을 고려하여 적절한 사회봉사 집행 대상 인원을 결정하여야
한다.

제11조【사회봉사의 집행기간】 ★

사회봉사의 집행은 사회봉사가 허가된 날부터 6개월 이내에 마쳐야 한다. 다만, 보호관찰관은 특별한 사정이 있으면 검사의 허가를 받아 6개월의 범위에서 한 번 그 기간을 연장하여 집행할 수 있다.

시행령

제10조【집행기간의 연장】

① 보호관찰관은 법 제11조 단서에 따라 사회봉사의 집행기간을 연장하려는 경우에는 그 집행기간이 끝나기 10일 전까지 관할 지방검찰청의 검사에게 서면으로 사회봉사 집행기간의 연장허가를 신청하여야 한다.
② 검사는 제1항의 신청을 받은 날부터 7일 이내에 사회봉사 집행기간의 연장 여부를 결정하여야 한다.

제12조【사회봉사 대상자의 벌금 납입】

① 사회봉사 대상자는 사회봉사의 이행을 마치기 전에 벌금의 전부 또는 일부를 낼 수 있다.
② 사회봉사 집행 중에 벌금을 내려는 사회봉사 대상자는 보호관찰소의 장으로부터 사회봉사집행확인서를 발급받아 주거지를 관할하는 지방검찰청의 검사에게 제출하여야 한다.
③ 제2항의 사회봉사집행확인서를 제출받은 검사는 미납한 벌금에서 이미 집행한 사회봉사시간에 상응하는 금액을 공제하는 방법으로 남은 벌금을 산정하여 사회봉사 대상자에게 고지한다.
④ 검사는 사회봉사 대상자가 벌금을 전부 또는 일부 낸 경우 그 사실을 지체 없이 사회봉사를 집행 중인 보호관찰소의 장에게 통보하여야 한다.
⑤ 사회봉사 대상자가 미납벌금의 일부를 낸 경우 검사는 법원이 결정한 사회봉사시간에서 이미 납입한 벌금에 상응하는 사회봉사시간을 공제하는 방법으로 남은 사회봉사시간을 다시 산정하여 사회봉사 대상자와 사회봉사를 집행 중인 보호관찰소의 장에게 통보하여야 한다.

시행령

제11조【미납 벌금액과 남은 사회봉사시간의 산정】

① 검사가 법 제12조 제3항에 따라 사회봉사시간에 상응하는 벌금액을 산정하는 경우 및 같은 조 제5항에 따라 납부한 벌금액에 상응하는 사회봉사시간을 산정하는 경우에는 법원이 해당 사회봉사를 허가할 때에 적용한 벌금액과 사회봉사시간의 비율에 따른다.
② 법 제12조 제3항에 따라 산정된 남은 벌금액 중 1천원 미만 및 같은 조 제5항에 따라 산정된 남은 사회봉사시간 중 1시간 미만은 집행하지 아니한다.

제12조【벌금 납입에 따른 검사의 통보】

① 검사는 사회봉사 대상자가 벌금의 전부를 낸 경우 그 사실을 지체 없이 서면으로 사회봉사를 집행 중인 보호관찰소의 장에게 통보하여야 한다.
② 사회봉사 대상자가 미납벌금의 일부를 낸 경우 법 제12조 제5항에 따른 검사의 통보는 사회봉사 허가 사건번

호, 허가받은 사회봉사시간, 이행한 사회봉사시간, 납부한 벌금액, 납부한 벌금액에 상응하는 사회봉사시간 및 남은 사회봉사시간 등을 적은 서면으로 하여야 한다.

제13조 【사회봉사 이행의 효과】

이 법에 따른 사회봉사를 전부 또는 일부 이행한 경우에는 집행한 사회봉사시간에 상응하는 벌금액을 낸 것으로 본다.

제14조 【사회봉사 허가의 취소】

① 사회봉사 대상자가 다음 각 호의 어느 하나에 해당하는 경우 보호관찰소 관할 지방검찰청의 검사는 보호관찰소의 장의 신청에 의하여 사회봉사 허가의 취소를 법원에 청구한다.

　1. 정당한 사유 없이 제8조 제1항의 신고를 하지 아니하는 경우

　2. 제11조(사회봉사의 집행기간)의 기간 내에 사회봉사를 마치지 아니한 경우

　3. 정당한 사유 없이 「보호관찰 등에 관한 법률」 제62조 제2항의 준수사항을 위반하거나 구금 등의 사유로 사회봉사를 계속 집행하기에 적당하지 아니하다고 판단되는 경우

② 제1항의 취소신청이 있는 경우 보호관찰관은 사회봉사의 집행을 중지하여야 한다. 다만, 제1항의 취소신청에 따라 사회봉사의 집행이 중지된 기간은 제11조의 기간에 포함하지 아니한다.

③ 제1항의 청구를 받은 법원은 사회봉사 대상자의 의견을 듣거나 필요한 자료의 제출을 요구할 수 있다.

④ 법원은 제1항의 청구가 있는 날부터 14일 이내에 사회봉사 취소 여부를 결정한다. 다만, 사회봉사 대상자의 의견을 듣거나 필요한 자료의 제출 요구 등에 걸리는 기간은 위 기간에 포함하지 아니한다.

⑤ 법원은 제4항의 결정을 검사와 사회봉사 대상자에게 서면으로 알려야 한다.

⑥ 제5항의 고지를 받은 검사는 보호관찰소의 장에게 지체 없이 서면으로 알려야 한다.

⑦ 사회봉사 허가가 취소된 사회봉사 대상자는 취소통지를 받은 날부터 7일 이내에 남은 사회봉사시간에 해당하는 미납벌금을 내야 하며, 그 기간 내에 미납벌금을 내지 아니하면 노역장에 유치한다.

⑧ 사회봉사의 취소를 구하는 보호관찰소의 장의 신청 또는 검사의 취소청구가 받아들여지지 아니하는 경우 보호관찰관은 지체 없이 사회봉사를 집행하여야 한다.

제15조 【사회봉사의 종료】 ★

① 사회봉사는 다음 각 호의 어느 하나에 해당하는 경우에 종료한다.

　1. 사회봉사의 집행을 마친 경우

　2. 사회봉사 대상자가 벌금을 완납한 경우

3. 제14조에 따라 사회봉사 허가가 취소된 경우
4. 사회봉사 대상자가 사망한 경우
② 보호관찰소의 장은 사회봉사 대상자가 제1호 또는 제4호에 해당되면 사회봉사 대상자의 주거지를 관할하는 지방검찰청의 검사에게 지체 없이 통보하여야 한다.

제16조 【즉시항고】
신청인과 검사는 제6조 제1항의 사회봉사 허가 여부 결정 및 제14조 제4항의 사회봉사 허가의 취소 여부 결정에 대하여는 즉시항고 할 수 있다.

제17조 【사회봉사 대상자에 대한 준용】
① 사회봉사 대상자에 대하여는 「보호관찰 등에 관한 법률」 제34조부터 제38조까지(원호, 응급구조, 갱생보호사업자 등의 원조와 협력, 보호관찰 대상자 등의 조사, 경고), 제54조(직무상 비밀과 증언 거부), 제55조(보호관찰사건의 이송), 제59조(사회봉사명령·수강명령의 범위) 및 제62조 제2항(사회봉사·수강명령 대상자의 준수사항)을 준용한다.
② 이 법에 따른 결정에 대하여는 이 법에 특별한 규정이 있는 경우를 제외하고는 「형사소송법」을 준용한다.

참고 **사회봉사와 사회봉사명령 비교**

구분	근거법률	집행근거	집행분야 지정	국·공립기관 등의 협력과 위탁 집행	집행지휘
사회봉사	「벌금 미납자의 사회봉사 집행에 관한 특례법」	본인의 신청	보호관찰관	협력집행	검사
사회봉사명령	「형법」 및 「보호관찰 등에 관한 법률」	법원의 명령	법원	위탁집행	법원

10 범죄피해자 보호법

• 법 2017.3.14. 시행 | **시행령** 2024.6.11. 시행

제1장 | 총칙

제1조 【목적】

이 법은 범죄피해자 보호·지원의 기본 정책 등을 정하고 타인의 범죄행위로 인하여 생명·신체에 피해를 받은 사람을 구조함으로써 범죄피해자의 복지 증진에 기여함을 목적으로 한다.

제2조 【기본이념】

① 범죄피해자는 범죄피해 상황에서 빨리 벗어나 인간의 존엄성을 보장받을 권리가 있다.
② 범죄피해자의 명예와 사생활의 평온은 보호되어야 한다.
③ 범죄피해자는 해당 사건과 관련하여 각종 법적 절차에 참여할 권리가 있다.

제3조 【정의】 ★★

① 이 법에서 사용하는 용어의 뜻은 다음과 같다.

범죄피해자	타인의 범죄행위로 피해를 당한 사람과 그 배우자(사실상의 혼인관계를 포함한다), 직계친족 및 형제자매
범죄피해자 보호·지원	범죄피해자의 손실 복구, 정당한 권리 행사 및 복지 증진에 기여하는 행위. 다만, 수사·변호 또는 재판에 부당한 영향을 미치는 행위는 포함되지 아니한다.
범죄피해자 지원법인	범죄피해자 보호·지원을 주된 목적으로 설립된 비영리법인
구조대상 범죄피해	대한민국의 영역 안에서 또는 대한민국의 영역 밖에 있는 대한민국의 선박이나 항공기 안에서 행하여진 사람의 생명 또는 신체를 해치는 죄에 해당하는 행위(「형법」 제9조, 제10조 제1항, 제12조, 제22조 제1항에 따라 처벌되지 아니하는 행위를 포함하며, 같은 법 제20조 또는 제21조 제1항에 따라 처벌되지 아니하는 행위 및 과실에 의한 행위는 제외한다)로 인하여 사망하거나 장해 또는 중상해를 입은 것 • 포함 : 형사미성년자, 심신상실자, 강요된 행위, 긴급피난 • 제외 : 정당행위, 정당방위, 과실에 의한 행위

장해	범죄행위로 입은 부상이나 질병이 치료(그 증상이 고정된 때를 포함한다)된 후에 남은 신체의 장해로서 대통령령으로 정하는 경우
중상해	범죄행위로 인하여 신체나 그 생리적 기능에 손상을 입은 것으로서 대통령령으로 정하는 경우

② 제1항 제1호에 해당하는 사람 외에 범죄피해 방지 및 범죄피해자 구조 활동으로 피해를 당한 사람도 범죄피해자로 본다.

시행령

제2조 【장해의 기준】
① 「범죄피해자 보호법」(이하 "법"이라 한다) 제3조 제1항 제5호에서 "대통령령으로 정하는 경우"란 별표 1에 해당하는 신체상의 장해를 말한다.
② 범죄피해로 인한 신체상의 장해 부위가 2개인 경우에는 별표 1에 따른 부위별 등급을 정한 후 별표 2에 따라 종합평가등급을 정한다.
③ 신체상의 장해 부위가 3개 이상인 경우에는 먼저 최상급 부위 2개에 대하여 별표 2에 따른 종합평가등급을 정한 후 그 등급과 나머지 부위 중 최상급 부위 1개를 별표 2에 따라 다시 종합평가하여 등급을 정한다.

제3조 【중상해의 기준】
법 제3조 제1항 제6호에서 "대통령령으로 정하는 경우"란 다음 각 호의 어느 하나에 해당하고, 해당 부상이나 질병을 치료하는 데에 필요한 기간이 2개월 이상인 경우를 말한다.
1. 사람의 생명 및 기능과 관련이 있는 주요 장기에 손상이 발생한 경우
2. 신체의 일부가 절단 또는 파열되거나 중대하게 변형된 경우
3. 제1호 및 제2호에서 규정한 사항 외에 신체나 그 생리적 기능이 손상되어 1주 이상 입원치료가 필요한 경우로서 제1호 또는 제2호에 준하는 경우
4. 범죄피해로 인한 중증의 정신질환으로서 3일 이상 입원치료가 필요한 경우

제3조의2 【민감정보 및 고유식별정보의 처리】
법무부장관, 각급 검찰청의 검사장·지청장, 검사, 경찰관서의 장, 법 제24조에 따른 범죄피해구조본부심의회(이하 "본부심의회"라 한다), 법 제24조에 따른 범죄피해구조심의회(이하 "지구심의회"라 한다) 또는 범죄피해자 지원법인[제2호의 사무에 관하여는 법 제7조 제2항에 따른 보호시설(이하 "보호시설"이라 한다)의 운영을 위탁받은 법인·기관·단체를 포함한다]은 다음 각 호의 사무를 수행하기 위하여 불가피한 경우 「개인정보 보호법」 제23조에 따른 건강에 관한 정보, 같은 법 시행령 제18조 제1호 또는 제2호에 따른 유전정보 또는 범죄경력자료에 해당하는 정보, 같은 영 제19조에 따른 주민등록번호, 여권번호, 운전면허의 면허번호 또는 외국인등록번호가 포함된 자료를 처리할 수 있다.
1. 법 제7조 제1항에 따른 상담, 의료제공, 구조금 지급, 법률구조, 취업 관련 지원 및 주거지원에 관한 사무
2. 법 제7조 제3항에 따른 상담 및 치료 프로그램의 운영과 같은 조 제4항에 따른 보호시설 입소 및 퇴소에 관한 사무
3. 법 제8조에 따른 형사절차상 권리행사 보장 및 형사절차 관련 정보 제공에 관한 사무
4. 법 제9조 제2항에 따른 범죄피해자 보호를 위한 조치에 관한 사무
5. 법 제33조에 따라 등록된 범죄피해자 지원법인의 범죄피해자 보호·지원에 관한 사무

6. 그 밖에 범죄피해와 관련한 민사상 손해배상청구 시 필요한 정보의 제공 등 범죄피해자의 피해회복 지원에 관한 사무

제4조【국가의 책무】

국가는 범죄피해자 보호·지원을 위하여 다음 각 호의 조치를 취하고 이에 필요한 재원을 조달할 책무를 진다.

1. 범죄피해자 보호·지원 체제의 구축 및 운영
2. 범죄피해자 보호·지원을 위한 실태조사, 연구, 교육, 홍보
3. 범죄피해자 보호·지원을 위한 관계 법령의 정비 및 각종 정책의 수립·시행

제5조【지방자치단체의 책무】

① 지방자치단체는 범죄피해자 보호·지원을 위하여 적극적으로 노력하고, 국가의 범죄피해자 보호·지원 시책이 원활하게 시행되도록 협력하여야 한다.
② 지방자치단체는 제1항에 따른 책무를 다하기 위하여 필요한 재원을 조달하여야 한다.

제6조【국민의 책무】

국민은 범죄피해자의 명예와 사생활의 평온을 해치지 아니하도록 유의하여야 하고, 국가 및 지방자치단체가 실시하는 범죄피해자를 위한 정책의 수립과 추진에 최대한 협력하여야 한다.

제2장 │ 범죄피해자 보호 · 지원의 기본정책

제7조【손실 복구 지원 등】

① 국가 및 지방자치단체는 범죄피해자의 피해정도 및 보호·지원의 필요성 등에 따라 상담, 의료제공(치료비 지원을 포함한다), 구조금 지급, 법률구조, 취업 관련 지원, 주거지원, 그 밖에 범죄피해자의 보호에 필요한 대책을 마련하여야 한다.
② 국가는 범죄피해자와 그 가족에게 신체적·정신적 안정을 제공하고 사회복귀를 돕기 위하여 일시적 보호시설(이하 "보호시설"이라 한다)을 설치·운영하여야 한다. 이 경우 국가는 보호시설의 운영을 범죄피해자 지원법인, 「의료법」에 따른 종합병원, 「고등교육법」에 따른 학교를 설립·운영하는 학교법인, 그 밖에 대통령령으로 정하는 기관 또는 단체에 위탁할 수 있다.
③ 국가는 범죄피해자와 그 가족의 정신적 회복을 위한 상담 및 치료 프로그램을 운영하여야 한다.

④ 보호시설의 설치·운영 기준, 입소·퇴소의 기준 및 절차, 위탁운영의 절차, 감독의 기준 및 절차와 제3항에 따른 상담 및 치료 프로그램의 운영 등에 관한 사항은 대통령령으로 정한다.

시행령

제4조 【주거지원 신청】
① 범죄피해자가 법 제7조 제1항에 따라 국민임대주택 우선 입주 등의 주거지원을 받으려는 경우에는 그 주소지를 관할하는 지구심의회에 신청하여야 한다.

② 범죄피해자에 대한 주거지원의 종류, 신청에 필요한 서류, 선정 방법·절차 및 그 밖에 필요한 사항은 법무부장관이 정하여 관보에 고시한다.

제5조 【보호시설의 설치·운영 기준】
법 제7조 제4항에 따른 보호시설의 설치·운영 기준은 별표 3과 같다.

제6조 【입소·퇴소의 기준 및 절차】
① 범죄피해자 중 집중적인 심리치료나 임시 거처가 필요하다고 판단되어 검사, 경찰관서의 장, 범죄피해자 지원법인 또는 보호시설의 장이 추천한 사람은 보호시설에 입소할 수 있다.

② 제1항에 따라 보호시설에 입소한 사람은 본인의 의사에 따라 퇴소할 수 있으며, 보호시설의 장은 입소한 사람이 다음 각 호에 해당하는 경우에는 퇴소를 명할 수 있다.

　1. 보호의 목적이 달성된 경우

　2. 입소자가 거짓이나 그 밖의 부정한 방법으로 입소한 경우

　3. 보호시설 안에서 중대한 질서 문란행위를 한 경우

　4. 그 밖에 법무부장관이 정한 보호시설 운영규칙을 현저히 위반한 경우

제7조 【보호시설의 위탁운영 절차】
① 법무부장관이 법 제7조 제2항에 따라 보호시설의 운영을 위탁하려는 경우에는 제5조에 따른 설치·운영 기준에 적합한 법인·기관 또는 단체를 선정하여 위탁하여야 한다.

② 보호시설의 운영을 위탁받으려는 법인·기관 또는 단체는 법무부령으로 정하는 바에 따라 법무부장관에게 신청하여야 한다.

③ 법무부장관은 보호시설의 운영을 위탁할 법인·기관 또는 단체를 선정한 경우에는 그 법인·기관 또는 단체의 명칭, 위탁기간 및 그 밖에 필요한 사항을 정하여 관보에 고시하여야 한다.

제8조 【보호시설의 운영위탁에 대한 감독】
① 법무부장관은 제7조 제2항에 따라 보호시설의 운영을 위탁받은 법인·기관 또는 단체(이하 "수탁법인 등"이라 한다)에 대하여 그 업무에 관한 사항을 보고하게 하거나 자료의 제출 등을 명할 수 있으며, 소속 공무원으로 하여금 수탁법인등에 출입하여 장부·서류 등을 조사하게 할 수 있다.

② 법무부장관은 수탁법인 등이 다음 각 호의 어느 하나에 해당할 때에는 그 시정을 명령할 수 있다.

　1. 보호시설이 제5조에 따른 설치·운영기준에 미달하는 경우

　2. 그 밖에 수탁법인등의 사무처리가 위법하거나 부당하다고 인정되는 경우

③ 수탁법인 등은 위탁이 종료되거나 중지된 경우에는 보관 중인 보호시설의 운영과 관련된 모든 자료를 1개월 내에 법무부장관에게 제출하거나 법무부장관이 선정한 법인·기관 또는 단체에 인계하여야 한다.

제9조 【상담 및 치료 프로그램의 운영】
보호시설의 장은 법 제7조 제3항에 따라 입소자의 심신의 안정을 위하여 입소자의 특성 등을 고려한 상담

및 치료 계획을 수립·실시하고 그 내용을 기록·유지하여야 한다.

제8조 【형사절차 참여 보장 등】
① 국가는 범죄피해자가 해당 사건과 관련하여 수사담당자와 상담하거나 재판절차에 참여하여 진술하는 등 형사절차상의 권리를 행사할 수 있도록 보장하여야 한다.
② 국가는 범죄피해자가 요청하면 가해자에 대한 수사 결과, 공판기일, 재판 결과, 형 집행 및 보호관찰 집행 상황 등 형사절차 관련 정보를 대통령령으로 정하는 바에 따라 제공할 수 있다.

시행령

제10조 【범죄피해자에 대한 형사절차 관련 정보의 제공】
① 법 제8조에 따라 범죄피해자에게 제공할 수 있는 형사절차 관련 정보(이하 "형사절차 관련 정보"라 한다)의 세부사항은 다음 각 호와 같다.
  1. 수사 관련 사항 : 수사기관의 공소 제기, 불기소, 기소중지, 참고인중지, 불송치, 수사중지, 이송 등 결과
  2. 공판진행 사항 : 공판기일, 공소 제기된 법원, 판결 주문(主文), 선고일, 재판의 확정 및 상소 여부 등
  3. 형 집행 상황 : 가석방·석방·이송·사망 및 도주 등
  4. 보호관찰 집행 상황 : 관할 보호관찰소, 보호관찰·사회봉사·수강명령의 개시일 및 종료일, 보호관찰의 정지일 및 정지 해제일 등
② 형사절차 관련 정보는 범죄피해자에게 제공하는 것을 원칙으로 한다. 다만, 범죄피해자의 명시적인 동의가 있는 경우에는 범죄피해자 지원법인에도 해당 정보를 제공할 수 있다.
③ 범죄피해자가 형사절차 관련 정보를 요청한 경우 해당 국가기관은 이를 제공하여야 한다. 다만, 형사절차 관련 정보의 제공으로 사건 관계인의 명예나 사생활의 비밀 또는 생명·신체의 안전이나 생활의 평온을 해칠 우려가 있는 경우에는 형사절차 관련 정보를 제공하지 아니할 수 있다.
④ 형사절차와 관련된 정보를 제공할 때에는 서면, 구두, 팩스, 그 밖에 이에 준하는 방법으로 해야 한다.

제8조의2 【범죄피해자에 대한 정보 제공 등】
① 국가는 수사 및 재판 과정에서 다음 각 호의 정보를 범죄피해자에게 제공하여야 한다.
  1. 범죄피해자의 해당 재판절차 참여 진술권 등 형사절차상 범죄피해자의 권리에 관한 정보
  2. 범죄피해 구조금 지급 및 범죄피해자 보호·지원 단체 현황 등 범죄피해자의 지원에 관한 정보
  3. 그 밖에 범죄피해자의 권리보호 및 복지증진을 위하여 필요하다고 인정되는 정보
② 제1항에 따른 정보 제공의 구체적인 방법 및 절차 등에 필요한 사항은 대통령령으로 정한다.

시행령

제10조의2 【범죄피해자에 대한 정보 제공 등】
① 검사 또는 사법경찰관리는 범죄피해자를 조사할 때에 범죄피해자에게 법 제8조의2 제1항 각 호의 정보를

제공해야 한다. 다만, 범죄피해자에 대한 조사를 하지 않은 경우에는 다음 각 호의 구분에 따른 시기에 정보를 제공해야 한다.

1. 사법경찰관리 : 사건 송치 또는 불송치 시
2. 검사 : 사건 처분 시

② 검사 또는 사법경찰관리는 범죄피해자의 피해상황·연령 또는 지능 등을 참작하여 범죄피해자의 보호자(친권자, 후견인, 피해자를 보호·양육하거나 그러한 의무가 있는 자 또는 업무·고용 등의 관계로 사실상 피해자를 보호·감독하는 자를 말한다) 또는 범죄피해자와 신뢰관계에 있는 자에게 정보를 제공하는 것으로 제1항에 따른 정보 제공을 갈음할 수 있다.

③ 제1항 및 제2항에도 불구하고 검사 또는 사법경찰관리는 범죄피해자가 정보 수령을 명시적으로 거부한 경우, 범죄피해자의 소재가 불명한 경우 등 정보 제공이 곤란한 사유가 있는 경우에는 정보를 제공하지 아니할 수 있다.

④ 제1항 및 제2항에 따라 정보를 제공할 때에는 서면을 교부하는 방법을 원칙으로 한다. 다만, 범죄피해자가 출석 요구에 불응하는 경우 등 서면을 교부하는 것이 곤란한 사유가 있는 경우에는 구두, 전화, 팩스, 우편, 그 밖에 이에 준하는 방법으로 할 수 있다.

제10조의3 【범죄피해자 보호·지원을 위한 사건관리회의】

① 검사는 지방검찰청(지청을 포함한다)의 범죄피해자 지원업무 담당 공무원, 사법경찰관리, 「사회보장급여의 이용·제공 및 수급권자 발굴에 관한 법률」 제43조에 따른 사회복지전담공무원, 범죄피해자 지원법인 등 범죄피해자 보호·지원 업무를 수행하는 기관이나 단체의 직원, 의사 및 변호사 등을 구성원으로 하는 범죄피해자 보호·지원을 위한 사건관리회의(이하 이 조에서 "회의"라 한다)를 열어 다음 각 호의 사항에 대한 논의 및 의견 청취 등을 할 수 있다.

1. 법 제7조에 따른 손실 복구 지원 등에 관한 사항
2. 법 제8조에 따른 형사절차 참여 보장 및 법 제8조의2에 따른 정보 제공 등에 관한 사항
3. 법 제9조에 따른 사생활의 평온과 신변 보호에 관한 사항
4. 법 제16조에 따른 구조금 및 법 제28조에 따른 긴급구조금 지급에 관한 사항
5. 그 밖에 범죄피해자 보호·지원을 위해 필요한 사항

② 회의의 구성원은 회의 운영에 필요한 자료를 제출하거나 의견을 진술할 수 있다.

③ 검사는 회의 운영에 필요한 경우에는 회의의 구성원에게 필요한 자료나 의견을 제출할 것을 요청할 수 있다.

제9조 【사생활의 평온과 신변의 보호 등】 ★

① 국가 및 지방자치단체는 범죄피해자의 명예와 사생활의 평온을 보호하기 위하여 필요한 조치를 하여야 한다.

② 국가 및 지방자치단체는 범죄피해자가 형사소송절차에서 한 진술이나 증언과 관련하여 보복을 당할 우려가 있는 등 범죄피해자를 보호할 필요가 있을 경우에는 적절한 조치를 마련하여야 한다.

제10조 【교육·훈련】

국가 및 지방자치단체는 범죄피해자에 대한 이해 증진과 효율적 보호·지원 업무 수행을 위하여 범죄 수사에 종사하는 자, 범죄피해자에 관한 상담·의료 제공 등의 업무에 종사하는 자, 그 밖에 범죄피해자 보호·지원 활동과 관계가 있는 자에 대하여 필요한 교육과 훈련을 실시하여야 한다.

제11조 【홍보 및 조사연구】

① 국가 및 지방자치단체는 범죄피해자에 대한 이해와 관심을 높이기 위하여 필요한 홍보를 하여야 한다.

② 국가 및 지방자치단체는 범죄피해자에 대하여 전문적 지식과 경험을 바탕으로 한 적절한 지원이 이루어질 수 있도록 범죄피해의 실태 조사, 지원정책 개발 등을 위하여 노력하여야 한다.

제3장 | 범죄피해자 보호·지원의 기본계획 등

제12조 【기본계획 수립】

① 법무부장관은 제15조에 따른 범죄피해자 보호위원회의 심의를 거쳐 범죄피해자 보호·지원에 관한 기본계획(이하 "기본계획"이라 한다)을 5년마다 수립하여야 한다.

② 기본계획에는 다음 각 호의 사항이 포함되어야 한다.

1. 범죄피해자 보호·지원 정책의 기본방향과 추진목표

2. 범죄피해자 보호·지원을 위한 실태조사, 연구, 교육과 홍보

3. 범죄피해자 보호·지원 단체에 대한 지원과 감독

4. 범죄피해자 보호·지원과 관련된 재원의 조달과 운용

5. 그 밖에 범죄피해자를 보호·지원하기 위하여 법무부장관이 필요하다고 인정한 사항

시행령

제11조 【범죄피해자기본계획의 수립 등】

① 법무부장관은 법 제12조에 따른 범죄피해자 보호·지원에 관한 기본계획(이하 "기본계획"이라 한다)을 기본계획 개시연도의 전년도 9월 30일까지 수립하여야 한다.

② 법무부장관은 제1항에 따라 수립된 기본계획을 기본계획 개시연도의 전년도 10월 31일까지 관계 중앙행정기관의 장과 특별시장·광역시장·도지사·특별자치도지사(이하 "시·도지사"라 한다)에게 통보하여야 한다.

제13조 【연도별 시행계획의 수립】

① 법무부장관, 관계 중앙행정기관의 장과 특별시장·광역시장·도지사·특별자치도지사(이하 "시·도지사"라 한다)는 기본계획에 따라 연도별 시행계획(이하 "시행계획"이라 한다)을 수립 ·시행하여야 한다.

② 관계 중앙행정기관의 장과 시·도지사는 다음 연도의 시행계획과 전년도 추진 실적을 매년 법무부장관에게 제출하여야 한다. 이 경우 법무부장관은 그 시행계획이 부적합하다고 판단할 때에는 그 시행계획을 수립한 장에게 시행계획의 보완·조정을 요구할 수 있다.

③ 제1항 및 제2항에서 정한 사항 외에 시행계획의 수립과 시행에 필요한 사항은 대통령령으로 정한다.

시행령

제12조 【연도별 시행계획의 수립 등】

① 법무부장관, 관계 중앙행정기관의 장 및 시·도지사는 매년 법 제13조에 따른 연도별 시행계획(이하 "시행계획"이라 한다)을 전년도 12월 31일까지 수립하여야 한다. 이 경우 관계 중앙행정기관의 장 및 시·도지사는 수립한 시행계획을 법무부장관에게 제출하여야 한다.

② 관계 중앙행정기관의 장 및 시·도지사는 매년 2월말까지 법무부장관에게 전년도 시행계획에 따른 추진실적을 제출하여야 한다.

제14조 【관계 기관의 협조】

① 법무부장관은 기본계획과 시행계획을 수립·시행하기 위하여 필요하면 관계 중앙행정기관의 장, 지방자치단체의 장 또는 관계 공공기관의 장에게 협조를 요청할 수 있다.

② 중앙행정기관의 장 또는 시·도지사는 시행계획을 수립·시행하기 위하여 필요하면 관계 중앙행정기관의 장, 지방자치단체의 장 또는 공공기관의 장에게 협조를 요청할 수 있다.

③ 제1항과 제2항에 따른 협조요청을 받은 기관의 장이나 지방자치단체의 장은 특별한 사유가 없으면 협조하여야 한다.

제15조 【범죄피해자보호위원회】

① 범죄피해자 보호·지원에 관한 기본계획 및 주요 사항 등을 심의하기 위하여 법무부장관 소속으로 범죄피해자보호위원회(이하 "보호위원회"라 한다)를 둔다.

② 보호위원회는 다음 각 호의 사항을 심의한다.
  1. 기본계획 및 시행계획에 관한 사항
  2. 범죄피해자 보호·지원을 위한 주요 정책의 수립·조정에 관한 사항
  3. 범죄피해자 보호·지원 단체에 대한 지원·감독에 관한 사항

4. 그 밖에 위원장이 심의를 요청한 사항

③ 보호위원회는 위원장을 포함하여 20명 이내의 위원으로 구성한다.

④ 제1항부터 제3항까지의 규정에서 정한 사항 외에 보호위원회의 구성 및 운영 등에 관한 사항은 대통령령으로 정한다.

시행령

제13조 【범죄피해자보호위원회의 구성】 ★

① 법 제15조에 따른 범죄피해자보호위원회(이하 "보호위원회"라 한다)의 위원장은 법무부장관이 된다.

② 보호위원회의 위원은 다음 각 호의 사람이 된다.

1. 기획재정부차관, 교육부차관, 법무부차관, 행정안전부차관, 보건복지부차관, 여성가족부차관, 법원행정처 차장, 대검찰청차장검사 및 경찰청차장

2. 범죄피해자 보호·지원에 관한 전문지식과 경험이 풍부한 사람 중에서 법무부장관이 위촉하는 10명 이내의 민간위원

③ 제2항 제2호에 따라 위촉된 위원의 임기는 2년으로 하고, 두 차례만 연임할 수 있으며, 보궐위원의 임기는 전임자의 임기의 남은 기간으로 한다.

④ 법무부장관은 제2항 제2호에 따른 위원이 다음 각 호의 어느 하나에 해당하는 경우에는 해당 위원을 해촉할 수 있다.

1. 심신장애로 인하여 직무를 수행할 수 없게 된 경우

2. 직무와 관련한 형사사건으로 기소된 경우

3. 직무태만, 품위손상, 그 밖의 사유로 인하여 위원으로 적합하지 아니하다고 인정되는 경우

4. 위원 스스로 직무를 수행하는 것이 곤란하다고 의사를 밝히는 경우

제14조 【보호위원회 위원장의 직무 등】

① 보호위원회 위원장은 보호위원회를 대표하고 보호위원회의 업무를 총괄하며, 보호위원회의 회의를 소집하고 그 의장이 된다.

② 보호위원회 위원장이 부득이한 사유로 직무를 수행할 수 없을 때에는 위원장이 미리 지정한 위원이 그 직무를 대행한다.

③ 보호위원회의 회의는 재적위원 과반수의 출석으로 개의하고, 출석위원 과반수의 찬성으로 의결한다.

④ 보호위원회의 사무 처리를 위하여 보호위원회에 간사 1명을 두며, 간사는 법무부 소속 공무원 중에서 법무부장관이 지명한다.

⑤ 제1항부터 제4항까지에서 규정한 사항 외에 보호위원회의 운영에 필요한 사항은 보호위원회의 의결을 거쳐 위원장이 정한다.

제15조 【실무위원회】

① 보호위원회에 다음 각 호의 사항을 처리하기 위하여 실무위원회를 둔다.

1. 보호위원회에 상정할 안건의 사전 검토

2. 보호위원회에 상정할 안건의 전문적인 조사·연구

3. 그 밖에 실무위원회의 위원장이 심의를 요청한 사항

② 실무위원회는 위원장 1명을 포함하여 20명 이내의 위원으로 구성한다.

③ 실무위원회의 위원장은 법무부차관이 된다.

④ 실무위원회의 위원은 다음 각 호의 사람이 된다.
　1. 기획재정부·교육부·법무부·행정안전부·보건복지부·여성가족부·법원행정처·대검찰청 및 경찰청 소속의 실장·국장급 공무원 중에서 해당 기관의 장이 지명하는 사람 각 1명
　2. 범죄피해자 보호·지원에 관한 전문지식과 경험이 풍부한 사람 중에서 법무부장관이 위촉하는 10명 이내의 민간위원
⑤ 실무위원회의 구성 및 운영에 관하여는 제13조 제3항·제4항과 제14조 제1항·제3항을 준용한다.
⑥ 실무위원회는 실무위원회의 효율적인 운영을 위하여 필요한 경우 그 소속으로 분과위원회를 둘 수 있으며, 분과위원회의 설치 및 운영 등에 필요한 사항은 실무위원회의 의결을 거쳐 실무위원회의 위원장이 정한다.

제4장 | 구조대상 범죄피해에 대한 구조

제16조 【구조금의 지급요건】 ★
국가는 구조대상 범죄피해를 받은 사람(이하 "구조피해자"라 한다)이 다음 각 호의 어느 하나에 해당하면 구조피해자 또는 그 유족에게 범죄피해 구조금(이하 "구조금"이라 한다)을 지급한다.
1. 구조피해자가 피해의 전부 또는 일부를 배상받지 못하는 경우
2. 자기 또는 타인의 형사사건의 수사 또는 재판에서 고소·고발 등 수사단서를 제공하거나 진술, 증언 또는 자료제출을 하다가 구조피해자가 된 경우

제17조 【구조금의 종류 등】
① 구조금은 유족구조금·장해구조금 및 중상해구조금으로 구분하며, 일시금으로 지급한다.
② 유족구조금은 구조피해자가 사망하였을 때 제18조에 따라 맨 앞의 순위인 유족에게 지급한다. 다만, 순위가 같은 유족이 2명 이상이면 똑같이 나누어 지급한다.
③ 장해구조금 및 중상해구조금은 해당 구조피해자에게 지급한다.

관련판례

[1] 범죄피해자 보호법 제17조 제2항에 규정한 유족구조금의 법적 성격
　범죄피해자 보호법에 의한 범죄피해 구조금 중 위 법 제17조 제2항의 유족구조금은 사람의 생명 또는 신체를 해치는 죄에 해당하는 행위로 인하여 사망한 피해자 또는 그 유족들에 대한 손실보상을 목적으로 하는 것으로서, 범죄행위로 인한 손실 또는 손해를 전보하기 위하여 지급된다는 점에서 불법행위로 인한 소극적 손해의 배상과 같은 종류의 금원이라고 봄이 타당하다(대법원 2017.11.9. 2017다228083).

[2] 범죄피해자 보호법 제17조 제2항에 규정한 유족구조금의 법적 성격
　범죄피해자 보호법 제17조 제2항의 유족구조금은 사람의 생명 또는 신체를 해치는 죄에 해당하는

행위로 인하여 사망한 피해자 또는 유족에 대한 손실보상을 목적으로 하는 것으로서, 범죄행위로 인한 손실 또는 손해를 전보하기 위하여 지급된다는 점에서 불법행위로 인한 소극적 손해의 배상과 같은 종류의 금원이다(대법원 2023.3.9. 2022다228704).

제18조【유족의 범위 및 순위】★★

① 유족구조금을 지급받을 수 있는 유족은 다음 각 호의 어느 하나에 해당하는 사람으로 한다.
  1. 배우자(사실상 혼인관계를 포함한다) 및 구조피해자의 사망 당시 구조피해자의 수입으로 생계를 유지하고 있는 구조피해자의 자녀
  2. 구조피해자의 사망 당시 구조피해자의 수입으로 생계를 유지하고 있는 구조피해자의 부모, 손자·손녀, 조부모 및 형제자매
  3. 제1호 및 제2호에 해당하지 아니하는 구조피해자의 자녀, 부모, 손자·손녀, 조부모 및 형제자매
② 제1항에 따른 유족의 범위에서 태아는 구조피해자가 사망할 때 이미 출생한 것으로 본다.
③ 유족구조금을 받을 유족의 순위는 제1항 각 호에 열거한 순서로 하고, 같은 항 제2호 및 제3호에 열거한 사람 사이에서는 해당 각 호에 열거한 순서로 하며, 부모의 경우에는 양부모를 선순위로 하고 친부모를 후순위로 한다.
④ 유족이 다음 각 호의 어느 하나에 해당하면 유족구조금을 받을 수 있는 유족으로 보지 아니한다.
  1. 구조피해자를 고의로 사망하게 한 경우
  2. 구조피해자가 사망하기 전에 그가 사망하면 유족구조금을 받을 수 있는 선순위 또는 같은 순위의 유족이 될 사람을 고의로 사망하게 한 경우
  3. 구조피해자가 사망한 후 유족구조금을 받을 수 있는 선순위 또는 같은 순위의 유족을 고의로 사망하게 한 경우

제19조【구조금을 지급하지 아니할 수 있는 경우】★

① 범죄행위 당시 구조피해자와 가해자 사이에 다음 각 호의 어느 하나에 해당하는 친족관계가 있는 경우에는 구조금을 지급하지 아니한다.　　　　　　※ 전부 지급배제사유 : 친족관계
  1. 부부(사실상의 혼인관계를 포함한다)
  2. 직계혈족
  3. 4촌 이내의 친족
  4. 동거친족
② 범죄행위 당시 구조피해자와 가해자 사이에 제1항 각 호의 어느 하나에 해당하지 아니하는 친족관계가 있는 경우에는 구조금의 일부를 지급하지 아니한다.　　　　※ 일부 지급배제사유
③ 구조피해자가 다음 각 호의 어느 하나에 해당하는 행위를 한 때에는 구조금을 지급하지 아니한다.　　　　　　　　　　　　　　　※ 전부 지급배제사유 : 해당 범죄 유발 등

1. 해당 범죄행위를 교사 또는 방조하는 행위
2. 과도한 폭행·협박 또는 중대한 모욕 등 해당 범죄행위를 유발하는 행위
3. 해당 범죄행위와 관련하여 현저하게 부정한 행위
4. 해당 범죄행위를 용인하는 행위
5. 집단적 또는 상습적으로 불법행위를 행할 우려가 있는 조직에 속하는 행위(다만, 그 조직에 속하고 있는 것이 해당 범죄피해를 당한 것과 관련이 없다고 인정되는 경우는 제외한다)
6. 범죄행위에 대한 보복으로 가해자 또는 그 친족이나 그 밖에 가해자와 밀접한 관계가 있는 사람의 생명을 해치거나 신체를 중대하게 침해하는 행위

④ 구조피해자가 다음 각 호의 어느 하나에 해당하는 행위를 한 때에는 구조금의 일부를 지급하지 아니한다.　　　　　　　　　　　　　　　　　　　　※ 일부 지급배제사유
1. 폭행·협박 또는 모욕 등 해당 범죄행위를 유발하는 행위
2. 해당 범죄피해의 발생 또는 증대에 가공(加功)한 부주의한 행위 또는 부적절한 행위

⑤ 유족구조금을 지급할 때에는 제1항부터 제4항까지의 규정을 적용할 때 "구조피해자"는 "구조피해자 또는 맨 앞의 순위인 유족"으로 본다.

⑥ 구조피해자 또는 그 유족과 가해자 사이의 관계, 그 밖의 사정을 고려하여 구조금의 전부 또는 일부를 지급하는 것이 사회통념에 위배된다고 인정될 때에는 구조금의 전부 또는 일부를 지급하지 아니할 수 있다.

⑦ 제1항부터 제6항까지의 규정에도 불구하고 구조금의 실질적인 수혜자가 가해자로 귀착될 우려가 없는 경우 등 구조금을 지급하지 아니하는 것이 사회통념에 위배된다고 인정할 만한 특별한 사정이 있는 경우에는 구조금의 전부 또는 일부를 지급할 수 있다.

제20조 【다른 법령에 따른 급여 등과의 관계】 ★
구조피해자나 유족이 해당 구조대상 범죄피해를 원인으로 하여 「국가배상법」이나 그 밖의 법령에 따른 급여 등을 받을 수 있는 경우에는 대통령령으로 정하는 바에 따라 구조금을 지급하지 아니한다.

🔲 **시행령**

제16조 【다른 법령에 따른 급여 등과의 관계】
법 제16조에 따른 구조피해자(이하 "구조피해자"라 한다) 또는 그 유족이 다음 각 호의 어느 하나에 해당하는 보상 또는 급여 등을 받을 수 있을 때에는 법 제20조에 따라 그 받을 금액의 범위에서 법 제16조에 따른 구조금(이하 "구조금"이라 한다)을 지급하지 아니한다.
1. 「국가배상법」 제2조 제1항에 따른 손해배상 급여
2. 「산업재해보상보험법」에 따른 장해급여·유족급여·상병보상연금
3. 「자동차손해배상 보장법」 제30조에 따른 손해보상

4. 「의사상자 등 예우 및 지원에 관한 법률」 제8조에 따른 보상금
5. 「선원법」 제10장에 따른 재해보상
6. 「어선원 및 어선 재해보상보험법」에 따른 상병급여·장해급여·일시보상급여·유족급여
7. 「근로기준법」 제8장에 따른 재해보상
8. 「의용소방대 설치 및 운영에 관한 법률」 제17조에 따른 보상
9. 「국가공무원법」 제77조, 「지방공무원법」 제68조 및 「공무원연금법」 제28조 제3호, 「공무원 재해보상법」 제8조 제3호, 같은 조 제5호 가목, 같은 호 나목 1) 및 다목 1), 「군인 재해보상법」 제7조 제3호 가목·나목, 같은 조 제4호 나목 1)·2) 및 「군인연금법」 제7조 제2호 나목에 따른 급여
10. 「사립학교법」 제60조의2 및 「사립학교교직원 연금법」 제33조에 따른 급여

관련판례

범죄피해자 보호법 제20조, 같은 법 시행령 제16조의 규정 취지 및 국가배상법에 따른 손해배상 급여와 범죄피해자 보호법에서 정한 유족구조금과의 관계

범죄피해자 보호법 제20조와 시행령 제16조는 수급권자가 동일한 범죄로 범죄피해자 보호법 소정의 구조금과 국가배상법에 의하여 국가 또는 지방자치단체의 부담으로 되는 같은 종류의 급여를 모두 지급받음으로써 급여가 중복하여 지급되는 것을 방지하기 위한 조정조항이라 할 것이다.

따라서 구조대상 범죄피해를 받은 구조피해자가 사망한 경우, 사망한 구조피해자의 유족들이 국가배상법에 의하여 국가 또는 지방자치단체로부터 사망한 구조피해자의 소극적 손해에 대한 손해배상금을 지급받았다면 지구심의회는 유족들에게 같은 종류의 급여인 유족구조금에서 그 상당액을 공제한 잔액만을 지급하면 되고, 유족들이 지구심의회로부터 범죄피해자 보호법 소정의 유족구조금을 지급받았다면 국가 또는 지방자치단체는 유족들에게 사망한 구조피해자의 소극적 손해액에서 유족들이 지급받은 유족구조금 상당액을 공제한 잔액만을 지급하면 된다고 봄이 타당하다(대법원 2017.11.9. 2017다228083).

제21조 【손해배상과의 관계】
① 국가는 구조피해자나 유족이 해당 구조대상 범죄피해를 원인으로 하여 손해배상을 받았으면 그 범위에서 구조금을 지급하지 아니한다.
② 국가는 지급한 구조금의 범위에서 해당 구조금을 받은 사람이 구조대상 범죄피해를 원인으로 하여 가지고 있는 손해배상청구권을 대위한다.
③ 국가는 제2항에 따라 손해배상청구권을 대위할 때 대통령령으로 정하는 바에 따라 가해자인 수형자나 보호감호대상자의 작업장려금 또는 근로보상금에서 손해배상금을 받을 수 있다.

시행령

제17조 【손해배상금 수령의 신고】
구조금 지급신청을 한 사람이 해당 범죄피해를 원인으로 하여 손해배상을 받은 때에는 다음 각 호의 사항을 기재한 서면(전자문서를 포함한다)을 구조금 지급을 신청한 지구심의회에 제출하여야 한다.
1. 손해배상을 받은 사람의 성명·주소 및 구조피해자와의 관계

2. 손해배상을 한 사람의 성명·주소·직업 및 가해자와의 관계

3. 손해배상을 받은 날짜

4. 수령한 손해배상금액 및 그 내역

제18조【손해배상청구권의 대위행사】

① 지구심의회는 구조피해자에게 구조금을 지급하기로 결정함과 동시에 법 제21조 제2항에 따른 손해배상청구권을 대위하여 가해자에게 행사할 것인지를 결정하여야 한다.

② 지구심의회가 제1항에 따라 손해배상청구권을 대위행사할 필요가 있다고 결정하는 경우 지방검찰청 검사장은 「국가를 당사자로 하는 소송에 관한 법률」에 따른 국가소송을 수행하여야 한다.

③ 제2항에 따른 소송 또는 가해자의 임의변제 등으로 손해배상금을 수령하는 경우에는 수령한 금액을 「범죄피해자보호기금법」에 따른 범죄피해자보호기금에 납입하여야 한다.

제19조【작업장려금·근로보상금에 대한 손해배상청구권의 대위행사】

① 지구심의회는 법 제21조 제3항에 따라 가해자인 수형자 또는 보호감호대상자의 작업장려금 또는 근로보상금에 대하여 손해배상청구권을 대위행사할 것인지와 대위행사하는 경우 100분의 50을 넘지 않는 범위에서 작업장려금 또는 근로보상금 중 공제할 비율을 심의·결정한다.

② 제1항에 따라 손해배상청구권을 대위행사할 때에는 지구심의회의 위원장은 구조금을 지급한 사실 및 손해배상청구권의 대위행사를 결정한 사실과 대위행사할 금액 및 작업장려금 또는 근로보상금에 대한 공제비율을 가해자가 수용된 교도소·구치소 또는 보호감호소의 장(이하 "교도소장 등"이라 한다)에게 통지하여야 한다.

③ 제2항에 따라 통지를 받은 교도소장등은 가해자의 동의를 받아 그가 받는 작업장려금 또는 근로보상금을 공제하여 법무부장관이 정하는 바에 따라 「범죄피해자보호기금법」에 따른 범죄피해자보호기금에 납입하여야 한다.

제22조【구조금액】

① 유족구조금은 구조피해자의 사망 당시(신체에 손상을 입고 그로 인하여 사망한 경우에는 신체에 손상을 입은 당시를 말한다)의 월급액이나 월실수입액 또는 평균임금에 24개월 이상 48개월 이하의 범위에서 유족의 수와 연령 및 생계유지상황 등을 고려하여 대통령령으로 정하는 개월 수를 곱한 금액으로 한다.

② 장해구조금과 중상해구조금은 구조피해자가 신체에 손상을 입은 당시의 월급액이나 월실수입액 또는 평균임금에 2개월 이상 48개월 이하의 범위에서 피해자의 장해 또는 중상해의 정도와 부양가족의 수 및 생계유지상황 등을 고려하여 대통령령으로 정한 개월 수를 곱한 금액으로 한다.

③ 제1항 및 제2항에 따른 월급액이나 월실수입액 또는 평균임금 등은 피해자의 주소지를 관할하는 세무서장, 시장·군수·구청장(자치구의 구청장을 말한다) 또는 피해자의 근무기관의 장(長)의 증명이나 그 밖에 대통령령으로 정하는 공신력 있는 증명에 따른다.

④ 제1항 및 제2항에서 구조피해자의 월급액이나 월실수입액이 평균임금의 2배를 넘는 경우에는 평균임금의 2배에 해당하는 금액을 구조피해자의 월급액이나 월실수입액으로 본다.

제20조【월급액 또는 월실수입액】

① 법 제22조에 따른 월급액 또는 월실수입액은 이를 산정하여야 할 사유가 발생한 날 이전 3개월 동안 해당 구조피해자에게 지급된 임금 또는 실수입액의 월평균액으로 한다. 해당 구조피해자가 취업한 후 3개월 미만 인 경우에는 그 기간 동안의 월평균액으로 한다.

② 법 제22조에 따라 구조금액을 산정하는 경우에 월급액이나 월실수입액을 증명할 수 없거나 월급액이나 월실수입액이 제21조에 따른 평균임금에 미치지 못하는 경우에는 평균임금을 기준으로 구조금액을 정한다.

제21조【평균임금의 기준】

① 법 제22조에 따른 평균임금은 매년 6회 이상 주기적으로 임금통계를 공표하는 임금조사기관이 조사한 남자 또는 여자 보통 인부의 전국규모 통계에 의한 일용노동임금에 따른다. 다만, 전국규모 통계가 없을 때에는 서울특별시 지역 통계에 의한 일용노동임금에 따른다.

② 제1항의 임금은 먼저 공신력 있는 건설임금단가 통계에 따르되, 공신력 있는 건설임금단가 통계가 없을 때에는 정부임금단가 통계에 따르며, 정부임금단가 통계도 없을 때에는 공신력 있는 방법으로 조사한 남자 또는 여자 보통 인부의 일용노동임금에 따른다.

제22조【유족구조금의 금액】

법 제22조 제1항에 따른 유족구조금의 산정에서 구조피해자의 월급액이나 월실수입액 또는 평균임금(이하 "월급액등"이라 한다)에 곱하는 "대통령령으로 정한 개월 수"란 다음 각 호의 구분에 따른 개월 수에 별표 4의 배수를 곱한 개월 수를 말한다. 다만, 유족구조금액은 평균임금의 48개월분을 초과할 수 없다.

1. 법 제18조 제1항 제1호의 유족 : 40개월
2. 법 제18조 제1항 제2호의 유족 : 32개월
3. 법 제18조 제1항 제3호의 유족 : 24개월

제23조【장해구조금의 금액】

법 제22조 제2항에 따른 장해구조금의 산정에서 구조피해자의 월급액등에 곱하는 "대통령령으로 정한 개월 수"란 다음 각 호의 구분에 따른 장해등급별 개월 수에 별표 5의 배수를 곱한 개월 수를 말한다. 다만, 장해구조금 액은 평균임금의 40개월분을 초과할 수 없다.

1. 1급 : 40개월
2. 2급 : 36개월
3. 3급 : 32개월
4. 4급 : 28개월
5. 5급 : 24개월
6. 6급 : 20개월
7. 7급 : 16개월
8. 8급 : 12개월
9. 9급 : 8개월
10. 10급 : 4개월
11. 11급 또는 12급 : 3개월
12. 13급 또는 14급 : 2개월

제24조【중상해구조금의 금액】

① 법 제22조 제2항에 따른 중상해구조금의 산정에서 구조피해자의 월급액등에 곱하는 "대통령령으로 정한 개월 수"란 「의료법」 제3조 제2항 제3호의 병원급 의료기관에 속하는 의사가 발행한 진단서 등에 의하여 해당 중상해의 치료에 필요하다고 인정되는 개월 수에 별표 5의 배수를 곱한 개월 수를 말한다. 다만, 중상해 구조금액은 평균임금의 40개월분을 초과할 수 없다.

② 제1항의 진단서 등에 기재된 치료기간이 일 단위인 경우 30일을 1개월로 환산한 비율로 개월 수를 정한다.

③ 제1항의 진단서 등에 기재된 치료기간이 주 단위인 경우 일 단위로 환산한 후 제2항의 방법에 따른다.

제25조 【구조금 지급에 관한 특례】

① 이미 장해구조금을 지급받은 사람이 해당 범죄행위로 인하여 사망한 경우에는 유족구조금을 지급하되, 그 금액은 법 제22조 제1항에 따른 유족구조금에서 이미 지급한 장해구조금을 공제한 금액으로 한다.

② 이미 중상해구조금을 지급받은 사람이 해당 범죄행위로 인하여 사망하거나 장해를 입은 경우에는 유족구조 금 또는 장해구조금을 지급하되, 그 금액은 법 제22조 제1항에 따른 유족구조금 또는 같은 조 제2항에 따른 장해구조금에서 이미 지급한 중상해구조금을 공제한 금액으로 한다.

제23조 【외국인에 대한 구조】

이 법은 외국인이 구조피해자이거나 유족인 경우에는 해당 국가의 상호보증이 있는 경우에만 적용한다.

제24조 【범죄피해구조심의회 등】

① 구조금 지급에 관한 사항을 심의·결정하기 위하여 각 지방검찰청에 범죄피해구조심의회(이 하 "지구심의회"라 한다)를 두고 법무부에 범죄피해구조본부심의회(이하 "본부심의회"라 한 다)를 둔다.

② 지구심의회는 설치된 지방검찰청 관할 구역(지청이 있는 경우에는 지청의 관할 구역을 포함 한다)의 구조금 지급에 관한 사항을 심의·결정한다.

③ 본부심의회는 다음 각 호의 사항을 심의·결정한다.

　　1. 제27조에 따른 재심신청사건

　　2. 그 밖에 법령에 따라 그 소관에 속하는 사항

④ 지구심의회 및 본부심의회는 법무부장관의 지휘·감독을 받는다.

⑤ 지구심의회 및 본부심의회 위원 중 공무원이 아닌 위원은 「형법」 제127조(공무상 비밀의 누설) 및 제129조부터 제132조까지(수뢰·사전수뢰, 제3자 뇌물제공, 수뢰 후 부정처사·사후수뢰, 알선수뢰)의 규정을 적용할 때에는 공무원으로 본다.

⑥ 지구심의회 및 본부심의회의 구성 및 운영 등에 관한 사항은 대통령령으로 정한다.

시행령

제26조 【지구심의회의 기능】

지구심의회는 다음 각 호의 사항을 심의·의결한다.

1. 구조피해자의 장해·중상해 해당 여부와 장해등급 판정
2. 주거지원 등 범죄피해자 보호·지원에 관한 사항
3. 구조피해자에 대한 구조금 지급 여부 및 구조금액
4. 구조피해자에 대한 긴급구조금 지급 여부 및 긴급구조금액
5. 가해자에 대한 손해배상청구권의 대위행사 여부와 가해자인 수형자 또는 보호감호대상자의 작업장려금 또는 근로보상금 중 공제비율

제27조【지구심의회의 구성】

① 지구심의회는 해당 지구심의회가 설치된 지방검찰청의 차장검사를 위원장으로 하고, 해당 지방검찰청 소속 공무원, 변호사의 자격을 갖춘 사람, 의사 및 범죄피해자보호업무에 관한 경험과 식견을 갖춘 사람 중에서 법무부장관이 임명하거나 위촉하는 위원 4명으로 구성한다.

② 제1항에 따라 위촉된 위원의 임기는 2년으로 하고, 두 차례만 연임할 수 있다.

③ 법무부장관은 제1항에 따른 위원이 다음 각 호의 어느 하나에 해당하는 경우에는 해당 위원을 해임하거나 해촉할 수 있다.

    1. 심신장애로 인하여 직무를 수행할 수 없게 된 경우

    2. 직무와 관련된 비위사실이 있는 경우

    3. 직무태만, 품위손상, 그 밖의 사유로 인하여 위원으로 적합하지 아니하다고 인정되는 경우

    4. 제27조의2 제1항 각 호의 어느 하나에 해당하는 데에도 불구하고 회피하지 아니한 경우

    5. 위원 스스로 직무를 수행하는 것이 곤란하다고 의사를 밝히는 경우

제27조의2【위원의 제척·기피·회피】

① 지구심의회 위원(이하 이 조에서 "위원"이라 한다)이 다음 각 호의 어느 하나에 해당하는 경우에는 지구심의회의 심의·의결에서 제척된다.

    1. 위원이나 그 배우자 또는 배우자이었던 사람이 해당 안건의 당사자가 되거나 그 안건의 당사자와 공동권리자 또는 공동의무자인 경우

    2. 위원이 해당 안건의 당사자와 친족이거나 친족이었던 경우

    3. 위원이 해당 안건에 관하여 증언, 진술, 자문 또는 감정을 한 경우

    4. 위원이나 위원이 속한 법인·단체 등이 해당 안건의 당사자의 대리인이거나 대리인이었던 경우

② 해당 안건의 당사자는 위원에게 공정한 심의·의결을 기대하기 어려운 사정이 있는 경우에는 지구심의회에 기피 신청을 할 수 있고, 지구심의회는 의결로 이를 결정한다. 이 경우 기피 신청의 대상인 위원은 그 의결에 참여하지 못한다.

③ 위원이 제1항 각 호에 따른 제척 사유에 해당하는 경우에는 스스로 해당 안건의 심의·의결에서 회피하여야 한다.

제28조【위원장의 직무】

① 지구심의회의 위원장은 지구심의회를 대표하고, 지구심의회의 업무를 총괄한다.

② 지구심의회의 위원장이 부득이한 사유로 직무를 수행할 수 없을 때에는 위원장이 지명한 위원이 그 직무를 대행하고, 지명이 없는 경우에는 지구심의회가 설치된 기관의 소속 공무원인 위원 중에서 선임자가 그 직무를 대행한다.

제29조【지구심의회의 관할】

지구심의회의 관할구역은 각 지구심의회가 설치된 지방검찰청의 관할 구역(지청이 있는 경우에는 지청의 관할 구역을 포함한다)으로 한다.

제30조【관할의 지정 등】

① 구조금 지급신청이 신청인의 주소지를 관할하는 지구심의회를 포함하여 둘 이상의 지구심의회에 접수된 경우에는 신청인의 주소지를 관할하는 지구심의회의 관할로 한다.

② 관할이 불명확한 사건에 대해서는 법무부장관이 신청인이나 지구심의회의 청구에 의하여 또는 직권으로 그 사건을 관할할 지구심의회를 지정한다.

③ 지구심의회는 제1항 및 제2항에 따라 사건을 처리할 수 없게 되거나 사건이 그 관할에 속하지 아니한다고 인정될 때에는 그 사건을 관할 지구심의회로 이송하여야 한다.

④ 지구심의회는 그 관할에 속하는 사건에 관하여 현저한 손해 또는 지연을 방지하기 위하여 필요하다고 인정될 때에는 사건을 다른 지구심의회로 이송할 수 있다.

⑤ 제1항부터 제4항까지의 규정에 따라 사건을 다른 지구심의회로 이송한 지구심의회는 신청인에게 지체 없이 그 사실을 통지하여야 한다.

제31조【회의】

① 지구심의회 위원장은 지구심의회의 회의를 소집하고, 그 의장이 된다.

② 지구심의회의 회의는 위원장을 포함한 재적의원 과반수의 출석으로 개의하고, 출석위원 3분의 2 이상의 찬성으로 의결한다.

③ 구조금의 액수에 관한 의견이 세 가지 이상으로 나누어져 각각 3분의 2에 이르지 못한 때에는 3분의 2에 이를 때까지 최소액의 의견 수에 순차로 다액의 의견 수를 더하여 그 중 최다액의 의견을 따른다.

제32조【사무직원】

① 지구심의회에 그 사무를 담당할 간사와 서기를 둔다.

② 간사와 서기는 지구심의회가 설치된 지방검찰청 소속 공무원 중에서 지구심의회 위원장의 추천으로 해당 지방검찰청 검사장이 임명한다.

③ 간사는 지구심의회 위원장의 명에 따라 지구심의회의 사무를 처리하며, 회의에 출석하여 발언할 수 있다.

④ 서기는 간사를 보조한다.

제33조【위원수당】

지구심의회의 회의에 출석한 위원에게는 예산의 범위에서 수당을 지급한다. 다만, 공무원인 위원이 그 소관업무와 직접적으로 관련하여 출석한 경우에는 그러하지 아니하다.

제34조【법무부장관의 지휘 · 감독】

① 법무부장관은 각 지구심의회를 지휘 · 감독하기 위하여 필요한 명령이나 조치를 할 수 있다.

② 법무부장관은 제1항의 직무를 수행하기 위하여 필요하다고 인정할 때에는 소속 직원 또는 각급 검찰청의 검사로 하여금 각 지구심의회의 업무 처리를 감사하게 할 수 있다.

제35조【본부심의회의 구성 및 회의】

① 본부심의회의 위원장은 법무부차관이 된다.

② 위원은 법무부 소속 공무원, 법관, 변호사, 의사 및 범죄피해 구조업무에 관한 경험과 식견을 갖춘 사람 중에서 법무부장관이 6명을 임명하거나 위촉하되, 법무부 소속 공무원, 법관, 변호사 및 의사 각 1명이 포함되어야 한다.

③ 본부심의회 위촉위원의 임기는 2년으로 하고, 두 차례만 연임할 수 있다.

④ 위원의 해임 · 해촉, 위원의 제척 · 기피 · 회피, 위원장의 직무, 회의, 위원 수당, 법무부장관의 지휘 · 감독에 관하여는 제27조 제3항, 제27조의2, 제28조, 제31조, 제33조 및 제34조 제1항을 준용한다. 이 경우 "지구심의회"는 "본부심의회"로 본다.

제25조【구조금의 지급신청】

① 구조금을 받으려는 사람은 법무부령으로 정하는 바에 따라 그 주소지, 거주지 또는 범죄 발생지를 관할하는 지구심의회에 신청하여야 한다.

② 제1항에 따른 신청은 해당 구조대상 범죄피해의 발생을 안 날부터 3년이 지나거나 해당 구조 대상 범죄피해가 발생한 날부터 10년이 지나면 할 수 없다.

제26조 【구조결정】

지구심의회는 제25조 제1항에 따른 신청을 받으면 신속하게 구조금을 지급하거나 지급하지 아니한다는 결정(지급한다는 결정을 하는 경우에는 그 금액을 정하는 것을 포함한다)을 하여야 한다.

시행령

제36조 【구조결정에 필요한 조사 및 증명절차】

① 지구심의회 위원장 또는 위원장의 명을 받은 사람은 법 제26조에 따른 구조금 지급결정(이하 "구조결정"이라 한다)에 필요한 조사를 할 수 있으며, 관계 공무원이나 관계 기관에 사실을 조회하거나 필요한 자료의 제출을 요청할 수 있다.

② 지구심의회는 제1항에 따른 조회의 회신, 제출자료, 신청인 및 그 밖의 관련인 진술 등 믿을 수 있는 증거자료에 의하여 구조결정을 하여야 한다.

③ 제1항에 따른 요청을 받은 공무원이나 관계 기관의 장은 정당한 사유가 없으면 요청에 따라야 한다.

제27조 【재심신청】

① 지구심의회에서 구조금 지급신청을 기각(일부기각된 경우를 포함한다) 또는 각하하면 신청인은 결정의 정본이 송달된 날부터 2주일 이내에 그 지구심의회를 거쳐 본부심의회에 재심을 신청할 수 있다.

② 제1항의 재심신청이 있으면 지구심의회는 1주일 이내에 구조금 지급신청 기록 일체를 본부심의회에 송부하여야 한다.

③ 본부심의회는 제1항의 신청에 대하여 심의를 거쳐 4주일 이내에 다시 구조결정을 하여야 한다.

④ 본부심의회는 구조금 지급신청을 각하한 지구심의회의 결정이 법령에 위반되면 사건을 그 지구심의회에 환송할 수 있다.

⑤ 본부심의회는 구조금 지급신청이 각하된 신청인이 잘못된 부분을 보정하여 재심신청을 하면 사건을 해당 지구심의회에 환송할 수 있다.

시행령

제37조 【재심신청】

① 신청인이 법 제27조 제1항에 따라 재심을 신청하는 경우 본부심의회의 결정이 있을 때까지 법 제31조에 따른 소멸시효는 중단된다.

② 법 제27조 제3항에 따른 구조결정을 하기 위하여 필요한 조사 및 증명절차에 관하여는 제36조를 준용한다. 이 경우 "지구심의회"는 "본부심의회"로 본다.

③ 본부심의회가 구조결정을 한 경우에는 결정 내용을 지구심의회에 통보하고, 해당 신청사건의 기록 전부를 해당 지구심의회에 송부하여 결정 내용에 따라 처리하도록 하여야 한다.

제28조 【긴급구조금의 지급 등】

① 지구심의회는 제25조 제1항에 따른 신청을 받았을 때 구조피해자의 장해 또는 중상해 정도가 명확하지 아니하거나 그 밖의 사유로 인하여 신속하게 결정을 할 수 없는 사정이 있으면 신청 또는 직권으로 대통령령으로 정하는 금액의 범위에서 긴급구조금을 지급하는 결정을 할 수 있다.

② 제1항에 따른 긴급구조금 지급신청은 법무부령으로 정하는 바에 따라 그 주소지, 거주지 또는 범죄 발생지를 관할하는 지구심의회에 할 수 있다.

③ 국가는 지구심의회가 긴급구조금 지급 결정을 하면 긴급구조금을 지급한다.

④ 긴급구조금을 받은 사람에 대하여 구조금을 지급하는 결정이 있으면 국가는 긴급구조금으로 지급된 금액 내에서 구조금을 지급할 책임을 면한다.

⑤ 긴급구조금을 받은 사람은 지구심의회에서 결정된 구조금의 금액이 긴급구조금으로 받은 금액보다 적을 때에는 그 차액을 국가에 반환하여야 하며, 지구심의회에서 구조금을 지급하지 아니한다는 결정을 하면 긴급구조금으로 받은 금액을 모두 반환하여야 한다.

시행령

제38조 【긴급구조금 지급】

① 법 제28조 제1항에 따른 긴급구조금 지급금액의 상한은 긴급구조금 지급 결정 시 예상되는 구조금액의 2분의 1에 해당하는 금액으로 한다.

② 삭제 <2017.12.19.>

③ 법 제28조 제3항에도 불구하고 지구심의회의 회의를 소집할 시간적 여유가 없거나 그 밖의 부득이한 사유가 있으면 지구심의회의 위원장은 직권으로 긴급구조금의 지급결정을 할 수 있다.

④ 지구심의회 위원장은 제3항에 따른 긴급구조금의 지급결정을 하였을 때에는 지구심의회의 사후 추인을 받아야 한다.

제29조 【결정을 위한 조사 등】

① 지구심의회는 구조금 지급에 관한 사항을 심의하기 위하여 필요하면 신청인이나 그 밖의 관계인을 조사하거나 의사의 진단을 받게 할 수 있고 행정기관, 공공기관이나 그 밖의 단체에 조회하여 필요한 사항을 보고하게 할 수 있다.

② 지구심의회는 신청인이 정당한 이유 없이 제1항에 따른 조사에 따르지 아니하거나 의사의 진단을 거부하면 그 신청을 기각할 수 있다.

시행령

제39조 【결정 및 통지】

① 지구심의회가 구조금을 지급하거나 지급하지 아니한다는 결정을 한 때에는 구조결정서를, 긴급구조금을

지급하거나 지급하지 아니한다는 결정을 한 때에는 긴급구조결정서를 작성하고 회의에 출석한 위원이 기명·날인하여야 한다.

② 제1항에 따른 결정서에는 다음 각 호의 사항이 포함되어야 한다.
1. 신청인의 성명·주소 및 생년월일   2. 결정주문
3. 결정이유   4. 결정일

③ 지구심의회는 구조결정 또는 긴급구조결정을 한 때에는 결정서 원본을 보관하고 신청인에게 결정통지서를 송부하여야 한다.

제40조【구조금 지급 보류 등】

제39조에 따라 구조금을 지급한다는 결정이 있은 후 신청인이 구조금을 수령하기 전에 신청인이 가해자로부터 손해배상을 받았거나 그 밖의 사정변경으로 구조금 전액을 지급하는 것이 상당하지 아니한 사유가 발견되었을 경우 지구심의회는 구조금 지급을 보류하고 구조금 지급 여부 및 구조금액을 다시 심의할 수 있다.

제30조【구조금의 환수】

① 국가는 이 법에 따라 구조금을 받은 사람이 다음 각 호의 어느 하나에 해당하면 지구심의회 또는 본부심의회의 결정을 거쳐 그가 받은 구조금의 전부 또는 일부를 환수할 수 있다.
1. 거짓이나 그 밖의 부정한 방법으로 구조금을 받은 경우
2. 구조금을 받은 후 제19조에 규정된 사유가 발견된 경우
3. 구조금이 잘못 지급된 경우

② 국가가 제1항에 따라 환수를 할 때에는 국세징수의 예에 따르고, 그 환수의 우선순위는 국세 및 지방세 다음으로 한다.

제31조【소멸시효】★

구조금을 받을 권리는 그 구조결정이 해당 신청인에게 송달된 날부터 2년간 행사하지 아니하면 시효로 인하여 소멸된다.

제32조【구조금 수급권의 보호】★

구조금을 받을 권리는 양도하거나 담보로 제공하거나 압류할 수 없다.

제5장 | 범죄피해자 보호·지원사업의 지원 및 감독

제33조【범죄피해자 지원법인의 등록 등】

① 범죄피해자 지원법인이 이 법에 따른 지원을 받으려면 자산 및 인적 구성 등 대통령령으로

정하는 요건을 갖추고 대통령령으로 정하는 절차에 따라 법무부장관에게 등록하여야 한다.
② 범죄피해자 지원법인의 설립·운영에 관하여 이 법에 규정이 없는 사항에 대하여는 「민법」과 「공익법인의 설립·운영에 관한 법률」을 적용한다.

시행령

제41조【범죄피해자 지원법인의 등록요건 및 절차】

① 법 제33조 제1항에 따른 범죄피해자 지원법인의 등록요건은 다음 각 호와 같다.
　1. 다음 각 목의 활동 중 세 종류 이상의 활동을 법인의 목적으로 할 것
　　가. 범죄피해자에 대한 법률·심리상담 등 각종 상담
　　나. 범죄피해로 인하여 정상적인 가정생활이나 사회생활이 어려운 사람들에 대한 경제적 지원
　　다. 수사기관 및 법정에 범죄피해자와 동행
　　라. 범죄피해자의 병원후송·응급진료 및 치료
　　마. 이 법 및 이 영에 따른 구조금 신청과 「법률구조법」에 따른 법률구조법인의 구조 신청에 대한 안내 등 법률구조 지원
　　바. 범죄피해자 보호·지원을 위한 조사·연구 및 교육·홍보
　　사. 범죄피해자를 위한 대피시설 또는 보호시설 등의 운영
　　아. 그 밖에 범죄피해자 보호·지원과 관련된 활동
　2. 법인의 임원·직원 중 10명 이상이 다음 각 목의 어느 하나에 해당할 것
　　가. 변호사·의사 등의 자격 또는 면허가 있는 사람으로서 법률·의료 등 해당 전문분야에서 범죄피해자 보호·지원과 관련한 활동이 가능한 사람
　　나. 「법률구조법」에 따른 법률구조법인 등 범죄피해자 보호·지원 관련 기관에서 5년 이상 근무한 사람
　　다. 정부·지방자치단체 또는 공공단체 등에서 범죄피해자 보호·지원과 관련된 업무에 5년 이상 종사한 사람
　3. 범죄피해자 보호·지원업무를 위한 목적사업을 수행하는 데에 필요한 사무실과 시설 등 자산을 보유할 것
② 법 제33조 제1항에 따라 범죄피해자 지원법인으로 등록하려는 법인은 법무부령으로 정하는 신청서와 첨부서류를 법무부장관에게 제출하여야 한다.
③ 법무부장관은 제2항에 따라 등록을 신청한 법인이 제1항의 등록요건을 갖춘 경우에는 법무부령으로 정하는 바에 따라 등록을 하고, 범죄피해자 지원법인에 등록증을 교부하여야 한다.
④ 법무부장관은 제3항에 따라 등록증을 교부한 경우에는 지체 없이 관보에 게재하여야 한다.

제42조【변경등록】

① 제41조에 따라 등록된 범죄피해자 지원법인(이하 "등록법인"이라 한다)이 목적사업을 변경하거나 정관을 변경한 경우에는 그 변경한 날부터 14일 이내에 변경 사실을 증명할 수 있는 서류를 갖추어 법무부장관에게 변경등록을 신청하여야 한다.
② 법무부장관은 제1항에 따른 서류가 제출된 경우로서 종전의 등록증의 기재사항이 변경되는 경우에는 서류를 접수한 날부터 10일 이내에 새로운 등록증을 등록법인에 교부하여야 한다.

제54조의2【규제의 재검토】

법무부장관은 제41조에 따른 범죄피해자 지원법인의 등록요건 및 절차에 대하여 2014년 1월 1일을 기준으로 3년마다(매 3년이 되는 해의 1월 1일 전까지를 말한다) 그 타당성을 검토하여 개선 등의 조치를 하여야 한다.

제34조 【보조금】

① 국가 또는 지방자치단체는 제33조에 따라 등록한 범죄피해자 지원법인(이하 "등록법인"이라 한다)의 건전한 육성과 발전을 위하여 필요한 경우에는 예산의 범위에서 등록법인에 운영 또는 사업에 필요한 경비를 보조할 수 있다.

② 국가는 제7조 제2항 후단에 따른 위탁기관(범죄피해자 지원법인을 제외한다. 이하 "위탁기관"이라 한다)의 보호시설 운영에 필요한 경비를 보조할 수 있다.

③ 법무부장관으로부터 보조금을 받으려는 등록법인과 위탁기관은 대통령령으로 정하는 바에 따라 사업의 목적과 내용, 보조사업에 드는 경비 등 필요한 사항을 적은 신청서와 첨부서류를 법무부장관에게 제출하여야 한다.

④ 제3항에 따른 보조금의 지급 기준 및 절차에 관한 사항은 대통령령으로 정한다.

시행령

제42조의2 【보조금의 교부】

국가 및 지방자치단체는 법 제34조 제1항에 따라 등록법인에 다음 각 호의 경비에 관한 보조금을 교부할 수 있다.

1. 범죄피해자 보호·지원을 위한 직접적인 활동에 필요한 경비
2. 범죄피해자 보호·지원을 위한 체제의 구축, 실태조사, 연구, 교육, 홍보 등 범죄피해자 보호·지원 부대활동에 필요한 경비
3. 등록법인의 통상적인 운영에 필요한 경비

제43조 【보조금의 교부신청서】

① 법 제34조 제3항에 따른 등록법인과 위탁기관(이하 "등록법인등"이라 한다)이 같은 항에 따라 제출하는 보조금의 교부신청서에는 다음 각 호의 사항이 포함되어야 한다.

  1. 등록법인등의 명칭   2. 대표자의 성명과 주소
  3. 사업의 목적과 내용   4. 보조사업에 필요한 경비와 교부받으려는 보조금액
  5. 그 밖에 법무부장관이 정하는 사항

② 제1항의 교부신청서에는 다음 각 호의 사항을 기재한 사업계획서를 첨부하여야 한다.

  1. 주된 사업의 개요
  2. 자산과 부채에 관한 사항
  3. 최근 1년간의 범죄피해자 보호·지원 관련 사업활동 실적
  4. 범죄피해자 보호·지원사업의 수행계획에 관한 사항
  5. 교부받으려는 보조금액의 산출에 관한 사항
  6. 범죄피해자 보호·지원사업에 사용되는 경비의 사용방법
  7. 범죄피해자 보호·지원사업의 효과
  8. 범죄피해자 보호·지원과 관련하여 최근 3년간 국가 또는 지방자치단체로부터 지급받은 보조금의 내역

③ 제1항에 따른 보조금의 교부신청서는 해당 회계연도 4월 30일까지 법무부장관에게 제출하여야 한다.

제44조 【보조금의 교부결정 등】

① 법무부장관은 제43조에 따른 보조금의 교부신청서를 받으면 다음 각 호의 사항을 조사하여 보조금의 교부

여부를 결정하여야 한다.
1. 삭제 <2015.4.14.>　　　　　　2. 삭제 <2015.4.14.>
3. 사업수행 능력　　　　　　　　4. 보조금 신청사업의 타당성
5. 범죄피해자 보호·지원과 관련하여 최근 3년간 국가 또는 지방자치단체로부터 지급받은 보조금의 내역
② 보조금의 교부를 신청한 등록법인등이 다른 중앙행정기관으로부터 보조금을 교부받고 있는 경우 동일한 사업에 대해서는 보조금을 중복하여 교부하지 아니한다.
③ 법무부장관은 보조금을 교부하는 경우에는 보조금의 교부 목적을 달성하기 위하여 필요한 조건을 붙일 수 있다.
④ 법무부장관은 보조금의 교부를 결정한 때에는 그 교부 결정의 내용을 신속히 보조금의 교부를 신청한 등록법인등에 통지하여야 한다.
⑤ 법무부장관은 보조금의 교부 결정을 위하여 필요한 경우 관계 민간 전문가에게 자문할 수 있다.

제45조【보조금의 교부목적인 사업계획의 변경】
① 법 제34조에 따라 보조금을 교부받은 등록법인등이 보조금의 교부 목적인 사업계획을 변경하려면 그 이유를 기재한 서류와 수입·지출예산서를 갖추어 법무부장관의 승인을 받아야 한다.
② 법무부장관은 제1항의 승인을 할 때에는 그 사업계획의 변경 정도에 따라 종전의 보조금액, 보조금의 교부방법 또는 그 밖의 조건을 변경할 수 있다.

제35조【보조금의 목적 외 사용금지 및 반환】
① 등록법인 또는 위탁기관은 제34조에 따라 교부받은 보조금을 범죄피해자 보호·지원 또는 보호시설 운영을 위한 용도로만 사용할 수 있다.
② 법무부장관은 등록법인 또는 위탁기관이 제34조 제3항에 따른 신청서 등에 거짓 사실을 적거나 그 밖의 부정한 방법으로 보조금을 받은 경우 또는 교부받은 보조금을 다른 용도에 사용한 경우에는 교부한 보조금의 전부 또는 일부를 반환하게 할 수 있다.
③ 보조금의 반환에 관하여는 「보조금 관리에 관한 법률」을 준용한다.

제36조【감독 등】
① 법무부장관은 필요하다고 인정하면 등록법인 또는 위탁기관에 대하여 그 업무·회계 및 재산에 관한 사항을 보고하게 하거나 자료의 제출이나 그 밖에 필요한 명령을 할 수 있으며, 소속 공무원으로 하여금 그 운영 실태를 조사하게 할 수 있다.
② 법무부장관은 등록법인 또는 위탁기관의 임직원이 다음 각 호의 어느 하나에 해당하면 해당 등록법인 또는 위탁기관의 대표자에게 이를 시정하게 하거나 해당 임원의 직무정지 또는 직원의 징계를 요구할 수 있으며, 해당 법인의 등록을 취소하거나 보호시설의 운영 위탁을 취소할 수 있다.
1. 제1항에 따라 법무부장관이 요구하는 보고서 또는 자료를 거짓으로 작성하거나 그 보고 또는 제출을 거부한 경우
2. 제1항에 따른 검사를 거부, 방해 또는 기피한 경우

3. 법무부장관의 시정명령, 직무정지 또는 징계요구에 대한 이행을 게을리한 경우
③ 법무부장관은 제2항에 따라 등록법인의 등록을 취소할 경우 청문을 하여야 한다.

제37조【등록법인 오인 표시의 금지】
누구든지 등록법인이 아니면서 등록법인으로 표시하거나 등록법인으로 오인하게 할 수 있는 명칭을 사용하여서는 아니 된다.

제38조【재판 등에 대한 영향력 행사 금지】
범죄피해자 보호·지원 업무에 종사하는 자는 형사절차에서 가해자에 대한 처벌을 요구하거나 소송관계인에게 위력을 가하는 등 수사, 변호 또는 재판에 부당한 영향을 미치기 위한 행위를 하여서는 아니 된다.

제39조【비밀누설의 금지】
범죄피해자 보호·지원 업무에 종사하고 있거나 종사하였던 자는 그 업무를 수행하는 과정에서 알게 된 타인의 사생활에 관한 비밀을 누설하여서는 아니 되며, 범죄피해자를 보호하고 지원하는 목적으로만 그 비밀을 사용하여야 한다.

제40조【수수료 등의 금품 수수 금지】
범죄피해자 보호·지원 업무에 종사하고 있거나 종사하였던 자는 범죄피해자를 보호·지원한다는 이유로 수수료 등의 명목으로 금품을 요구하거나 받아서는 아니 된다. 다만, 다른 법률에 규정이 있는 경우에는 그러하지 아니하다.

제6장 | 형사조정

제41조【형사조정 회부】 ★
① 검사는 피의자와 범죄피해자(이하 "당사자"라 한다) 사이에 형사분쟁을 공정하고 원만하게 해결하여 범죄피해자가 입은 피해를 실질적으로 회복하는 데 필요하다고 인정하면 당사자의

신청 또는 직권으로 수사 중인 형사사건을 형사조정에 회부할 수 있다.

② 형사조정에 회부할 수 있는 형사사건의 구체적인 범위는 대통령령으로 정한다. 다만, 다음 각 호의 어느 하나에 해당하는 경우에는 형사조정에 회부하여서는 아니 된다.

1. 피의자가 도주하거나 증거를 인멸할 염려가 있는 경우

2. 공소시효의 완성이 임박한 경우

3. 불기소처분의 사유에 해당함이 명백한 경우(다만, 기소유예처분의 사유에 해당하는 경우는 제외한다)

시행령

제46조【형사조정 대상 사건】

법 제41조 제2항에 따라 형사조정에 회부할 수 있는 형사사건은 다음 각 호와 같다.

1. 차용금, 공사대금, 투자금 등 개인 간 금전거래로 인하여 발생한 분쟁으로서 사기, 횡령, 배임 등으로 고소된 재산범죄 사건

2. 개인 간의 명예훼손·모욕, 경계 침범, 지식재산권 침해, 임금체불 등 사적 분쟁에 대한 고소사건

3. 제1호 및 제2호에서 규정한 사항 외에 형사조정에 회부하는 것이 분쟁 해결에 적합하다고 판단되는 고소사건

4. 고소사건 외에 일반 형사사건 중 제1호부터 제3호까지에 준하는 사건

제47조【당사자】

형사조정의 당사자는 피의자와 타인의 범죄행위로 피해를 당한 사람이 되는 것을 원칙으로 한다.

제42조【형사조정위원회】

① 제41조에 따른 형사조정을 담당하기 위하여 각급 지방검찰청 및 지청에 형사조정위원회를 둔다.

② 형사조정위원회는 2명 이상의 형사조정위원으로 구성한다.

③ 형사조정위원은 형사조정에 필요한 법적 지식 등 전문성과 덕망을 갖춘 사람 중에서 관할 지방검찰청 또는 지청의 장이 미리 위촉한다.

④「국가공무원법」제33조 각 호의 어느 하나에 해당하는 사람은 형사조정위원으로 위촉될 수 없다.

⑤ 형사조정위원의 임기는 2년으로 하며, 연임할 수 있다.

⑥ 형사조정위원회의 위원장은 관할 지방검찰청 또는 지청의 장이 형사조정위원 중에서 위촉한다.

⑦ 형사조정위원에게는 예산의 범위에서 법무부령으로 정하는 바에 따라 수당을 지급할 수 있으며, 필요한 경우에는 여비, 일당 및 숙박료를 지급할 수 있다.

⑧ 제1항부터 제7항까지에서 정한 사항 외에 형사조정위원회의 구성과 운영 및 형사조정위원의 임면 등에 관한 사항은 대통령령으로 정한다.

🔖 **시행령**

제48조【형사조정위원회의 구성·운영 등】

① 법 제42조에 따른 형사조정위원회(이하 "형사조정위원회"라 한다)의 위원장은 대외적으로 형사조정위원회를 대표하고 형사조정위원회의 업무를 총괄하며, 법 제42조에 따른 형사조정위원(이하 "형사조정위원"이라 한다) 중에서 3명 이내의 형사조정위원을 지정하여 각 형사조정사건에 대한 형사조정위원회(이하 "개별 조정위원회"라 한다)를 구성한다.

② 형사조정위원회의 사무 처리를 위하여 간사 1명을 둘 수 있다. 이 경우 간사는 관할 지방검찰청 또는 지청 소속 공무원 중에서 지방검찰청 또는 지청의 장이 지명한다.

③ 개별 조정위원회 조정장은 형사조정위원 중에서 호선한다.

④ 개별 조정위원회의 조정장은 조정절차를 주재한다.

제49조【형사조정위원의 임면 관할】

지방검찰청 또는 지청의 장은 형사조정위원이 다음 각 호의 어느 하나에 해당하면 해촉하여야 한다.

1. 법 제46조에 따라 준용되는 법 제38조부터 제40조까지의 어느 하나에 위반되는 행위를 한 때

2. 심신상의 장애로 직무수행이 불가능하거나 현저히 곤란하다고 인정될 때

3. 그 밖에 형사조정위원으로서 중립성과 공정성을 잃는 등 부적당한 행위를 하였다고 인정될 때

제50조【형사조정위원의 제척·기피·회피】

① 형사조정위원이 다음 각 호의 어느 하나에 해당하면 해당 형사조정 업무에서 제척된다.

    1. 형사조정위원 또는 그 배우자나 배우자이었던 사람이 당사자인 때

    2. 형사조정위원이 당사자와 친족의 관계에 있거나 있었을 때

    3. 형사조정위원이 당사자의 대리인으로 되거나 대리인이었을 때

    4. 형사조정위원이 해당 사건에 관하여 참고인진술·증언 또는 감정을 하였을 때

② 당사자는 형사조정위원이 제1항 각 호의 사유에 해당하거나 공정하지 아니한 형사조정을 할 염려가 있을 때에는 관할 지방검찰청 또는 지청의 장에게 형사조정위원의 기피를 신청할 수 있다.

③ 관할 지방검찰청 또는 지청의 장은 제2항에 따른 기피신청이 이유 있다고 인정할 때에는 인용결정을 하여야 하며, 해당 위원은 그 형사조정절차에 관여하지 못한다.

④ 관할 지방검찰청 또는 지청의 장은 제2항에 따른 기피신청이 절차에 어긋나거나 형사조정을 지연시킬 목적으로 하는 것이 분명한 경우에는 결정으로 기각한다.

⑤ 형사조정위원은 제2항의 사유가 있는 경우에는 관할 지방검찰청 또는 지청의 장의 허가를 받아 이를 회피할 수 있다.

제43조【형사조정의 절차】

① 형사조정위원회는 당사자 사이의 공정하고 원만한 화해와 범죄피해자가 입은 피해의 실질적인 회복을 위하여 노력하여야 한다.

② 형사조정위원회는 형사조정이 회부되면 지체 없이 형사조정 절차를 진행하여야 한다.

③ 형사조정위원회는 필요하다고 인정하면 형사조정의 결과에 이해관계가 있는 사람의 신청 또는 직권으로 이해관계인을 형사조정에 참여하게 할 수 있다.

④ 제1항부터 제3항까지에서 정한 사항 외에 형사조정의 절차에 관한 사항은 대통령령으로 정한다.

시행령

제51조 【형사조정기일】

① 형사조정기일은 매회 당사자에게 통지하여야 한다.

② 형사조정기일의 통지는 우편, 전화, 팩스 또는 그 밖의 상당한 방법으로 할 수 있다.

제52조 【형사조정절차의 개시】

① 형사조정절차를 개시하기 위해서는 당사자의 동의가 있어야 한다.

② 제1항의 동의권자가 제1회 형사조정절차 개시 이전까지 출석하여 또는 전화, 우편, 팩스, 그 밖의 방법으로 형사조정절차에 동의하지 않을 뜻을 명확히 한 경우에는 형사조정위원회는 담당 검사에게 사건을 회송해야 한다.

제44조 【관련 자료의 송부 등】

① 형사조정위원회는 형사사건을 형사조정에 회부한 검사에게 해당 형사사건에 관하여 당사자가 제출한 서류, 수사서류 및 증거물 등 관련 자료의 사본을 보내 줄 것을 요청할 수 있다.

② 제1항의 요청을 받은 검사는 그 관련 자료가 형사조정에 필요하다고 판단하면 형사조정위원회에 보낼 수 있다. 다만, 당사자 또는 제3자의 사생활의 비밀이나 명예를 침해할 우려가 있거나 수사상 비밀을 유지할 필요가 있다고 인정하는 부분은 제외할 수 있다.

③ 당사자는 해당 형사사건에 관한 사실의 주장과 관련된 자료를 형사조정위원회에 제출할 수 있다.

④ 형사조정위원회는 제1항부터 제3항까지의 규정에 따른 자료의 제출자 또는 진술자의 동의를 받아 그 자료를 상대방 당사자에게 열람하게 하거나 사본을 교부 또는 송부할 수 있다.

⑤ 관련 자료의 송부나 제출 절차 및 열람 등에 대한 동의의 확인 방법 등에 관한 사항은 대통령령으로 정한다.

시행령

제53조 【관련 자료의 송부 등】

① 법 제44조 제1항에 따라 형사조정위원회가 형사사건을 회부한 검사에게 관련 자료의 사본을 보내줄 것을 요청할 때에는 서면에 의한다.

② 제1항의 요청을 받은 검사는 요청받은 날부터 7일 이내에 직접 배달하거나 우편, 팩스 또는 그 밖의 방법으로 자료를 제출해야 한다. 다만, 자료가 법 제44조 제2항 단서에 해당하는 경우에는 그 사유를 형사조정위원회에 통지하고 해당 자료를 제출하지 않을 수 있다.

③ 당사자는 조정기일 전날까지 법 제44조 제3항에 따른 자료를 형사조정위원회에 직접 배달하거나 우편, 팩스 또는 그 밖의 방법으로 제출할 수 있다.

④ 법 제44조 제4항에 따라 형사조정위원회가 자료의 제출자 또는 진술자의 동의를 받을 때에는 서면에 의한다.

제45조【형사조정절차의 종료】
① 형사조정위원회는 조정기일마다 형사조정의 과정을 서면으로 작성하고, 형사조정이 성립되면 그 결과를 서면으로 작성하여야 한다.
② 형사조정위원회는 조정 과정에서 증거위조나 거짓 진술 등의 사유로 명백히 혐의가 없는 것으로 인정하는 경우에는 조정을 중단하고 담당 검사에게 회송하여야 한다.
③ 형사조정위원회는 형사조정 절차가 끝나면 제1항의 서면을 붙여 해당 형사사건을 형사조정에 회부한 검사에게 보내야 한다.
④ 검사는 형사사건을 수사하고 처리할 때 형사조정 결과를 고려할 수 있다. 다만, 형사조정이 성립되지 아니하였다는 사정을 피의자에게 불리하게 고려하여서는 아니 된다.
⑤ 형사조정의 과정 및 그 결과를 적은 서면의 서식 등에 관한 사항은 법무부령으로 정한다.

시행령

제54조【형사조정절차의 종료】
개별 조정위원회는 당사자 사이에 합의가 성립되지 아니하는 경우 또는 성립된 합의 내용이 위법하거나 선량한 풍속, 그 밖의 사회질서에 위반된다고 인정되는 경우에는 조정 불성립 결정을 하고 담당 검사에게 사건을 회송하여야 한다.

제46조【준용규정】
형사조정위원이나 형사조정위원이었던 사람에 관하여는 제38조부터 제40조까지의 규정을 준용한다.

제7장 | 보칙

제46조의2【경찰관서의 협조】
범죄피해자 지원법인의 장 또는 보호시설의 장은 피해자나 피해자의 가족구성원을 긴급히 구조할 필요가 있을 때에는 경찰관서(지구대·파출소 및 출장소를 포함한다)의 장에게 그 소속 직원의 동행을 요청할 수 있으며, 요청을 받은 경찰관서의 장은 특별한 사유가 없으면 이에 따라야 한다.

11 소송촉진 등에 관한 특례법

• 특례법 2024.4.17. 시행 | 특례규칙 2024.4.17. 시행

제1장 | 총칙

제1조 【목적】
이 법은 소송의 지연을 방지하고, 국민의 권리·의무의 신속한 실현과 분쟁처리의 촉진을 도모함을 목적으로 한다.

제2조 【특례의 범위】
이 법은 제1조의 목적을 달성하기 위하여 법정이율과 독촉절차 및 형사소송에 관한 특례를 규정한다.

제2장 | 법정이율에 관한 특례

제3조 【법정이율】
① 금전채무의 전부 또는 일부의 이행을 명하는 판결(심판을 포함한다. 이하 같다)을 선고할 경우, 금전채무 불이행으로 인한 손해배상액 산정의 기준이 되는 법정이율은 그 금전채무의 이행을 구하는 소장(訴狀) 또는 이에 준하는 서면(書面)이 채무자에게 송달된 날의 다음 날부터는 연 100분의 40 이내의 범위에서 「은행법」에 따른 은행이 적용하는 연체금리 등 경제여건을 고려하여 대통령령으로 정하는 이율에 따른다. 다만, 「민사소송법」 제251조에 규정된 소(訴)에 해당하는 경우에는 그러하지 아니하다.
② 채무자에게 그 이행의무가 있음을 선언하는 사실심(事實審) 판결이 선고되기 전까지 채무자가 그 이행의무의 존재 여부나 범위에 관하여 항쟁(抗爭)하는 것이 타당하다고 인정되는 경우에는 그 타당한 범위에서 제1항을 적용하지 아니한다.

제3장 | 삭제 <1990.1.13.>

제4조
삭제 <1990.1.13.>

제11조
삭제 <1990.1.13.>

제5조
삭제 <1990.1.13.>

제12조
삭제 <1990.1.13.>

제6조
삭제 <1990.1.13.>

제13조
삭제 <1990.1.13.>

제7조
삭제 <1990.1.13.>

제14조
삭제 <1990.1.13.>

제8조
삭제 <1990.1.13.>

제15조
삭제 <1990.1.13.>

제9조
삭제 <1990.1.13.>

제16조
삭제 <1990.1.13.>

제10조
삭제 <1990.1.13.>

제4장 | 삭제 <1990.1.13.>

제17조
삭제 <1990.1.13.>

제19조
삭제 <1990.1.13.>

제18조
삭제 <1990.1.13.>

제20조
삭제 <1990.1.13.>

제5장 | 독촉절차에 관한 특례

제20조의2【공시송달에 의한 지급명령】

① 다음 각 호의 어느 하나에 해당하는 자가 그 업무 또는 사업으로 취득하여 행사하는 대여금, 구상금, 보증금 및 그 양수금 채권에 대하여 지급명령을 신청하는 경우에는 「민사소송법」 제462조 단서 및 같은 법 제466조 제2항 중 공시송달에 관한 규정을 적용하지 아니한다.

1. 「은행법」에 따른 은행
2. 「중소기업은행법」에 따른 중소기업은행
3. 「한국산업은행법」에 따른 한국산업은행
4. 「농업협동조합법」에 따른 조합과 그 중앙회 및 농협은행
5. 「농업협동조합의 구조개선에 관한 법률」에 따른 농업협동조합자산관리회사
6. 「수산업협동조합법」에 따른 조합과 그 중앙회 및 수협은행
6의2. 「상호저축은행법」에 따른 상호저축은행
7. 「신용협동조합법」에 따른 신용협동조합 및 신용협동조합중앙회
8. 「새마을금고법」에 따른 금고 및 중앙회
9. 「보험업법」에 따른 보험회사
10. 「여신전문금융업법」에 따른 여신전문금융회사
11. 「기술보증기금법」에 따른 기술보증기금
12. 「신용보증기금법」에 따른 신용보증기금
13. 「산림조합법」에 따른 지역조합·전문조합과 그 중앙회
14. 「지역신용보증재단법」에 따른 신용보증재단 및 신용보증재단중앙회
15. 「한국주택금융공사법」에 따른 한국주택금융공사
16. 「한국자산관리공사 설립 등에 관한 법률」에 따른 한국자산관리공사
17. 「예금자보호법」에 따른 예금보험공사 및 정리금융회사
18. 「자산유동화에 관한 법률」에 따라 제1호부터 제6호까지, 제6호의2, 제7호부터 제17호까지의 어느 하나에 해당하는 자가 청구 채권의 자산보유자인 유동화전문회사
19. 「주택도시기금법」에 따른 주택도시보증공사
20. 「중소기업진흥에 관한 법률」에 따른 중소벤처기업진흥공단
21. 「소상공인 보호 및 지원에 관한 법률」에 따른 소상공인시장진흥공단
22. 그 밖에 제1호부터 제6호까지, 제6호의2, 제7호부터 제21호까지에 준하는 자로서 대법원 규칙으로 정하는 자

② 제1항의 채권자는 지급명령을 공시송달에 의하지 아니하고는 송달할 수 없는 경우 청구원인을 소명하여야 한다.

③ 제2항에 따른 청구원인의 소명이 없는 때에는 결정으로 그 신청을 각하하여야 한다. 청구의 일부에 대하여 지급명령을 할 수 없는 때에 그 일부에 대하여도 또한 같다.

④ 제3항의 결정에 대하여는 불복할 수 없다.
⑤ 제1항에 따라 지급명령이 공시송달의 방법으로 송달되어 채무자가 이의신청의 기간을 지킬 수 없었던 경우 「민사소송법」 제173조 제1항에서 정한 소송행위의 추후보완 사유가 있는 것으로 본다.

제6장 | 형사소송에 관한 특례

제21조 【판결 선고기간】
판결의 선고는 제1심에서는 공소가 제기된 날부터 6개월 이내에, 항소심 및 상고심에서는 기록을 송부 받은 날부터 4개월 이내에 하여야 한다.

제22조 【약식명령기간】
약식명령은 「형사소송법」 제450조(보통의 심판)의 경우를 제외하고는 그 청구가 있는 날부터 14일 이내에 하여야 한다.

제23조 【제1심 공판의 특례】
제1심 공판절차에서 피고인에 대한 송달불능보고서가 접수된 때부터 6개월이 지나도록 피고인의 소재를 확인할 수 없는 경우에는 대법원규칙으로 정하는 바에 따라 피고인의 진술 없이 재판할 수 있다. 다만, 사형, 무기 또는 장기 10년이 넘는 징역이나 금고에 해당하는 사건의 경우에는 그러하지 아니하다.

📖 특례규칙

제18조 【주소의 보고와 보정】
① 재판장은 피고인에 대한 인정신문을 마친 뒤 피고인에 대하여 그 주소의 변동이 있을 때에는 이를 법원에 보고할 것을 명하고, 피고인의 소재가 확인되지 않는 때에는 그 진술없이 재판할 경우가 있음을 경고하여야 한다.
② 피고인에 대한 송달이 불능인 경우에 재판장은 그 소재를 확인하기 위하여 소재조사촉탁, 구인장의 발부 기타 필요한 조치를 취하여야 한다.
③ 공소장에 기재된 피고인의 주소가 특정되어 있지 아니하거나 그 기재된 주소에 공소제기 당시 피고인이 거주하지 아니한 사실이 인정된 때에는 재판장은 검사에게 상당한 기간을 정하여 그 주소를 보정할 것을

요구하여야 한다.

제19조 【불출석피고인에 대한 재판】

① 피고인에 대한 송달불능보고서가 접수된 때로부터 6월이 경과하도록 제18조 제2항 및 제3항의 규정에 의한 조치에도 불구하고 피고인의 소재가 확인되지 아니한 때에는 그 후 피고인에 대한 송달은 공시송달의 방법에 의한다.

② 피고인이 제1항의 규정에 의한 공판기일의 소환을 2회 이상 받고도 출석하지 아니한 때에는 법 제23조의 규정에 의하여 피고인의 진술 없이 재판할 수 있다.

제23조의2 【재심】

① 제23조 본문에 따라 유죄판결을 받고 그 판결이 확정된 자가 책임을 질 수 없는 사유로 공판절차에 출석할 수 없었던 경우 「형사소송법」 제424조(재심청구권자)에 규정된 자는 그 판결이 있었던 사실을 안 날부터 14일 이내(재심청구인이 책임을 질 수 없는 사유로 위 기간에 재심청구를 하지 못한 경우에는 그 사유가 없어진 날부터 14일 이내)에 제1심 법원에 재심을 청구할 수 있다.

② 제1항에 따른 청구가 있을 때에는 법원은 재판의 집행을 정지하는 결정을 하여야 한다.

③ 제2항에 따른 집행정지 결정을 한 경우에 피고인을 구금할 필요가 있을 때에는 구속영장을 발부하여야 한다. 다만, 「형사소송법」 제70조(구속의 사유)의 요건을 갖춘 경우로 한정한다.

④ 재심청구인은 재심청구서에 송달 장소를 적고, 이를 변경하는 경우에는 지체 없이 그 취지를 법원에 신고하여야 한다.

⑤ 재심청구인이 제4항에 따른 기재 또는 신고를 하지 아니하여 송달을 할 수 없는 경우에는 「형사소송법」 제64조(공시송달의 방식)에 따른 공시송달을 할 수 있다.

⑥ 재심 개시 결정이 확정된 후 공판기일에 재심청구인이 출석하지 아니한 경우에는 「형사소송법」 제365조(피고인의 출정)를 준용한다.

⑦ 이 법에 따른 재심에 관하여는 「형사소송법」 제426조, 제427조, 제429조부터 제434조까지, 제435조 제1항, 제437조부터 제440조까지의 규정을 준용한다.

제24조

삭제 <2012.1.17.>

제25조 【배상명령】

① 제1심 또는 제2심의 형사공판 절차에서 다음 각 호의 죄 중 어느 하나에 관하여 유죄판결을 선고할 경우, 법원은 직권에 의하여 또는 피해자나 그 상속인(이하 "피해자"라 한다)의 신청에 의하여 피고사건의 범죄행위로 인하여 발생한 직접적인 물적(物的) 피해, 치료비 손해 및 위자료의 배상을 명할 수 있다.

1. 「형법」 제257조 제1항, 제258조 제1항 및 제2항, 제258조의2 제1항(제257조 제1항의 죄로 한정한다) · 제2항(제258조 제1항 · 제2항의 죄로 한정한다), 제259조 제1항, 제262조(존속폭행치 사상의 죄는 제외한다), 같은 법 제26장, 제32장(제304조의 죄는 제외한다), 제38장부터 제40장까지 및 제42장에 규정된 죄
   2. 「성폭력범죄의 처벌 등에 관한 특례법」 제10조부터 제14조까지, 제15조(제3조부터 제9조까지의 미수범은 제외한다), 「아동 · 청소년의 성보호에 관한 법률」 제12조 및 제14조에 규정된 죄
   3. 제1호의 죄를 가중처벌하는 죄 및 그 죄의 미수범을 처벌하는 경우 미수의 죄
② 법원은 제1항에 규정된 죄 및 그 외의 죄에 대한 피고사건에서 피고인과 피해자 사이에 합의된 손해배상액에 관하여도 제1항에 따라 배상을 명할 수 있다.
③ 법원은 다음 각 호의 어느 하나에 해당하는 경우에는 배상명령을 하여서는 아니 된다.
   1. 피해자의 성명 · 주소가 분명하지 아니한 경우
   2. 피해 금액이 특정되지 아니한 경우
   3. 피고인의 배상책임의 유무 또는 그 범위가 명백하지 아니한 경우
   4. 배상명령으로 인하여 공판절차가 현저히 지연될 우려가 있거나 형사소송 절차에서 배상명령을 하는 것이 타당하지 아니하다고 인정되는 경우

제25조의2 【배상신청의 통지】

검사는 제25조 제1항에 규정된 죄로 공소를 제기한 경우에는 지체 없이 피해자 또는 그 법정대리인(피해자가 사망한 경우에는 그 배우자 · 직계친족 · 형제자매를 포함한다)에게 제26조 제1항에 따라 배상신청을 할 수 있음을 통지하여야 한다.

제26조 【배상신청】

① 피해자는 제1심 또는 제2심 공판의 변론이 종결될 때까지 사건이 계속(係屬)된 법원에 제25조에 따른 피해배상을 신청할 수 있다. 이 경우 신청서에 인지(印紙)를 붙이지 아니한다.
② 피해자는 배상신청을 할 때에는 신청서와 상대방 피고인 수만큼의 신청서 부본(副本)을 제출하여야 한다.
③ 신청서에는 다음 각 호의 사항을 적고 신청인 또는 대리인이 서명 · 날인하여야 한다.
   1. 피고사건의 번호, 사건명 및 사건이 계속된 법원
   2. 신청인의 성명과 주소
   3. 대리인이 신청할 때에는 그 대리인의 성명과 주소
   4. 상대방 피고인의 성명과 주소
   5. 배상의 대상과 그 내용
   6. 배상 청구 금액

④ 신청서에는 필요한 증거서류를 첨부할 수 있다.

⑤ 피해자가 증인으로 법정에 출석한 경우에는 말로써 배상을 신청할 수 있다. 이때에는 공판조서에 신청의 취지를 적어야 한다.

⑥ 신청인은 배상명령이 확정되기 전까지는 언제든지 배상신청을 취하할 수 있다.

⑦ 피해자는 피고사건의 범죄행위로 인하여 발생한 피해에 관하여 다른 절차에 따른 손해배상청구가 법원에 계속 중일 때에는 배상신청을 할 수 없다.

⑧ 배상신청은 민사소송에서의 소의 제기와 동일한 효력이 있다.

제27조 【대리인】

① 피해자는 법원의 허가를 받아 그의 배우자, 직계혈족 또는 형제자매에게 배상신청에 관하여 소송행위를 대리하게 할 수 있다.

② 피고인의 변호인은 배상신청에 관하여 피고인의 대리인으로서 소송행위를 할 수 있다.

제28조 【피고인에 대한 신청서 부본의 송달】

법원은 서면에 의한 배상신청이 있을 때에는 지체 없이 그 신청서 부본을 피고인에게 송달하여야 한다. 이 경우 법원은 직권 또는 신청인의 요청에 따라 신청서 부본상의 신청인 성명과 주소 등 신청인의 신원을 알 수 있는 사항의 전부 또는 일부를 가리고 송달할 수 있다.

제29조 【공판기일 통지】

① 법원은 배상신청이 있을 때에는 신청인에게 공판기일을 알려야 한다.

② 신청인이 공판기일을 통지받고도 출석하지 아니하였을 때에는 신청인의 진술 없이 재판할 수 있다.

특례규칙

제20조 【배상신청인 등의 좌석】
법 제26조의 규정에 의하여 피해배상을 신청한 자(다음부터 "배상신청인"이라 한다) 또는 그 대리인은 법관의 정면에 위치한다.

제21조 【배상신청인등의 확인】
재판장은 공판을 개정한 때에는 배상신청인 및 그 대리인을 호명하여 출석여부와 배상신청인의 성명, 연령, 주거 및 직업 등을 확인하여야 한다.

제22조 【배상신청인의 퇴석】
① 출석한 배상신청인은 언제든지 재판장의 허가를 받고 퇴석할 수 있다.

② 재판장은 공판기일의 심리가 배상명령과 관계없는 경우에는 출석한 배상신청인을 퇴석하게 할 수 있다.

제23조【공판조서의 기재요건】

공판조서에 배상신청인의 성명, 출석여부 및 신청서의 진술에 관한 사항을 기재하여야 한다.

제30조【기록의 열람과 증거조사】

① 신청인 및 그 대리인은 공판절차를 현저히 지연시키지 아니하는 범위에서 재판장의 허가를 받아 소송기록을 열람할 수 있고, 공판기일에 피고인이나 증인을 신문할 수 있으며, 그 밖에 필요한 증거를 제출할 수 있다.

② 제1항의 허가를 하지 아니한 재판에 대하여는 불복을 신청하지 못한다.

특례규칙

제24조【증거조사】

① 법원은 필요한 때에는 언제든지 피고인의 배상책임 유무와 그 범위를 인정함에 필요한 증거를 조사할 수 있다.

② 법원은 피고사건의 범죄사실에 관한 증거를 조사할 경우 피고인의 배상책임 유무와 그 범위에 관련된 사실을 함께 조사할 수 있다.

③ 피고사건의 범죄사실을 인정할 증거는 피고인의 배상책임 유무와 그 범위를 인정할 증거로 할 수 있다.

④ 제3항에 규정된 증거 이외의 증거를 조사할 경우 증거조사의 방식 및 증거능력에 관하여는 「형사소송법」의 관계규정에 의한다.

제31조【배상명령의 선고 등】

① 배상명령은 유죄판결의 선고와 동시에 하여야 한다.

② 배상명령은 일정액의 금전 지급을 명함으로써 하고 배상의 대상과 금액을 유죄판결의 주문에 표시하여야 한다. 배상명령의 이유는 특히 필요하다고 인정되는 경우가 아니면 적지 아니한다.

③ 배상명령은 가집행할 수 있음을 선고할 수 있다.

④ 제3항에 따른 가집행선고에 관하여는 「민사소송법」 제213조 제3항(가집행선고의 판결주문 기재), 제215조(가집행선고의 실효, 가집행의 원상회복과 손해배상), 제500조(재심 또는 상소의 추후보완신청으로 말미암은 집행정지) 및 제501조(상소제기 또는 변경의 소제기로 말미암은 집행정지)를 준용한다.

⑤ 배상명령을 하였을 때에는 유죄판결서의 정본을 피고인과 피해자에게 지체 없이 송달하여야 한다.

제32조【배상신청의 각하】

① 법원은 다음 각 호의 어느 하나에 해당하는 경우에는 결정으로 배상신청을 각하하여야 한다.

1. 배상신청이 적법하지 아니한 경우

2. 배상신청이 이유 없다고 인정되는 경우

3. 배상명령을 하는 것이 타당하지 아니하다고 인정되는 경우

② 유죄판결의 선고와 동시에 제1항의 재판을 할 때에는 이를 유죄판결의 주문에 표시할 수 있다.

③ 법원은 제1항의 재판서에 신청인 성명과 주소 등 신청인의 신원을 알 수 있는 사항의 기재를 생략할 수 있다.

④ 배상신청을 각하하거나 그 일부를 인용한 재판에 대하여 신청인은 불복을 신청하지 못하며, 다시 동일한 배상신청을 할 수 없다.

제33조【불복】

① 유죄판결에 대한 상소가 제기된 경우에는 배상명령은 피고사건과 함께 상소심으로 이심된다.

② 상소심에서 원심의 유죄판결을 파기하고 피고사건에 대하여 무죄, 면소 또는 공소기각의 재판을 할 때에는 원심의 배상명령을 취소하여야 한다. 이 경우 상소심에서 원심의 배상명령을 취소하지 아니한 경우에는 그 배상명령을 취소한 것으로 본다.

③ 원심에서 제25조 제2항에 따라 배상명령을 하였을 때에는 제2항을 적용하지 아니한다.

④ 상소심에서 원심판결을 유지하는 경우에도 원심의 배상명령을 취소하거나 변경할 수 있다.

⑤ 피고인은 유죄판결에 대하여 상소를 제기하지 아니하고 배상명령에 대하여만 상소 제기기간에 「형사소송법」에 따른 즉시항고를 할 수 있다. 다만, 즉시항고 제기 후 상소권자의 적법한 상소가 있는 경우에는 즉시항고는 취하된 것으로 본다.

📕 특례규칙

제25조【즉시항고와 기록송부】

① 피고인이 법 제33조 제5항의 규정에 의하여 즉시항고를 제기한 때에는 원심법원은 소송기록과 증거물을 14일 이내에 항고법원에 송부하여야 한다. 다만, 피고인에 대하여 사형을 선고한 판결이 확정된 때에는 그러하지 아니하다.

② 제1항의 규정은 재항고의 경우에 이를 준용한다.

제34조【배상명령의 효력과 강제집행】

① 확정된 배상명령 또는 가집행선고가 있는 배상명령이 기재된 유죄판결서의 정본은 「민사집행법」에 따른 강제집행에 관하여는 집행력 있는 민사판결 정본과 동일한 효력이 있다.

② 이 법에 따른 배상명령이 확정된 경우 피해자는 그 인용된 금액의 범위에서 다른 절차에 따른 손해배상을 청구할 수 없다.

③ 지방법원이 민사지방법원과 형사지방법원으로 분리 설치된 경우에 배상명령에 따른 청구에

관한 이의의 소는 형사지방법원의 소재지를 관할하는 민사지방법원을 제1심 판결법원으로 한다.

④ 청구에 대한 이의의 주장에 관하여는 「민사집행법」 제44조 제2항(이의는 그 이유가 변론이 종결된 뒤에 생긴 것이어야 한다)에 규정된 제한에 따르지 아니한다.

특례규칙

제26조 【재판 정본의 보관】

① 배상명령이 확정된 때에는 제1심판결법원은 확정된 유죄판결등의 정본을 보관하여야 한다.

② 배상명령이 제1심판결법원 이외의 법원에서 확정된 때에는 그 법원은 확정된 재판의 정본을 제1심판결법원에 지체 없이 송부하여야 한다.

③ 제1심판결법원이 제2항의 규정에 의하여 확정된 재판의 정본을 송부받은 때에는 형사공판사건부의 비고란에 그 취지를 기재하여야 한다.

④ 제1항의 규정에 의한 정본의 보존기간은 「법원재판사무처리규칙」 제29조 [별표 2]에 규정된 [영구]로 한다.

제27조 【재판 정본의 교부】

① 배상명령이 확정된 경우, 제1심판결법원 또는 소송기록을 보관한 상급심법원은 「민사집행법」이 규정한 집행력 있는 정본의 부여절차에 의하여 확정된 유죄판결 등의 정본을 교부한다.

② 가집행선고부 배상명령이 있는 때에는 소송기록을 보관한 법원이 제1항에 규정된 절차에 의하여 유죄판결 등의 정본을 교부한다.

제35조 【소송비용】

배상명령의 절차비용은 특별히 그 비용을 부담할 자를 정한 경우를 제외하고는 국고의 부담으로 한다.

제36조 【민사상 다툼에 관한 형사소송 절차에서의 화해】

① 형사피고사건의 피고인과 피해자 사이에 민사상 다툼(해당 피고사건과 관련된 피해에 관한 다툼을 포함하는 경우로 한정한다)에 관하여 합의한 경우, 피고인과 피해자는 그 피고사건이 계속 중인 제1심 또는 제2심 법원에 합의 사실을 공판조서에 기재하여 줄 것을 공동으로 신청할 수 있다.

② 제1항의 합의가 피고인의 피해자에 대한 금전 지급을 내용으로 하는 경우에 피고인 외의 자가 피해자에 대하여 그 지급을 보증하거나 연대하여 의무를 부담하기로 합의하였을 때에는 제1항의 신청과 동시에 그 피고인 외의 자는 피고인 및 피해자와 공동으로 그 취지를 공판조서에 기재하여 줄 것을 신청할 수 있다.

③ 제1항 및 제2항에 따른 신청은 변론이 종결되기 전까지 공판기일에 출석하여 서면으로 하여야 한다.

④ 제3항에 따른 서면에는 해당 신청과 관련된 합의 및 그 합의가 이루어진 민사상 다툼의 목적인 권리를 특정할 수 있는 충분한 사실을 적어야 한다.

⑤ 합의가 기재된 공판조서의 효력 및 화해비용에 관하여는 「민사소송법」 제220조(화해, 청구의 포기·인낙조서의 효력) 및 제389조(화해비용)를 준용한다.

📖 특례규칙

제28조【화해신청서의 기재사항】

법 제36조 제3항의 서면에는 다음 각 호의 사항을 기재하고 신청인 또는 대리인이 기명날인 또는 서명하여야 한다.

1. 형사피고사건의 번호, 사건명 및 사건이 계속된 법원
2. 신청인의 성명 및 주소
3. 대리인이 신청할 때에는 그 성명 및 주소
4. 신청인이 당해 형사피고사건의 피고인일 때는 그 취지
5. 신청인이 법 제36조 제2항에서 규정하는 피고인의 금전지불을 보증하거나 연대하여 의무를 부담하기로 한 사람일 때는 그 취지
6. 당해 신청과 관련된 합의 및 그 합의가 이루어진 민사상 다툼의 목적인 권리를 특정함에 충분한 사실

제29조【공판기일에서의 절차】

법 제36조 제3항에 따라 신청인이 공판기일에 출석한 경우 그 성질에 반하지 않는 한 제20조 내지 제22조의 규정을 준용한다.

제30조【공판조서의 기재사항 등】

① 법 제36조 제1항 또는 제2항의 규정에 의한 신청이 있는 경우 공판조서에는 그 신청사실을 기재하여야 한다.

② 법 제36조 제1항 또는 제2항의 규정에 의한 신청에 따른 합의를 공판조서에 기재하는 조치를 취한 경우에 해당기일조서에는 합의가 있다는 취지만을 기재하고, 다음 각 호의 사항을 기재한 화해조서를 작성한다.

1. 사건의 표시
2. 법관과 법원사무관등의 성명
3. 신청인의 성명 및 주소
4. 출석한 신청인 및 대리인의 성명
5. 당해 신청과 관련된 합의 및 그 합의가 이루어진 민사상 다툼의 목적인 권리를 특정함에 충분한 사실

③ 화해조서의 말미에는 법원사무관등과 재판장이 기명날인한다.

④ 법원사무관등은 제2항의 화해조서의 정본을 화해가 있는 날로부터 7일 안에 신청인에게 송달하여야 한다.

제37조【화해기록】

① 제36조 제1항 또는 제2항에 따른 신청에 따라 공판조서에 기재된 합의를 한 자나 이해관계를 소명한 제3자는 「형사소송법」 제55조(피고인의 공판조서열람권)에도 불구하고 대법원규칙으로 정하는 바에 따라 법원서기관, 법원사무관, 법원주사 또는 법원주사보(이하 "법원사무관등"이라 한다)에게 다음 각 호의 사항을 신청할 수 있다.

1. 다음 각 목에 해당하는 서류(이하 "화해기록"이라 한다)의 열람 또는 복사

가. 해당 공판조서(해당 합의 및 그 합의가 이루어진 민사상 다툼의 목적인 권리를 특정할 수 있는 충분한 사실이 기재된 부분으로 한정한다)

나. 해당 신청과 관련된 제36조 제3항에 따른 서면

다. 그 밖에 해당 합의에 관한 기록

2. 조서의 정본·등본 또는 초본의 발급

3. 화해에 관한 사항의 증명서의 발급

② 제1항에 따라 신청하는 자는 대법원규칙으로 정하는 바에 따라 수수료를 내야 한다.

③ 제1항 각 호의 신청에 관한 법원사무관등의 처분에 대한 이의신청은 「민사소송법」 제223조(법원사무관 등의 처분에 대한 이의)의 예에 따르고, 화해기록에 관한 비밀보호를 위한 열람 등의 제한 절차는 같은 법 제163조(비밀보호를 위한 열람 등의 제한)의 예에 따른다.

④ 화해기록은 형사피고사건이 종결된 후에는 그 피고사건의 제1심 법원에서 보관한다.

📖 **특례규칙**

제31조 【화해기록의 작성 및 보관】

① 법 제37조에 따른 화해기록은 형사피고사건기록과 구별하여 별책으로 편성한다.

② 항소심에서 제1항의 화해기록을 작성한 경우에는 형사피고사건이 확정되거나 상고장이 접수된 후 14일 이내에 그 화해기록을 당해 피고사건의 제1심 법원으로 송부한다.

③ 법 제37조 제4항에 따라 제1심 법원이 화해기록을 보관할 경우에 그 보존방식과 보존기간 등은 민사소송절차에서의 제소전화해사건기록의 보존에 준한다.

제38조 【화해 절차 당사자 등에 관한 「민사소송법」의 준용】

제36조 및 제37조에 따른 민사상 다툼에 관한 형사소송 절차에서의 화해 절차의 당사자 및 대리인에 관하여는 그 성질에 반하지 아니하면 「민사소송법」 제1편 제2장 제1절(선정당사자 및 특별대리인에 관한 규정은 제외한다) 및 제4절(소송대리인)을 준용한다.

📖 **특례규칙**

제32조 【준용규정】

법 제36조 및 제37조에서 규정하는 민사상 다툼에 관한 형사소송절차에서의 화해절차에 있어서는 「민사소송규칙」 제1편 제3장(제13조 제2항 및 제14조를 제외한다) 및 제38조의 규정을 준용한다.

제39조 【집행문 부여의 소 등에 대한 관할 특칙】

제36조에 따른 민사상 다툼에 관한 형사소송 절차에서의 화해에 관련된 집행문 부여의 소, 청구에 관한 이의의 소 또는 집행문 부여에 대한 이의의 소에 대하여는 「민사집행법」 제33조(집행문 부여의

소), 제44조(청구에 관한 이의의 소) 제1항 및 제45조(집행문 부여에 대한 이의의 소)에도 불구하고 해당 피고사건의 제1심 법원의 관할에 전속한다.

제40조 【위임규정】

배상명령의 절차에 관하여 이 법에 특별한 규정이 없는 사항은 대법원규칙으로 정하는 바에 따르고, 제36조부터 제39조까지의 규정에서 정하는 것 외에 민사상 다툼에 관한 형사소송 절차에서의 화해에 관하여 필요한 사항은 대법원규칙으로 정한다.

12 아동 · 청소년의 성보호에 관한 법률

• 2024.6.27. 시행

제1장 | 총칙

제1조 【목적】

이 법은 아동 · 청소년대상 성범죄의 처벌과 절차에 관한 특례를 규정하고 피해아동 · 청소년을 위한 구제 및 지원 절차를 마련하며 아동 · 청소년대상 성범죄자를 체계적으로 관리함으로써 아동 · 청소년을 성범죄로부터 보호하고 아동 · 청소년이 건강한 사회구성원으로 성장할 수 있도록 함을 목적으로 한다.

제2조 【정의】 ★

이 법에서 사용하는 용어의 뜻은 다음과 같다.

아동 · 청소년	19세 미만의 사람
아동 · 청소년대상 성범죄	가. 제7조(아동·청소년에 대한 강간·강제추행 등), 제7조의2(예비, 음모), 제8조(장애인인 아동·청소년에 대한 간음 등), 제8조의2(13세 이상 16세 미만 아동·청소년에 대한 간음 등), 제9조부터 제15조까지(강간 등 상해·치상, 강간 등 살인·치사, 아동·청소년 이용음란물의 제작·배포 등, 아동·청소년 매매행위, 아동·청소년의 성을 사는 행위 등, 아동·청소년에 대한 강요행위 등, 알선영업행위 등) 및 제15조의2(아동·청소년에 대한 성착취 목적 대화 등)의 죄 나. 아동·청소년에 대한 「성폭력범죄의 처벌 등에 관한 특례법」 제3조부터 제15조까지(특수강도강간 등, 특수강간 등, 친족관계에 의한 강간 등, 장애인에 대한 강간·강제추행 등, 13세 미만의 미성년자에 대한 강간, 강제추행 등, 강간 등 상해·치상, 강간 등 살인·치사, 업무상 위력 등에 의한 추행, 공중밀집장소에서의 추행, 성적 목적을 위한 다중이용장소 침입행위, 통신매체를 이용한 음란행위, 카메라 등을 이용한 촬영, 허위영상물 등의 반포 등, 촬영물 등을 이용한 협박·강요, 미수범)의 죄 다. 아동·청소년에 대한 「형법」 제297조(강간), 제297조의2(유사강간) 및 제298조부터 제301조까지(강제추행, 준강간, 준강제추행, 미수범, 강간 등 상해·치상), 제301조의2(강간 등 살인·치사), 제302조(미성년자 등에 대한 간음), 제303조(업무상 위력 등에 의한 간음), 제305조(미성년자에 대한 간음, 추행), 제339조(강도강간) 및 제342조(미수범)(제339조의 미수범에 한정한다)의 죄 라. 아동·청소년에 대한 「아동복지법」 제17조 제2호(아동에게 음란한 행위를 시키거나 이를 매개하는 행위 또는 아동에게 성적 수치심을 주는 성희롱 등의 성적 학대행위)의 죄

아동·청소년대상 성폭력범죄	아동·청소년대상 성범죄에서 제11조부터 제15조까지 및 제15조의2의 죄를 제외한 죄
성인대상 성범죄	「성폭력범죄의 처벌 등에 관한 특례법」 제2조에 따른 성폭력범죄. 다만, 아동·청소년에 대한 「형법」 제302조 및 제305조의 죄는 제외한다.
아동·청소년의 성을 사는 행위	아동·청소년, 아동·청소년의 성(性)을 사는 행위를 알선한 자 또는 아동·청소년을 실질적으로 보호·감독하는 자 등에게 금품이나 그 밖의 재산상 이익, 직무·편의제공 등 대가를 제공하거나 약속하고 다음 각 목의 어느 하나에 해당하는 행위를 아동·청소년을 대상으로 하거나 아동·청소년으로 하여금 하게 하는 것 가. 성교 행위 나. 구강·항문 등 신체의 일부나 도구를 이용한 유사 성교 행위 다. 신체의 전부 또는 일부를 접촉·노출하는 행위로서 일반인의 성적 수치심이나 혐오감을 일으키는 행위 라. 자위행위
아동·청소년 성착취물	아동·청소년 또는 아동·청소년으로 명백하게 인식될 수 있는 사람이나 표현물이 등장하여 제4호 각 목의 어느 하나에 해당하는 행위를 하거나 그 밖의 성적 행위를 하는 내용을 표현하는 것으로서 필름·비디오물·게임물 또는 컴퓨터나 그 밖의 통신매체를 통한 화상·영상 등의 형태로 된 것
피해아동·청소년	제2호 나목부터 라목까지, 제7조, 제7조의2, 제8조, 제8조의2, 제9조부터 제15조까지 및 제15조의2의 죄의 피해자가 된 아동·청소년(제13조 제1항의 죄의 상대방이 된 아동·청소년을 포함한다)
성매매 피해아동·청소년	피해아동·청소년 중 제13조 제1항의 죄의 상대방 또는 제13조 제2항·제14조·제15조의 죄의 피해자가 된 아동·청소년
등록정보	법무부장관이 「성폭력범죄의 처벌 등에 관한 특례법」 제42조 제1항의 등록대상자에 대하여 같은 법 제44조 제1항에 따라 등록한 정보

관련판례

[1] 아동·청소년의 성보호에 관한 법률 제2조 제5호, 제11조 제2항 및 제3항 중 아동·청소년이용음란물 가운데 "아동·청소년으로 인식될 수 있는 사람이나 표현물이 등장하여 그 밖의 성적 행위를 하는 내용을 표현하는 것" 부분은 헌법에 위반되지 아니한다(헌재 2015.6.25. 2013헌가17).

[2] 아동·청소년의 성을 사는 행위를 알선하는 행위를 업으로 하여 알선영업행위죄가 성립하기 위해서는 알선행위를 업으로 하는 사람이 아동·청소년을 알선의 대상으로 삼아 그 성을 사는 행위를 알선한다는 것을 인식하여야 하지만, 이에 더하여 알선행위로 아동·청소년의 성을 사는 행위를 한 사람이 행위의 상대방이 아동·청소년임을 인식하여야 한다고 볼 수는 없다(대법원 2016.2.18. 2015도15664).

[3] 청소년성보호법 제11조 제5항은 "아동·청소년성착취물을 구입하거나 아동·청소년성착취물임을 알면서 이를 소지·시청한 자는 1년 이상의 징역에 처한다."라고 규정하고 있다. 여기서 '소지'란 아동·청소년성착취물을 자기가 지배할 수 있는 상태에 두고 지배관계를 지속시키는 행위를 말한다. 아동·청소년성착취물 파일을 구입하여 시청할 수 있는 상태 또는 접근할 수 있는 상태만으로 곧바로 이를

소지로 보는 것은 소지에 대한 문언해석의 한계를 넘어서는 것이어서 허용될 수 없으므로, 피고인이 자신이 지배하지 않는 서버 등에 저장된 아동·청소년성착취물에 접근하였지만 위 성착취물을 다운로 드 하는 등 실제로 지배할 수 있는 상태로 나아가지는 않았다면 특별한 사정이 없는 한 아동·청소년성 착취물을 '소지'한 것으로 평가하기는 어렵다.

청소년성보호법 제11조제3항은 "아동·청소년성착취물을 배포·제공하거나 이를 목적으로 광고·소개 하거나 공연히 전시 또는 상영한 자는 3년 이상의 징역에 처한다."라고 규정하고 있다. 여기서 '아동 ·청소년성착취물의 배포'란 아동·청소년성착취물을 불특정 또는 다수인에게 교부하는 것을 의미하고, '공연히 전시'하는 행위란 불특정 또는 다수인이 실제로 아동·청소년성착취물을 인식할 수 있는 상태 에 두는 것을 의미한다. 자신의 웹사이트에 아동·청소년성착취물이 저장된 다른 웹사이트로 연결되는 링크를 해 놓는 행위자의 의사, 그 행위자가 운영하는 웹사이트의 성격 및 사용된 링크기술의 구체적인 방식, 아동·청소년성착취물이 담겨져 있는 다른 웹사이트의 성격 및 다른 웹사이트 등이 아동·청소년 성착취물을 실제로 전시한 방법 등 제반 사정을 종합하여 볼 때, 링크의 게시를 포함한 일련의 행위가 불특정 또는 다수인에게 다른 웹사이트 등을 단순히 소개·연결하는 정도를 넘어 링크를 이용하여 별다른 제화 없이 아동·청소년성착취물에 바로 접할 수 있는 상태를 실제로 조성한다면, 이는 아동 ·청소년성착취물을 직접 '배포'하거나 '공연히 전시'한 것과 실질적으로 다를 바 없다고 평가할 수 있으므로, 위와 같은 행위는 전체적으로 보아 아동·청소년성착취물을 배포하거나 공연히 전시한다는 구성요건을 충족한다(대법원 2023.10.12. 2023도5757).

[4] 「아동·청소년의 성보호에 관한 법률」 제11조 제2항(이 사건 조항)이 처벌대상으로 정하고 있는 '소지' 도 판매·대여·배포·제공(배포 등)의 유통행위를 목적으로 하는 소지로 보아야 한다. 따라서 이 사건 조항이 정한 "이를 목적으로"란 '영리를 목적으로 배포 등 행위를 하기 위하여'를 의미한다고 할 것이므 로, 이 사건 조항의 소지죄가 성립하기 위해서는 영리 목적뿐만 아니라 '배포 등 행위의 목적'이 있어야 한다(대법원 2024.5.30. 2021도6801).

[5] 실제로 촬영, 제작, 복제 등의 방법으로 만들어진 바 있는 촬영물 등을 방편 또는 수단으로 삼아 유포가능성 등 공포심을 일으킬 수 있을 정도의 해악을 고지한 이상 성폭력처벌법 제14조의3 제1항의 죄는 성립할 수 있고, 반드시 행위자가 촬영물 등을 피해자에게 직접 제시하는 방법으로 협박해야 한다거나 협박 당시 해당 촬영물 등을 소지하고 있거나 유포할 수 있는 상태일 필요는 없다(대법원 2024.5.30. 2023도1789).

제3조【해석상·적용상의 주의】

이 법을 해석·적용할 때에는 아동·청소년의 권익을 우선적으로 고려하여야 하며, 이해관계인과 그 가족의 권리가 부당하게 침해되지 아니하도록 주의하여야 한다.

제4조【국가와 지방자치단체의 의무】

① 국가와 지방자치단체는 아동·청소년대상 성범죄를 예방하고, 아동·청소년을 성적 착취와 학대 행위로부터 보호하기 위하여 필요한 조사·연구·교육 및 계도와 더불어 법적·제도적

장치를 마련하며 필요한 재원을 조달하여야 한다.

② 국가는 아동·청소년에 대한 성적 착취와 학대 행위가 국제적 범죄임을 인식하고 범죄 정보의 공유, 범죄 조사·연구, 국제사법 공조, 범죄인 인도 등 국제협력을 강화하는 노력을 하여야 한다.

제5조【사회의 책임】

모든 국민은 아동·청소년이 이 법에서 정한 범죄의 피해자가 되거나 이 법에서 정한 범죄를 저지르지 아니하도록 사회 환경을 정비하고 아동·청소년을 보호·지원·교육하는 데에 최선을 다하여야 한다.

제6조【홍보영상의 제작·배포·송출】

① 여성가족부장관은 아동·청소년대상 성범죄의 예방과 계도, 피해자의 치료와 재활 등에 관한 홍보영상을 제작하여 「방송법」 제2조 제23호의 방송편성책임자에게 배포하여야 한다.

② 여성가족부장관은 「방송법」 제2조 제3호 가목의 지상파방송사업자(이하 "방송사업자"라 한다)에게 같은 법 제73조 제4항에 따라 대통령령으로 정하는 비상업적 공익광고 편성비율의 범위에서 제1항의 홍보영상을 채널별로 송출하도록 요청할 수 있다.

③ 방송사업자는 제1항의 홍보영상 외에 독자적인 홍보영상을 제작하여 송출할 수 있다. 이 경우 여성가족부장관에게 필요한 협조 및 지원을 요청할 수 있다.

제2장 | 아동·청소년대상 성범죄의 처벌과 절차에 관한 특례

제7조【아동·청소년에 대한 강간·강제추행 등】

① 폭행 또는 협박으로 아동·청소년을 강간한 사람은 무기 또는 5년 이상의 징역에 처한다.

② 아동·청소년에 대하여 폭행이나 협박으로 다음 각 호의 어느 하나에 해당하는 행위를 한 자는 5년 이상의 유기징역에 처한다.

1. 구강·항문 등 신체(성기는 제외한다)의 내부에 성기를 넣는 행위

2. 성기·항문에 손가락 등 신체(성기는 제외한다)의 일부나 도구를 넣는 행위

③ 아동·청소년에 대하여 「형법」 제298조(강제추행)의 죄를 범한 자는 2년 이상의 유기징역 또는 1천만원 이상 3천만원 이하의 벌금에 처한다.

④ 아동·청소년에 대하여 「형법」 제299조(준강간, 준강제추행)의 죄를 범한 자는 제1항부터 제3항까지의 예에 따른다.

⑤ 위계 또는 위력으로써 아동·청소년을 간음하거나 아동·청소년을 추행한 자는 제1항부터 제3항까지의 예에 따른다.

⑥ 제1항부터 제5항까지의 미수범은 처벌한다.

제7조의2 【예비, 음모】

제7조의 죄를 범할 목적으로 예비 또는 음모한 사람은 3년 이하의 징역에 처한다.

제8조 【장애인인 아동·청소년에 대한 간음 등】

① 19세 이상의 사람이 13세 이상의 장애 아동·청소년(「장애인복지법」 제2조 제1항에 따른 장애인으로서 신체적인 또는 정신적인 장애로 사물을 변별하거나 의사를 결정할 능력이 미약한 아동·청소년을 말한다. 이하 같다)을 간음하거나 13세 이상의 장애 아동·청소년으로 하여금 다른 사람을 간음하게 하는 경우에는 3년 이상의 유기징역에 처한다.

② 19세 이상의 사람이 13세 이상의 장애 아동·청소년을 추행한 경우 또는 13세 이상의 장애 아동·청소년으로 하여금 다른 사람을 추행하게 하는 경우에는 10년 이하의 징역 또는 5천만원 이하의 벌금에 처한다.

제8조의2 【13세 이상 16세 미만 아동·청소년에 대한 간음 등】

① 19세 이상의 사람이 13세 이상 16세 미만인 아동·청소년(제8조에 따른 장애 아동·청소년으로서 16세 미만인 자는 제외한다. 이하 이 조에서 같다)의 궁박한 상태를 이용하여 해당 아동·청소년을 간음하거나 해당 아동·청소년으로 하여금 다른 사람을 간음하게 하는 경우에는 3년 이상의 유기징역에 처한다.

② 19세 이상의 사람이 13세 이상 16세 미만인 아동·청소년의 궁박한 상태를 이용하여 해당 아동·청소년을 추행한 경우 또는 해당 아동·청소년으로 하여금 다른 사람을 추행하게 하는 경우에는 10년 이하의 징역 또는 5천만원 이하의 벌금에 처한다.

제9조 【강간 등 상해·치상】

제7조의 죄를 범한 사람이 다른 사람을 상해하거나 상해에 이르게 한 때에는 무기 또는 7년 이상의 징역에 처한다.

제10조【강간 등 살인 · 치사】

① 제7조의 죄를 범한 사람이 다른 사람을 살해한 때에는 사형 또는 무기징역에 처한다.

② 제7조의 죄를 범한 사람이 다른 사람을 사망에 이르게 한 때에는 사형, 무기 또는 10년 이상의 징역에 처한다.

제11조【아동 · 청소년성착취물의 제작 · 배포 등】

① 아동 · 청소년성착취물을 제작 · 수입 또는 수출한 자는 무기 또는 5년 이상의 징역에 처한다.

② 영리를 목적으로 아동 · 청소년성착취물을 판매 · 대여 · 배포 · 제공하거나 이를 목적으로 소지 · 운반 · 광고 · 소개하거나 공연히 전시 또는 상영한 자는 5년 이상의 유기징역에 처한다.

③ 아동 · 청소년성착취물을 배포 · 제공하거나 이를 목적으로 광고 · 소개하거나 공연히 전시 또는 상영한 자는 3년 이상의 유기징역에 처한다.

④ 아동 · 청소년성착취물을 제작할 것이라는 정황을 알면서 아동 · 청소년을 아동 · 청소년성착취물의 제작자에게 알선한 자는 3년 이상의 유기징역에 처한다.

⑤ 아동 · 청소년성착취물을 구입하거나 아동 · 청소년성착취물임을 알면서 이를 소지 · 시청한 자는 1년 이상의 유기징역에 처한다.

⑥ 제1항의 미수범은 처벌한다.

⑦ 상습적으로 제1항의 죄를 범한 자는 그 죄에 대하여 정하는 형의 2분의 1까지 가중한다.

관련판례

아동 · 청소년으로 하여금 아동 · 청소년이용음란물을 제작하게 한 후 이를 전송받아 보관한 경우, 아동 · 청소년이용음란물 제작죄 외에 아동 · 청소년이용음란물 소지죄가 별도로 성립하는지 여부(소극)

아동 · 청소년이용음란물을 제작한 자가 그 음란물을 소지하게 되는 경우 청소년보호법 위반(음란물소지)죄는 청소년성보호법 위반(음란물제작 · 배포등)죄에 흡수된다고 봄이 타당하다. 다만 아동 · 청소년이용음란물을 제작한 자가 제작에 수반된 소지행위를 벗어나 사회통념상 새로운 소지가 있었다고 평가할 수 있는 별도의 소지행위를 개시하였다면 이는 청소년성보호법 위반(음란물제작 · 배포등)죄와 별개의 청소년성보호법 위반(음란물소지)죄에 해당한다(대법원 2021.7.8. 2021도2993).

제12조【아동 · 청소년 매매행위】

① 아동 · 청소년의 성을 사는 행위 또는 아동 · 청소년성착취물을 제작하는 행위의 대상이 될 것을 알면서 아동 · 청소년을 매매 또는 국외에 이송하거나 국외에 거주하는 아동 · 청소년을 국내에 이송한 자는 무기 또는 5년 이상의 징역에 처한다.

② 제1항의 미수범은 처벌한다.

제13조 【아동·청소년의 성을 사는 행위 등】
① 아동·청소년의 성을 사는 행위를 한 자는 1년 이상 10년 이하의 징역 또는 2천만원 이상 5천만원 이하의 벌금에 처한다.
② 아동·청소년의 성을 사기 위하여 아동·청소년을 유인하거나 성을 팔도록 권유한 자는 3년 이하의 징역 또는 3천만원 이하의 벌금에 처한다.
③ 장애 아동·청소년을 대상으로 제1항 또는 제2항의 죄를 범한 경우에는 그 죄에 정한 형의 2분의 1까지 가중처벌한다.

제14조 【아동·청소년에 대한 강요행위 등】
① 다음 각 호의 어느 하나에 해당하는 자는 5년 이상의 유기징역에 처한다.
　1. 폭행이나 협박으로 아동·청소년으로 하여금 아동·청소년의 성을 사는 행위의 상대방이 되게 한 자
　2. 선불금(先拂金), 그 밖의 채무를 이용하는 등의 방법으로 아동·청소년을 곤경에 빠뜨리거나 위계 또는 위력으로 아동·청소년으로 하여금 아동·청소년의 성을 사는 행위의 상대방이 되게 한 자
　3. 업무·고용이나 그 밖의 관계로 자신의 보호 또는 감독을 받는 것을 이용하여 아동·청소년으로 하여금 아동·청소년의 성을 사는 행위의 상대방이 되게 한 자
　4. 영업으로 아동·청소년을 아동·청소년의 성을 사는 행위의 상대방이 되도록 유인·권유한 자
② 제1항 제1호부터 제3호까지의 죄를 범한 자가 그 대가의 전부 또는 일부를 받거나 이를 요구 또는 약속한 때에는 7년 이상의 유기징역에 처한다.
③ 아동·청소년의 성을 사는 행위의 상대방이 되도록 유인·권유한 자는 7년 이하의 징역 또는 5천만원 이하의 벌금에 처한다.
④ 제1항과 제2항의 미수범은 처벌한다.

제15조 【알선영업행위 등】
① 다음 각 호의 어느 하나에 해당하는 자는 7년 이상의 유기징역에 처한다.
　1. 아동·청소년의 성을 사는 행위의 장소를 제공하는 행위를 업으로 하는 자
　2. 아동·청소년의 성을 사는 행위를 알선하거나 정보통신망(「정보통신망 이용촉진 및 정보보호 등에 관한 법률」 제2조 제1항 제1호의 정보통신망을 말한다. 이하 같다)에서 알선정보를 제공하는 행위를 업으로 하는 자
　3. 제1호 또는 제2호의 범죄에 사용되는 사실을 알면서 자금·토지 또는 건물을 제공한 자
　4. 영업으로 아동·청소년의 성을 사는 행위의 장소를 제공·알선하는 업소에 아동·청소년을 고용하도록 한 자

② 다음 각 호의 어느 하나에 해당하는 자는 7년 이하의 징역 또는 5천만원 이하의 벌금에 처한다.

    1. 영업으로 아동·청소년의 성을 사는 행위를 하도록 유인·권유 또는 강요한 자

    2. 아동·청소년의 성을 사는 행위의 장소를 제공한 자

    3. 아동·청소년의 성을 사는 행위를 알선하거나 정보통신망에서 알선정보를 제공한 자

    4. 영업으로 제2호 또는 제3호의 행위를 약속한 자

③ 아동·청소년의 성을 사는 행위를 하도록 유인·권유 또는 강요한 자는 5년 이하의 징역 또는 3천만원 이하의 벌금에 처한다.

제15조의2 【아동·청소년에 대한 성착취 목적 대화 등】

① 19세 이상의 사람이 성적 착취를 목적으로 정보통신망을 통하여 아동·청소년에게 다음 각 호의 어느 하나에 해당하는 행위를 한 경우에는 3년 이하의 징역 또는 3천만원 이하의 벌금에 처한다.

    1. 성적 욕망이나 수치심 또는 혐오감을 유발할 수 있는 대화를 지속적 또는 반복적으로 하거나 그러한 대화에 지속적 또는 반복적으로 참여시키는 행위

    2. 제2조 제4호 각 목의 어느 하나에 해당하는 행위를 하도록 유인·권유하는 행위

② 19세 이상의 사람이 정보통신망을 통하여 16세 미만인 아동·청소년에게 제1항 각 호의 어느 하나에 해당하는 행위를 한 경우 제1항과 동일한 형으로 처벌한다.

제16조 【피해자 등에 대한 강요행위】

폭행이나 협박으로 아동·청소년대상 성범죄의 피해자 또는 「아동복지법」 제3조 제3호에 따른 보호자를 상대로 합의를 강요한 자는 7년 이하의 징역에 처한다.

제17조

삭제 <2020.6.9.>

제18조 【신고의무자의 성범죄에 대한 가중처벌】

제34조 제2항 각 호의 기관·시설 또는 단체의 장과 그 종사자가 자기의 보호·감독 또는 진료를 받는 아동·청소년을 대상으로 성범죄를 범한 경우에는 그 죄에 정한 형의 2분의 1까지 가중처벌한다.

제19조 【「형법」상 감경규정에 관한 특례】 ★

음주 또는 약물로 인한 심신장애 상태에서 아동·청소년대상 성폭력범죄를 범한 때에는 「형법」 제10조 제1항(심신상실)·제2항(심신미약) 및 제11조(청각 및 언어 장애인)를 적용하지 아니할 수 있다.

제20조 【공소시효에 관한 특례】 ★

① 아동·청소년대상 성범죄의 공소시효는 「형사소송법」 제252조(시효의 가산점) 제1항에도 불구하고 해당 성범죄로 피해를 당한 아동·청소년이 성년에 달한 날부터 진행한다.

② 제7조의 죄(아동·청소년에 대한 강간·강제추행 등)는 디엔에이(DNA)증거 등 그 죄를 증명할 수 있는 과학적인 증거가 있는 때에는 공소시효가 10년 연장된다.

③ 13세 미만의 사람 및 신체적인 또는 정신적인 장애가 있는 아동·청소년에 대하여 다음 각 호의 죄를 범한 경우에는 제1항과 제2항에도 불구하고 「형사소송법」 제249조부터 제253조까지 및 「군사법원법」 제291조부터 제295조까지에 규정된 공소시효를 적용하지 아니한다.

  1. 「형법」 제297조(강간), 제298조(강제추행), 제299조(준강간, 준강제추행), 제301조(강간 등 상해·치상), 제301조의2(강간 등 살인·치사) 또는 제305조(미성년자에 대한 간음, 추행)의 죄

  2. 제9조(강간 등 상해·치상) 및 제10조(강간 등 살인·치사)의 죄

  3. 「성폭력범죄의 처벌 등에 관한 특례법」 제6조 제2항(장애인에 대한 강제추행), 제7조 제2항(13세 미만의 미성년자에 대한 강제추행)·제5항(위계·위력에 의한 13세 미만의 미성년자에 대한 강간, 강제추행), 제8조(강간 등 상해·치상), 제9조(강간 등 살인·치사)의 죄

④ 다음 각 호의 죄를 범한 경우에는 제1항과 제2항에도 불구하고 「형사소송법」 제249조부터 제253조까지 및 「군사법원법」 제291조부터 제295조까지에 규정된 공소시효를 적용하지 아니한다.

  1. 「형법」 제301조의2(강간 등 살인·치사)의 죄(강간 등 살인에 한정한다)

  2. 제10조 제1항(강간 등 살인) 및 제11조 제1항(아동·청소년 성착취물의 제작 등)의 죄

  3. 「성폭력범죄의 처벌 등에 관한 특례법」 제9조 제1항(강간 등 살인·치사)의 죄

제21조 【형벌과 수강명령 등의 병과】 ★

① 법원은 아동·청소년대상 성범죄를 범한 「소년법」 제2조의 소년(19세 미만인 소년)에 대하여 형의 선고를 유예하는 경우에는 반드시 보호관찰을 명하여야 한다.

② 법원은 아동·청소년대상 성범죄를 범한 자에 대하여 유죄판결을 선고하거나 약식명령을 고지하는 경우에는 500시간의 범위에서 재범예방에 필요한 수강명령 또는 성폭력 치료프로그램의 이수명령(이하 "이수명령"이라 한다)을 병과하여야 한다. 다만, 수강명령 또는 이수명령을 부과할 수 없는 특별한 사정이 있는 경우에는 그러하지 아니하다.

③ 아동·청소년대상 성범죄를 범한 자에 대하여 제2항의 수강명령은 형의 집행을 유예할 경우에 그 집행유예기간 내에서 병과하고, 이수명령은 벌금 이상의 형을 선고하거나 약식명령을 고지할 경우에 병과한다. 다만, 이수명령은 아동·청소년대상 성범죄자가 「전자장치 부착 등에 관한 법률」 제9조의2 제1항 제4호(특정범죄 치료 프로그램의 이수)에 따른 성폭력 치료 프로그램의 이수명령을 부과 받은 경우에는 병과하지 아니한다.

④ 법원이 아동·청소년대상 성범죄를 범한 사람에 대하여 형의 집행을 유예하는 경우에는 제2항에 따른 수강명령 외에 그 집행유예기간 내에서 보호관찰 또는 사회봉사 중 하나 이상의 처분을 병과할 수 있다.

⑤ 제2항에 따른 수강명령 또는 이수명령은 형의 집행을 유예할 경우에는 그 집행유예기간 내에, 벌금형을 선고할 경우에는 형 확정일부터 6개월 이내에, 징역형 이상의 실형을 선고할 경우에는 형기 내에 각각 집행한다. 다만, 수강명령 또는 이수명령은 아동·청소년대상 성범죄를 범한 사람이 「성폭력범죄의 처벌 등에 관한 특례법」 제16조에 따른 수강명령 또는 이수명령을 부과 받은 경우에는 병과하지 아니한다.

⑥ 제2항에 따른 수강명령 또는 이수명령이 형의 집행유예 또는 벌금형과 병과된 경우에는 보호 관찰소의 장이 집행하고, 징역형 이상의 실형과 병과된 경우에는 교정시설의 장이 집행한다. 다만, 징역형 이상의 실형과 병과된 수강명령 또는 이수명령을 모두 이행하기 전에 석방 또는 가석방되거나 미결구금일수 산입 등의 사유로 형을 집행할 수 없게 된 경우에는 보호관 찰소의 장이 남은 수강명령 또는 이수명령을 집행한다.

⑦ 제2항에 따른 수강명령 또는 이수명령은 다음 각 호의 내용으로 한다.

1. 일탈적 이상행동의 진단·상담
2. 성에 대한 건전한 이해를 위한 교육
3. 그 밖에 성범죄를 범한 사람의 재범예방을 위하여 필요한 사항

⑧ 보호관찰소의 장 또는 교정시설의 장은 제2항에 따른 수강명령 또는 이수명령 집행의 전부 또는 일부를 여성가족부장관에게 위탁할 수 있다.

⑨ 보호관찰, 사회봉사, 수강명령 및 이수명령에 관하여 이 법에 규정한 사항 외의 사항에 대하여 는 「보호관찰 등에 관한 법률」을 준용한다.

참고	형벌과 수강명령 등의 병과		
소년	• 선고유예 : 필요적 보호관찰(제1항)		
	• 유죄판결 선고 : 500시간의 범위에서 수강명령 또는 이수명령 필요적 병과(제2항)		
성인	구분	수강명령	이수명령
	병과	• 집행유예 시 집행유예기간 내에서 병과(제3항)	• 벌금 이상의 형을 선고하거나 약식명령 고지 시 병과(제3항)

성인	병과	• 집행유예기간 내에서 보호관찰 또는 사회봉사 중 하나 이상의 처분 병과 가능(제4항).	
	집행	• 집행유예 시 집행유예기간 내 : 보호관찰소장 집행(제5항, 제6항)	• 벌금형을 선고할 경우에는 형 확정일부터 6개월 이내 : 보호관찰소장 집행(제5항·제6항) • 징역형 이상의 실형(實刑)을 선고할 경우에는 형기 내 : 교정시설의 장 집행(제5항·제6항)

제21조의2 【재범여부 조사】

① 법무부장관은 제21조 제2항에 따라 수강명령 또는 이수명령을 선고받아 그 집행을 마친 사람에 대하여 그 효과를 평가하기 위하여 아동·청소년대상 성범죄 재범여부를 조사할 수 있다.

② 법무부장관은 제1항에 따른 재범여부 조사를 위하여 수강명령 또는 이수명령의 집행을 마친 때부터 5년 동안 관계 기관의 장에게 그 사람에 관한 범죄경력자료 및 수사경력자료를 요청할 수 있다.

제22조 【판결 전 조사】 ★

① 법원은 피고인에 대하여 제21조에 따른 보호관찰, 사회봉사, 수강명령 또는 이수명령을 부과하거나 제56조에 따른 취업제한 명령을 부과하기 위하여 필요하다고 인정하면 그 법원의 소재지 또는 피고인의 주거지를 관할하는 보호관찰소의 장에게 피고인의 신체적·심리적 특성 및 상태, 정신성적 발달과정, 성장배경, 가정환경, 직업, 생활환경, 교우관계, 범행동기, 병력, 피해자와의 관계, 재범위험성 등 피고인에 관한 사항의 조사를 요구할 수 있다.

② 제1항의 요구를 받은 보호관찰소의 장은 지체 없이 이를 조사하여 서면으로 해당 법원에 알려야 한다. 이 경우 필요하다고 인정하면 피고인이나 그 밖의 관계인을 소환하여 심문하거나 소속 보호관찰관에게 필요한 사항을 조사하게 할 수 있다.

③ 법원은 제1항의 요구를 받은 보호관찰소의 장에게 조사진행상황에 관한 보고를 요구할 수 있다.

제23조 【친권상실청구 등】

① 아동·청소년대상 성범죄 사건을 수사하는 검사는 그 사건의 가해자가 피해아동·청소년의 친권자나 후견인인 경우에 법원에 「민법」 제924조의 친권상실선고 또는 같은 법 제940조의 후견인 변경 결정을 청구하여야 한다. 다만, 친권상실선고 또는 후견인 변경 결정을 하여서는 아니 될 특별한 사정이 있는 경우에는 그러하지 아니하다.

② 다음 각 호의 기관·시설 또는 단체의 장은 검사에게 제1항의 청구를 하도록 요청할 수 있다. 이 경우 청구를 요청받은 검사는 요청받은 날부터 30일 내에 해당 기관·시설 또는 단체의

장에게 그 처리 결과를 통보하여야 한다.

1. 「아동복지법」 제10조의2에 따른 아동권리보장원 또는 같은 법 제45조에 따른 아동보호전문기관

2. 「성폭력방지 및 피해자보호 등에 관한 법률」 제10조의 성폭력피해상담소 및 같은 법 제12조의 성폭력피해자보호시설

3. 「청소년복지 지원법」 제29조 제1항에 따른 청소년상담복지센터 및 같은 법 제31조 제1호에 따른 청소년쉼터

③ 제2항 각 호 외의 부분 후단에 따라 처리 결과를 통보받은 기관·시설 또는 단체의 장은 그 처리 결과에 대하여 이의가 있을 경우 통보받은 날부터 30일 내에 직접 법원에 제1항의 청구를 할 수 있다.

제24조【피해아동·청소년의 보호조치 결정】

법원은 아동·청소년대상 성범죄 사건의 가해자에게 「민법」 제924조에 따라 친권상실선고를 하는 경우에는 피해아동·청소년을 다른 친권자 또는 친족에게 인도하거나 제45조 또는 제46조의 기관·시설 또는 단체에 인도하는 등의 보호조치를 결정할 수 있다. 이 경우 그 아동·청소년의 의견을 존중하여야 한다.

제25조【수사 및 재판 절차에서의 배려】

① 수사기관과 법원 및 소송관계인은 아동·청소년대상 성범죄를 당한 피해자의 나이, 심리 상태 또는 후유장애의 유무 등을 신중하게 고려하여 조사 및 심리·재판 과정에서 피해자의 인격이나 명예가 손상되거나 사적인 비밀이 침해되지 아니하도록 주의하여야 한다.

② 수사기관과 법원은 아동·청소년대상 성범죄의 피해자를 조사하거나 심리·재판할 때 피해자가 편안한 상태에서 진술할 수 있는 환경을 조성하여야 하며, 조사 및 심리·재판 횟수는 필요한 범위에서 최소한으로 하여야 한다.

③ 수사기관과 법원은 제2항에 따른 조사나 심리·재판을 할 때 피해아동·청소년이 13세 미만이거나 신체적인 또는 정신적인 장애로 의사소통이나 의사표현에 어려움이 있는 경우 조력을 위하여 「성폭력범죄의 처벌 등에 관한 특례법」 제36조부터 제39조까지를 준용한다. 이 경우 "성폭력범죄"는 "아동·청소년대상 성범죄"로, "피해자"는 "피해아동·청소년"으로 본다.

제25조의2【아동·청소년대상 디지털 성범죄의 수사 특례】

① 사법경찰관리는 다음 각 호의 어느 하나에 해당하는 범죄(이하 "디지털 성범죄"라 한다)에 대하여 신분을 비공개하고 범죄현장(정보통신망을 포함한다) 또는 범인으로 추정되는 자들에

게 접근하여 범죄행위의 증거 및 자료 등을 수집(이하 "신분비공개수사"라 한다)할 수 있다.

1. 제11조(아동·청소년이용음란물의 제작·배포 등) 및 제15조의2(아동·청소년에 대한 성착취 목적 대화 등)의 죄

2. 아동·청소년에 대한 「성폭력범죄의 처벌 등에 관한 특례법」 제14조 제2항(카메라 등을 이용한 신체 촬영) 및 제3항(촬영물 또는 복제물의 반포 등)의 죄

② 사법경찰관리는 디지털 성범죄를 계획 또는 실행하고 있거나 실행하였다고 의심할 만한 충분한 이유가 있고, 다른 방법으로는 그 범죄의 실행을 저지하거나 범인의 체포 또는 증거의 수집이 어려운 경우에 한정하여 수사 목적을 달성하기 위하여 부득이한 때에는 다음 각 호의 행위(이하 "신분위장수사"라 한다)를 할 수 있다.

1. 신분을 위장하기 위한 문서, 도화 및 전자기록 등의 작성, 변경 또는 행사

2. 위장 신분을 사용한 계약·거래

3. 아동·청소년성착취물 또는 「성폭력범죄의 처벌 등에 관한 특례법」 제14조 제2항의 촬영물 또는 복제물(복제물의 복제물을 포함한다)의 소지, 판매 또는 광고

③ 제1항에 따른 수사의 방법 등에 필요한 사항은 대통령령으로 정한다.

제25조의3 【아동·청소년대상 디지털 성범죄 수사 특례의 절차】

① 사법경찰관리가 신분비공개수사를 진행하고자 할 때에는 사전에 상급 경찰관서 수사부서의 장의 승인을 받아야 한다. 이 경우 그 수사기간은 3개월을 초과할 수 없다.

② 제1항에 따른 승인의 절차 및 방법 등에 필요한 사항은 대통령령으로 정한다.

③ 사법경찰관리는 신분위장수사를 하려는 경우에는 검사에게 신분위장수사에 대한 허가를 신청하고, 검사는 법원에 그 허가를 청구한다.

④ 제3항의 신청은 필요한 신분위장수사의 종류·목적·대상·범위·기간·장소·방법 및 해당 신분위장수사가 제25조의2 제2항의 요건을 충족하는 사유 등의 신청사유를 기재한 서면으로 하여야 하며, 신청사유에 대한 소명자료를 첨부하여야 한다.

⑤ 법원은 제3항의 신청이 이유 있다고 인정하는 경우에는 신분위장수사를 허가하고, 이를 증명하는 서류(이하 "허가서"라 한다)를 신청인에게 발부한다.

⑥ 허가서에는 신분위장수사의 종류·목적·대상·범위·기간·장소·방법 등을 특정하여 기재하여야 한다.

⑦ 신분위장수사의 기간은 3개월을 초과할 수 없으며, 그 수사기간 중 수사의 목적이 달성되었을 경우에는 즉시 종료하여야 한다.

⑧ 제7항에도 불구하고 제25조의2 제2항의 요건이 존속하여 그 수사기간을 연장할 필요가 있는 경우에는 사법경찰관리는 소명자료를 첨부하여 3개월의 범위에서 수사기간의 연장을 검사에게 신청하고, 검사는 법원에 그 연장을 청구한다. 이 경우 신분위장수사의 총 기간은 1년을 초과할 수 없다.

제25조의4 【아동 · 청소년대상 디지털 성범죄에 대한 긴급 신분위장수사】

① 사법경찰관리는 제25조의2 제2항의 요건을 구비하고, 제25조의3 제3항부터 제8항까지에 따른 절차를 거칠 수 없는 긴급을 요하는 때에는 법원의 허가 없이 신분위장수사를 할 수 있다.

② 사법경찰관리는 제1항에 따른 신분위장수사 개시 후 지체 없이 검사에게 허가를 신청하여야 하고, 사법경찰관리는 48시간 이내에 법원의 허가를 받지 못한 때에는 즉시 신분위장수사를 중지하여야 한다.

③ 제1항 및 제2항에 따른 신분위장수사 기간에 대해서는 제25조의3 제7항 및 제8항을 준용한다.

제25조의5 【아동 · 청소년대상 디지털 성범죄에 대한 신분비공개수사 또는 신분위장수사로 수집한 증거 및 자료 등의 사용제한】

사법경찰관리가 제25조의2부터 제25조의4까지에 따라 수집한 증거 및 자료 등은 다음 각 호의 어느 하나에 해당하는 경우 외에는 사용할 수 없다.

1. 신분비공개수사 또는 신분위장수사의 목적이 된 디지털 성범죄나 이와 관련되는 범죄를 수사 · 소추하거나 그 범죄를 예방하기 위하여 사용하는 경우

2. 신분비공개수사 또는 신분위장수사의 목적이 된 디지털 성범죄나 이와 관련되는 범죄로 인한 징계절차에 사용하는 경우

3. 증거 및 자료 수집의 대상자가 제기하는 손해배상청구소송에서 사용하는 경우

4. 그 밖에 다른 법률의 규정에 의하여 사용하는 경우

제25조의6 【국가경찰위원회와 국회의 통제】

① 「국가경찰과 자치경찰의 조직 및 운영에 관한 법률」 제16조 제1항에 따른 국가수사본부장(이하 "국가수사본부장"이라 한다)은 신분비공개수사가 종료된 즉시 대통령령으로 정하는 바에 따라 같은 법 제7조 제1항에 따른 국가경찰위원회에 수사 관련 자료를 보고하여야 한다.

② 국가수사본부장은 대통령령으로 정하는 바에 따라 국회 소관 상임위원회에 신분비공개수사 관련 자료를 반기별로 보고하여야 한다.

제25조의7 【비밀준수의 의무】

① 제25조의2부터 제25조의6까지에 따른 신분비공개수사 또는 신분위장수사에 대한 승인 · 집행 · 보고 및 각종 서류작성 등에 관여한 공무원 또는 그 직에 있었던 자는 직무상 알게 된 신분비공개수사 또는 신분위장수사에 관한 사항을 외부에 공개하거나 누설하여서는 아니 된다.

② 제1항의 비밀유지에 관하여 필요한 사항은 대통령령으로 정한다.

제25조의8 【면책】

① 사법경찰관리가 신분비공개수사 또는 신분위장수사 중 부득이한 사유로 위법행위를 한 경우 그 행위에 고의나 중대한 과실이 없는 경우에는 벌하지 아니한다.

② 제1항에 따른 위법행위가 「국가공무원법」 제78조 제1항에 따른 징계 사유에 해당하더라도 그 행위에 고의나 중대한 과실이 없는 경우에는 징계 요구 또는 문책 요구 등 책임을 묻지 아니한다.

③ 신분비공개수사 또는 신분위장수사 행위로 타인에게 손해가 발생한 경우라도 사법경찰관리는 그 행위에 고의나 중대한 과실이 없는 경우에는 그 손해에 대한 책임을 지지 아니한다.

제25조의9 【수사 지원 및 교육】

상급 경찰관서 수사부서의 장은 신분비공개수사 또는 신분위장수사를 승인하거나 보고받은 경우 사법경찰관리에게 수사에 필요한 인적·물적 지원을 하고, 전문지식과 피해자 보호를 위한 수사방법 및 수사절차 등에 관한 교육을 실시하여야 한다.

제26조 【영상물의 촬영·보존 등】

① 아동·청소년대상 성범죄 피해자의 진술내용과 조사과정은 비디오녹화기 등 영상물 녹화장치로 촬영·보존하여야 한다.

② 제1항에 따른 영상물 녹화는 피해자 또는 법정대리인이 이를 원하지 아니하는 의사를 표시한 때에는 촬영을 하여서는 아니 된다. 다만, 가해자가 친권자 중 일방인 경우는 그러하지 아니하다.

③ 제1항에 따른 영상물 녹화는 조사의 개시부터 종료까지의 전 과정 및 객관적 정황을 녹화하여야 하고, 녹화가 완료된 때에는 지체 없이 그 원본을 피해자 또는 변호사 앞에서 봉인하고 피해자로 하여금 기명날인 또는 서명하게 하여야 한다.

④ 검사 또는 사법경찰관은 피해자가 제1항의 녹화장소에 도착한 시각, 녹화를 시작하고 마친 시각, 그 밖에 녹화과정의 진행경과를 확인하기 위하여 필요한 사항을 조서 또는 별도의 서면에 기록한 후 수사기록에 편철하여야 한다.

⑤ 검사 또는 사법경찰관은 피해자 또는 법정대리인이 신청하는 경우에는 영상물 촬영과정에서 작성한 조서의 사본을 신청인에게 교부하거나 영상물을 재생하여 시청하게 하여야 한다.

⑥ 제1항부터 제4항까지의 절차에 따라 촬영한 영상물에 수록된 피해자의 진술은 공판준비기일 또는 공판기일에 피해자 또는 조사과정에 동석하였던 신뢰관계에 있는 자의 진술에 의하여 그 성립의 진정함이 인정된 때에는 증거로 할 수 있다.

⑦ 누구든지 제1항에 따라 촬영한 영상물을 수사 및 재판의 용도 외에 다른 목적으로 사용하여서는 아니 된다.

제27조【증거보전의 특례】

① 아동·청소년대상 성범죄의 피해자, 그 법정대리인 또는 경찰은 피해자가 공판기일에 출석하여 증언하는 것에 현저히 곤란한 사정이 있을 때에는 그 사유를 소명하여 제26조에 따라 촬영된 영상물 또는 그 밖의 다른 증거물에 대하여 해당 성범죄를 수사하는 검사에게 「형사소송법」 제184조 제1항에 따른 증거보전의 청구를 할 것을 요청할 수 있다.

② 제1항의 요청을 받은 검사는 그 요청이 상당한 이유가 있다고 인정하는 때에는 증거보전의 청구를 하여야 한다.

제28조【신뢰관계에 있는 사람의 동석】

① 법원은 아동·청소년대상 성범죄의 피해자를 증인으로 신문하는 경우에 검사, 피해자 또는 법정대리인이 신청하는 경우에는 재판에 지장을 줄 우려가 있는 등 부득이한 경우가 아니면 피해자와 신뢰관계에 있는 사람을 동석하게 하여야 한다.

② 제1항은 수사기관이 제1항의 피해자를 조사하는 경우에 관하여 준용한다.

③ 제1항 및 제2항의 경우 법원과 수사기관은 피해자와 신뢰관계에 있는 사람이 피해자에게 불리하거나 피해자가 원하지 아니하는 경우에는 동석하게 하여서는 아니 된다.

제29조【서류·증거물의 열람·등사】

아동·청소년대상 성범죄의 피해자, 그 법정대리인 또는 변호사는 재판장의 허가를 받아 소송계속 중의 관계 서류 또는 증거물을 열람하거나 등사할 수 있다.

제30조【피해아동·청소년 등에 대한 변호사선임의 특례】

① 아동·청소년대상 성범죄의 피해자 및 그 법정대리인은 형사절차상 입을 수 있는 피해를 방어하고 법률적 조력을 보장하기 위하여 변호사를 선임할 수 있다.

② 제1항에 따른 변호사에 관하여는 「성폭력범죄의 처벌 등에 관한 특례법」 제27조 제2항부터

② 제1항에 따른 변호사에 관하여는 「성폭력범죄의 처벌 등에 관한 특례법」 제27조 제2항부터 제6항까지를 준용한다.

제31조【비밀누설 금지】

① 아동·청소년대상 성범죄의 수사 또는 재판을 담당하거나 이에 관여하는 공무원 또는 그 직에 있었던 사람은 피해아동·청소년의 주소·성명·연령·학교 또는 직업·용모 등 그 아동·청소년을 특정할 수 있는 인적사항이나 사진 등 또는 그 아동·청소년의 사생활에 관한 비밀을 공개하거나

> 타인에게 누설하여서는 아니 된다.
> ② 제45조 및 제46조의 기관·시설 또는 단체의 장이나 이를 보조하는 자 또는 그 직에 있었던 자는 직무상 알게 된 비밀을 타인에게 누설하여서는 아니 된다.
> ③ 누구든지 피해아동·청소년의 주소·성명·연령·학교 또는 직업·용모 등 그 아동·청소년을 특정하여 파악할 수 있는 인적사항이나 사진 등을 신문 등 인쇄물에 싣거나 「방송법」 제2조 제1호에 따른 방송(이하 "방송"이라 한다) 또는 정보통신망을 통하여 공개하여서는 아니 된다.
> ④ 제1항부터 제3항까지를 위반한 자는 7년 이하의 징역 또는 5천만원 이하의 벌금에 처한다. 이 경우 징역형과 벌금형은 병과할 수 있다.

제32조 【양벌규정】

법인의 대표자나 법인 또는 개인의 대리인, 사용인, 그 밖의 종업원이 그 법인 또는 개인의 업무에 관하여 제14조 제3항, 제15조 제2항·제3항 또는 제31조 제3항의 어느 하나에 해당하는 위반행위를 하면 그 행위자를 벌하는 외에 그 법인 또는 개인에게도 해당 조문의 벌금형을 과하고, 제11조 제1항부터 제6항까지, 제12조, 제14조 제1항·제2항·제4항 또는 제15조 제1항의 어느 하나에 해당하는 위반행위를 하면 그 행위자를 벌하는 외에 그 법인 또는 개인을 5천만원 이하의 벌금에 처한다. 다만, 법인 또는 개인이 그 위반행위를 방지하기 위하여 해당 업무에 관하여 상당한 주의와 감독을 게을리하지 아니한 경우에는 그러하지 아니하다.

제33조 【내국인의 국외범 처벌】

국가는 국민이 대한민국 영역 외에서 아동·청소년대상 성범죄를 범하여 「형법」 제3조에 따라 형사처벌하여야 할 경우에는 외국으로부터 범죄정보를 신속히 입수하여 처벌하도록 노력하여야 한다.

제3장 | 아동 · 청소년대상 성범죄의 신고 · 응급조치와
피해아동 · 청소년의 보호 · 지원

제34조【아동 · 청소년대상 성범죄의 신고】

① 누구든지 아동·청소년대상 성범죄의 발생 사실을 알게 된 때에는 수사기관에 신고할 수 있다.

② 다음 각 호의 어느 하나에 해당하는 기관·시설 또는 단체의 장과 그 종사자는 직무상 아동
·청소년대상 성범죄의 발생 사실을 알게 된 때에는 즉시 수사기관에 신고하여야 한다.

1. 「유아교육법」 제2조 제2호의 유치원

2. 「초·중등교육법」 제2조의 학교, 같은 법 제28조와 같은 법 시행령 제54조에 따른 위탁
교육기관 및 「고등교육법」 제2조의 학교

2의2. 특별시·광역시·특별자치시·도·특별자치도 교육청 또는 「지방교육자치에 관한 법률」
제34조에 따른 교육지원청이 「초·중등교육법」 제28조에 따라 직접 설치·운영하거나 위탁
하여 운영하는 학생상담지원시설 또는 위탁 교육시설

2의3. 「제주특별자치도 설치 및 국제자유도시 조성을 위한 특별법」 제223조에 따라 설립된
국제학교

3. 「의료법」 제3조의 의료기관

4. 「아동복지법」 제3조 제10호의 아동복지시설 및 같은 법 제37조에 따른 통합서비스 수행기관

5. 「장애인복지법」 제58조의 장애인복지시설

6. 「영유아보육법」 제2조 제3호의 어린이집, 같은 법 제7조에 따른 육아종합지원센터 및
같은 법 제26조의2에 따른 시간제보육서비스지정기관

7. 「학원의 설립·운영 및 과외교습에 관한 법률」 제2조 제1호의 학원 및 같은 조 제2호의
교습소

8. 「성매매방지 및 피해자보호 등에 관한 법률」 제9조의 성매매피해자등을 위한 지원시설
및 같은 법 제17조의 성매매피해상담소

9. 「한부모가족지원법」 제19조에 따른 한부모가족복지시설

10. 「가정폭력방지 및 피해자보호 등에 관한 법률」 제5조의 가정폭력 관련 상담소 및 같은
법 제7조의 가정폭력피해자 보호시설

11. 「성폭력방지 및 피해자보호 등에 관한 법률」 제10조의 성폭력피해상담소 및 같은 법
제12조의 성폭력피해자보호시설

12. 「청소년활동 진흥법」 제2조 제2호의 청소년활동시설

13. 「청소년복지 지원법」 제29조 제1항에 따른 청소년상담복지센터 및 같은 법 제31조 제1호
에 따른 청소년쉼터

13의2. 「학교 밖 청소년 지원에 관한 법률」 제12조에 따른 학교 밖 청소년 지원센터

14. 「청소년 보호법」 제35조의 청소년 보호·재활센터

15. 「국민체육진흥법」 제2조 제9호가목 및 나목의 체육단체

16. 「대중문화예술산업발전법」 제2조 제7호에 따른 대중문화예술기획업자가 같은 조 제6호
에 따른 대중문화예술기획업 중 같은 조 제3호에 따른 대중문화예술인에 대한 훈련·
지도·상담 등을 하는 영업장(이하 "대중문화예술기획업소"라 한다)

③ 다른 법률에 규정이 있는 경우를 제외하고는 누구든지 신고자 등의 인적사항이나 사진 등
그 신원을 알 수 있는 정보나 자료를 출판물에 게재하거나 방송 또는 정보통신망을 통하여
공개하여서는 아니 된다.

제35조【신고의무자에 대한 교육】

① 관계 행정기관의 장은 제34조 제2항 각 호의 기관·시설 또는 단체의 장과 그 종사자의 자격취
득 과정에 아동·청소년대상 성범죄 예방 및 신고의무와 관련된 교육내용을 포함시켜야 한다.

② 여성가족부장관은 제34조 제2항 각 호의 기관·시설 또는 단체의 장과 그 종사자에 대하여
성범죄 예방 및 신고의무와 관련된 교육을 실시할 수 있다.

③ 제2항의 교육에 필요한 사항은 대통령령으로 정한다.

제36조【피해아동·청소년의 보호】

아동·청소년대상 성범죄를 저지른 자가 피해아동·청소년과 「가정폭력범죄의 처벌 등에 관한
특례법」 제2조 제2호의 가정구성원인 관계에 있는 경우로서 피해아동·청소년을 보호할 필요가
있는 때에는 같은 법 제5조, 제8조, 제29조 및 제49조부터 제53조까지의 규정을 준용한다.

제37조【피해아동·청소년 등의 상담 및 치료】

① 국가는 피해아동·청소년 등의 신체적·정신적 회복을 위하여 제46조의 상담시설 또는 「성폭
력방지 및 피해자보호 등에 관한 법률」 제27조의 성폭력 전담의료기관으로 하여금 다음 각
호의 사람에게 상담이나 치료프로그램(이하 "상담·치료프로그램"이라 한다)을 제공하도록
요청할 수 있다.

1. 피해아동·청소년

2. 피해아동·청소년의 보호자 및 형제·자매

3. 그 밖에 대통령령으로 정하는 사람

② 제1항에 따라 상담·치료프로그램 제공을 요청받은 기관은 정당한 이유 없이 그 요청을 거부
할 수 없다.

제38조 【성매매 피해아동·청소년에 대한 조치 등】 ★

① 「성매매알선 등 행위의 처벌에 관한 법률」 제21조 제1항(성매매를 한 사람의 처벌)에도 불구하고 제13조 제1항(아동·청소년의 성을 사는 행위를 한 자의 처벌)의 죄의 상대방이 된 아동·청소년에 대하여는 보호를 위하여 처벌하지 아니한다.

② 검사 또는 사법경찰관은 성매매 피해아동·청소년을 발견한 경우 신속하게 사건을 수사한 후 지체 없이 여성가족부장관 및 제47조의2에 따른 성매매 피해아동·청소년 지원센터를 관할하는 특별시장·광역시장·특별자치시장·도지사·특별자치도지사(이하 "시·도지사"라 한다)에게 통지하여야 한다.

③ 여성가족부장관은 제2항에 따른 통지를 받은 경우 해당 성매매 피해아동·청소년에 대하여 다음 각 호의 어느 하나에 해당하는 조치를 하여야 한다.

1. 제45조에 따른 보호시설 또는 제46조에 따른 상담시설과의 연계
2. 제47조의2에 따른 성매매 피해아동·청소년 지원센터에서 제공하는 교육·상담 및 지원 프로그램 등의 참여

④ 삭제 <2020.5.19.>

제39조

삭제 <2020.5.19>

제40조

삭제 <2020.5.19>

제41조 【피해아동·청소년 등을 위한 조치의 청구】 ★

검사는 성범죄의 피해를 받은 아동·청소년을 위하여 지속적으로 위해의 배제와 보호가 필요하다고 인정하는 경우 법원에 제1호의 보호관찰과 함께 제2호부터 제5호까지의 조치를 청구할 수 있다. 다만, 「전자장치 부착 등에 관한 법률」 제9조의2 제1항 제2호 및 제3호에 따라 가해자에게 특정지역 출입금지 등의 준수사항을 부과하는 경우에는 그러하지 아니하다.

1. 가해자에 대한 「보호관찰 등에 관한 법률」에 따른 보호관찰
2. 피해를 받은 아동·청소년의 주거 등으로부터 가해자를 분리하거나 퇴거하는 조치
3. 피해를 받은 아동·청소년의 주거, 학교 등으로부터 100미터 이내에 가해자 또는 가해자의 대리인의 접근을 금지하는 조치
4. 「전기통신기본법」 제2조 제1호의 전기통신이나 우편물을 이용하여 가해자가 피해를 받은 아동·청소년 또는 그 보호자와 접촉을 하는 행위의 금지

5. 제45조에 따른 보호시설에 대한 보호위탁결정 등 피해를 받은 아동·청소년의 보호를 위하여 필요한 조치

제42조【피해아동·청소년 등에 대한 보호처분의 판결 등】★
① 법원은 제41조에 따른 보호처분의 청구가 이유 있다고 인정할 때에는 6개월의 범위에서 기간을 정하여 판결로 보호처분을 선고하여야 한다.
② 제41조 각 호의 보호처분은 병과할 수 있다.
③ 검사는 제1항에 따른 보호처분 기간의 연장이 필요하다고 인정하는 경우 법원에 그 기간의 연장을 청구할 수 있다. 이 경우 보호처분 기간의 연장 횟수는 3회 이내로 하고, 연장기간은 각각 6개월 이내로 한다.
④ 보호처분 청구사건의 판결은 아동·청소년대상 성범죄 사건의 판결과 동시에 선고하여야 한다.
⑤ 피해자 또는 법정대리인은 제41조 제1호 및 제2호의 보호처분 후 주거 등을 옮긴 때에는 관할 법원에 보호처분 결정의 변경을 신청할 수 있다.
⑥ 법원은 제1항에 따른 보호처분을 결정한 때에는 검사, 피해자, 가해자, 보호관찰관 및 보호처분을 위탁받아 행하는 보호시설의 장에게 각각 통지하여야 한다. 다만, 보호시설이 민간에 의하여 운영되는 기관인 경우에는 그 시설의 장으로부터 수탁에 대한 동의를 받아야 한다.
⑦ 보호처분 결정의 집행에 관하여 필요한 사항은 「가정폭력범죄의 처벌 등에 관한 특례법」 제43조를 준용한다.

제43조【피해아동·청소년 등에 대한 보호처분의 변경과 종결】
① 검사는 제42조에 따른 보호처분에 대하여 그 내용의 변경 또는 종결을 법원에 청구할 수 있다.
② 법원은 제1항에 따른 청구가 있는 경우 해당 보호처분이 피해를 받은 아동·청소년의 보호에 적절한지 여부에 대하여 심사한 후 보호처분의 변경 또는 종결이 필요하다고 인정하는 경우에는 이를 변경 또는 종결하여야 한다.

제44조【가해아동·청소년의 처리】★
① 10세 이상 14세 미만의 아동·청소년이 제2조 제2호 나목 및 다목의 죄와 제7조(아동·청소년에 대한 강간·강제추행 등)의 죄를 범한 경우에 수사기관은 신속히 수사하고, 그 사건을 관할 법원 소년부에 송치하여야 한다.

② 14세 이상 16세 미만의 아동·청소년이 제1항의 죄를 범하여 그 사건이 관할 법원 소년부로 송치된 경우 송치 받은 법원 소년부 판사는 그 아동·청소년에게 다음 각 호의 어느 하나에 해당하는 보호처분을 할 수 있다.

  1.「소년법」제32조 제1항 각 호의 보호처분

  2.「청소년 보호법」제35조의 청소년 보호·재활센터에 선도보호를 위탁하는 보호처분

③ 사법경찰관은 제1항에 따른 가해아동·청소년을 발견한 경우 특별한 사정이 없으면 그 사실을 가해아동·청소년의 법정대리인 등에게 통지하여야 한다.

④ 판사는 제1항 및 제2항에 따라 관할 법원 소년부에 송치된 가해아동·청소년에 대하여 「소년법」제32조 제1항 제4호(보호관찰관의 단기 보호관찰) 또는 제5호(보호관찰관의 장기 보호관찰)의 처분을 하는 경우 재범예방에 필요한 수강명령을 하여야 한다.

⑤ 검사는 가해아동·청소년에 대하여 소년부 송치 여부를 검토한 결과 소년부 송치가 적절하지 아니한 경우 가해아동·청소년으로 하여금 재범예방에 필요한 교육과정이나 상담과정을 마치게 하여야 한다.

⑥ 제5항에 따른 교육과정이나 상담과정에 관하여 필요한 사항은 대통령령으로 정한다.

제45조【보호시설】

「성매매방지 및 피해자보호 등에 관한 법률」제9조 제1항 제2호의 청소년 지원시설, 「청소년복지 지원법」제29조 제1항에 따른 청소년상담복지센터 및 같은 법 제31조 제1호에 따른 청소년쉼터 또는 「청소년 보호법」제35조의 청소년 보호·재활센터는 다음 각 호의 업무를 수행할 수 있다.

1. 제46조 제1항 각 호의 업무
2. 성매매 피해아동·청소년의 보호·자립지원
3. 장기치료가 필요한 성매매 피해아동·청소년의 다른 기관과의 연계 및 위탁

제46조【상담시설】

① 「성매매방지 및 피해자보호 등에 관한 법률」제17조의 성매매피해상담소 및 「청소년복지 지원법」제29조 제1항에 따른 청소년상담복지센터는 다음 각 호의 업무를 수행할 수 있다.

  1. 제7조부터 제18조까지의 범죄 신고의 접수 및 상담

  2. 성매매 피해아동·청소년과 병원 또는 관련 시설과의 연계 및 위탁

  3. 그 밖에 아동·청소년 성매매 등과 관련한 조사·연구

② 「성폭력방지 및 피해자보호 등에 관한 법률」제10조의 성폭력피해상담소 및 같은 법 제12조의 성폭력피해자보호시설은 다음 각 호의 업무를 수행할 수 있다.

  1. 제7조, 제8조, 제8조의2, 제9조부터 제11조까지 및 제16조의 범죄에 대한 신고의 접수 및 상담

2. 아동·청소년대상 성폭력범죄로 인하여 정상적인 생활이 어렵거나 그 밖의 사정으로 긴급히 보호를 필요로 하는 피해아동·청소년을 병원이나 성폭력피해자보호시설로 데려다 주거나 일시 보호하는 업무

3. 피해아동·청소년의 신체적·정신적 안정회복과 사회복귀를 돕는 업무

4. 가해자에 대한 민사상·형사상 소송과 피해배상청구 등의 사법처리절차에 관하여 대한변호사협회·대한법률구조공단 등 관계 기관에 필요한 협조와 지원을 요청하는 업무

5. 아동·청소년대상 성폭력범죄의 가해아동·청소년과 그 법정대리인에 대한 교육·상담 프로그램의 운영

6. 아동·청소년 관련 성보호 전문가에 대한 교육

7. 아동·청소년대상 성폭력범죄의 예방과 방지를 위한 홍보

8. 아동·청소년대상 성폭력범죄 및 그 피해에 관한 조사·연구

9. 그 밖에 피해아동·청소년의 보호를 위하여 필요한 업무

제47조【아동·청소년대상 성교육 전문기관의 설치·운영】

① 국가와 지방자치단체는 아동·청소년의 건전한 성가치관 조성과 성범죄 예방을 위하여 아동·청소년대상 성교육 전문기관(이하 "성교육 전문기관"이라 한다)을 설치하거나 해당 업무를 전문단체에 위탁할 수 있다.

② 제1항에 따른 위탁 관련 사항, 성교육 전문기관에 두는 종사자 등 직원의 자격 및 설치기준과 운영에 관하여 필요한 사항은 대통령령으로 정한다.

제47조의2【성매매 피해아동·청소년 지원센터의 설치】

① 여성가족부장관 또는 시·도지사 및 시장·군수·구청장(자치구의 구청장을 말한다. 이하 같다)은 성매매 피해아동·청소년의 보호를 위하여 성매매 피해아동·청소년 지원센터(이하 "성매매 피해아동·청소년 지원센터"라 한다)를 설치·운영할 수 있다.

② 성매매 피해아동·청소년 지원센터는 다음 각 호의 업무를 수행한다.

1. 제12조부터 제15조까지의 범죄에 대한 신고의 접수 및 상담

2. 성매매 피해아동·청소년의 교육·상담 및 지원

3. 성매매 피해아동·청소년을 병원이나 「성매매방지 및 피해자보호 등에 관한 법률」 제9조에 따른 지원시설로 데려다 주거나 일시 보호하는 업무

4. 성매매 피해아동·청소년의 신체적·정신적 치료·안정회복과 사회복귀를 돕는 업무

5. 성매매 피해아동·청소년의 법정대리인을 대상으로 한 교육·상담프로그램 운영

6. 아동·청소년 성매매 등에 관한 조사·연구

7. 그 밖에 성매매 피해아동·청소년의 보호 및 지원을 위하여 필요한 업무로서 대통령령으로 정하는 업무

③ 국가와 지방자치단체는 제2항에 따른 성매매 피해아동·청소년 지원센터의 업무에 대하여 예산의 범위에서 그 경비의 일부를 보조하여야 한다.

④ 성매매 피해아동·청소년 지원센터의 운영은 여성가족부령으로 정하는 바에 따라 비영리법인 또는 단체에 위탁할 수 있다.

제48조
삭제 <2020.5.19.>

제4장 | 성범죄로 유죄판결이 확정된 자의 신상정보 공개와 취업제한 등

제49조【등록정보의 공개】 ★

① 법원은 다음 각 호의 어느 하나에 해당하는 자에 대하여 판결로 제4항의 공개정보를 「성폭력범죄의 처벌 등에 관한 특례법」 제45조 제1항의 등록기간(법무부장관의 등록정보 10~30년간 보존·관리)동안 정보통신망을 이용하여 공개하도록 하는 명령(이하 "공개명령"이라 한다)을 등록대상 사건의 판결과 동시에 선고하여야 한다. 다만, 피고인이 아동·청소년인 경우, 그 밖에 신상정보를 공개하여서는 아니 될 특별한 사정이 있다고 판단하는 경우에는 그러하지 아니하다.

1. 아동·청소년대상 성범죄를 저지른 자
2. 「성폭력범죄의 처벌 등에 관한 특례법」 제2조 제1항 제3호·제4호, 같은 조 제2항(제1항 제3호·제4호에 한정한다), 제3조부터 제15조까지의 범죄를 저지른 자
3. 제1호 또는 제2호의 죄를 범하였으나 「형법」 제10조 제1항에 따라 처벌할 수 없는 자로서 제1호 또는 제2호의 죄를 다시 범할 위험성이 있다고 인정되는 자

② 제1항에 따른 등록정보의 공개기간(「형의 실효 등에 관한 법률」 제7조에 따른 기간을 초과하지 못한다)은 판결이 확정된 때부터 기산한다.

③ 다음 각 호의 기간은 제1항에 따른 공개기간에 넣어 계산하지 아니한다.

1. 공개명령을 받은 자(이하 "공개대상자"라 한다)가 신상정보 공개의 원인이 된 성범죄로 교정시설 또는 치료감호시설에 수용된 기간. 이 경우 신상정보 공개의 원인이 된 성범죄와 다른 범죄가 「형법」 제37조(판결이 확정되지 아니한 수개의 죄를 경합범으로 하는 경우로 한정한다)에 따라 경합되어 같은 법 제38조에 따라 형이 선고된 경우에는 그 선고형 전부를 신상정보 공개의 원인이 된 성범죄로 인한 선고형으로 본다.

2. 제1호에 따른 기간 이전의 기간으로서 제1호에 따른 기간과 이어져 공개대상자가 다른 범죄로 교정시설 또는 치료감호시설에 수용된 기간

3. 제1호에 따른 기간 이후의 기간으로서 제1호에 따른 기간과 이어져 공개대상자가 다른 범죄로 교정시설 또는 치료감호시설에 수용된 기간

④ 제1항에 따라 공개하도록 제공되는 등록정보(이하 "공개정보"라 한다)는 다음 각 호와 같다.

1. 성명
2. 나이
3. 주소 및 실제거주지(「도로명주소법」 제2조 제5호의 도로명 및 같은 조 제7호의 건물번호까지로 한다)
4. 신체정보(키와 몸무게)
5. 사진
6. 등록대상 성범죄 요지(판결일자, 죄명, 선고형량을 포함한다)
7. 성폭력범죄 전과사실(죄명 및 횟수)
8. 「전자장치 부착 등에 관한 법률」에 따른 전자장치 부착 여부

⑤ 공개정보의 구체적인 형태와 내용에 관하여는 대통령령으로 정한다.

⑥ 공개정보를 정보통신망을 이용하여 열람하고자 하는 자는 실명인증 절차를 거쳐야 한다.

⑦ 실명인증, 공개정보 유출 방지를 위한 기술 및 관리에 관한 구체적인 방법과 절차는 대통령령으로 정한다.

관련판례

청소년 성매수자에 대한 신상공개 규정이 이중처벌금지원칙에 위반되는지 여부(소극)

헌법 제13조 제1항에서 말하는 '처벌'은 원칙적으로 범죄에 대한 국가의 형벌권 실행으로서의 과벌을 의미하는 것이고, 국가가 행하는 일체의 제재나 불이익처분을 모두 그 '처벌'에 포함시킬 수는 없다. 이 제도가 당사자에게 일종의 수치심과 불명예를 줄 수 있다고 하여도, 이는 어디까지나 신상공개제도가 추구하는 입법목적에 부수적인 것이지 주된 것은 아니다. 또한, 공개되는 신상과 범죄사실은 이미 공개재판에서 확정된 유죄판결의 일부로서, 개인의 신상 내지 사생활에 관한 새로운 내용이 아니고, 공익목적을 위하여 이를 공개하는 과정에서 부수적으로 수치심 등이 발생된다고 하여 이것을 기존의 형벌 외에 또 다른 형벌로서 수치형이나 명예형에 해당한다고 볼 수는 없다. 그렇다면, 신상공개제도는 헌법 제13조의 이중처벌금지원칙에 위배되지 않는다(헌재 2003.6.26. 2002헌가14).

제50조 【등록정보의 고지】 ★

① 법원은 공개대상자 중 다음 각 호의 어느 하나에 해당하는 자에 대하여 판결로 제49조에 따른 공개명령 기간 동안 제4항에 따른 고지정보를 제5항에 규정된 사람에 대하여 고지하도록 하는 명령(이하 "고지명령"이라 한다)을 등록대상 성범죄 사건의 판결과 동시에 선고하여야

한다. 다만, 피고인이 아동·청소년인 경우, 그 밖에 신상정보를 고지하여서는 아니 될 특별한 사정이 있다고 판단하는 경우에는 그러하지 아니하다.

1. 아동·청소년대상 성범죄를 저지른 자
2. 「성폭력범죄의 처벌 등에 관한 특례법」 제2조 제1항 제3호·제4호, 같은 조 제2항(제1항 제3호·제4호에 한정한다), 제3조부터 제15조까지의 범죄를 저지른 자
3. 제1호 또는 제2호의 죄를 범하였으나 「형법」 제10조 제1항에 따라 처벌할 수 없는 자로서 제1호 또는 제2호의 죄를 다시 범할 위험성이 있다고 인정되는 자

② 고지명령을 선고받은 자(이하 "고지대상자"라 한다)는 공개명령을 선고받은 자로 본다.

③ 고지명령은 다음 각 호의 기간 내에 하여야 한다.

1. 집행유예를 선고받은 고지대상자는 신상정보 최초 등록일부터 1개월 이내
2. 금고 이상의 실형을 선고받은 고지대상자는 출소 후 거주할 지역에 전입한 날부터 1개월 이내
3. 고지대상자가 다른 지역으로 전출하는 경우에는 변경정보 등록일부터 1개월 이내

④ 제1항에 따라 고지하여야 하는 고지정보는 다음 각 호와 같다.

1. 고지대상자가 이미 거주하고 있거나 전입하는 경우에는 제49조 제4항의 공개정보. 다만, 제49조 제4항 제3호에 따른 주소 및 실제거주지는 상세주소를 포함한다.
2. 고지대상자가 전출하는 경우에는 제1호의 고지정보와 그 대상자의 전출 정보

⑤ 제4항의 고지정보는 고지대상자가 거주하는 읍·면·동의 아동·청소년이 속한 세대의 세대주와 다음 각 호의 자에게 고지한다.

1. 「영유아보육법」에 따른 어린이집의 원장 및 육아종합지원센터·시간제보육서비스지정기관의 장
2. 「유아교육법」에 따른 유치원의 장
3. 「초·중등교육법」 제2조에 따른 학교의 장
4. 읍·면사무소와 동 주민센터의 장(경계를 같이 하는 읍·면 또는 동을 포함한다)
5. 「학원의 설립·운영 및 과외교습에 관한 법률」 제2조 제2호에 따른 교습소의 장, 같은 조 제3호에 따른 개인과외교습자 및 제2조의2에 따른 학교교과교습학원의 장
6. 「아동복지법」 제52조 제1항에 따른 아동복지시설 중 다음 각 목의 시설의 장
   가. 아동양육시설
   나. 아동일시보호시설
   다. 아동보호치료시설
   라. 공동생활가정
   마. 지역아동센터
7. 「청소년복지 지원법」 제31조에 따른 청소년복지시설의 장
8. 「청소년활동 진흥법」 제10조 제1호에 따른 청소년수련시설의 장

제51조【고지명령의 집행】 ★

① 고지명령의 집행은 여성가족부장관이 한다.

② 법원은 고지명령의 판결이 확정되면 판결문 등본을 판결이 확정된 날부터 14일 이내에 법무부장관에게 송달하여야 하며, 법무부장관은 제50조 제3항에 따른 기간 내에 고지명령이 집행될 수 있도록 최초등록 및 변경등록 시 고지대상자, 고지기간 및 같은 조 제4항 각 호에 규정된 고지정보를 지체 없이 여성가족부장관에게 송부하여야 한다.

③ 법무부장관은 고지대상자가 출소하는 경우 출소 1개월 전까지 다음 각 호의 정보를 여성가족부장관에게 송부하여야 한다.
   1. 고지대상자의 출소 예정일
   2. 고지대상자의 출소 후 거주지 상세주소

④ 여성가족부장관은 제50조 제4항에 따른 고지정보를 관할구역에 거주하는 아동·청소년이 속한 세대의 세대주와 다음 각 호의 자에게 우편·이동통신단말장치 등 여성가족부령으로 정하는 바에 따라 송부하고, 읍·면 사무소 또는 동(경계를 같이 하는 읍·면 또는 동을 포함한다) 주민센터 게시판에 30일간 게시하는 방법으로 고지명령을 집행한다.
   1. 「영유아보육법」에 따른 어린이집의 원장 및 육아종합지원센터·시간제보육서비스지정기관의 장
   2. 「유아교육법」에 따른 유치원의 장
   3. 「초·중등교육법」 제2조에 따른 학교의 장
   4. 읍·면사무소와 동 주민센터의 장(경계를 같이 하는 읍·면 또는 동을 포함한다)
   5. 「학원의 설립·운영 및 과외교습에 관한 법률」 제2조 제2호에 따른 교습소의 장, 제2조 제3호에 따른 개인과외교습자 및 제2조의2에 따른 학교교과교습학원의 장
   6. 「아동복지법」 제52조 제1항에 따른 아동복지시설 중 다음 각 목의 시설의 장
      가. 아동양육시설   나. 아동일시보호시설
      다. 아동보호치료시설   라. 공동생활가정
      마. 지역아동센터
   7. 「청소년복지 지원법」 제31조에 따른 청소년복지시설의 장
   8. 「청소년활동 진흥법」 제10조 제1호에 따른 청소년수련시설의 장

⑤ 여성가족부장관은 제4항에 따른 고지명령의 집행 이후 관할구역에 출생신고·입양신고·전입신고가 된 아동·청소년이 속한 세대의 세대주와 관할구역에 설립·설치된 다음 각 호의 자로서 고지대상자의 고지정보를 송부받지 못한 자에 대하여 제50조 제4항에 따른 고지정보를 우편·이동통신단말장치 등 여성가족부령으로 정하는 바에 따라 송부한다.
   1. 「영유아보육법」에 따른 어린이집의 원장 및 육아종합지원센터·시간제보육서비스지정기관의 장
   2. 「유아교육법」에 따른 유치원의 장
   3. 「초·중등교육법」 제2조에 따른 학교의 장

4. 「학원의 설립·운영 및 과외교습에 관한 법률」 제2조 제2호에 따른 교습소의 장, 제2조 제3호에 따른 개인과외교습자 및 제2조의2에 따른 학교교과교습학원의 장
5. 「아동복지법」 제52조 제1항에 따른 아동복지시설 중 다음 각 목의 시설의 장
    가. 아동양육시설   나. 아동일시보호시설
    다. 아동보호치료시설   라. 공동생활가정
    마. 지역아동센터
6. 「청소년복지 지원법」 제31조에 따른 청소년복지시설의 장
7. 「청소년활동 진흥법」 제10조 제1호에 따른 청소년수련시설의 장

⑥ 여성가족부장관은 고지명령의 집행에 관한 업무 중 제4항 및 제5항에 따른 송부 및 게시판 게시 업무를 고지대상자가 실제 거주하는 읍·면사무소의 장 또는 동 주민센터의 장에게 위임할 수 있다.
⑦ 제6항에 따른 위임을 받은 읍·면사무소의 장 또는 동 주민센터의 장은 송부 및 게시판 게시 업무를 집행하여야 한다.
⑧ 삭제 <2023.4.11.>
⑨ 고지명령의 집행 및 고지절차 등에 필요한 사항은 여성가족부령으로 정한다.

관련판례

[1] 아동·청소년의 성보호에 관한 법률에서 정한 공개명령 및 고지명령 제도의 의의와 법적 성격(=일종의 보안처분)
아동·청소년의 성보호에 관한 법률이 정한 공개명령 및 고지명령 제도는 아동·청소년대상 성폭력범죄 등을 효과적으로 예방하고 그 범죄로부터 아동·청소년을 보호함을 목적으로 하는 일종의 보안처분으로서, 그 목적과 성격, 운영에 관한 법률의 규정 내용 및 취지 등을 종합해 보면, 공개명령 및 고지명령 제도는 범죄행위를 한 자에 대한 응보 등을 목적으로 그 책임을 추궁하는 사후적 처분인 형벌과 구별되어 그 본질을 달리한다(대법원 2012.5.24. 2012도2763).

[2] 아동·청소년의 성보호에 관한 법률 제49조 제1항 단서, 제50조 제1항 단서에서 공개명령 또는 고지명령 선고의 예외사유로 규정한 피고인이 아동·청소년인 경우의 판단 기준 시점(=사실심 판결 선고시)
아동·청소년의 성보호에 관한 법률 제49조 제1항 단서, 제50조의 제1항 단서는 피고인이 아동·청소년인 경우, 그 밖에 신상정보를 공개하여서는 아니 될 특별한 사정이 있다고 판단되는 경우를 공개명령 또는 고지명령 선고에 관한 예외사유로 규정하고 있는데, 공개명령 및 고지명령의 성격과 본질, 관련 법률의 내용과 취지 등에 비추어 공개명령 등의 예외사유로 규정되어 있는 위 피고인이 아동·청소년인 경우에 해당하는지는 사실심 판결의 선고시를 기준으로 판단하여야 한다(대법원 2012.5.24. 2012도2763).

제51조의2
삭제 <2023.4.11.>

제52조【공개명령의 집행】

① 공개명령은 여성가족부장관이 정보통신망을 이용하여 집행한다.

② 법원은 공개명령의 판결이 확정되면 판결문 등본을 판결이 확정된 날부터 14일 이내에 법무부장관에게 송달하여야 하며, 법무부장관은 제49조 제2항에 따른 공개기간 동안 공개명령이 집행될 수 있도록 최초등록 및 변경등록 시 공개대상자, 공개기간 및 같은 조 제4항 각 호에 규정된 공개정보를 지체 없이 여성가족부장관에게 송부하여야 한다.

③ 공개명령의 집행·공개절차·관리 등에 관한 세부사항은 대통령령으로 정한다.

제52조의2【고지정보 및 공개정보의 정정 등】

① 누구든지 제51조에 따라 집행된 고지정보 또는 제52조에 따라 집행된 공개정보에 오류가 있음을 발견한 경우 여성가족부장관에게 그 정정을 요청할 수 있다.

② 여성가족부장관은 제1항에 따른 정정 요청을 받은 경우 법무부장관에게 그 사실을 통보하고, 법무부장관은 해당 정보의 진위와 변경 여부를 확인하기 위하여 고지대상자 또는 공개대상자의 주소지를 관할하는 경찰관서의 장에게 직접 대면 등의 방법으로 진위와 변경 여부를 확인하도록 요구할 수 있다.

③ 법무부장관은 제2항에 따라 고지정보 또는 공개정보에 오류가 있음을 확인한 경우 대통령령으로 정하는 바에 따라 변경정보를 등록한 후 여성가족부장관에게 그 결과를 송부하고, 여성가족부장관은 제51조 제4항 또는 같은 조 제5항에 따른 방법으로 집행된 고지정보 나 제52조 제1항에 따른 방법으로 집행된 공개정보에 정정 사항이 있음을 알려야 한다.

④ 여성가족부장관은 제3항에 따른 처리 결과를 제1항에 따라 고지정보 또는 공개정보의 정정을 요청한 자에게 알려야 한다.

⑤ 제1항에 따른 고지정보 또는 공개정보의 정정 요청의 방법 및 절차, 제2항에 따른 법무부장관에 대한 통보, 조회 또는 정보 제공의 요청, 확인 요구 방법 및 절차, 제4항에 따른 처리 결과 통지 방법 등에 필요한 사항은 대통령령으로 정한다.

제53조【계도 및 범죄정보의 공표】

① 여성가족부장관은 아동·청소년대상 성범죄의 발생추세와 동향, 그 밖에 계도에 필요한 사항을 연 2회 이상 공표하여야 한다.

② 여성가족부장관은 제1항에 따른 성범죄 동향 분석 등을 위하여 성범죄로 유죄판결이 확정된 자에 대한 자료를 관계 행정기관에 요청할 수 있다.

제53조의2 【아동·청소년성착취물 관련 범죄 실태조사】

① 여성가족부장관은 아동·청소년성착취물과 관련한 범죄 예방과 재발 방지 등을 위하여 정기적으로 아동·청소년성착취물 관련 범죄에 대한 실태조사를 하여야 한다.

② 제1항에 따른 실태조사의 주기, 방법과 내용 등에 관하여 필요한 사항은 여성가족부령으로 정한다.

제54조 【비밀준수】

등록대상 성범죄자의 신상정보의 공개 및 고지 업무에 종사하거나 종사하였던 자는 직무상 알게 된 등록정보를 누설하여서는 아니 된다.

제55조 【공개정보의 악용금지】

① 공개정보는 아동·청소년 등을 등록대상 성범죄로부터 보호하기 위하여 성범죄 우려가 있는 자를 확인할 목적으로만 사용되어야 한다.

② 공개정보를 확인한 자는 공개정보를 활용하여 다음 각 호의 행위를 하여서는 아니 된다.

　1. 신문·잡지 등 출판물, 방송 또는 정보통신망을 이용한 공개

　2. 공개정보의 수정 또는 삭제

③ 공개정보를 확인한 자는 공개정보를 등록대상 성범죄로부터 보호할 목적 외에 다음 각 호와 관련된 목적으로 사용하여 공개대상자를 차별하여서는 아니 된다.

　1. 고용(제56조 제1항의 아동·청소년 관련기관 등에의 고용은 제외한다)

　2. 주택 또는 사회복지시설의 이용

　3. 교육기관의 교육 및 직업훈련

제56조 【아동·청소년 관련기관등에의 취업제한 등】

① 법원은 아동·청소년대상 성범죄 또는 성인대상 성범죄(이하 "성범죄"라 한다)로 형 또는 치료감호를 선고하는 경우에는 판결(약식명령을 포함한다. 이하 같다)로 그 형 또는 치료감호의 전부 또는 일부의 집행을 종료하거나 집행이 유예·면제된 날(벌금형을 선고받은 경우에는 그 형이 확정된 날)부터 일정기간(이하 "취업제한 기간"이라 한다) 동안 다음 각 호에 따른 시설·기관 또는 사업장(이하 "아동·청소년 관련기관등"이라 한다)을 운영하거나 아동·청소년 관련기관등에 취업 또는 사실상 노무를 제공할 수 없도록 하는 명령(이하 "취업제한 명령"이라 한다)을 성범죄 사건의 판결과 동시에 선고(약식명령의 경우에는 고지)하여야 한다. 다만, 재범의 위험성이 현저히 낮은 경우, 그 밖에 취업을 제한하여서는 아니 되는 특별한 사정이 있다고 판단하는 경우에는 그러하지 아니한다.

1. 「유아교육법」 제2조 제2호의 유치원

2. 「초·중등교육법」 제2조의 학교, 같은 법 제28조와 같은 법 시행령 제54조에 따른 위탁 교육기관 및 「고등교육법」 제2조의 학교

2의2. 특별시·광역시·특별자치시·도·특별자치도 교육청 또는 「지방교육자치에 관한 법률」 제34조에 따른 교육지원청이 「초·중등교육법」 제28조에 따라 직접 설치·운영하거나 위탁하여 운영하는 학생상담지원시설 또는 위탁 교육시설

2의3. 「제주특별자치도 설치 및 국제자유도시 조성을 위한 특별법」 제223조에 따라 설립된 국제학교

3. 「학원의 설립·운영 및 과외교습에 관한 법률」 제2조 제1호의 학원, 같은 조 제2호의 교습소 및 같은 조 제3호의 개인과외교습자(아동·청소년의 이용이 제한되지 아니하는 학원·교습소로서 교육부장관이 지정하는 학원·교습소 및 아동·청소년을 대상으로 하는 개인과외교습자를 말한다)

4. 「청소년 보호법」 제35조의 청소년 보호·재활센터

5. 「청소년활동 진흥법」 제2조 제2호의 청소년활동시설

6. 「청소년복지 지원법」 제29조 제1항에 따른 청소년상담복지센터, 같은 법 제30조 제1항에 따른 이주배경청소년지원센터 및 같은 법 제31조에 따른 청소년복지시설

6의2. 「학교 밖 청소년 지원에 관한 법률」 제12조의 학교 밖 청소년 지원센터

7. 「영유아보육법」 제2조 제3호의 어린이집, 같은 법 제7조에 따른 육아종합지원센터 및 같은 법 제26조의2에 따른 시간제보육서비스지정기관

8. 「아동복지법」 제3조 제10호의 아동복지시설, 같은 법 제37조에 따른 통합서비스 수행기관 및 같은 법 제44조의2에 따른 다함께돌봄센터

9. 「성매매방지 및 피해자보호 등에 관한 법률」 제9조의 성매매피해자등을 위한 지원시설 및 같은 법 제17조의 성매매피해상담소

9의2. 성교육 전문기관 및 성매매 피해아동·청소년 지원센터

10. 「주택법」 제2조 제3호의 공동주택의 관리사무소. 이 경우 경비업무에 직접 종사하는 사람에 한정한다.

11. 「체육시설의 설치·이용에 관한 법률」 제3조에 따라 설립된 체육시설 중 아동·청소년의 이용이 제한되지 아니하는 체육시설로서 문화체육관광부장관이 지정하는 체육시설

12. 「의료법」 제3조의 의료기관(같은 법 제2조의 의료인, 같은 법 제80조의 간호조무사 및 「의료기사 등에 관한 법률」 제2조의 의료기사로 한정한다)

13. 「게임산업진흥에 관한 법률」에 따른 다음 각 목의 영업을 하는 사업장
　　가. 「게임산업진흥에 관한 법률」 제2조 제7호의 인터넷컴퓨터게임시설제공업
　　나. 「게임산업진흥에 관한 법률」 제2조 제8호의 복합유통게임제공업

14. 「경비업법」 제2조 제1호의 경비업을 행하는 법인. 이 경우 경비업무에 직접 종사하는 사람에 한정한다.

15. 영리의 목적으로 「청소년기본법」 제3조 제3호의 청소년활동의 기획·주관·운영을 하는 사업장(이하 "청소년활동기획업소"라 한다)

16. 대중문화예술기획업소

17. 아동·청소년의 고용 또는 출입이 허용되는 다음 각 목의 어느 하나에 해당하는 기관·시설 또는 사업장(이하 이 호에서 "시설등"이라 한다)으로서 대통령령으로 정하는 유형의 시설등

    가. 아동·청소년과 해당 시설등의 운영자·근로자 또는 사실상 노무 제공자 사이에 업무상 또는 사실상 위력 관계가 존재하거나 존재할 개연성이 있는 시설등

    나. 아동·청소년이 선호하거나 자주 출입하는 시설등으로서 해당 시설등의 운영 과정에서 운영자·근로자 또는 사실상 노무 제공자에 의한 아동·청소년대상 성범죄의 발생이 우려되는 시설등

18. 가정을 방문하거나 아동·청소년이 찾아오는 방식 등으로 아동·청소년에게 직접교육서비스를 제공하는 사람을 모집하거나 채용하는 사업장(이하 "가정방문 등 학습교사 사업장"이라 한다). 이 경우 아동·청소년에게 직접교육서비스를 제공하는 업무에 종사하는 사람에 한정한다.

19. 「장애인 등에 대한 특수교육법」 제11조의 특수교육지원센터 및 같은 법 제28조에 따라 특수교육 관련서비스를 제공하는 기관·단체

20. 「지방자치법」 제161조에 따른 공공시설 중 아동·청소년이 이용하는 시설로서 행정안전부장관이 지정하는 공공시설

21. 「지방교육자치에 관한 법률」 제32조에 따른 교육기관 중 아동·청소년을 대상으로 하는 교육기관

22. 「어린이 식생활안전관리 특별법」 제21조 제1항의 어린이급식관리지원센터

23. 「아이돌봄 지원법」 제11조에 따른 서비스제공기관

24. 「건강가정기본법」 제35조에 따른 건강가정지원센터

25. 「다문화가족지원법」 제12조에 따른 다문화가족지원센터

② 제1항에 따른 취업제한 기간은 10년을 초과하지 못한다.

③ 법원은 제1항에 따라 취업제한 명령을 선고하려는 경우에는 정신건강의학과 의사, 심리학자, 사회복지학자, 그 밖의 관련 전문가로부터 취업제한 명령 대상자의 재범 위험성 등에 관한 의견을 들을 수 있다.

④ 제1항 각 호(제10호는 제외한다)의 아동·청소년 관련기관등의 설치 또는 설립 인가·신고를 관할하는 지방자치단체의 장, 교육감 또는 교육장은 아동·청소년 관련기관등을 운영하려는 자에 대한 성범죄 경력 조회를 관계 기관의 장에게 요청하여야 한다. 다만, 아동·청소년 관련기관등을 운영하려는 자가 성범죄 경력 조회 회신서를 지방자치단체의 장, 교육감 또는 교육장에게 직접 제출한 경우에는 성범죄 경력 조회를 한 것으로 본다.

⑤ 아동·청소년 관련기관등의 장은 그 기관에 취업 중이거나 사실상 노무를 제공 중인 자 또는

취업하려 하거나 사실상 노무를 제공하려는 자(이하 "취업자등"이라 한다)에 대하여 성범죄의 경력을 확인하여야 하며, 이 경우 본인의 동의를 받아 관계 기관의 장에게 성범죄의 경력 조회를 요청하여야 한다. 다만, 취업자등이 성범죄 경력 조회 회신서를 아동·청소년 관련기관 등의 장에게 직접 제출한 경우에는 성범죄 경력 조회를 한 것으로 본다.

⑥ 제4항 및 제5항에 따라 성범죄 경력 조회 요청을 받은 관계 기관의 장은 성범죄 경력 조회 회신서를 발급하여야 한다.

⑦ 제1항 제7호의 육아종합지원센터 및 같은 항 제22호의 어린이급식관리지원센터의 장이 제5항에 따라 취업자등에 대하여 성범죄 경력 조회를 한 경우, 그 취업자등이 직무를 집행함에 있어서 다른 아동·청소년 관련기관등에 사실상 노무를 제공하는 경우에는 제5항에도 불구하고 다른 아동·청소년 관련기관등의 장이 성범죄 경력 조회를 한 것으로 본다.

⑧ 제5항에도 불구하고 교육감 또는 교육장은 다음 각 호의 아동·청소년 관련기관등의 취업자등에 대하여는 본인의 동의를 받아 성범죄의 경력을 확인할 수 있다. 이 경우 아동·청소년 관련기관등의 장이 성범죄 경력 조회를 한 것으로 본다.
1. 제1항 제1호의 유치원
2. 제1항 제2호의 학교 및 위탁 교육기관
3. 제1항 제2호의2의 학생상담지원시설 및 위탁 교육시설
4. 제1항 제19호의 특수교육지원센터 및 특수교육 관련서비스를 제공하는 기관·단체
5. 제1항 제21호의 아동·청소년을 대상으로 하는 교육기관

⑨ 제4항부터 제6항까지에 따른 성범죄경력 조회의 요청 절차·범위 등에 관하여 필요한 사항은 대통령령으로 정한다.

제57조【성범죄의 경력자 점검·확인】

① 여성가족부장관 또는 관계 중앙행정기관의 장은 다음 각 호의 구분에 따라 성범죄로 취업제한 명령을 선고받은 자가 아동·청소년 관련기관등을 운영하거나 아동·청소년 관련기관등에 취업 또는 사실상 노무를 제공하고 있는지를 직접 또는 관계 기관 조회 등의 방법으로 연1회 이상 점검·확인하여야 한다.
1. 교육부장관 : 제56조 제1항 제2호의 기관 중 「고등교육법」 제2조의 학교
2. 행정안전부장관 : 제56조 제1항 제20호의 공공시설
3. 여성가족부장관 : 제56조 제1항 제4호의 청소년 보호·재활센터, 같은 항 제6호의 이주배경청소년지원센터 및 같은 항 제18호의 가정방문 등 학습교사 사업장
4. 삭제 <2023.4.11.>
5. 경찰청장 : 제56조 제1항 제14호의 경비업을 행하는 법인

② 제1항 각 호에 해당하지 아니하는 아동·청소년 관련기관등으로서 교육부, 행정안전부, 문화체육관광부, 보건복지부, 여성가족부, 국토교통부 등 관계 중앙행정기관이 설치하여 운영하는

아동·청소년 관련기관등의 경우에는 해당 중앙행정기관의 장이 제1항에 따른 점검·확인을 하여야 한다.

③ 시·도지사 또는 시장·군수·구청장은 성범죄로 취업제한 명령을 선고받은 자가 다음 각 호의 아동·청소년 관련기관등을 운영하거나 아동·청소년 관련기관등에 취업 또는 사실상 노무를 제공하고 있는지를 직접 또는 관계 기관 조회 등의 방법으로 연 1회 이상 점검·확인하여야 한다. 다만, 제2항에 해당하는 아동·청소년 관련기관등의 경우에는 그러하지 아니하다.

1. 제56조 제1항 제5호의 청소년활동시설

2. 제56조 제1항 제6호의 청소년상담복지센터 및 청소년복지시설

2의2. 제56조 제1항 제6호의2의 학교 밖 청소년 지원센터

3. 제56조 제1항 제7호의 어린이집, 육아종합지원센터 및 시간제보육서비스지정기관

4. 제56조 제1항 제8호의 아동복지시설, 통합서비스 수행기관 및 다함께돌봄센터

5. 제56조 제1항 제9호의 성매매피해자등을 위한 지원시설 및 성매매피해상담소

5의2. 제56조 제1항 제9호의2의 아동·청소년대상 성교육 전문기관 및 성매매 피해아동·청소년 지원센터

6. 제56조 제1항 제10호의 공동주택의 관리사무소

7. 제56조 제1항 제11호의 체육시설

8. 제56조 제1항 제12호의 의료기관

9. 제56조 제1항 제13호 각 목의 인터넷컴퓨터게임시설제공업 또는 복합유통게임제공업을 하는 사업장

10. 제56조 제1항 제15호의 청소년활동기획업소

11. 대중문화예술기획업소

12. 제56조 제1항 제17호의 아동·청소년의 고용 또는 출입이 허용되는 시설등으로서 대통령령으로 정하는 유형의 시설등

13. 삭제 <2023.4.11.>

14. 제56조 제1항 제22호의 어린이급식관리지원센터

15. 제56조 제1항 제23호의 서비스제공기관

16. 제56조 제1항 제24호의 건강가정지원센터

17. 제56조 제1항 제25호의 다문화가족지원센터

④ 교육감은 성범죄로 취업제한 명령을 선고받은 자가 다음 각 호의 아동·청소년 관련기관등을 운영하거나 아동·청소년 관련기관등에 취업 또는 사실상 노무를 제공하고 있는지를 직접 또는 관계 기관 조회 등의 방법으로 연 1회 이상 점검·확인하여야 한다. 다만, 제2항에 해당하는 아동·청소년 관련기관등의 경우에는 그러하지 아니하다.

1. 제56조 제1항 제1호의 유치원

2. 제56조 제1항 제2호의 기관 중 「초·중등교육법」 제2조의 학교 및 같은 법 제28조에 따른

위탁 교육기관

  3. 제56조 제1항 제2호의2의 학생상담지원시설 및 위탁 교육시설

  4. 제56조 제1항 제2호의3의 국제학교

  5. 제56조 제1항 제3호의 학원, 교습소 및 개인과외교습자

  6. 제56조 제1항 제19호의 특수교육지원센터 및 특수교육 관련서비스를 제공하는 기관·단체

  7. 제56조 제1항 제21호의 아동·청소년을 대상으로 하는 교육기관

⑤ 제1항 각 호 및 제2항에 따른 중앙행정기관의 장, 시·도지사, 시장·군수·구청장 또는 교육감은 제1항부터 제4항까지의 규정에 따른 점검·확인을 위하여 필요한 경우에는 아동·청소년 관련기관등의 장 또는 관련 감독기관에 해당 자료의 제출을 요구할 수 있다.

⑥ 여성가족부장관, 관계 중앙행정기관의 장, 시·도지사, 시장·군수·구청장 또는 교육감은 제1항부터 제4항까지의 규정에 따른 점검·확인 결과를 대통령령으로 정하는 바에 따라 인터넷 홈페이지 등을 이용하여 공개하여야 한다.

제58조 【취업자의 해임요구 등】

① 제57조 제1항 각 호 및 같은 조 제2항에 따른 중앙행정기관의 장, 시·도지사, 시장·군수·구청장 또는 교육감은 제56조 제1항에 따른 취업제한 기간 중에 아동·청소년 관련기관 등에 취업하거나 사실상 노무를 제공하는 자가 있으면 아동·청소년 관련기관 등의 장에게 그의 해임을 요구할 수 있다.

② 제57조 제1항 각 호 및 같은 조 제2항에 따른 중앙행정기관의 장, 시·도지사, 시장·군수·구청장 또는 교육감은 제56조 제1항에 따른 취업제한 기간 중에 아동·청소년 관련기관 등을 운영 중인 아동·청소년 관련기관 등의 장에게 운영 중인 아동·청소년 관련기관 등의 폐쇄를 요구할 수 있다.

③ 제57조 제1항 각 호 및 같은 조 제2항에 따른 중앙행정기관의 장, 시·도지사, 시장·군수·구청장 또는 교육감은 아동·청소년 관련기관 등의 장이 제2항의 폐쇄요구를 정당한 사유 없이 거부하거나 1개월 이내에 요구사항을 이행하지 아니하는 경우에는 관계 행정기관의 장에게 해당 아동·청소년 관련기관 등의 폐쇄, 등록·허가 등의 취소를 요구할 수 있다.

④ 제3항에 따른 폐쇄, 등록·허가 등의 취소요구에 대하여는 대통령령으로 정하는 바에 따른다.

제59조 【포상금】

① 여성가족부장관은 제8조, 제8조의2, 제11조 제1항·제2항·제4항 및 제13조부터 제15조까지에 해당하는 범죄를 저지른 사람을 수사기관에 신고한 사람에 대하여는 예산의 범위에서 포상금을 지급할 수 있다.

② 제1항에 따른 포상금의 지급 기준, 방법과 절차 및 구체적인 지급액 등에 필요한 사항은 대통령령으로 정한다.

제60조 【권한의 위임】

① 제57조 제1항 각 호 및 같은 조 제2항에 따른 중앙행정기관의 장(교육부장관은 제외한다)은 제67조에 따른 권한의 일부를 대통령령으로 정하는 바에 따라 그 일부를 시·도지사 또는 시장·군수·구청장에게 위임할 수 있다.

② 제67조에 따른 교육부장관 또는 교육감의 권한은 대통령령으로 정하는 바에 따라 그 일부를 교육감·교육장에게 위임할 수 있다.

③ 제57조, 제58조 및 제67조에 따른 식품의약품안전처장의 권한은 대통령령으로 정하는 바에 따라 그 일부를 지방식품의약품안전청장에게 위임할 수 있다.

④ 제57조, 제58조 및 제67조에 따른 경찰청장의 권한은 대통령령으로 정하는 바에 따라 그 일부를 시·도경찰청장에게 위임할 수 있다.

제5장 | 보호관찰

제61조 【보호관찰】 ★

① 검사는 아동·청소년대상 성범죄를 범하고 재범의 위험성이 있다고 인정되는 사람에 대하여는 형의 집행이 종료한 때부터 「보호관찰 등에 관한 법률」에 따른 보호관찰을 받도록 하는 명령(이하 "보호관찰명령"이라 한다)을 법원에 청구하여야 한다. 다만, 검사가 「전자장치 부착 등에 관한 법률」 제21조의2에 따른 보호관찰명령을 청구한 경우에는 그러하지 아니하다.

② 법원은 공소가 제기된 아동·청소년대상 성범죄 사건을 심리한 결과 보호관찰명령을 선고할 필요가 있다고 인정하는 때에는 검사에게 보호관찰명령의 청구를 요청할 수 있다.

③ 법원은 아동·청소년대상 성범죄를 범한 사람이 금고 이상의 선고형에 해당하고 보호관찰명령 청구가 이유 있다고 인정하는 때에는 2년 이상 5년 이하의 범위에서 기간을 정하여 보호관찰명령을 병과하여 선고하여야 한다.

④ 법원은 보호관찰을 명하기 위하여 필요한 때에는 피고인의 주거지 또는 소속 법원(지원을 포함한다. 이하 같다) 소재지를 관할하는 보호관찰소(지소를 포함한다. 이하 같다)의 장에게 범죄 동기, 피해자와의 관계, 심리상태, 재범의 위험성 등 피고인에 관하여 필요한 사항의 조사를 요청할 수 있다. 이 경우 보호관찰소의 장은 지체 없이 이를 조사하여 서면으로 해당 법원에 통보하여야 한다.

⑤ 보호관찰 기간은 보호관찰을 받을 자(이하 "보호관찰 대상자"라 한다)의 형의 집행이 종료한 날부터 기산하되, 보호관찰 대상자가 가석방된 경우에는 가석방된 날부터 기산한다.

제62조 【보호관찰 대상자의 보호관찰 기간 연장 등】 ★
① 보호관찰 대상자가 보호관찰 기간 중에 「보호관찰 등에 관한 법률」 제32조에 따른 준수사항을 위반하는 등 재범의 위험성이 증대한 경우에 법원은 보호관찰소의 장의 신청에 따른 검사의 청구로 제61조 제3항에 따른 5년을 초과하여 보호관찰의 기간을 연장할 수 있다.
② 제1항의 준수사항은 재판장이 재판정에서 설명하고 서면으로도 알려 주어야 한다.

제63조 【보호관찰 대상자의 신고 의무】
① 보호관찰 대상자는 출소 후의 거주 예정지, 근무 예정지, 교우 관계, 그 밖에 보호관찰을 위하여 필요한 사항으로서 대통령령으로 정하는 사항을 출소 전에 미리 교도소·소년교도소·구치소·군교도소 또는 치료감호시설의 장에게 신고하여야 한다.
② 보호관찰 대상자는 출소 후 10일 이내에 거주지, 직업 등 보호관찰을 위하여 필요한 사항으로서 대통령령으로 정하는 사항을 보호관찰관에게 서면으로 신고하여야 한다.

제64조 【보호관찰의 종료】
「보호관찰 등에 관한 법률」에 따른 보호관찰 심사위원회는 보호관찰 대상자의 관찰성적이 양호하여 재범의 위험성이 없다고 판단하는 경우 보호관찰 기간이 끝나기 전이라도 보호관찰의 종료를 결정할 수 있다.

제6장 | 벌칙

제65조 【벌칙】
① 다음 각 호의 어느 하나에 해당하는 자는 5년 이하의 징역 또는 5천만원 이하의 벌금에 처한다.
   1. 제25조의7을 위반하여 직무상 알게 된 신분비공개수사 또는 신분위장수사에 관한 사항을 외부에 공개하거나 누설한 자

2. 제54조를 위반하여 직무상 알게 된 등록정보를 누설한 자

3. 제55조 제1항 또는 제2항을 위반한 자

4. 정당한 권한 없이 등록정보를 변경하거나 말소한 자

② 제42조에 따른 보호처분을 위반한 자는 2년 이하의 징역 또는 2천만원 이하의 벌금에 처한다.

③ 제21조 제2항에 따라 징역형 이상의 실형과 이수명령이 병과된 자가 보호관찰소의 장 또는 교정시설의 장의 이수명령 이행에 관한 지시에 불응하여 「보호관찰 등에 관한 법률」 또는 「형의 집행 및 수용자의 처우에 관한 법률」에 따른 경고를 받은 후 재차 정당한 사유 없이 이수명령 이행에 관한 지시에 불응한 경우에는 1년 이하의 징역 또는 1천만원 이하의 벌금에 처한다.

④ 다음 각 호의 어느 하나에 해당하는 자는 1년 이하의 징역 또는 500만원 이하의 벌금에 처한다.

1. 제34조 제3항을 위반하여 신고자 등의 신원을 알 수 있는 정보나 자료를 출판물에 게재하거나 방송 또는 정보통신망을 통하여 공개한 자

2. 제55조 제3항을 위반한 자

⑤ 제21조 제2항에 따라 벌금형과 이수명령이 병과된 자가 보호관찰소의 장의 이수명령 이행에 관한 지시에 불응하여 「보호관찰 등에 관한 법률」에 따른 경고를 받은 후 재차 정당한 사유 없이 이수명령 이행에 관한 지시에 불응한 경우에는 1천만원 이하의 벌금에 처한다.

13 보안관찰법

• 법 2020.8.5. 시행 | 시행령 2021.1.5. 시행

제1조 【목적】

이 법은 특정범죄를 범한 자에 대하여 재범의 위험성을 예방하고 건전한 사회복귀를 촉진하기 위하여 보안관찰처분을 함으로써 국가의 안전과 사회의 안녕을 유지함을 목적으로 한다.

제2조 【보안관찰해당범죄】 ★

이 법에서 "보안관찰해당범죄"라 함은 다음 각 호의 1에 해당하는 죄를 말한다.

1. 형법 제88조(내란목적살인죄)·제89조(미수범)(제87조의 미수범을 제외한다)·제90조(예비, 음모, 선동, 선전)(제87조에 해당하는 죄를 제외한다)·제92조 내지(외환유치, 여적, 모병이적, 시설제공이적, 시설파괴이적, 물건제공이적)·제98조(간첩)·제100조(미수범)(제99조의 미수범을 제외한다) 및 제101조(예비, 음모, 선동, 선전)(제99조에 해당하는 죄를 제외한다)

2. 군형법 제5조 내지(반란, 반란 목적의 군용물 탈취, 미수범) 제8조(예비, 음모, 선동, 선전)·제9조 제2항(반란을 알고도 적을 이롭게 할 목적으로 불보고) 및 제11조 내지(군대 및 군용시설 제공, 군용시설 등 파괴, 간첩, 일반이적, 미수범) 제16조(예비, 음모, 선동, 선전)

3. 국가보안법 제4조(목적수행), 제5조(자진지원·금품수수)(제1항 중 제4조 제1항 제6호에 해당하는 행위를 제외한다), 제6조(잠입·탈출), 제9조(편의제공) 제1항·제3항(제2항의 미수범을 제외한다)·제4항

 시행령

제2조 【정의】

이 영에서 사용하는 용어의 정의는 다음과 같다.

보안관찰해당범죄	법 제2조 각 호의 1 또는 법 부칙 제2조 제2호에 규정된 죄
보안관찰처분대상자	보안관찰해당범죄 또는 이와 경합된 범죄로 금고 이상의 형의 선고를 받고 그 형기합계가 3년 이상인 자로서 형의 전부 또는 일부의 집행을 받은 사실이 있는 자
피보안관찰자	법 제4조 제1항의 규정에 의한 보안관찰처분을 받은 자
주거지 관할검사	주거지를 관할하는 지방검찰청 또는 지청의 검사
거주예정지 관할검사	거주예정지를 관할하는 지방검찰청 또는 지청의 검사
교도소등의 소재지 관할검사	교도소등의 소재지를 관할하는 지방검찰청 또는 지청의 검사

제3조 【보안관찰처분대상자】

이 법에서 "보안관찰처분대상자"라 함은 보안관찰해당범죄 또는 이와 경합된 범죄로 금고 이상의 형의 선고를 받고 그 형기합계가 3년 이상인 자로서 형의 전부 또는 일부의 집행을 받은 사실이 있는 자를 말한다.

■ 시행령

제3조 【형기계산】

법 제3조에 규정된 형기합계를 계산함에 있어 소년법 제60조 제1항의 규정에 의한 부정기형이 선고된 경우에는 그 단기를 형기로 한다.

제4조 【보안관찰처분】

① 제3조에 해당하는 자중 보안관찰해당범죄를 다시 범할 위험성이 있다고 인정할 충분한 이유가 있어 재범의 방지를 위한 관찰이 필요한 자에 대하여는 보안관찰처분을 한다.

② 보안관찰처분을 받은 자는 이 법이 정하는 바에 따라 소정의 사항을 주거지 관할경찰서장(이하 "관할경찰서장"이라 한다)에게 신고하고, 재범방지에 필요한 범위안에서 그 지시에 따라 보안관찰을 받아야 한다.

■ 시행령

제4조 【보안관찰】

① 피보안관찰자의 주거지를 관할하는 경찰서장(이하 "관할경찰서장"이라 한다)은 피보안관찰자의 동태를 관찰하고 사회에 복귀하도록 선도하여 보안관찰해당범죄를 다시 범하지 아니하도록 예방하여야 한다.

② 관할경찰서장은 보안관찰부를 작성·비치하고 매월 1회 이상 피보안관찰자의 동태를 관찰하여 그 결과를 보안관찰부에 기재하여야 한다.

제5조 【동태보고 등】

① 관할경찰서장은 매 3월마다 법 제18조 제2항의 규정에 의하여 신고된 사항을 포함한 피보안관찰자의 주요동태를 주거지 관할검사에게 보고하여야 한다.

② 관할경찰서장은 피보안관찰자에게 다음 각 호의 1에 해당하는 사유가 발생한 때에는 지체 없이 이를 주거지 관할검사에게 보고하여야 한다.

   1. 죄를 범한 때
   2. 보안관찰처분과 관련한 각종 지시에 위반한 때
   3. 일정한 주거가 없게 된 때
   4. 10일 이상 주거지를 무단이탈하거나 소재불명이 된 때
   5. 사망한 때
   6. 법 제17조 제3항의 규정에 의한 보안관찰처분집행중지 사유가 발생한 때
   7. 법 제22조의 규정에 의한 경고를 한 때

8. 법 제25조 제3항 후단의 규정에 의한 보안관찰처분기간의 진행정지 사유가 발생한 때

9. 기타 신원에 중대한 사유가 발생한 때

제5조【보안관찰처분의 기간】★★

① 보안관찰처분의 기간은 2년으로 한다.

② 법무부장관은 검사의 청구가 있는 때에는 보안관찰처분심의위원회의 의결을 거쳐 그 기간을 갱신할 수 있다.

제6조【보안관찰처분대상자의 신고】★

① 보안관찰처분대상자는 대통령령이 정하는 바에 따라 그 형의 집행을 받고 있는 교도소, 소년교도소, 구치소, 유치장 또는 군교도소(이하 "교도소등"이라 한다)에서 출소 전에 거주예정지 기타 대통령령으로 정하는 사항을 교도소등의 장을 경유하여 거주예정지 관할경찰서장에게 신고하고, 출소 후 7일 이내에 그 거주예정지 관할경찰서장에게 출소사실을 신고하여야 한다. 제20조 제3항에 해당하는 경우에는 법무부장관이 제공하는 거주할 장소(이하 "거소"라 한다)를 거주예정지로 신고하여야 한다.

② 보안관찰처분대상자는 교도소등에서 출소한 후 제1항의 신고사항에 변동이 있을 때에는 변동이 있는 날부터 7일 이내에 그 변동된 사항을 관할경찰서장에게 신고하여야 한다. 다만, 제20조 제3항에 의하여 거소제공을 받은 자가 주거지를 이전하고자 할 때에는 미리 관할경찰서장에게 제18조 제4항 단서에 의한 신고를 하여야 한다.

③ 교도소등의 장은 제3조에 해당하는 자가 생길 때에는 지체 없이 보안관찰처분심의위원회와 거주예정지를 관할하는 검사 및 경찰서장에게 통고하여야 한다.

📖 **시행령**

제6조【보안관찰처분대상자의 신고】

① 보안관찰처분대상자가 법 제6조 제1항의 규정에 의하여 출소 전에 신고할 때에는 다음 각 호의 사항을 기재한 신고서 5부를 작성하여 교도소, 소년교도소, 구치소, 유치장 또는 군교도소(이하 "교도소등"이라 한다)의 장에게 제출하여야 한다.

1. 원적·본적·주거(실제로 생활하는 거처. 이하 같다)·성명·생년월일·성별·주민등록번호

2. 가족 및 교우관계

3. 입소전의 직업·본인 및 가족의 재산상황

4. 학력·경력

5. 종교 및 가입한 단체

6. 병역관계

7. 출소예정일

8. 출소 후의 거주예정지 및 그 도착예정일

9. 보안관찰해당범죄사실의 요지·판결법원·판결연월일·죄명·적용법조·형명·형기

10. 보안관찰해당범죄외의 전과관계

11. 법 제20조 제3항에 해당하는 경우에는 거소제공 결정일자와 제공된 사회복지시설등의 명칭 및 그 소재지

② 교도소등의 장은 제1항의 규정에 의하여 접수한 신고서 1부씩을 법 제12조의 규정에 의한 보안관찰처분심의 위원회(이하 "위원회"라 한다)와 거주예정지관할 검사 및 경찰서장에게 각각 송부하여야 한다.

③ 교도소등의 장은 제2항의 규정에 의하여 신고서를 송부할 때에는 보안관찰해당범죄에 대한 판결문사본 ·행형성적 기타 필요한 서류를 각각 첨부하여야 한다.

제7조 【신고의무의 고지】

교도소등의 장은 수용되어 있는 보안관찰처분대상자가 출소할 때에는 법 제6조 제1항 및 제2항의 규정에 의하여 거주예정지 관할경찰서장에게 신고할 것을 고지하여야 한다.

제8조 【출소통보등】

① 교도소등의 장은 법 제6조 제1항의 규정에 의하여 보안관찰처분대상자 신고를 한 자가 출소한 때에는 지체 없이 다음 각 호의 사항을 거주예정지 관할경찰서장에게 통보하여야 한다.

1. 원적·본적·주거·성명·생년월일·성별·주민등록번호

2. 출소일 및 출소사유

3. 거주예정지 및 그 도착예정일시

4. 행장의 양부

5. 건강상태

6. 사상전향 여부

7. 기타 필요한 사항

② 거주예정지 관할경찰서장은 출소한 보안관찰처분대상자가 법 제6조 제1항의 규정에 의한 신고기간 내에 신고를 하지 아니한 때에는 지체 없이 이를 거주예정지 관할검사에게 보고하여야 한다.

제9조 【출소사실 신고 등】

① 출소한 보안관찰처분대상자는 법 제6조 제1항에 따라 출소사실을 신고할 때에는 출소일·출소교도소·출소 사유와 그 밖에 필요한 사항을 기재한 신고서를 작성·제출해야 하며, 신고서에는 2명 이상의 신원보증인이 서명·날인해야 한다. 이 경우 신원보증인이 없는 경우에는 그 사유를 명확히 기재해야 한다.

② 보안관찰처분대상자는 교도소등에서 출소한 후 제6조 제1항의 신고사항중에 변동이 있는 때에는 그 변동사 항을 기재한 신고서를 작성하여 관할경찰서장에게 제출하여야 한다.

③ 제1항 및 제2항의 신고서를 접수한 거주예정지 관할경찰서장 또는 관할경찰서장은 신고인에게 신고필증을 교부하여야 하며, 지체 없이 이를 그 거주예정지 또는 주거지 관할검사에게 보고하여야 한다.

④ 거주예정지 관할경찰서장 또는 관할경찰서장은 보안관찰처분대상자가 신고한 거주예정지를 변경하거나 주 거지를 이전한 때에는 그 사실여부를 확인한 후 보안관찰처분대상자신고서·출소사실신고서 기타 관계서류 를 변경된 거주예정지 또는 신주거지 관할경찰서장에게 송부하여야 한다.

⑤ 제4항의 규정에 의하여 관계서류를 송부받은 변경된 거주예정지 또는 신주거지 관할경찰서장은 지체 없이 이를 주거지 관할검사에게 보고하여야 한다.

제10조 【보안관찰처분대상자 발생통고 등】

① 교도소등의 장은 법 제6조 제3항의 규정에 의한 통고를 할 때에는 다음 각 호의 사항을 기재한 통고서를 작성하여 위원회와 거주예정지 관할검사 및 경찰서장에게 송부하여야 한다.

1. 원적·본적·주거·성명·생년월일·성별·주민등록번호

2. 출소예정일

3. 출소 후의 거주예정지
4. 보안관찰해당범죄사실의 요지·판결법원·판결연월일·죄명·적용법조·형명·형기
5. 보안관찰해당범죄외의 전과관계
6. 기타 필요한 사항
② 교도소등의 장은 수용되어 있는 보안관찰처분대상자에 대하여 다음 각 호의 1에 해당하는 사유가 발생한 때에는 지체 없이 이를 위원회와 거주예정지 관할검사 및 경찰서장에게 통보하여야 한다.
1. 죄를 범한 때
2. 사망한 때
3. 도주한 때
4. 다른 교도소등에 이송된 때
5. 가석방 구신결정 또는 형집행정지 결정이 있은 때
6. 기타 신원에 중대한 사유가 발생한 때

제11조【보안관찰처분대상자의 동태보고】
관할경찰서장은 그 관할구역내에 거주하는 보안관찰처분대상자에 대하여 다음 각 호의 1에 해당하는 사유가 발생한 때에는 지체 없이 이를 주거지 관할검사에게 보고하여야 한다.
1. 죄를 범한 때
2. 사망한 때
3. 소재가 불명하거나 도주한 때
4. 보안관찰해당범죄를 범할 우려가 있을 때
5. 국외여행을 할 때
6. 기타 신원에 중대한 사유가 발생한 때

제7조【보안관찰처분의 청구】 ★
보안관찰처분청구는 검사가 행한다.

제8조【청구의 방법】
① 제7조의 규정에 의한 보안관찰처분청구는 검사가 보안관찰처분청구서(이하 "처분청구서"라 한다)를 법무부장관에게 제출함으로써 행한다.
② 처분청구서에는 다음 사항을 기재하여야 한다.
　1. 보안관찰처분을 청구 받은 자(이하 "피청구자"라 한다)의 성명 기타 피청구자를 특정할 수 있는 사항
　2. 청구의 원인이 되는 사실
　3. 기타 대통령령으로 정하는 사항
③ 검사가 처분청구서를 제출할 때에는 청구의 원인이 되는 사실을 증명할 수 있는 자료와 의견서를 첨부하여야 한다.

④ 검사는 보안관찰처분청구를 한 때에는 지체 없이 처분청구서등본을 피청구자에게 송달하여야 한다. 이 경우 송달에 관하여는 민사소송법 중 송달에 관한 규정을 준용한다.

시행령

제12조 【보안관찰처분청구서 등】

① 법 제8조 제1항의 규정에 의한 보안관찰처분청구서에는 피청구자의 성명 기타 피청구자를 특정할 수 있는 사항·청구의 원인이 되는 사실·청구연월일을 기재하고 검사가 서명·날인하여야 한다. 이 경우 법 제20조 제3항의 규정에 의하여 거소를 제공한 때에는 거소제공 결정연월일 및 제공된 사회복지시설 등의 명칭과 그 소재지를 함께 기재하여야 한다.

② 법 제8조 제3항의 의견서에는 청구취지와 적용법조에 관한 의견을 기재하여야 한다.

제9조 【조사】

① 검사는 제7조의 규정에 의한 보안관찰처분청구를 위하여 필요한 때에는 보안관찰처분대상자, 청구의 원인이 되는 사실과 보안관찰처분을 필요로 하는 자료를 조사할 수 있다.

② 사법경찰관리와 특별사법경찰관리(이하 "사법경찰관리"라 한다)는 검사의 지휘를 받아 제1항의 규정에 의한 조사를 할 수 있다.

시행령

제13조 【조사】

검사 또는 사법경찰관리(특별사법경찰관리를 포함한다. 이하 같다)는 법 제9조의 규정에 의한 조사를 위하여 필요한 경우에는 다음의 조치를 할 수 있다.

1. 보안관찰처분대상자 또는 그 관계인에 대한 출석요구, 자료제출 요구
2. 감정·통역이나 번역의 위촉
3. 공무소 기타 공·사단체에 대한 조회와 자료 제출 요구

제10조 【심사】

① 법무부장관은 처분청구서와 자료에 의하여 청구된 사안을 심사한다.

② 법무부장관은 제1항의 규정에 의한 심사를 위하여 필요한 때에는 법무부소속공무원으로 하여금 조사하게 할 수 있다.

③ 제2항의 규정에 의하여 조사의 명을 받은 공무원은 다음 각 호의 권한을 가진다.

　1. 피청구자 기타 관계자의 소환·심문·조사
　2. 국가기관 기타 공·사단체에의 조회 및 관계자료의 제출요구

제11조【보안관찰처분의 면제】

① 법무부장관은 보안관찰처분대상자중 다음 각 호의 요건을 갖춘 자에 대하여는 보안관찰처분을 하지 아니하는 결정(이하 "면제결정"이라 한다)을 할 수 있다.

1. 준법정신이 확립되어 있을 것
2. 일정한 주거와 생업이 있을 것
3. 대통령령이 정하는 신원보증이 있을 것

② 법무부장관은 제1항의 요건을 갖춘 보안관찰처분대상자의 신청이 있을 때에는 부득이한 사유가 있는 경우를 제외하고는 3월내에 보안관찰처분면제여부를 결정하여야 한다.

③ 검사는 제1항 제1호 및 제2호의 요건을 갖춘 보안관찰처분대상자의 정상을 참작하여 위험성이 없다고 인정되는 때에는 법무부장관에게 면제결정을 청구할 수 있다.

④ 면제결정을 받은 자가 그 면제결정요건에 해당하지 아니하게 된 때에는 검사의 청구에 의하여 법무부장관은 면제결정을 취소할 수 있다.

⑤ 면제결정과 면제결정청구, 면제결정취소청구 및 그 결정에 대하여는 보안관찰처분청구 및 심사결정에 관한 규정을 준용한다.

⑥ 보안관찰처분의 면제결정을 받은 자는 그때부터 이 법에 의한 보안관찰처분대상자 또는 피보안관찰자로서의 의무를 면한다.

시행령

제14조【보안관찰처분 면제결정 신청 등】

① 법 제11조 제2항에 따른 보안관찰처분면제결정 신청을 하려는 보안관찰처분대상자는 관할경찰서장에게 다음 각 호의 서류를 첨부한 보안관찰처분면제결정신청서(전자문서로 된 신청서를 포함한다)를 제출해야 한다. 이 경우 관할경찰서장은 「전자정부법」 제36조 제1항에 따른 행정정보의 공동이용을 통하여 보안관찰처분대상자의 주민등록표 등본을 확인해야 하며, 보안관찰처분대상자가 확인에 동의하지 않는 경우에는 이를 첨부하도록 해야 한다.

1. 삭제 <2019.10.8.>
2. 주거가 일정함을 인정할 수 있는 서류(주민등록표 등본으로 주거를 확인할 수 없는 경우로 한정한다)
3. 재직증명서 기타 생업이 일정함을 인정할 수 있는 서류
4. 2인 이상의 신원보증인의 신원보증서

② 관할경찰서장은 제1항의 규정에 의한 신청서를 접수한 때에는 20일 이내에 전과관계를 증명할 수 있는 서류와 의견서를 첨부하여 검사에게 송부하여야 한다.

③ 검사는 제2항의 규정에 의하여 신청서와 관계서류를 송부받은 때에는 20일 이내에 의견서를 첨부하여 법무부장관에게 송부하여야 한다.

④ 제1항 제4호의 규정에 의한 신원보증인이 될 수 있는 자는 보안관찰처분대상자가 아닌 자로서 다음 각 호의 1에 해당하는 자이어야 한다.

1. 주거지의 읍·면·동·리·통·반의 장
2. 신청인이 근무하는 직장의 장

3. 법 제20조 제3항의 규정에 의하여 거소제공을 받은 때에는 그 제공된 사회복지시설등의 장

4. 기타 학식과 덕망이 있는 자(선거에 의하여 취임하는 공무원을 제외한다)

⑤ 검사는 법 제11조 제3항의 규정에 의한 보안관찰처분면제결정 청구를 함에 있어서는 보안관찰처분면제결정 청구서에 보안관찰처분대상자가 법 제11조 제1항 제1호 및 제2호에 해당한다는 의견서와 기타 필요한 서류를 첨부하여 법무장관에게 제출하여야 한다.

제12조【보안관찰처분심의위원회】 ★

① 보안관찰처분에 관한 사안을 심의·의결하기 위하여 법무부에 보안관찰처분심의위원회(이하 "위원회"라 한다)를 둔다.

② 위원회는 위원장 1인과 6인의 위원으로 구성한다.

③ 위원장은 법무부차관이 되고, 위원은 학식과 덕망이 있는 자로 하되, 그 과반수는 변호사의 자격이 있는 자이어야 한다.

④ 위원은 법무부장관의 제청으로 대통령이 임명 또는 위촉한다.

⑤ 위촉된 위원의 임기는 2년으로 한다. 다만, 공무원인 위원은 그 직을 면한 때에는 위원의 자격을 상실한다.

⑥ 위원 중 공무원이 아닌 위원도 이 법 기타 다른 법률의 규정에 의한 벌칙의 적용에 있어서는 공무원으로 본다.

⑦ 위원장은 위원회의 회무를 총괄하고 위원회를 대표하며, 위원회의 회의를 소집하고 그 의장이 된다.

⑧ 위원장이 사고가 있을 때에는 미리 그가 지정한 위원이 그 직무를 대행한다.

⑨ 위원회는 다음 각 호의 사안을 심의·의결한다.

1. 보안관찰처분 또는 그 기각의 결정
2. 면제 또는 그 취소결정
3. 보안관찰처분의 취소 또는 기간의 갱신결정

⑩ 위원회의 회의는 위원장을 포함한 재적위원 과반수의 출석으로 개의하고 출석위원 과반수의 찬성으로 의결한다.

⑪ 위원회의 운영·서무 기타 필요한 사항은 대통령령으로 정한다.

시행령

제15조【위원회에의 회부·의결】

① 법무부장관은 법 제12조 제9항 각 호의 1에 해당하는 결정의 신청을 받은 때에는 이를 심사한 후 지체 없이 위원회에 그 사안을 회부하여야 한다.

② 위원회는 제1항의 규정에 의하여 사안을 회부받은 때에는 이를 심의·의결하고 그 결과를 위원장과 출석위원 전원이 서명·날인한 문서로써 법무부장관에게 통보하여야 한다.

제16조【위원회의 직원】

① 위원회에 간사 2인과 서기 약간 인을 둔다.

② 간사 및 서기는 법무부소속 직원중에서 법무부장관이 임명한다.

③ 간사는 위원장의 명을 받아 위원회의 서무를 처리하고 회의에 참석하여 발언할 수 있으며, 서기는 간사를 보조한다.

제17조 【회의록】

① 서기는 위원장의 명을 받아 위원회의 회의록을 작성·비치하여야 한다.

② 회의록에는 회의의 전말을 기재하고 위원장이 서명·날인하여야 한다.

제18조 【수당】

위원회에 출석한 위원에 대하여는 예산의 범위안에서 수당을 지급할 수 있다. 다만, 공무원인 위원이 그 소관업무와 직접적으로 관련하여 위원회에 출석하는 경우에는 그러하지 아니하다.

제19조 【위원회의 운영세칙】

이 영에 규정한 사항 외에 위원회의 운영에 관하여 필요한 사항은 위원회의 의결을 거쳐 위원장이 정한다.

제13조 【피청구자의 자료제출등】

① 피청구자는 처분청구서등본을 송달받은 날부터 7일 이내에 법무부장관 또는 위원회에 서면으로 자기에게 이익된 사실을 진술하고 자료를 제출할 수 있다.

② 위원회는 필요하다고 인정하는 경우에는 피청구자 및 기타 관계자를 출석시켜 심문·조사하거나 공무소 기타 공·사단체에 대하여 조회할 수 있으며, 관계자료의 제출을 요구할 수 있다.

제14조 【결정】

① 보안관찰처분에 관한 결정은 위원회의 의결을 거쳐 법무부장관이 행한다.

② 법무부장관은 위원회의 의결과 다른 결정을 할 수 없다. 다만, 보안관찰처분대상자에 대하여 위원회의 의결보다 유리한 결정을 하는 때에는 그러하지 아니하다.

시행령

제20조 【결정서】

보안관찰처분결정서에는 보안관찰처분청구를 한 검사의 직위·성명과 피청구자의 성명·연령·직업·주거·결정주문 및 이유와 적용법조를 기재하여야 한다.

제21조 【결정의 고지】

보안관찰처분에 관한 결정의 고지는 검사가 피청구자 또는 신청인에게 결정서등본을 송달하는 방법으로 한다. 다만, 법 제11조 제3항의 규정에 의한 청구를 기각하는 결정에 대하여는 고지하지 아니한다.

제15조 【의결서등】

① 위원회의 의결은 이유를 붙이고 위원장과 출석위원이 기명날인하는 문서로써 행한다.

② 법무부장관의 결정은 이유를 붙이고 법무부장관이 기명·날인하는 문서로써 행한다.

제16조 【결정의 취소 등】

① 검사는 법무부장관에게 보안관찰처분의 취소 또는 기간의 갱신을 청구할 수 있다.

② 법무부장관은 제1항의 규정에 의한 청구를 받은 때에는 위원회의 의결을 거쳐 이를 심사·결정하여야 한다.

③ 제1항 및 제2항의 규정에 의한 청구와 그 청구의 심사·결정에 대하여는 보안관찰처분청구 및 심사결정에 관한 규정을 준용한다.

제17조 【보안관찰처분의 집행】

① 보안관찰처분의 집행은 검사가 지휘한다.

② 제1항의 지휘는 결정서등본을 첨부한 서면으로 하여야 한다.

③ 검사는 피보안관찰자가 도주하거나 1월 이상 그 소재가 불명한 때에는 보안관찰처분의 집행 중지결정을 할 수 있다. 그 사유가 소멸된 때에는 지체 없이 그 결정을 취소하여야 한다.

시행령

제22조 【지휘 · 감독】

검사는 법을 집행함에 있어서는 경찰서장·사법경찰관리·교도소등의 장을 지휘·감독하고 필요한 지시를 할 수 있다.

제23조 【보안관찰처분 집행중지결정의 신청 등】

① 관할경찰서장은 법 제17조 제3항의 규정에 의한 사유가 발생한 때에는 주거지 관할검사에게 주거지 리·통·반의 장의 확인서 기타 피보안관찰자가 도주 또는 소재불명임을 인정할 수 있는 자료를 첨부하여 보안관찰처분집행중지결정을 신청하여야 한다. 이 경우 주거지 관할검사는 「전자정부법」 제36조 제1항에 따른 행정정보의 공동이용을 통하여 피보안관찰자의 주민등록표 등본을 확인하여야 한다.

② 검사는 법 제17조 제3항 전단의 규정에 의하여 보안관찰처분의 집행중지결정을 할 때에는 피보안관찰자의 성명 기타 피보안관찰자를 특정할 수 있는 사항, 보안관찰처분 결정일 및 그 기간갱신일, 집행중지사유, 집행중지결정일 기타 필요한 사항을 기재한 보안관찰처분 집행중지결정서를 작성하여야 한다.

③ 검사는 보안관찰처분의 집행중지결정을 한 때에는 관할경찰서장에게 보안관찰처분 집행중지결정의 집행지 휘를 하고 지체 없이 이를 법무부장관에게 보고하여야 한다.

④ 검사는 법 제17조 제3항 후단의 규정에 의하여 보안관찰처분의 집행중지결정을 취소할 때에는 피보안관찰자의 성명 기타 피보안관찰자를 특정할 수 있는 사항, 집행중지결정일, 집행중지결정취소사유, 취소결정일 기타 필요한 사항을 기재한 보안관찰처분집행중지 취소결정서를 작성하여야 한다.

⑤ 피보안관찰자는 검사의 보안관찰처분 집행중지결정에 이의가 있거나 그 집행중지결정의 사유가 소멸된 때에는 관할경찰서장을 거쳐 검사에게 보안관찰처분 집행중지결정의 취소신청을 할 수 있다.

⑥ 검사는 제5항의 취소신청이 이유 있다고 인정하는 때에는 보안관찰처분의 집행중지결정을 취소하고 지체 없이 이를 신청인에게 고지하여야 한다. 신청이 이유 없다고 인정하여 기각하는 때에는 그 취지를 고지하여야 한다.

⑦ 검사는 제4항 및 제6항의 규정에 의한 취소를 한 때에는 관할경찰서장에게 보안관찰처분 집행중지결정의 취소지휘 또는 보안관찰처분의 잔기간집행지휘를 하고 지체 없이 이를 법무부장관에게 보고하여야 한다.

제18조【신고사항】★

① 보안관찰처분을 받은 자(이하 "피보안관찰자"라 한다)는 보안관찰처분결정고지를 받은 날부터 7일 이내에 다음 각 호의 사항을 주거지를 관할하는 지구대 또는 파출소의 장(이하 "지구대·파출소장"이라 한다)을 거쳐 관할경찰서장에게 신고하여야 한다. 제20조 제3항에 해당하는 경우에는 법무부장관이 제공하는 거소를 주거지로 신고하여야 한다.

 1. 등록기준지, 주거(실제로 생활하는 거처), 성명, 생년월일, 성별, 주민등록번호
 2. 가족 및 동거인 상황과 교우관계
 3. 직업, 월수, 본인 및 가족의 재산상황
 4. 학력, 경력
 5. 종교 및 가입한 단체
 6. 직장의 소재지 및 연락처
 7. 보안관찰처분대상자 신고를 행한 관할경찰서 및 신고일자
 8. 기타 대통령령이 정하는 사항

② 피보안관찰자는 보안관찰처분결정고지를 받은 날이 속한 달부터 매3월이 되는 달의 말일까지 다음 각 호의 사항을 지구대·파출소장을 거쳐 관할경찰서장에게 신고하여야 한다.

 1. 3월간의 주요활동사항
 2. 통신·회합한 다른 보안관찰처분대상자의 인적사항과 그 일시, 장소 및 내용
 3. 3월간에 행한 여행에 관한 사항(신고를 마치고 중지한 여행에 관한 사항을 포함한다)
 4. 관할경찰서장이 보안관찰과 관련하여 신고하도록 지시한 사항

③ 피보안관찰자는 제1항의 신고사항에 변동이 있을 때에는 7일 이내에 지구대·파출소장을 거쳐 관할경찰서장에게 신고하여야 한다. 피보안관찰자가 제1항의 신고를 한 후 제20조 제3항에 의하여 거소제공을 받거나 제20조 제5항에 의하여 거소가 변경된 때에는 제공 또는 변경된 거소로 이전한 후 7일 이내에 지구대·파출소장을 거쳐 관할경찰서장에게 신고하여야 한다.

④ 피보안관찰자가 주거지를 이전하거나 국외여행 또는 10일 이상 주거를 이탈하여 여행하고자 할 때에는 미리 거주예정지, 여행예정지 기타 대통령령이 정하는 사항을 지구대·파출소장을 거쳐 관할경찰서장에게 신고하여야 한다. 다만, 제20조 제3항에 의하여 거소제공을 받은 자가 주거지를 이전하고자 할 때에는 제20조 제5항에 의하여 거소변경을 신청하여 변경결정된 거소를 거주예정지로 신고하여야 한다.

⑤ 관할경찰서장은 제1항 내지 제4항의 규정에 의한 신고를 받은 때에는 신고필증을 교부하여야 한다.

📖 시행령

제24조【피보안관찰자의 신고사항등】

① 법 제18조 제1항 제8호의 규정에 의하여 피보안관찰자가 신고하여야 할 사항은 다음과 같다.

1. 국외여행관계
2. 보안관찰처분 결정일자 또는 그 기간갱신일자
3. 보안관찰처분대상자 신고후에 범한 전과관계
4. 법 제20조 제3항에 해당하는 경우에는 거소제공결정일자와 제공된 사회복지시설등의 명칭 및 그 소재지

② 피보안관찰자는 법 제18조 제4항의 규정에 의한 신고를 할 때에는 다음 각 호의 구분에 따라 관련사항을 기재한 신고서를 작성·제출하여야 한다.

1. 주거지 이전의 경우
   가. 이전예정지 　　　　　 나. 이전예정일
   다. 이전사유 　　　　　　 라. 기타 필요한 사항
2. 국외여행의 경우
   가. 여행대상국 　　　　　 나. 여행목적
   다. 여행기간 　　　　　　 라. 동행자
   마. 여권의 종류 및 여권번호 바. 기타 필요한 사항
3. 국내여행의 경우
   가. 여행목적지 　　　　　 나. 여행목적
   다. 여행기간 　　　　　　 라. 동행자
   마. 기타 필요한 사항

③ 관할경찰서장은 제2항 제1호 및 제3호의 규정에 의한 신고서를 접수한 때에는 지체 없이 그 사실을 이전예정지 또는 여행목적지 관할경찰서장에게 통보하여야 한다.
④ 관할경찰서장은 피보안관찰자가 주거지를 이전한 때에는 지체 없이 신주거지 관할경찰서장에게 보안관찰부 기타 관계서류를 송부하여야 한다.
⑤ 제4항의 규정에 의하여 관계서류를 송부받은 신거주지 관할경찰서장은 지체 없이 그 주거지 이전의 사실을 신주거지 관할검사에게 보고하여야 한다.

제19조【지도】

① 검사 및 사법경찰관리는 피보안관찰자의 재범을 방지하고 건전한 사회복귀를 촉진하기 위하여 다음 각 호의 지도를 할 수 있다.
1. 피보안관찰자와 긴밀한 접촉을 가지고 항상 그 행동 및 환경 등을 관찰하는 것
2. 피보안관찰자에 대하여 신고사항을 이행함에 적절한 지시를 하는 것
3. 기타 피보안관찰자가 사회의 선량한 일원이 되는데 필요한 조치를 취하는 것

② 검사 및 사법경찰관은 피보안관찰자의 재범방지를 위하여 특히 필요한 경우에는 다음 각 호의 조치를 할 수 있다.
1. 보안관찰해당범죄를 범한 자와의 회합·통신을 금지하는 것
2. 집단적인 폭행, 협박, 손괴, 방화등으로 공공의 안녕질서에 직접적인 위협을 가할 것이 명백한 집회 또는 시위장소에의 출입을 금지하는 것
3. 피보안관찰자의 보호 또는 조사를 위하여 특정장소에의 출석을 요구하는 것

시행령

제25조 【지도의 방법】

① 검사 및 사법경찰관리는 피보안관찰자의 재범을 방지하고 건전한 사회복귀를 촉진하기 위하여 피보안관찰자와의 면접과 통신, 가족 및 그 관계인과의 협의, 거소제공된 사회복지시설등의 장 및 관계기관과의 협조에 의하여 계속적으로 관찰·지도하여야 하며, 피보안관찰자 및 그 관계인의 신뢰와 협력을 얻도록 노력하여야 한다.

② 검사 및 사법경찰관은 법 제19조 제2항의 규정에 의하여 피보안관찰자의 재범방지를 위한 조치를 할 때에는 피보안관찰자에게 조치의 취지를 설명하고 조치사항을 기재한 서면을 교부하여야 한다.

③ 사법경찰관은 제2항의 조치를 할 때에는 긴급을 요하는 경우를 제외하고는 미리 주거지 관할검사에게 보고하여야 한다.

④ 제2항의 조치는 피보안관찰자의 재범방지를 위하여 특히 필요하다고 인정되는 구체적 사항으로서 피보안관찰자의 자유를 부당하게 제한하지 아니하도록 하여야 한다.

제20조 【보호】

① 검사 및 사법경찰관리는 피보안관찰자가 자조의 노력을 함에 있어, 그의 개선과 자위를 위하여 필요하다고 인정되는 적절한 보호를 할 수 있다.

② 제1항의 보호의 방법은 다음과 같다.

1. 주거 또는 취업을 알선하는 것
2. 직업훈련의 기회를 제공하는 것
3. 환경을 개선하는 것
4. 기타 본인의 건전한 사회복귀를 위하여 필요한 원조를 하는 것

③ 법무부장관은 보안관찰처분대상자 또는 피보안관찰자 중 국내에 가족이 없거나 가족이 있어도 인수를 거절하는 자에 대하여는 대통령령이 정하는 바에 의하여 거소를 제공할 수 있다.

④ 사회복지사업법에 의한 사회복지시설로서 대통령령이 정하는 시설의 장은 법무부장관으로부터 보안관찰처분대상자 또는 피보안관찰자에 대한 거소제공의 요청을 받은 때에는 정당한 이유 없이 이를 거부하여서는 아니 된다.

⑤ 법무부장관은 제3항에 의하여 거소제공을 받은 자에게 국내에 인수를 희망하는 가족이 생기거나 기타 거소변경의 필요가 있는 때에는 본인의 신청 또는 검사의 청구에 의하여 이미 제공한 거소를 변경할 수 있다. 이 경우 법무부장관은 3월 이내에 거소의 변경여부를 결정하여야 한다.

시행령

제26조 【거소제공의 방법】

① 법 제20조 제3항의 규정에 의한 거소제공은 검사의 청구에 의하여 법무부장관이 결정한다.

② 교도소등의 장은 수용중인 보안관찰처분대상자 또는 피보안관찰자 중 거소제공이 필요한 자(이하 "거소제공

대상자"라 한다)가 생긴 때에는 특별한 사유가 있는 경우를 제외하고는 출소예정일 2월전까지 교도소등의 소재지 관할검사에게 거소제공의 청구를 신청하여야 한다.

③ 관할경찰서장은 그 관할구역 내에 거소제공대상자가 생긴 때에는 지체 없이 주거지 관할검사에게 거소제공의 청구를 신청하여야 한다.

④ 교도소등의 장 및 관할경찰서장은 제2항 또는 제3항의 규정에 의한 신청을 하는 때에는 거소제공대상자의 성명 기타 거소제공대상자임을 특정할 수 있는 사항, 거소제공의 필요사유, 행형성적 또는 최근의 동태를 기재한 신청서와 거소제공에 필요한 자료를 제출하여야 한다.

⑤ 검사는 법무부장관에게 거소제공을 청구하는 때에는 청구서와 거소제공에 필요한 자료를 제출하여야 한다.

⑥ 법무부장관은 거소제공대상자에 대하여 거소제공이 필요하다고 인정하는 때에는 사회복지사업법에 의한 사회복지시설 기타 본인의 건전한 사회복귀를 위하여 도움이 되는 적절한 시설을 지정하여야 한다.

⑦ 검사는 법무부장관이 제6항의 규정에 의하여 거소제공의 결정을 한 때에는 지체 없이 교도소등의 장 또는 관할 경찰서장, 사회복지시설등의 장에게 결정내용 및 결정일을 통보하여야 한다.

⑧ 거소제공대상자에 대한 거소제공결정의 고지는 검사가 거소제공결정서등본을 송달하는 방법으로 한다.

⑨ 교도소등의 장은 거소제공대상자가 출소하는 때에 지체 없이, 관할경찰서장은 거소제공결정의 통보를 받은 때에 지체 없이 거소제공결정을 받은 보안관찰처분대상자 또는 피보안관찰자를 지정된 사회복지시설등의 장에게 인계하고 즉시 이를 검사에게 보고하여야 한다.

제27조【거소변경의 절차】

① 거소제공을 받은 자는 법 제20조 제5항의 규정에 의하여 거소변경을 신청하는 때에는 관할경찰서장에게 거소변경 신청서와 거소변경이 필요함을 인정할 수 있는 서류를 제출하여야 한다.

② 관할경찰서장은 제1항의 규정에 의하여 신청서와 관계서류를 접수한 때에는 20일 이내에 의견서와 거소변경에 필요한 자료를 첨부하여 주거지 관할 검사에게 송부하여야 한다.

③ 검사는 제2항의 규정에 의하여 신청서와 관계서류를 송부받은 때에는 20일 이내에 의견서와 거소변경에 필요한 자료를 첨부하여 법무부장관에게 송부하여야 한다.

④ 검사는 법 제20조 제5항의 규정에 의하여 거소변경의 청구를 하는 때에는 법무부장관에게 거소변경 청구서와 의견서 및 거소변경에 필요한 자료를 제출하여야 한다.

⑤ 제26조 제6항 내지 제9항의 규정은 법무부장관이 거소변경결정을 하는 경우에 이를 준용한다.

제28조【임시거소의 제공】

① 검사는 긴급을 요하여 법무부장관의 거소제공결정 또는 거소변경결정을 기다릴 여유가 없는 때에는 사회복지시설등의 장과 협의하여 거소제공대상자에게 임시거소를 제공할 수 있다.

② 검사는 제1항의 규정에 의한 임시거소의 제공을 한 때에는 지체 없이 이를 법무부장관에게 보고하여야 한다.

제29조【사회복지시설의 범위 등】

① 법 제20조 제4항의 사회복지시설은 사회복지사업법에 의한 사회복지시설중 기거와 침식을 제공할 수 있는 시설로 한다.

② 법무부장관은 제1항의 시설을 거소로 지정하는 때에는 보건복지부장관의 의견을 들어야 한다.

③ 사회복지시설등의 장은 보호하고 있는 보안관찰처분대상자 또는 피보안관찰자에 대하여 다음 각 호의 1에 해당하는 사유가 발생한 때에는 지체 없이 이를 관할경찰서장에게 통보하여야 한다.

1. 죄를 범한 때
2. 사망한 때
3. 소재가 불명하거나 도주한 때
4. 인수할 가족이 생긴 때
5. 기타 신원에 중대한 사유가 발생한 때

제21조 【응급구호】
검사 및 사법경찰관리는 피보안관찰자에게 부상·질병 기타 긴급한 사유가 발생하였을 때에는 대통령령이 정하는 바에 따라 필요한 구호를 할 수 있다.

시행령

제30조 【응급구호의 범위】
① 법 제21조의 규정에 의한 응급구호는 다음 각 호의 1에 해당하는 경우에 실시할 수 있다.
  1. 질병·부상 기타 긴급한 사유의 발생으로 피보안관찰자의 생명·신체에 중대한 위험이 예상될 때
  2. 기타 응급구호를 함이 적절하다고 인정되는 긴급한 사유가 있는 때
② 사법경찰관리는 제1항의 규정에 의한 응급구호를 행한 때에는 지체 없이 이를 검사에게 보고하여야 한다.

제22조 【경고】
검사 및 사법경찰관리는 피보안관찰자가 의무를 위반하였거나 위반할 위험성이 있다고 의심할 상당한 이유가 있는 때에는 그 이행을 촉구하고 형사처벌등 불이익한 처분을 받을 수 있음을 경고할 수 있다.

시행령

제31조 【경고의 방법】
법 제22조의 규정에 의한 검사 및 사법경찰관리의 경고는 경고일시, 경고이유, 경고내용 및 그에 위반하는 경우 형사처벌 등 불이익한 처분을 받을 수 있음을 기재한 서면에 의하여야 한다. 다만, 긴급을 요하는 때에는 구두로 경고할 수 있다.

제23조 【행정소송】
이 법에 의한 법무부장관의 결정을 받은 자가 그 결정에 이의가 있을 때에는 행정소송법이 정하는 바에 따라 그 결정이 집행된 날부터 60일 이내에 서울고등법원에 소를 제기할 수 있다. 다만, 제11조의 규정에 의한 면제결정신청에 대한 기각결정을 받은 자가 그 결정에 이의가 있을 때에는 그 결정이 있는 날부터 60일 이내에 서울고등법원에 소를 제기할 수 있다.

제24조 【행정소송법의 준용】
제23조의 소송에 관하여 이 법에 규정한 것을 제외하고는 행정소송법을 준용한다. 다만, 행정소송법 제18조의 규정은 준용하지 아니한다.

제25조 【기간의 계산】

① 보안관찰처분의 기간은 보안관찰처분 결정을 집행하는 날부터 계산한다. 이 경우 초일은 산입한다.

② 제18조 제1항 내지 제4항의 규정에 의한 신고를 하지 아니한 기간은 보안관찰처분 기간에 산입하지 아니한다.

③ 보안관찰처분의 집행중지결정이 있거나 징역·금고·구류·노역장유치 중에 있는 때, 「사회보호법」에 의한 감호의 집행 중에 있는 때 또는 「치료감호법」에 의한 치료감호의 집행 중에 있는 때에는 보안관찰처분의 기간은 그 진행이 정지된다.

제26조 【군법피적용자에 대한 특칙등】

① 군사법원법 제2조 제1항 각 호의 1에 게기된 자에 대한 보안관찰처분에 관하여는 국방부장관은 법무부장관의, 군검찰부 군검사는 검사의, 군사법경찰관리는 사법경찰관리의 이 법에 의한 직무를 행한다.

② 군사법원법 제2조 제1항 각 호의 1에 게기된 자에 대한 보안관찰처분을 심의·의결하기 위하여 국방부에 군보안관찰처분심의위원회를 둔다.

③ 군보안관찰처분심의위원회의 구성과 운영에 관하여는 제12조의 규정을 준용한다.

④ 국방부장관 또는 군검찰부 군검사는 보안관찰처분대상자가 군사법원법 제2조 제1항 각 호의 1에 게기된 자가 아님이 명백한 때에는 당해 사안을 법무부장관 또는 검사에게 이송한다. 이 경우 이송 전에 한 심사 또는 조사는 이송 후에도 그 효력에 영향이 없다.

⑤ 법무부장관 또는 검사는 보안관찰처분대상자가 군사법원법 제2조 제1항 각 호의 1에 게기된 자임이 명백한 때에는 당해 사안을 국방부장관 또는 군검찰부 군검사에게 이송한다. 이 경우 이송 전에 한 심사 또는 조사는 이송 후에도 그 효력에 영향이 없다.

제27조 【벌칙】

① 보안관찰처분대상자 또는 피보안관찰자가 보안관찰처분 또는 보안관찰을 면탈할 목적으로 은신 또는 도주한 때에는 3년 이하의 징역에 처한다.

② 정당한 이유 없이 제6조 제1항·제2항 및 제18조 제1항 내지 제4항의 규정에 의한 신고를 하지 아니하거나 허위의 신고를 한 자 또는 그 신고를 함에 있어서 거주예정지나 주거지를 명시하지 아니한 자는 2년 이하의 징역 또는 100만원 이하의 벌금에 처한다.

③ 정당한 이유 없이 제19조 제2항의 조치에 위반한 자는 1년 이하의 징역 또는 50만원 이하의 벌금에 처한다.

④ 제20조 제4항에 위반한 자는 6월 이하의 징역 또는 50만원 이하의 벌금에 처한다.

⑤ 보안관찰처분에 관한 업무에 종사하는 공무원이 정당한 이유 없이 그 직무수행을 거부 또는 그 직무를 유기하거나 허위의 보고를 한 때에는 2년 이하의 징역 또는 5년 이하의 자격정지에 처한다.

⑥ 보안관찰처분대상자 또는 피보안관찰자를 은닉하거나 도주하게 한 자는 2년 이하의 징역에 처한다. 다만, 친족이 본인을 위하여 본문의 죄를 범한 때에는 벌하지 아니한다.

⑦ 보안관찰처분의 업무에 종사하는 공무원 또는 제11조의 신원보증을 한 자가 정당한 사유 없이 보안관찰처분대상자에 관하여 이 법에 의하여 지득한 사실을 공표하거나 누설한 때에는 2년 이하의 징역 또는 5년 이하의 자격정지에 처한다.

[헌법불합치, 2017헌바479, 2021.6.24. 보안관찰법(1989.6.16. 법률 제4132호로 전부개정된 것) 제6조 제2항 전문 및 제27조 제2항 중 제6조 제2항 전문에 관한 부분은 각 헌법에 합치되지 아니한다. 위 법률조항들은 2023.6.30.을 시한으로 개정될 때까지 계속 적용한다]

14 사면법

• **법** 2022.7.1. 시행 | **시행규칙** 2008.3.27. 시행

제1조【목적】
이 법은 사면, 감형 및 복권에 관한 사항을 규정한다.

제2조【사면의 종류】
사면은 일반사면과 특별사면으로 구분한다.

제3조【사면 등의 대상】
사면, 감형 및 복권의 대상은 다음 각 호와 같다.

일반사면	죄를 범한 자
특별사면 및 감형	형을 선고받은 자
복권	형의 선고로 인하여 법령에 따른 자격이 상실되거나 정지된 자

제4조【사면규정의 준용】
행정법규 위반에 대한 범칙 또는 과벌의 면제와 징계법규에 따른 징계 또는 징벌의 면제에 관하여는 이 법의 사면에 관한 규정을 준용한다.

제5조【사면 등의 효과】 ★
① 사면, 감형 및 복권의 효과는 다음 각 호와 같다.

일반사면	형 선고의 효력이 상실되며, 형을 선고받지 아니한 자에 대하여는 공소권이 상실된다. 다만, 특별한 규정이 있을 때에는 예외로 한다.
특별사면	형의 집행이 면제된다. 다만, 특별한 사정이 있을 때에는 이후 형 선고의 효력을 상실하게 할 수 있다.
일반에 대한 감형	특별한 규정이 없는 경우에는 형을 변경한다.
특정한 자에 대한 감형	형의 집행을 경감한다. 다만, 특별한 사정이 있을 때에는 형을 변경할 수 있다.
복권	형 선고의 효력으로 인하여 상실되거나 정지된 자격을 회복한다.

② 형의 선고에 따른 기성의 효과는 사면, 감형 및 복권으로 인하여 변경되지 아니한다.

제6조【복권의 제한】
복권은 형의 집행이 끝나지 아니한 자 또는 집행이 면제되지 아니한 자에 대하여는 하지 아니한다.

제7조【집행유예를 선고받은 자에 대한 사면 등】
형의 집행유예를 선고받은 자에 대하여는 형 선고의 효력을 상실하게 하는 특별사면 또는 형을 변경하는 감형을 하거나 그 유예기간을 단축할 수 있다.

제8조【일반사면 등의 실시】
일반사면, 죄 또는 형의 종류를 정하여 하는 감형 및 일반에 대한 복권은 대통령령으로 한다. 이 경우 일반사면은 죄의 종류를 정하여 한다.

제9조【특별사면 등의 실시】
특별사면, 특정한 자에 대한 감형 및 복권은 대통령이 한다.

제10조【특별사면 등의 상신】 ★
① 법무부장관은 대통령에게 특별사면, 특정한 자에 대한 감형 및 복권을 상신한다.
② 법무부장관은 제1항에 따라 특별사면, 특정한 자에 대한 감형 및 복권을 상신할 때에는 제10조의2에 따른 사면심사위원회의 심사를 거쳐야 한다.

제10조의2【사면심사위원회】 ★
① 제10조 제1항에 따른 특별사면, 특정한 자에 대한 감형 및 복권 상신의 적정성을 심사하기 위하여 법무부장관 소속으로 사면심사위원회를 둔다.
② 사면심사위원회는 위원장 1명을 포함한 9명의 위원으로 구성한다.
③ 위원장은 법무부장관이 되고, 위원은 법무부장관이 임명하거나 위촉하되, 공무원이 아닌 위원을 4명 이상 위촉하여야 한다.
④ 공무원이 아닌 위원의 임기는 2년으로 하며, 한 차례만 연임할 수 있다.

⑤ 사면심사위원회의 심사과정 및 심사내용의 공개범위와 공개시기는 다음 각 호와 같다. 다만, 제2호 및 제3호의 내용 중 개인의 신상을 특정할 수 있는 부분은 삭제하고 공개하되, 국민의 알권리를 충족할 필요가 있는 등의 사유가 있는 경우에는 사면심사위원회가 달리 의결할 수 있다.

1. 위원의 명단과 경력사항은 임명 또는 위촉한 즉시
2. 심의서는 해당 특별사면 등을 행한 후부터 즉시
3. 회의록은 해당 특별사면 등을 행한 후 5년이 경과한 때부터

⑥ 위원은 사면심사위원회의 업무를 처리하면서 알게 된 비밀을 누설하여서는 아니 된다.
⑦ 위원은 「형법」이나 그 밖의 법률에 따른 벌칙을 적용할 때에는 공무원으로 본다.
⑧ 제1항부터 제7항까지에서 규정한 사항 외에 사면심사위원회에 관하여 필요한 사항은 법무부 령으로 정한다.

🔖 시행규칙

제2조【사면심사위원회의 기능】
사면심사위원회(이하 "위원회"라 한다)는 「사면법」 제10조 제1항에 따른 법무부장관의 특별사면, 특정한 자에 대한 감형 및 복권(이하 "특별사면등" 이라 한다)의 상신이 적정하게 이루어질 수 있도록 심사·자문함을 목적으로 한다.

제3조【위원의 임명 및 위촉】
위원회의 위원은 다음 각 호의 자 중에서 법무부장관이 임명하거나 위촉한다.

1. 법무부차관, 법무부 기획조정실장·법무실장·검찰국장·범죄예방정책국장·교정본부장·감찰관, 대검찰청 기획조정부장·공판송무부장
2. 판사, 변호사, 법학교수, 그 밖에 학식과 경험이 풍부한 자

제4조【공무원인 위원의 승계】
제3조 제1호의 직위에 있는 자가 위원으로 임명된 경우 인사이동 등의 사유로 그 직위가 변동되었을 때에는 법무부장관이 달리 임명하지 아니하는 한 그 직위의 후임자가 위원직을 승계하는 것으로 본다.

제5조【위원의 회피】
① 위원은 특별사면등의 심사대상자와 가족 또는 친족관계에 있거나 있었던 경우 또는 그 밖의 사정으로 공정한 심사가 어렵다고 판단되는 경우에는 그 심사대상자에 대한 심사를 회피하여야 한다.
② 제1항에 따른 회피는 위원장에게 구두 또는 서면으로 신청하여야 한다.
③ 위원장은 제2항에 따른 회피신청이 이유가 있다고 인정하는 경우에는 이를 허용하여야 한다.

제6조【위원장의 직무】
① 위원장은 위원회를 대표하고, 위원회의 업무를 총괄한다.
② 위원장이 부득이한 사유로 직무를 수행할 수 없을 때에는 위원장이 미리 지명한 위원이 그 직무를 대행한다.

제7조【회의】
① 위원회의 회의는 위원장이 소집한다.
② 위원회의 회의는 재적위원 과반수의 출석으로 개의하고, 출석위원 과반수의 찬성으로 의결한다.
③ 위원회는 필요한 경우에는 위원이 아닌 자를 회의에 출석하게 하여 그 의견을 들을 수 있다.

제8조 【간사 등】

① 위원회의 사무를 처리하기 위하여 위원회에 간사 1명과 서기 약간 명을 둔다.

② 간사는 법무부 형사기획과장이 된다. 다만, 법무부장관은 법무부 소속의 다른 공무원을 간사로 임명할 수 있다.

③ 간사는 위원장의 명을 받아 위원회의 사무를 처리하고 회의에 참석하여 발언할 수 있다.

④ 서기는 간사를 보조한다.

제9조 【심사 및 의견제출】

위원회는 법무부장관의 요청에 따라 특별사면등 상신의 적정성 여부를 심사하고 그에 관한 의견을 법무부장관에게 제출한다.

제10조 【심의서】

① 위원회의 심사가 종료된 때에는 심의서를 작성하여야 한다.

② 심의서에는 위원회에서 특별사면등 상신의 적정성에 관하여 심사한 결과에 따라 심사대상자별로 적정 또는 부적정 의견을 기재한다.

③ 심사과정에서 제시된 개별 위원의 의견은 심의서에 표시하지 아니한다.

④ 심의서에는 위원장 및 출석위원 전원이 서명 또는 기명·날인한다.

⑤ 위원이 부득이한 사유로 서명 또는 기명·날인할 수 없는 경우에는 그 사유를 기재하고 위원장이 서명 또는 기명·날인한다.

제11조 【회의록】

① 위원회를 개최하였을 때에는 간사가 회의록을 작성하여야 한다.

② 회의록에는 회의 개요, 심사대상, 위원회의 심사의견, 그 밖의 주요 논의사항 등을 기재한다.

③ 위원회 심사과정에서 심사대상에 대한 특별사면등 상신의 적정성에 관하여 각 위원의 의견이 일치하지 아니한 경우에는 회의록에 개별 위원의 의견을 기재하여야 한다.

④ 회의록에는 위원장과 간사가 서명 또는 기명·날인한다.

제12조 【위원의 해임 및 해촉】

법무부장관은 위원회의 위원이 다음 각 호의 어느 하나에 해당하는 경우에는 해임하거나 해촉할 수 있다.

1. 「사면법」 제10조의2 제6항을 위반하여 심사내용이나 그 밖에 업무처리 중 알게 된 비밀을 누설한 경우
2. 제5조 제1항에 따른 회피 의무를 위반한 경우
3. 위원회의 직무수행과 관련하여 법령을 위반하였다고 의심할 만한 상당한 이유가 있는 경우
4. 그 밖에 위원으로서의 직무를 정상적으로 수행하기 어려운 것이 명백한 경우

제13조 【수당 등】

위원회의 위원에게는 예산의 범위에서 수당과 여비를 지급할 수 있다. 다만, 공무원인 위원이 그 소관업무와 직접적으로 관련되어 위원회에 출석하는 경우에는 그러하지 아니하다.

제14조 【운영세칙】

이 규칙에서 규정한 것 외에 위원회의 운영에 필요한 사항은 위원장이 정한다.

제11조 【특별사면 등 상신의 신청】

검찰총장은 직권으로 또는 형의 집행을 지휘한 검찰청 검사의 보고 또는 수형자가 수감되어 있는 교정시설의 장의 보고에 의하여 법무부장관에게 특별사면 또는 특정한 자에 대한 감형을 상신할 것을 신청할 수 있다.

제12조 【특별사면 등의 제청】

① 형의 집행을 지휘한 검찰청의 검사와 수형자가 수감되어 있는 교정시설의 장이 특별사면 또는 특정한 자에 대한 감형을 제청하려는 경우에는 제14조에 따른 서류를 첨부하고 제청 사유를 기재한 보고서를 검찰총장에게 제출하여야 한다.

② 교정시설의 장이 제1항의 보고서를 제출하는 경우에는 형의 집행을 지휘한 검찰청의 검사를 거쳐야 한다.

제13조 【검사의 의견 첨부】

검사가 제12조 제2항의 서류를 접수하였을 때에는 제14조 제3호에 따른 사항을 조사하여 그에 대한 의견을 첨부하여 검찰총장에게 송부하여야 한다.

제14조 【특별사면 등 상신 신청의 첨부서류】

특별사면 또는 특정한 자에 대한 감형의 상신을 신청하는 신청서에는 다음 각 호의 서류를 첨부하 여야 한다.

1. 판결서의 등본 또는 초본
2. 형기 계산서
3. 범죄의 정상, 사건 본인의 성행, 수형 중의 태도, 장래의 생계, 그 밖에 참고가 될 사항에 관한 조사서류

제15조 【복권 상신의 신청】

① 검찰총장은 직권으로 또는 형의 집행을 지휘한 검찰청 검사의 보고 또는 사건 본인의 출원에 의하여 법무부장관에게 특정한 자에 대한 복권을 상신할 것을 신청할 수 있다.

② 제1항에 따른 상신의 신청은 형의 집행이 끝난 날 또는 집행이 면제된 날부터 3년이 지나지 아니하면 하지 못한다.

제16조 【복권 상신 신청의 첨부서류】

복권의 상신을 신청하는 신청서에는 다음 각 호의 서류를 첨부하여야 한다.

1. 판결서의 등본 또는 초본
2. 형의 집행이 끝나거나 집행이 면제된 것을 증명하는 서류
3. 형의 집행이 끝난 후 또는 집행이 면제된 후의 사건 본인의 태도, 현재와 장래의 생계, 그 밖에 참고가 될 사항에 관한 조사서류

4. 사건 본인이 출원한 경우에는 그 출원서

제17조 【특정한 자격에 대한 복권의 출원】

특정한 자격에 대한 복권을 출원하는 경우에는 회복하려는 자격의 종류를 분명히 밝혀야 한다.

제18조 【본인에 의한 복권의 출원】

복권을 사건 본인이 출원하는 경우에는 형의 집행을 지휘한 검찰청의 검사를 거쳐야 한다.

제19조 【검사의 의견 첨부】

검사가 제18조의 서류를 접수하였을 때에는 제16조 제3호에 따른 사항을 조사하여 그에 대한 의견을 첨부하여 검찰총장에게 송부하여야 한다.

제20조 【상신 신청의 기각】

① 법무부장관은 특별사면, 특정한 자에 대한 감형 또는 복권 상신의 신청이 이유 없다고 인정할 때에는 그 사유를 검찰총장에게 통지한다.

② 검찰총장은 제1항에 따라 통지받은 사유를 관계 검찰청의 검사, 교정시설의 장 또는 사건 본인에게 통지하여야 한다.

제21조 【사면장 등의 송부】

법무부장관은 대통령으로부터 특별사면, 특정한 자에 대한 감형 또는 복권의 명이 있을 때에는 검찰총장에게 사면장, 감형장 또는 복권장을 송부한다.

제22조 【사면장 등의 부여】

검찰총장은 사면장, 감형장 또는 복권장을 접수하였을 때에는 관계 검찰청의 검사를 거쳐 지체 없이 이를 사건 본인에게 내준다. 이 경우 사건 본인이 수감되어 있을 때에는 교정시설의 장을 거친다.

제23조【교정시설의 장 등에의 통지】

① 검사는 집행정지 중 또는 가출소 중에 있는 자에 대한 사면장, 감형장 또는 복권장을 접수하였을 때에는 그 사실을 사건 본인이 수감되어 있던 교정시설의 장과 감독 경찰관서에 통지하여야 한다.

② 검사는 집행유예 중에 있는 자가 특별사면 또는 감형되거나 복권된 경우에는 그 사실을 감독 경찰관서에 통지하여야 한다.

제24조【사면장 등 부여의 촉탁】

① 사건 본인이 형의 집행을 지휘한 검찰청의 관할구역이 아닌 곳에 거주하는 경우에는 사면장, 감형장 또는 복권장의 부여를 그의 거주지를 관할하는 검찰청의 검사에게 촉탁(囑託)할 수 있다.

② 제1항의 경우에 제23조에 따른 통지는 촉탁 받은 검찰청의 검사가 한다.

제25조【판결원본에의 부기 등】

① 사면, 감형 또는 복권이 있을 때에는 형의 집행을 지휘한 검찰청의 검사는 판결원본에 그 사유를 덧붙여 적어야 한다.

② 특별사면, 특정한 자에 대한 감형 및 복권에 관한 서류는 소송기록에 철한다.

제26조【사면장 등 부여의 보고】

검사가 사면장, 감형장 또는 복권장을 사건 본인에게 내주었을 때에는 지체 없이 법무부장관에게 보고하여야 한다.

제27조【군사법원에서 형을 선고받은 자의 사면 등】

군사법원(「군사법원법」 제11조에 따라 군사법원에 재판권이 있는 사건을 심판하는 고등법원을 포함한다. 이하 이 조에서 같다)에서 형을 선고받은 자에 대하여는 이 법에 따른 법무부장관의 직무는 국방부장관이 수행하고, 검찰총장과 검사의 직무는 형을 선고한 군사법원에서 군검사의 직무를 수행한 군법무관이 수행한다.

MEMO

MEMO

MEMO